权威·前沿·原创

人口与健康蓝皮书

BLUE BOOK OF
POPULATION AND HEALTH

深圳人口与健康发展报告
（2012）

ANNUAL REPORT ON POPULATION AND HEALTH
DEVELOPMENT OF SHENZHEN (2012)

主　编／陆杰华　刘　恩　苏　杨
副主编／罗乐宣　王广州　王金营　李建新

社会科学文献出版社
SOCIAL SCIENCES ACADEMIC PRESS (CHINA)

图书在版编目(CIP)数据

深圳人口与健康发展报告.2012/陆杰华,刘恩,苏杨主编.—北京:社会科学文献出版社,2012.12
(人口与健康蓝皮书)
ISBN 978-7-5097-4064-4

Ⅰ.①深… Ⅱ.①陆… ②刘… ③苏… Ⅲ.①人口-研究报告-深圳市-2012②健康-研究报告-深圳市-2012　Ⅳ.①C924.24②R195.2

中国版本图书馆CIP数据核字（2012）第297116号

人口与健康蓝皮书

深圳人口与健康发展报告（2012）

主　　编/陆杰华　刘　恩　苏　杨
副 主 编/罗乐宣　王广州　王金营　李建新

出 版 人/谢寿光
出 版 者/社会科学文献出版社
地　　址/北京市西城区北三环中路甲29号院3号楼华龙大厦
邮政编码/100029

责任部门/皮书出版中心（010）59367127　　　责任编辑/丁　凡
电子信箱/pishubu@ssap.cn　　　　　　　　　责任校对/李晨光
项目统筹/邓泳红　丁　凡　　　　　　　　　　责任印制/岳　阳
经　　销/社会科学文献出版社市场营销中心（010）59367081　59367089
读者服务/读者服务中心（010）59367028

印　　装/北京鹏润伟业印刷有限公司
开　　本/787mm×1092mm　1/16　　　　　　印　张/23.75
版　　次/2012年12月第1版　　　　　　　　字　数/406千字
印　　次/2012年12月第1次印刷
书　　号/ISBN 978-7-5097-4064-4
定　　价/98.00元

本书如有破损、缺页、装订错误，请与本社读者服务中心联系更换
▲ 版权所有　翻印必究

人口与健康蓝皮书编委会

主　　编　陆杰华　刘　恩　苏　杨
副 主 编　罗乐宣　王广州　王金营　李建新
编委会成员　陆杰华　刘　恩　苏　杨　罗乐宣
　　　　　　　王广州　王金营　李建新　张英姬
　　　　　　　谌祖红　严吉祥　李　创　吴　明
　　　　　　　曾序春　傅崇辉　林德南

摘 要

《深圳人口与健康发展报告（2012）》的主题是"提质增效、率先实现质量型发展"。实现质量型发展，在行政资源总量尤其是优质资源仍然有限的情况下，提质和增效就成为改善相关服务的主要手段。其中，增效主要靠合理配置资源使供需相称，提质主要靠从质量、价格和可及性等方面完善相关服务。

尽管深圳的医疗卫生服务已经达到国内一流水平，但无论是按率先实现质量型发展的要求，还是按数以千万计的深圳人的医疗卫生需求来衡量，深圳市仍然存在看病就医困难和公共卫生服务供给公平度欠佳等现实问题。发现了这些问题，如何有效解决呢？本书从问题查找开始，依托常规统计数据和专项调查，进行了详细的问题制度成因分析。这其中有两方面创新：一是创新性地将在其他社会事业领域进行供需量化分析以发现相对差距的GAP分析方法引入，以准确发现如何通过调整有关制度使资源配置供需相称，达成"增效"。二是科学分析深圳市医疗卫生服务的现实需求。在本蓝皮书中，专门地调查和研究了解这些需求：通过"人口与健康基线调查"基础上的"深圳常住人口就医需求及其变动趋势研究"，使过去简单靠"拍脑袋定夺"的需求情况初步有据可依；而对深圳实现质量型发展影响最大的人群——新生代农民工，则专门研究了"深圳新生代劳务工健康行为与生活质量研究"，以发现其对医疗卫生服务的需求特点。

在这些分析的基础上，本书给出了包括顶层设计、操作对策、专门经验总结和典型案例分析的系统研究成果：在顶层设计层面，通过"率先建立质量型发展理念下的医疗卫生服务体系的思路与顶层设计"提出"大胆"的体制机制改革方案和近期的政策抓手；而到应对具体问题层面，则在"深圳市社会经济平衡性对人口健康的影响研究"和"应对深圳人口健康转型的公共卫生政策"中有专门说明。解决这些问题，相当程度上要靠加强基层基础工作，深圳在这方面有"绝招"——发展完善社区健康服务。作为已有15年发展史的城市基础医疗和公共卫生服务一线机构，深圳"政府主导、社会参与、院办院管"的社区健康服务中心（以下简称社康中心）在改善基层医疗卫生服务上卓有成效。过去的成功经验是什么？未来面对质量型发展要求需要有哪些改进？"社康中心15年"给予了全面回答，使如何在基层实现"提质"有了具体的对策。考虑到在深圳率先实现质量型发展的过程中，各个行政区、功能区在推进医疗卫生事业一体化、均衡化发展中，也需要相互学习借鉴，发挥典型引导作用，2012年的《深圳人口与健康发展报告》就选择了目前各方面工作较有代表性的福田区作为案例，分析了"福田区人口卫生计生工作状况"，进行了"福田区人口与经济社会和谐发展的评价"，以福田为例从区级层面以定性分析和定量评价为基础回答了如何找出卫生计生工作的不足、实现提质增效的问题。

另外，在进行顶层设计时，必须将医疗卫生事业发展与经济社会发展关联起来，为此，本书各个报告的政策建议昭示着：有一个健康的人群，深圳才可能有一个健康的未来；没有医疗卫生事业的提质增效为保障，也就没有深圳市的质量型发展。

在小平同志南方谈话并肯定"深圳速度"20年后的今天，展望未来，深圳市的人口与健康状况可望通过医疗卫生事业的提质增效再上一层楼。但这种提升，还是需要一步一个台阶才可能实现。已经在国内足够发达的深圳，放眼10年后的全国乃至全世界，要继续领先并且全面领先，仍然需要在登顶之旅中再出发。从2012年开始，以后的《深圳人口与健康发展报告》，将逐年呈现深圳医疗卫生事业在率先实现质量型发展的征程中上台阶的历程，以书为证知上进。

Abstract

The theme of *Annual Report on Population and Health Development of Shenzhen* (*2012*) is "improving quality and increasing efficiency of medical and health service" and "taking the lead in the realization of qualitative development". Improvement of quality and increase in efficiency are the primary means of realization of qualitative growth with the limited administrative resources, especially the higher quality ones. The former mainly depends on reasonable allocation of health resources to promote the medical services balance of supply and demand, while the latter relies on varies measures, including increase services effects, control for medical care prices and improve the availability of the health services.

Although the medical and health services of Shenzhen have reached the first-place among domestic cities, no matter measured by the requirement of taking the lead in the realization of qualitative development or the medical demand for the millions of people in Shenzhen, there still existed many issues there, such as obvious difficulty of medical treatments and low level of fairness in public health. Facing these problems, what should we do? According to statistics and data from specific surveys, this firstly summarized the main problems of population and health development of Shenzhen and analyzed the factors of governance mechanism in detail. There were two aspects of innovations of this book: on one hand, a methodology of GAP analysis was applied in this study to quantitatively evaluate whether the supply of medical service can satisfy the demand for medical service. Since the method was widely used in other social development areas to analyze the relative gap between supply and demand, policy-makers and managers in health can take differentiated measures to promote reasonable allocation of health resources and increase efficiency of medical service based on the quantitative results. On the other hand, this book provided an more scientific analysis and evaluation of the true requirements for medical services according to the focus investigations and surveys, including "*Research on the Baseline Survey of Population and Health*" and "*Research on the Changes in the Gross and Structure of Admission Populations*". Accordingly, policy makers and managers could make the policy on the basis of the scientific and accurate information of demand for medical and health service rather than the unfunded

information. In addition, a special study —— "Research on the Quality of Life and Healthy Behaviors of New Generation of Migrant Workers", was conducted among new generation of migrant workers, who often have most influence on the achievement of qualitative development. It analyzed the quality of life and healthy behaviors so as to understand the characteristics of their demand for medical and health services.

On the basis of above analysis, this book made a complete introduction of results from systematic research from aspects of top-level design, operational countermeasures, specialized experience and typical case analysis. First of all, a study named "The Thought and Top-level Design of Medical and Health System of Shenzhen under the Idea of Taking the Lead in the Realization of Qualitative Development" was conducted in respect to the top-level design. Then, when it comes to specific problems, the explanations in detail were given by another two researches—— "Research on the Effects of Uneven Development of Society and Economics on Population Health of Shenzhen and Their Countermeasures" and "Research on the Supply Efficiency of Medical and Health System of Shenzhen and Their Countermeasures", respectively. Generally, primary health care plays an important role in solving these issues. Fortunately, there is an exclusive skill-to develop the community-based health care service by establishing Community Health Service Center (CHCs) in Shenzhen in this respect. CHCs, which was guided by governments, participated through society, and held and managed by hospital, have been served as the first-line institution for supply of basic medical services and public health for nearly 15 years and scored great achievements in improvements of medical services. The *Blue Book 2012* not only made a comprehensive summary to the experience of development of CHCs but also conducted an analysis of which respects should be improved according to the requirement for the qualitative development in the future. The conclusion was showed in the chapter of "The 15-year Old Developmental History of Community Health Service Center". As a result, it enables to improve the quality of medical services in grassroots work on the basis of detailed and specific measures.

Considering the course of the lead realization of qualitative development, each administrative region should learn from each other and pilot region plays leading role for promoting equalized development of medical and health cause. Thereby, this book selected the advanced Futian District as a representative case from the unit of a district to analyze the situations of populations, health and family planning work, and assess the coordinated development among population, economy, and society, in order to answer how to identify the shortcomings of health and family planning work in accordance with improvement of quality and increase in efficiency by combining qualitative and quantitative methods

Furthermore, while making a top-level design, it is necessary to associate development of medical and health with development of economy and society. Therefore, the proposed policy framework included in this book indicates that only with healthy population can Shenzhen have a healthy future. If there is no improvement of quality and increase in efficiency of medical services, the qualitative development of Shenzhen will never come true.

In prospect, it is sure that the population and health of Shenzhen will speed up through improvement of quality and increase in efficiency of medical services. However, it is the promotion that must be conducted step by step. Now, Shenzhen could be regarded as a developed city at home. However, if Shenzhen want to keep the leading position in each aspect in China or even in the world after ten years, there will be a long way to go. The progress of medical and health development will be recorded by the annual *Blue Book* from 2012 on. In short, the annual *Blue Book* provides evidences for the progress and "short boards" in medical and health development. In addition, they let Readers understand the real situations of medical and health development of Shenzhen.

前言
2012，深圳再出发

改革开放三十多年来，深圳发生了脱胎换骨的变化，昔日的小渔村已经发展成为泱泱大国的一线城市，人均GDP经常高居全国第一，城市综合竞争力也经常在各种评测中名列全国前茅。毋庸置疑，在这种变化中以"深圳速度"著称的经济发展功不可没。但在21世纪的今天，国家在追求科学发展，深圳也开始向质量型发展（"有质量的稳定增长、可持续的全面发展"）转型，这就使社会发展的重要性凸显。如果比照深圳在经济发展上的领先地位，深圳的社会发展还有一些方面相形见绌，尤其是人口与健康方面还存在不少短板。为此，最近几年，深圳市卫生和人口计划生育委员会（以下简称卫人委）以提质增效为目标，力求在"病有所医"这样的民生领域率先实现质量型发展。与这个过程相伴，自2011年起，深圳市卫人委与北京大学、中国社会科学院、国务院发展研究中心等单位组成的课题组[①]合作就深圳市的人口与健康进行研究，并将研究成果逐年记录于《深圳人口与健康发展报告》（在本书中也简称为蓝皮书），以分析深圳在人口与健康领域实现质量型发展需要应对的问题并科学记录这个过程。

2012年蓝皮书的主题是"提质增效、率先实现质量型发展"。实现质量型发展，在卫生资源总量尤其是优质资源仍然有限的情况下，提质和增效就成为改善相关服务的主要手段。其中，增效主要靠合理配置资源使供需相称，提质主要靠从质量、价格和可及性等方面完善相关服务。

---

① 以深圳市卫人委与北京大学社会学系为首，组织了国务院发展研究中心社会发展部、中国社会科学院人口与劳动经济所、北京行政学院社会学部、河北大学经济学院、广东医学院人文与管理学院和深圳市人口和计划生育科学研究所及深圳市卫人委若干下属单位的专家，成立了《深圳人口与健康发展报告（2012）》课题组。

尽管深圳的医疗卫生服务已经达到国内一流水平,[①] 但无论是按率先实现质量型发展的要求,还是按数以千万计的深圳人的医疗卫生需求来衡量,深圳市仍然存在看病就医困难和公共卫生服务供给公平度欠佳等现实问题。发现了这些问题,如何有效解决呢？本书从问题查找开始,依托常规统计数据和专项调查,进行了详细的问题制度成因分析。这其中,有两方面创新：一是创新性地将在其他社会事业领域进行供需量化分析以发现相对差距的GAP分析方法引入,以准确发现如何通过调整有关制度使卫生资源配置供需相称,达成"增效"。[②] 二是科学分析深圳市医疗卫生服务的现实需求。在本蓝皮书中,有专门的调查和研究了解这些需求：通过"人口与健康基线调查"基础上的"深圳常住人口就医需求及其变动趋势研究",使过去简单靠"拍脑袋定夺"的需求情况初步有据可依；而对深圳实现质量型发展影响最大的人群——新生代农民工,则专门研究了"深圳新生代劳务工健康行为与生活质量研究",以发现其对医疗卫生服务的需求特点。

在这些分析的基础上,2012年蓝皮书给出了包括顶层设计、操作对策、专门经验总结和典型案例分析的系统研究成果：在顶层设计层面,通过"率先建立质量型发展理念下的医疗卫生服务体系的思路与顶层设计"提出"大胆"的体制机制改革方案[③]和近期的政策抓手；而到应对具体问题层面,则在"深圳市社会经济平衡性对人口健康的影响研究"和"应对深圳人口健康转型的公共卫

[①] 对深圳的医疗卫生服务发展的总体状况评价,可从卫生部部长陈竺2011年12月22日在深圳市公立医院改革研讨会上的讲话中窥斑见豹："深圳市原来的医疗资源底子比较薄弱,但是政府加大了投入,而且多元办医格局也基本成型。特别是在区域卫生规划、优化资源配置方面,成绩显著。基层社康中心实现了全覆盖,与大医院之间建立了上下联动关系,形成了一个良好的格局。通过院办院管体制,使得上下层之间产生了一种天然的联系。常住人口居民医保覆盖很好。公共卫生各方面指标进步很大,医疗事故死亡率是全国大城市中最少的。"

[②] 卫生部部长陈竺2011年12月22日在深圳市公立医院改革研讨会上的讲话中认为："衡量一个地区、一个城市卫生事业的重要指标是投入产出比。从深圳实际来看,我觉得走出了一条有特色的卫生事业发展道路。深圳卫生事业发展的绩效属于上乘,因此,不能说深圳卫生事业实力弱,应该说有这样好的投入产出比是来之不易的。深圳医改五大重点任务的完成是比较全面的,产出效率好。"尽管如此,我们认为按全国数一数二的标准看,深圳在行政资源配置效率上仍有较大提高空间,必须从人群、区域和疾病谱三方面加强资源配置的针对性,才可能真正实现医疗卫生领域的质量型发展。这方面的内容,具体可参看本书分报告Ⅲ"深圳市医疗卫生服务的供给效率高吗"。

[③] 2012年11月,深圳市委书记王荣在接受中国新闻社记者采访时,明确表示"在经济发展和人民生活改善之际,中国社会领域的改革目前更多处于探索阶段,尚未来得及更为系统和彻底地从体制机制角度考虑。深圳未来将大胆地在社会建设领域做新探索,寄希望于在体制机制层面、在社会建设层面能够顺应时代发展的阶段性需要"。

生政策"中有专门说明。解决这些问题,相当程度上要靠加强基层基础工作,深圳在这方面有"绝招"——发展完善社会健康服务。作为已有15年发展史的城市基础医疗和公共卫生服务一线机构,深圳"政府主导、社会参与、院办院管"的社区健康服务中心(以下简称社康中心)在改善基层医疗卫生服务上卓有成效。过去的成功经验是什么?未来面对质量型发展要求需要有哪些改进?"社康中心15年"给予了全面回答,使如何在基层实现"提质"有了具体的对策。考虑到在深圳率先实现质量型发展的过程中,各个行政区、功能区在推进医疗卫生事业一体化、均衡化发展中,也需要相互学习借鉴,发挥典型引导作用,《深圳人口与健康发展报告(2012)》就选择了目前各方面工作较有代表性的福田区作为案例,分析了"福田区人口卫生计生工作状况",进行了"福田区人口与经济社会和谐发展的评价",以福田为例从区级层面以定性分析和定量评价为基础回答了如何找出卫生和人口计生工作的不足、实现提质增效的问题。

在小平同志于南方谈话中肯定"深圳速度"20年后的今天,展望未来,深圳市的人口和健康状况可望通过医疗卫生事业的提质增效再上一层楼。但这种提升,还是需要一步一个台阶才可能实现,已经在国内足够发达的深圳,放眼10年后的全国乃至全世界,要继续领先并且全面领先,仍然需要在登顶之旅中再出发。从2012年开始,以后的《深圳人口与健康发展报告》,将逐年呈现深圳卫生和人口计生事业在率先实现质量型发展的征程中上台阶的历程,以书为证知上进。

在本书的写作中,我们运用了不同的方式以使研究成果深入浅出、形象生动。还对一些较宏观或易被误读误用的概念进行了界定或说明,以使描述准确。比如质量型发展的定义,从管理水平角度如何将提质增效落到实处,管理体制和机制有何不同,我们在正文中或通过脚注的方式对其进行了详细解释和说明。在对问题的描述过程中,我们尽量多举实例和打比方,希望读者能够对深圳人口与健康领域仍然存在的问题有更为直观和感性的认识。为使读者能够充分理解各分报告的逻辑关系和把握每个报告的重点内容,让读者朋友在匆匆浏览中就能晓其大意,我们在每个报告的开头都总结了本部分要点,在多数报告的结尾设计了本部分小结;对于一些有利于读者阅读和理解,但又不便于放入正文中的内容,我们通过脚注进行了阐释;为使读者查找方便,我们将进行了直接引用的相关参考文献在每章末尾或在脚注中标出,不再在全书末单列参考文献;为使内容形象直观,我们做了大量图表,有关图表符号的意思举例如下:图1表示报告一(从前言开始顺序计数)的1号图。

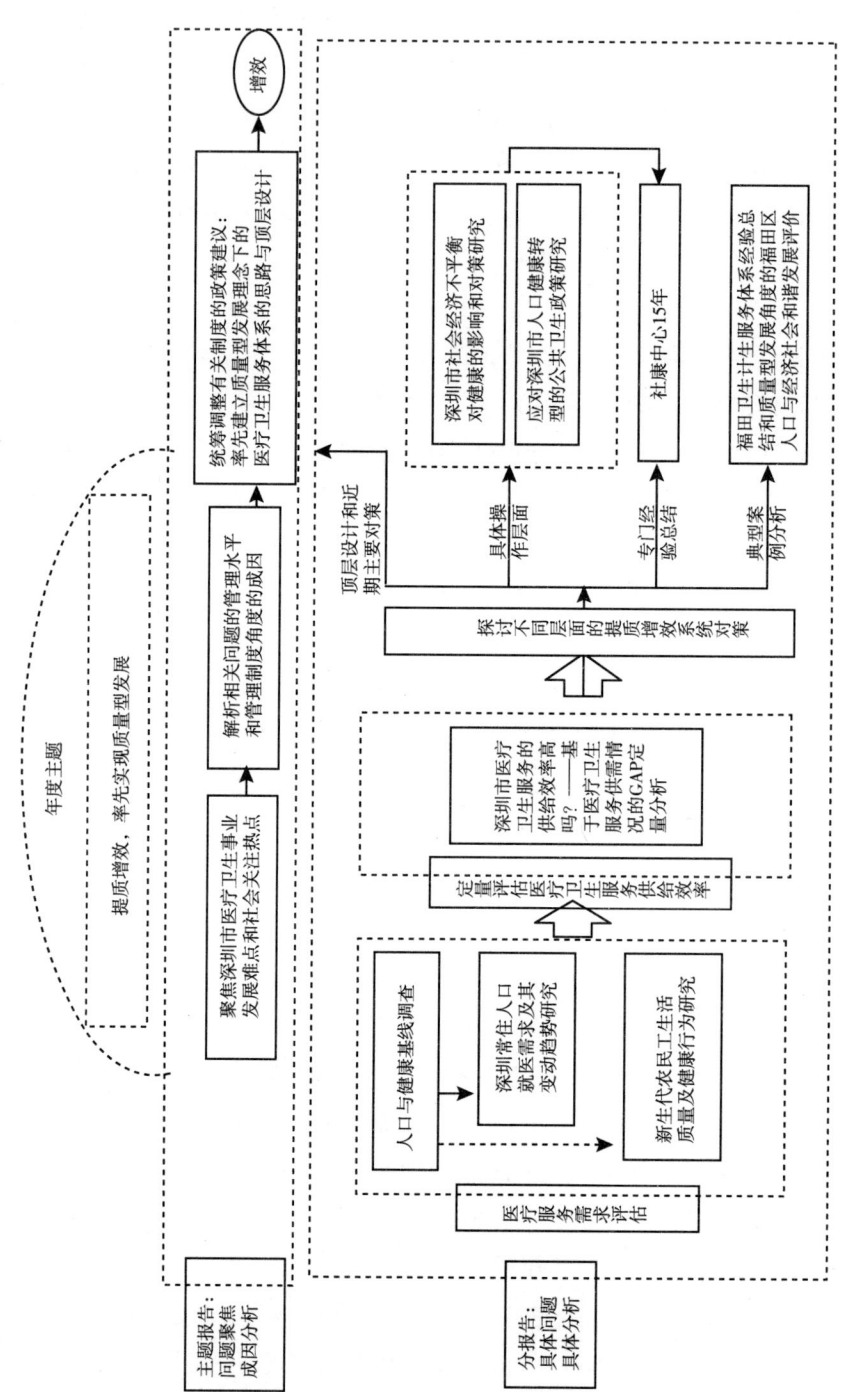

图1 《深圳人口与健康蓝皮书（2012）》内容结构

| 前言 2012，深圳再出发

为了使读者在惊鸿一瞥中就能总览2012年《深圳人口与健康发展报告》的全貌及其各分报告之间的逻辑关系，我们将全书的内容结构用图1来凝练。

图1中这么多的内容，已经尽我们课题组所能展现了在"提质增效"这个年度主题下深圳人口与健康事业的发展状况，但相对数以万计的深圳卫生和人口计生战线工作者创造的成就而言，相对数以千万计的深圳市民的现实需求而言，这些内容仍有挂一漏万之嫌，也因此欢迎广大读者指出我们的疏漏和谬误（可以按后附的作者邮箱联系，在此先谢），我们将在2013年的《深圳人口与健康发展报告》中尽力弥补。

本书是联合执笔，各分报告的作者已标注在每个报告末尾，课题组核心成员包括深圳市卫人委主任江捍平和副主任罗乐宣，北京大学社会学系陆杰华教授（lujiehua@pku.edu.cn），国务院发展研究中心社会发展部苏杨研究员（suyang1@263.net），中国社会科学院人口与劳动经济研究所王广州研究员（wanggz@cass.org.cn），河北大学经济学院王金营教授（wangjy369@263.net），北京大学社会学系李建新教授（ljx@pku.edu.cn），北京大学公共卫生学院吴明教授（w_ming@126.com）和北京行政学院社会学教研部尹德挺副教授（ydt1314@163.com）。全书由北京大学陆杰华和国务院发展研究中心苏杨统稿。

在小果初成之际，还需要说明，这个虽不完善但也涉及广泛的成果远非课题组的功劳，在调研选题、现场调查、数据收集和分析、理论探讨和文字修订等工作中，深圳市的相关部门，尤其是深圳市卫人委的相关处室鼎力相助；深圳市人口和计划生育科学研究所也为课题立项、课题实地调研等工作付出了大量的心血；社会科学献出版社的责任编辑丁凡，精心编辑，使本书的规范性有了显著提高。对他们表达由衷谢意，才使我们能心安搁笔。

《深圳人口与健康发展报告（2012）》课题组
2012年11月

目 录

BⅠ 总报告

B.1 率先建立质量型发展理念下的医疗卫生服务体系的思路与
顶层设计 …………………………………………………………… 001
    一 深圳医疗卫生工作的成就和质量型发展对深圳医疗卫生
       工作提出的要求 ……………………………………………… 002
    二 老问题：深圳医疗卫生工作的不足及其成因 ………………… 006
    三 新目标：深圳在人口与健康领域的质量型发展目标 ………… 022
    四 深圳医疗卫生事业率先实现质量型发展的顶层设计和近期措施 … 026

BⅡ 分报告

B.2 深圳常住人口就医需求及其变动趋势研究 ……………………… 033
    一 深圳市民就医需求的历史与现状 …………………………… 034
    二 医疗服务需求影响因素分析 ………………………………… 042
    三 未来就医需求预测 …………………………………………… 047
    四 主要问题 ……………………………………………………… 050
    五 应对深圳人口与健康问题的对策措施 ……………………… 054

B.3 深圳新生代劳务工健康行为与生活质量研究 …………………… 057
    一 深圳劳务工状况 ……………………………………………… 057

　　二　新生代劳务工健康现状及影响因素分析 …………………… 065
　　三　新生代劳务工生活质量及影响因素分析 …………………… 080
　　四　政策建议 …………………………………………………… 091

B.4 深圳市医疗卫生服务的供给效率高吗
　　——基于医疗卫生服务供需情况 GAP 分析 ………………………… 097
　　一　GAP 分析的基本思路和技术方法 …………………………… 098
　　二　医疗卫生服务需求、供给指标选择依据 …………………… 101
　　三　深圳各区医疗卫生服务供需情况比较 ……………………… 108
　　四　医疗卫生服务供需相称情况的城市间对比分析 …………… 129

B.5 深圳市社会经济均衡性对人口健康的影响研究 …………………… 137
　　一　宏观背景 …………………………………………………… 137
　　二　文献综述和理论框架 ……………………………………… 139
　　三　研究方法与数据来源 ……………………………………… 152
　　四　深圳市人口健康及其均衡性状况 ………………………… 153
　　五　深圳社会经济发展均衡性对人口健康影响的作用路径 …… 157
　　六　提升深圳社会经济发展均衡性与人口健康公平性的政策
　　　　建议 ………………………………………………………… 177

B.6 应对深圳人口健康转型的公共卫生政策 …………………………… 180
　　一　研究背景 …………………………………………………… 180
　　二　深圳人口健康转型及其影响因素 ………………………… 182
　　三　深圳市公共卫生服务提供状况及其面临的挑战 …………… 186
　　四　深圳市公共卫生政策分析及相关问题探讨 ………………… 191
　　五　政策建议 …………………………………………………… 202

B.7 社康中心 15 年 ……………………………………………………… 205
　　一　引言 ………………………………………………………… 205
　　二　深圳社康中心发展的背景、脉络与定位 ………………… 208
　　三　深圳社康中心发展的主要做法与成功要素分析 …………… 214

四　深圳社康中心的绩效评估分析 …………………………………… 223
　　五　深圳社康中心发展面临的瓶颈问题剖析 …………………………… 237
　　六　国内外社区卫生健康服务中心的经验与借鉴 ……………………… 244
　　七　进一步完善深圳社康中心的政策框架 ……………………………… 254

B.8　福田区卫生计生服务体系建设的改革创新和经验总结 ……………… 261
　　一　宏观背景 ………………………………………………………… 261
　　二　新时期福田区人口主要特征与卫计服务需求分析 ………………… 265
　　三　福田区卫计服务体系建设现状分析 ………………………………… 277
　　四　福田区卫计服务体系建设的改革探索与主要经验 ………………… 280
　　五　福田区卫计服务体系建设的难点和挑战分析 ……………………… 287
　　六　福田区卫计服务体系建设的努力方向和改革思路 ………………… 291

B.9　质量型发展角度的福田区人口与经济社会和谐发展评价 …………… 302
　　一　福田区人口发展与经济社会发展的历史背景和现状 ……………… 302
　　二　人口与经济、社会和谐发展的一般理论及城市区位发展理论 … 315
　　三　人口与经济、社会和谐发展的评价及存在问题 …………………… 322
　　四　福田区人口与经济、社会和谐发展的对策建议 …………………… 346

皮书数据库阅读**使用指南**

CONTENTS

B I General Report

B.1 Top Design of setup quality-oriented healthcare system in shenzhen keeping headstart in china / 001

    1. Achievement of Shenzhen's healthcare system and task in future based on the quality-oriented development target / 002

    2. General questions: the shortcoming of Shenzhen's healthcare system and its factors / 006

    3. New targets: Shenzhen's targets of healthcare system based on the quality-oriented development / 022

    4. Top design and detailed countermeasures of setup quality-oriented healthcare system in Shenzhen / 026

B II Sub-Report

B.2 Study on the healthcare needs and their trends of resident population in Shenzhen / 033

    1. The history and present situation of healthcare needs of Shenzhen's resident population / 034

    2. The factors of needs changing of healthcare services / 042

    3. Forecasting of future needs of health care / 047

    4. Analysis of existing main questions / 050

    5. Countermeasures to deal with main questions / 054

B.3 Study on health-related bahave and living quality of new generation floating working population / 057

    1. The present situation of new generation floating working population / 057

    2. The total health situation and its related factors of new generation floating working population / 065

    3. The living quality and its related factors of new generation floating working population / 080

    4. Countermeasures on improving the health situation and living quality of new generation floating working population / 091

B.4 How to appraise the efficiency of Shenzhen's health care system
—based on GAP analysis / 097

    1. The technical principle and route of GAP analysis / 098

    2. How to decide the index of provision and requirement of healthcare / 101

    3. Quantative comparison of efficiency of health care system among the sub-districts in Shenzhen / 108

    4. Quantative comparison of matching efficiency between provision and needs among the first-level cities in China / 129

B.5 Study on the population's health influence result from the equlibrium situation between ecomomical and social development / 137

    1. The related macro background analysis / 137

    2. Document summary and theoretical frame / 139

    3. Methodology and data resource / 152

    4. The health and related equlibrium situation of Shenzhen's population / 153

    5. The influencing mode of equlibrium situation between ecomomy and social development on population's health situation / 157

       6. Countermeasures on improving the equilibrium
          between economical and social development
          and the fariness of healthcare public service / 177

B.6 Public health measures adjustment on the changing of Shenzhen's
     population health situation / 180
       1. Research background / 180
       2. The changing of Shenzhen's population health situation
          and its related factors / 182
       3. The present situation and its challenge of public
          health service in Shenzhen / 186
       4. Analysis on Shenzhen's public health policy / 191
       5. Countermeasures adjustment suggestion / 202

B.7 The 15 years' development of Regional Community Health Center
     in Shenzhen / 205
       1. Basic introduction / 205
       2. The situation of regional community health center / 208
       3. The experience summary of regional community health center / 214
       4. Quantative effect appraisal of regional community health center / 223
       5. Analysis of main obstacles of regional community health center / 237
       6. The abroad experiences and enlightments of regional
          community health center / 244
       7. Policy frame design for improving regional community
          health center / 254

B.8 The reform experience of healthcare and family planning service
     system in Futian district in Shenzhen / 261
       1. The related background / 261
       2. Analysis on population characteristics and requirement
          of healthcare and family planning service / 265
       3. Analysis on the present situation of healthcare
          and family planning service system / 277

  4. The reform experience of healthcare and family
    planning service system / 280
  5. The focus and obstacles of healthcare and family
    planning service system in Futian / 287
  6. Developing direction and detailed measures of healthcare
    and family planning service system in Futian / 291

B.9 **Quantative quality-oriented appraisal of matching situation among population and economical and social development in Futian district** / 302
  1. The history and present situation of population
    and economical and social development in Futian district / 302
  2. Theory on population and economical and social
    development and city location / 315
  3. Quantitative appraisal on population and economical
    and social development in Futian district and main conclusion / 322
  4. Countermeasures on population and economical
    and social development in Futian district / 346

总 报 告

General Report

B.1
率先建立质量型发展理念下的
医疗卫生服务体系的思路与顶层设计

崔祥芬 苏 杨 陆杰华

摘　要：①深圳的医疗卫生工作总体上名列全国前茅。但比照深圳在经济发展上的全国领先地位，考虑深圳向质量型发展的新目标和市民对医疗卫生工作的新期待，深圳的社会发展尤其医疗卫生事业还有四方面问题：市民健康状况存在较为明显的人群差异和地域差异；医疗卫生资源总量不足且布局有一定程度的失衡；医疗卫生服务质量和效率有待进一步提高；医疗卫生服务尚未充分考虑人群公共卫生服务需求的特殊性。

②未来要通过建立基层机构公益性较强的资金机制、以"需"定"供"的行政资源配置机制、人力资源管理机制和监督机制来根治前述问题。

③近期主要通过"提质"和"增效"来改善相关服务。"增效"的途径主要有二：一是通过进一步优化医疗卫生资源的配置和机构、专科间的布局，可在一定程度上"增效"，并提高医疗卫生服务的可及性和公平性；二是通过加大力度培育优质卫生资源，可提高医疗服务效果。提质则主要通过

推进医疗服务价格体系改革和完善社会医疗保障体系,提高医疗卫生服务公平性和可及性,以降低患者的费用负担。

关键词: 质量型发展理念　医疗卫生服务体系　顶层设计

深圳,这座改革开放以来在全国领跑了30多年的明星城市,如何继续领跑?深圳市政府的回答是质量型发展,深圳市卫生和人口计划生育委员会的回答是提质增效。① 但针对深圳人口和健康领域的突出问题,按深圳市相关"十二五"规划的目标来要求,这样的发展路径是否是一条直达目标的快车道呢?《深圳人口与健康发展报告》课题组(以下简称课题组)在今年的研究工作中,从深圳医疗卫生领域的问题查找开始,分析这条发展路径的合理性与可行性,并在此基础上进行深圳的医疗卫生领域体制机制改革的顶层设计。

一 深圳医疗卫生工作的成就和质量型发展对深圳医疗卫生工作提出的要求

(一) 成就显著

深圳是我国改革开放的重要窗口,在经济发展中,深圳特区取得了举世瞩目的成就,成为一个广为传颂和演绎的经典;在医疗卫生领域的发展中,深圳市也有不凡的成就,使深圳人的平均健康水平总体上跃居全国前列:"2011年,全人口孕产妇死亡率由2005年的17.81/10万下降到7.34/10万,婴儿死亡率由4.30‰下降到2.30‰,全市居民平均期望寿命由76.75岁提高到78.25岁。"仅就医疗卫生系统自身的建设来看,也成就显著:从一穷二白起步,在医疗机构和队伍的数量、质量上有不少指标达到了国内一流水平,可从以下四方面总结。

——卫生资源大幅增加。近些年来,深圳市各类卫生资源大幅增加。如"十一五"期间,医疗卫生机构数包括社康中心和床位数分别增加了1035家和

---

① 在"十二五"期间实施"一大一小"发展战略,完成铺摊一阵子任务的基础上,实施了"提质增效"战略提高发展质量。

7255张，累计增长率分别为72.4%和43.1%，每千人口床位数由2.03张增至2.30张，卫生工作人员增加了23702名，累计增长49.1%，每千人口拥有执业（助理）医师数由1.40人增至2.16人；同时，基层社区计划生育专干队伍得到进一步充实和优化，截至2010年底，在678名计生服务技术人员中，大专以上学历和中高级职称技术人员比例分别为77.14%和46.46%。

——医疗卫生服务水平不断增强。医疗卫生服务水平包括医疗卫生服务供给能力、资源使用效率和服务质量三方面。"十一五"期间，深圳市医疗卫生服务水平呈现出"三增长"的现象，医疗服务工作量持续增长，各级医疗机构门诊工作量（总诊疗人次）和住院工作量（出院病人数）各增加4823.15万人次和41.34万人次，分别以14.0%和9.8%的速度逐年递增；卫生资源使用效率不断提高，医疗机构病床年周转次数增加6.7次，增长20.1%，病床使用率增加10.3个百分点，医院医生人均日担负诊疗人次增长55.6%，担负住院床日数增长12.6%；市民对全市医疗机构的满意度逐年提高，在2009年度广东省三甲医院服务满意度调查中，深圳市被调查的四家医院分列全省第二、四、六、八名。

——公共卫生服务能力显著提高。"十一五"期间的深圳市公共卫生服务网络已较为完善。至2011年末，全市共有疾病预防控制机构8家，妇幼保健机构7家，慢性病防治机构7家，卫生监督机构27家（其中包括市级1个、区级7个、街道级23个），健康教育机构3家，专科疾病防治机构2家，采供血机构3家，急救中心（站）2家，拥有疾病控制人员847人，慢性病防治人员1313人，妇幼保健人员871人，卫生监督机构人员1880人，逐步建成了市、区、街道三级卫生应急工作网络。目前，深圳市有611家社区健康服务中心，有效地为居民提供了"六位一体"的基层卫生服务。

——卫生相关体制机制改革初见成效。深圳作为全国16个公立医院试点改革城市之一①，目前基本取得了"人民群众得实惠、医务人员受鼓舞"的成

---

① 卫生部等五部委于2010年发布《关于公立医院改革试点的指导意见》。根据指导意见，我国选出16个城市作为国家联系指导的公立医院改革试点地区，积极稳妥推进公立医院改革试点工作：东部6个，包括辽宁鞍山、上海、江苏镇江、福建厦门、山东潍坊、广东深圳；中部6个，包括黑龙江七台河、安徽芜湖和马鞍山、河南洛阳、湖北鄂州、湖南株洲；西部4个，包括贵州遵义、云南昆明、陕西宝鸡、青海西宁。

果。①在公立医院改革中，深圳市不仅在建立现代化行业管理体制上取得重大突破，②还通过调整医疗服务价格、增设医事服务费，初步理顺了对医务人员的激励，促进医务人员通过提高技术水平、提供优质服务获得回报；同时，配合医保支付方式改革，③积极稳妥地推进了药品集中招标采购工作和医疗器械集中品牌采购，控制了医院成本，减轻了患者负担。

（二）取得成就的经验

必须认识到，深圳市医疗卫生事业发展迅速并不是偶然的，有四方面的原因在发挥作用。

——政府比较重视，并体现在人、财、物等行政资源投入上，这是深圳的医疗卫生工作总体处于全国一流水平的物质基础。例如，在政府财力投入水平上，深圳市、区两级政府每年按常住人口人均40元不等的标准核拨基本公共卫生补助经费，显著超过全国平均水平；又如，在政府投入方式上，建立分类保障机制：对于公共卫生机构政府基本上全额保障；对于社区卫生机构定向补助与定额补助相结合；对于具有防与治双重职能的机构，如妇幼保健机构，公共卫生的人员全额拨款，承担的公共卫生工作按照项目补助。

——医疗卫生服务体系健全且基层力量较强，使开展医疗卫生服务的硬件条

---

① 公立医院推行医药分开改革后，深圳市门诊人次均费用与去年同期相比下降了3.1%，每门诊人次个人账号支付减少了312元。此外，诊疗行为得到规范。深圳市药品收入占业务收入下降到33.1%，同比下降了4个百分点。深圳市公立医院门诊患者抗菌药物处方比例下降到15.4%，同比下降3.3个百分点，低于20%的国家标准。在调动医务人员积极性方面，深圳市明确医院提高的诊查费等纳入医务人员的绩效工资予以分配，医务人员收入水平普遍提升。
② 卫生部部长陈竺2011年12月22日在深圳市公立医院改革研讨会上讲话，认为深圳"医改五大任务基本完成……三年以来，深圳市医药卫生体制改革按照国家要求，规定动作完成得很好，五大任务基本完成，而且在体制机制创新方面给全国创造了好经验，我也多次来调研过，应该充分肯定……在'大卫生'的基础上，应该如何革除管办不分的弊病，采取哪些具体措施，各个地方都在进行一些艰苦的探索，我认为深圳找到了一条正确的道路，就是在'大卫生'的框架下，由一个相对独立的事业型机构行使政府出资人的责任，管理医院的人事、财务和资产。这样的定位是非常准确的。通过政府规章或地方法规明确医管中心的职能及其与政府各个部门和公立医院的关系，医管中心接受卫生行政部门行业监督和业务指导，资源配置通过卫生部门下达，党组织关系由卫生党工委领导，这样就比较好地解决了一些地方出现的横向分开问题"。
③ 2010年，综合医保、住院医保、劳务工医保参保人住院费由统筹基金支付的比例分别达到89%、86%和77%。

件较好。深圳市医疗卫生服务体系由市、区医疗卫生服务提供机构以及社区健康服务中心（以下简称社康中心）三级机构组成，其中公共卫生机构得到特别加强：按照疾病性质和公共卫生工作的不同特点（如防控手段的不同）将市、区级的专业公共卫生服务机构细分，除了常规的CDC、卫生监督机构、健康教育机构和妇幼保健机构外，还独立分出慢性病防治中心、职业病防治院、精神卫生中心等机构。此外，在部分区还有街道层面的预防保健所。在社区层面的社康中心实行院办院管，主要依托公立医院的较好资源，显著提高了基层医疗卫生服务水平。

——相关改革先行先试。深圳不仅在医疗机构综合改革等基本医疗卫生制度建设上走在了全国前列，也是公立医院改革的试点城市，在推进公立医院管理体制、运行机制、监管机制和服务模式等创新方面卓有成效。另外，"十一五"期间深圳市在提高医疗队伍专业技能和医风医德上还进行了一些探索，[①] 相关机制创新使群众看病就医困难问题得到较好解决。

以上这些方面，已经且还将为深圳市医疗卫生事业的保持全国一流水平并在某些方面再上台阶提供驱动力。

（三）跳出行业看成就

从现状数据来看，可认为深圳的医疗卫生工作总体上属于全国一流。但比照深圳在经济发展上的全国领先地位（经常位列人均GDP全国第一），考虑深圳向质量型发展的新目标和市民对医疗卫生的新期待工作，深圳的社会发展尤其医疗卫生事业还有一些不足，有些甚至是发展短板。而且，必须认识到深圳弥补这些不足的举措从全国来看可能具有先发意义：从速度型发展转向质量型发展，最困难的就是社会发展与经济发展同步。从各国的发展经验看，单纯的经济增长并不能保障人类社会的可持续发展，更不必然与广泛的民生改善关联。在保持经济增长的同时，必须协调好经济发展与社会发展之间的相互依存与相互制约的关系。具体到深圳，这个流动人口比例全国第一的主导大城市，要实现经济社会协调发展、对全体居民逐步给予同等市民化服务，必须将发展

---

① 实施了"两大提升工程"，即重点学科建设和医疗水平提升工程、职业精神建设和满意度提升工程。

方式转变到质量型发展上来，这样才能构建公平正义的和谐社会。所以，在我国目前这样的发展阶段，深圳的这种转型具有率先意义，能为整个中国、为国际社会提供一个发展中国家实现质量型发展的样板。正因如此，需要高标准地看待深圳医疗卫生事业现存的问题，以使深圳这个全国样板在医疗卫生领域也名副其实。

二 老问题：深圳医疗卫生工作的不足及其成因

总体来说，纵向来看，深圳的质量型发展初见端倪，医疗卫生方面实现质量型发展的条件也很好。但按全国一流标准看待，深圳市医疗卫生服务要解决的核心问题不仅包括全国共有的"看病难"和"看病贵"，还存在基本公共服务供给公平性不高（包括供需差距较大和地域分布不均衡）等问题。正如深圳市委书记王荣所言："与经济社会的其他领域，与深圳这座城市31年创造的奇迹相比较而言，深圳市医疗卫生事业确实有短腿……在医疗卫生事业方面，我们确实有供给不足、条件受限的问题……老百姓对我们的要求，兄弟城市对我们的评价，主要集中在医疗技术以及医疗专科、个性化医疗体现方面，集中在医疗服务能力与大家的期盼有一定差距方面。"[①] 以课题组2012年3月进行的深圳市"人口与健康基线调查"和其他统计数据为依据，结合本书中"深圳市医疗卫生服务供给 GAP 分析"[②] 的结果，我们将深圳医疗卫生工作的不足总结为以下两方面。

（一）总体上看，看病就医困难仍是深圳通病

看病就医困难问题是深圳乃至全国医疗卫生服务的共性问题，集中了最多的民怨。卫生部部长陈竺在作"深化医药卫生体制改革形势报告"时，指出"看病难"分为"绝对性"看病难和"相对性"看病难两种。前者是指由于医疗资源绝对不足无法满足基本医疗卫生服务需求的"看病难"，后者是指由于优质医疗资源相对于居民需求的不足，特别是高端人群对优质资源的需求难以满足，造

---

① 引自2011年12月8日深圳市委书记王荣在调研医疗卫生事业座谈会上的讲话。
② 参见本书分报告 B.4。

成患者去大医院看专家"难"。深圳尽管是全国经济最发达的特区,① 但两种类型的看病就医困难也概莫能外。② "绝对性"看病就医困难在深圳的体现相对不明显,"相对性"看病就医困难更多一些,且存在较明显的地域差别:发展较好的中心城区有较多的优质资源,看病现象就比较轻微,而原关外地区以及后发城区就较为突出。③

"看病贵"一般是指实际医疗费用高于群众获得基本医疗服务所期望的费用。从社会发展角度看,全社会医疗费用的总水平有一种不断增长且增速居高不下的趋势,但如果不能有效控制,当它超过了整个社会的承受能力时,就会影响经济社会的可持续发展。深圳的看病就医困难,与深圳的人口结构有关:作为全国最大的"倒挂型"城市④和低收入劳务工数量较多的城市,深圳仍有大量收入较低而医疗卫生保障程度较差的人群,这些人群较易与看病就医费用关联起来,使深圳这样发达且公共服务总体上供给水平较高的城市仍然有"规模不小"的看病费用较高情况。近年来,深圳市"两费"⑤逐年增加(见图1)。2010年,全市各级各类医院(包括妇保院和专科疾病防治院)门诊病人(次)均医药费用131.8元,较上年增长7.1%。住院病人人均医药费用6241.0元,较上年增长8.8%。医药费用增幅低于深圳市居民人均可支配收入增幅(2010年1~3季度,深圳市居民家庭人均可支配收入较上年同期增长10.4%)。住院病人人均医药费用占居民年人均可支配收入的比例为19.6%,全国为34.7%,在15个副省级城

---

① 2010年深圳市全市国内生产总值9510.91亿元,位列中国城市第四位,人均GDP约为95000元,位居全国大城市第一。
② 但本研究从改善民生视角研究深圳的问题,更关注基本公共服务部分,认为高端人群对优质资源的需求在深圳的医疗卫生服务问题中是次要的。
③ 深圳市目前仅有4家三甲医院,均位于福田和罗湖两个原关内中心城区。深圳市市属医疗机构也主要分布于原关内四区,相关的优质卫生资源也主要配套于这些医疗卫生机构,原关外地区优质卫生资源相对较少,即便可以跨区域享受相关的医疗卫生服务,距离、时间上的可及性也较关内弱。深圳市儿童医院负责人曾谈及:"儿童医院每年收到的400多件信访投诉件中,80%投诉门急诊尤其是内科门急诊'等候时间长、住院难、留观难'的问题,在就诊高峰期,门急诊患儿等候时间一般要5个小时,即使烧到39℃的患儿,急诊时也要长时间等候,导致急诊不急的现象时有发生。"具体参见《深圳特区报》:http://www.s1979.com/shenzhen/201204/1932786519_2.shtml。
④ 即常住人口中非本地户籍人口反而占据较高比例。深圳是中国内地最大的"移民"城市,户籍人口与非户籍人口严重倒挂,2010年底深圳常住人口中,约有798万人是非户籍人口,占常住人口的77%。
⑤ 两费分别指出院者每次平均住院费用和平均每诊疗人次费用。

市中，仅高于成都和哈尔滨市；门诊病人（次）均医药费用占居民月人均可支配收入的比例为4.9%，全国为11.2%，在15个副省级城市中最低，这从一个侧面表明深圳市看病贵的问题不是其最主要问题。

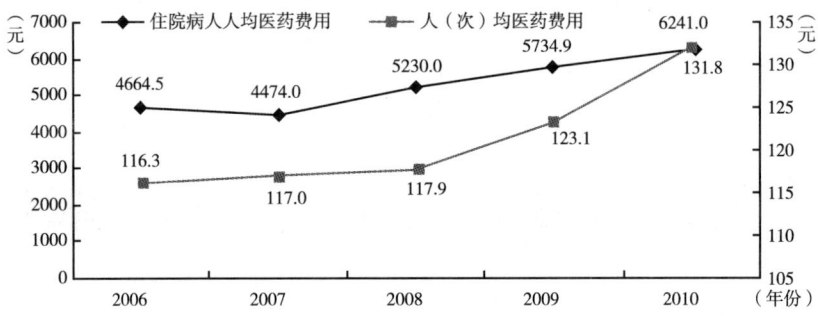

图1 2006～2010年深圳市医疗人均卫生费用变化情况

（二）医疗卫生服务供给公平性欠佳，市民健康状况存在较为明显的人群差异和地域差异

医疗卫生服务供给不公平也是我国医疗卫生领域的一个共性问题，但深圳市也有一些自身特有的问题，这包括资源总量不足和分布失衡并存、资源主要集中于原关内而人流主要集中于原关外的矛盾等，深圳市公共卫生服务领域的个性问题是：服务供给和人群需求存在空间分布的不协调。在公共卫生资源配置方面，政府对公共卫生财政投入的欠账较多，投入水平存在明显的区域差距，相应地人力、物力资源也存在地域差别，而从人群需求[①]看，公共卫生服务需求量大的群体刚好集中于资源相对匮乏的龙岗和宝安两区。这种不公平，使深圳人的健康状况有以下三方面特点。

1. 深圳市全人口个别健康指标有进一步上升的空间

虽然深圳市全人品健康状况总体上已达到全国一流的水平，但个别指标的数

---

① 深圳市外来务工人员多，其中多数来自农村地区。相当一部分人健康意识薄弱、卫生保健和职业卫生知识贫乏、自我保护意识和能力较差，目前职业病成为深圳市不可忽略的健康问题之一；深圳市人口中生育期妇女所占比例在国内城市中名列前茅，因而妇女儿童的卫生保健是深圳市较具特点的医疗卫生服务需求。其中，外来流动人口具有流动性大、主动性和依从性较差的特点，对妇幼保健服务利用不足，其妇女和儿童健康问题相对严重。

据与全国存在一定差距。如2011年深圳市孕产死亡率下降为7.34/10万,与北京(9.09/10万)和上海(7.36./10万)两个一线城市存在一定的差距;此外,深圳市2011年居民期望寿命为78.25岁,低于北京(80.80岁)和上海(82.13岁),且居民基本健康知识知晓率(67.10%)也明显低于北京(72.26%)和上海(82.00%)两城市。

2. 部分健康指标存在明显的人群差异

人群差异主要体现在常住人口和流动人口之间。虽然深圳市人群健康总体上已达到全国一流水平,如2011年深圳市全人口孕产妇死亡率为9.89/10万(常住人口7.34/10万),优于北京(13.1/10万),差于上海(6.6/10万);但流动人口的孕产妇死亡率为12.7/10万,高于常住人口,流动人口的婴儿死亡率、婴儿死亡率和五岁以下儿童死亡率分别为7.73‰、3.5‰和4.62‰,均高于常住人口的三项指标(分别为5.43‰、2.29‰和2.98‰),流动人口的新生儿破伤风发病率为0.14‰。对于深圳这样的倒挂型城市①而言,这种人群差异意味着医疗卫生领域规模巨大的社会分层现象,是易于引发社会不稳定的重要因素。

3. 人群健康状况存在显著的地域差别

深圳市人群健康的地域差别可见于两方面:首先是人群健康指标的地域差别。原关内外社会经济发展水平的较大差异,不仅体现在人均GDP上,而且体现在部分健康指标存在明显的地区差异。一方面,宝安区、龙岗区整体经济发展水平落后于其他四区;另一方面,原关外的部分人口健康指标,如在低龄组以及劳动年龄段人口的死亡率上,高于全市平均水平,经济水平与健康状况两者之间存在明显的相关关系。例如,宝安和龙岗两区10岁以前人口的年龄别疾病死亡构成比例显著高于全市平均水平,在15~55岁人群中间,疾病死亡构成比例也略高于全市平均水平。从公共卫生服务的均衡性来看,深圳公共卫生工作仍存在区域发展不平衡的状况。例如,预防接种工作发展不均衡,接种率相差较大,加强免疫接种率偏低。其中,宝安区的乙脑疫苗加强免疫接种率偏低,龙岗区的百白破加强免疫、麻疹复种、乙脑加强免疫接种率偏低,光明新区的百白破加强、麻疹复种、乙脑基础免疫和乙脑加强免疫接种率指标均偏低。其次是职业病区域分布的差异。在改革开放的30多年时间里,深圳产业发展的不均衡性导致了企

---

① 即在实有常住人口中,居住半年以上的流动人口占比超过50%的城市。

业职工职业病的地区分布差异显著。从地理位置上看，宝安、龙岗两区均在原关外，以小型涉外企业、个体私营企业为主。此类工厂（企业）劳动环境有待改善，作业场所职业卫生设施不足，职业病防治措施落实不够，大部分工厂（企业）未建设项目职业卫生"三同时审查"，因而职业病发病率相对较高。

（三）深圳医疗卫生事业问题的直接成因

看病就医困难和"公共卫生服务公平性欠佳"是当前深圳市医疗卫生事业发展面临的主要难题。如前所述，当前全国范围的"看病难、看病贵"是客观存在的社会现象，作为改革开放的深圳特区也存在同样的问题。出现这样的问题，其主因与全国相仿，但也有一些因素是深圳相对来说比较显著的。

1. 医疗卫生服务费用较高的直接成因分析

（1）重经济发展，政府财政对医疗卫生事业的历史性投入不足。

经济高速发展带动深圳市人口规模不断膨胀，流动性巨大，增加了工伤事故、中毒、传染病等一系列的社会问题。而真正解决这些社会遗留问题的社会主体确属医疗卫生机构，它在承担基本医疗卫生服务的同时还要承担很多的公共卫生责任，医院的业务工作量与日俱增，但政府的财政投入却有减无增，[①] 有时甚至难以从政府获得相应补偿，给医院造成较重的生存压力。与此同时，现行医疗收费标准中，诊疗费、手术费等体现医务人员劳务价值的收费标准严重偏低，而并不能较好体现医务人员劳务价值。日益激烈的市场竞争和强大的生存压力，导致医院正常运转和发展资金要靠自己"另谋出路"，一定程度上促进了医院创收的市场行为。所有公立医院面对巨大的市场需求造成编制床位和编制人员不足，但又无法补充编制，不得不自行增加病床，聘请医务人员，这部分支出得不到政府补助，最后还是通过医疗服务收费来弥补，于是出现了大处方、滥检查等过度使用诊疗手段的现象，另外现行的举证倒置制度[②]也会迫使医务人员过度使用诊

[①] 以深圳市人民医院为例，2010 年，该院的门诊量和住院人数分别为 2767265 人次和 57080 人次，较上年增长了 4%和 6%，但同期财政投入却缩减为 2009 年（3990 万元）的三分之一左右，仅为 1199 万元。

[②] 2002 年 4 月 1 日实施的《最高人民法院关于民事诉讼证据的若干规定》的第 4 条规定："因医疗行为引起的侵权诉讼，由医疗机构就医疗行为与损害结果之间不存在因果关系及不存在医疗过错承担举证责任。"

疗手段，导致医疗费用增加，老百姓感觉服务与价格不相符。2010年，深圳市门诊病人平均每诊疗人次费用中，药费的比例高达42%，每出院病人每日平均住院费用中药费和检查费的比例接近40%。此外，一些医疗卫生机构出于经济利益的考虑有选择地提供服务，诸如红霉素、青霉素等一些"价廉效优"的药物已在医院的药品目录中销声匿迹。这些行为都会在一定程度上增加患者的经济负担。

（2）不同等级医院之间医疗费用差别明显，老百姓感觉不公平。

由于病种、病情、诊疗手段、收费标准等存在差异，不同等级医院的医疗费用存在明显差别，市级医院（3家三级医院）门诊费用为街道医院的2.7倍，住院费用更达到2.9倍。另据统计，深圳市社区健康服务中心平均每诊疗人次费用为49.57元，仅为市级医院门诊平均费用的1/5。虽然不同等级医院的医疗费用存在差别是合理的，但群众感觉到大医院看病费用较高。

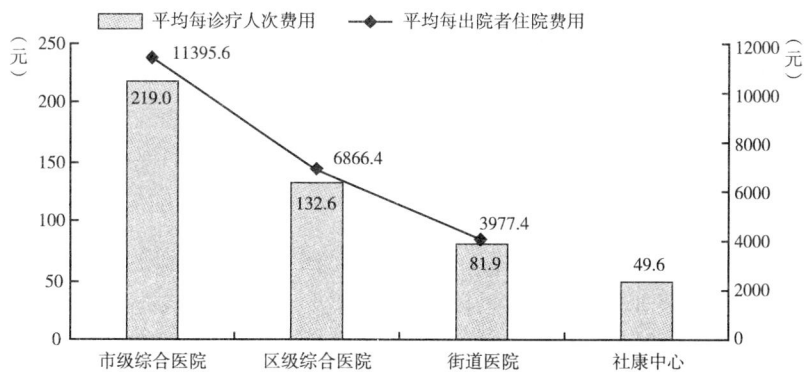

图2 各类医疗机构两费水平

（3）"疾病谱"变化和先进医疗设备的使用，增加患者的经济负担。

人类在发展的同时，疾病谱也在不断变化。随着工业化、城市化及人口老龄化进程的不断加快，居民面临着传染性疾病和慢性病的双重负担。陈竺部长在广州举行的纪念爱国卫生运动60周年大会上发言指出，慢性病对民众的健康威胁日益加重，不仅成为重要的公共卫生问题，更对经济社会发展带来严重经济和精神负担，目前中国的高血压、糖尿病等慢性病患者超过2.6亿人，癌症、心血管病等慢性病占到人群死因构成的85%，疾病负担的69%。改革开放

30多年的深圳市目前正面临慢性病和传染病的双重威胁,"十一五"期间深圳市甲乙类传染病的发病率有所回升,虽然2010年的发病率(271.86/10万)为同期最低,但仍高于北京和上海两城市。同时,高血压、糖尿病已成为深圳排列前两位的慢性病,深圳市2009年开展了慢性病及其危险因素的大规模流行病学调查,调查结果显示,高血压和糖尿病的患病率分别高达13.28%和5.04%,比1997年分别增长了22%和20%,虽然低于北京和上海两城市,但高于全国平均水平(高血压,5.49%;糖尿病,1.07%)。高血压和糖尿病是心脑血管疾病等其他一些疾病的潜在病因,其患病率的增加可能导致居民医疗费用上涨。

医学科技的发展提供了更先进的诊疗手段,但也增加了检查治疗费用。大量新材料、新技术及高端设备如彩超、CT、ECT、DSA、MRI、PET、CT-PET等的使用,使很多重大疾病得以早期发现和治疗,但挽救病人生命的同时,也大大增加了医疗费用支出。

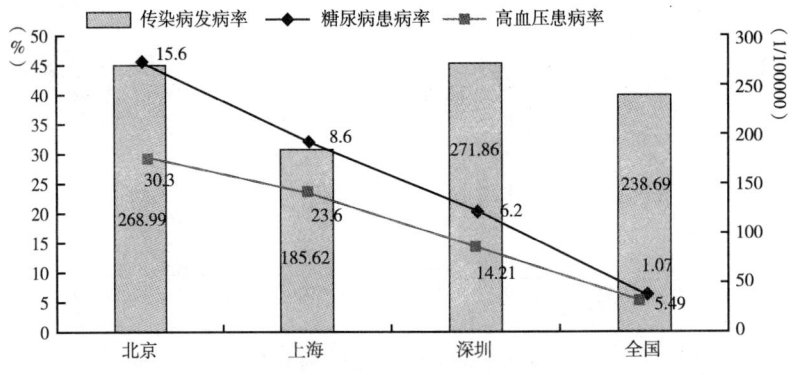

图3　2010年深圳慢性病和传染病水平

(4) 群众就医导向不尽合理,小病挤大医院无形增加就医开支。

北京大学医学部吴明教授在谈及"看病贵"的原因时曾打比方说明群众就医导向不尽合理也是看病难的重要成因:"看病跟买衣服不一样,衣服可以买贵的也可以买便宜的,但老百姓看病就不会只图便宜,他们认为哪里水平高就往哪去。"因此,看病就到好医院,看好医生,甚至感冒也到大医院,要挂专家号,不仅加重了大医院负担,增加了患者的自身经济负担,也使得一些真正需要到大医院看病的患者不能得到及时医治。① 如前所述，深圳市、区、街道各级医院的平均每诊疗人次费用和平均每出院者住院费用几乎成倍增长，小病挤大医院不仅增加药费、检查费等直接费用，还会增加患者就医过程中发生的路费、误工费等间接费用。

2. 医疗卫生资源配置不合理的直接成因分析

一般来说，"看病难"突出体现在区域医疗卫生资源配置的不合理，造成这种状况的直接原因可归结为两方面：其一是社会发展相对滞后，医疗卫生资源（人、财、物、机构设置等）总量相对不足尤其是优质资源少，需无可供；其二是资源配置上布局失衡，供非所需。

（1）医疗卫生资源总量不足且布局有一定程度的失衡。

尽管是全国的一线城市，但深圳市的医疗卫生资源相对不足，② 且既有卫生资源在全市范围内分布也不均衡，存在一定程度的供需错位现象。③

①卫生资源相对不足。与其他一线城市比较，从数据上看，卫生资源总量不足体现得较为明显。例如，按照2011年1046.74万常住人口计算，深圳市每千人病床数为2.30张、每千人医师数仅为2.16名，远远低于北京（4.92张，3.46名）、上海（4.56张，2.22名）的水平，医生日均担负诊疗人次是全国的2.5

---

① 深圳市基层医疗机构（含社康中心、街道医院、社会办医院、门诊部、私人诊所、卫生室及其他）虽完成了全市门诊量的65.5%和住院量的38.9%，但卫生资源还未得到最大限度的利用，而大医院却人满为患，床位长期处于超负荷运转状态。2010年，深圳市9家市级医院的平均病床使用率高达110%，深圳市儿童医院更高达134%，这样既浪费了大量的宝贵资源，又造成结构性的看病就医困难问题。

② 例如，2011年深圳每千人口床位2.30张、每千人口医生2.16名，显著低于北京、上海等一线城市，在全国副省级以上城市中最低，甚至低于全国城市平均水平（当然这个指标相对深圳情况适用性不太好，因为深圳的人口结构较年轻）。又如，医生人均门诊负担较重，尤以社康中心更为明显。2011年，深圳医生人均门诊量为3828人次，而同期全国平均水平为2543人次，前者比后者多出1285人次。其中，尤以社康中心的医生人均门诊诊疗负担最重，2010年的医生人均门诊负担为9657人次，比全市平均水平高出77.9人次以上。尽管如此，社康中心门诊诊疗量仅占全市门急诊总诊疗量的三成，仍有较大的提升空间，假定社康中心门诊量占到全市总体的四成，以2011年的医生数和全市总体门急诊量计算，医生每年的人均门诊量将会达到11553多人次，需要每天接诊46名以上患者，负荷量之大可想而知，社康中心人员编制、自由产权用房以及全科医学队伍建设将制约社康中心的内涵建设和服务能力提高。

③ 对这方面的具体定量分析参见本书的分报告"深圳市医疗卫生服务的供给效率高吗——基于医疗卫生服务供需情况GAP分析"。

倍；又如，深圳市达到"三甲"医院水平的医院仅有 8 家，而北京有 52 家，上海有 34 家，广州有 29 家。而且，深圳这个全国市场经济最发达的城市，民营医院在规模总量、市均份额、医疗安全、规范管理等方面都走在全国前列。但是缺乏大型民营医院集团、缺乏技术能力强的高端民营医院；民营医院在弥补公立医疗卫生机构力量不足上贡献不大。① 在公共卫生领域，深圳同样存在社区卫生机构公共卫生人力资源不足的情况：目前每万人口的社区卫生机构公共卫生医师不到 2 名，即使加上公共卫生护士，与北京市每 2000 服务人口配备 1 名预防保健人员相比缺口较大。这种情况的主要原因是按照常住人口配置社区卫生机构的公共卫生人力资源。

②供需错位。不过，从"质量型发展"的角度看，总量不足并非深圳医疗卫生资源配置的首位问题，配置效率"不高"才是影响医疗卫生事业发展质量的首位问题。GAP 分析显示，深圳存在供需角度而言的两个不足：一是空间配置效率不高，医疗卫生资源配置情况与人群需求情况错位②，城市医疗资源配置出现的"倒三角"与居民卫生服务需求"正三角"的局面不相适应；二是机构间配置效率不高，不同层级医疗机构卫生资源的使用效率存在较大差别。③

（2）优质卫生资源缺乏，基层医疗服务机构信任度不高。

深圳市没有高等医学院校，无法培养和储存大量优秀医疗卫生人才，优秀人

---

① 在非完全市场化配置资源的条件下，私人医院在竞争中处于不利地位。2011 年，其病床使用率仅为 65%，而市属医院病床使用率达到了 11.4% 以上；深圳住院人口总量为 95.84 万人，私人医院住院人口占比仅有 16.6%，国有全资医院占比达到 77.9%。尽管深圳民营资本（或私人资本）投资医疗领域已经走在全国前列，但在发展空间、技术人才等方面受到较大政策束缚，与国有全资医院并不处于同一竞争平台，非公立医疗机构执业范围与其医疗卫生服务能力不相适应。

② 卫生资源，尤其是优质卫生资源主要集中于原关内，尤其是罗湖和福田两个中心城区；而人口，尤其是外来人口主要聚居于卫生资源相对缺少的龙岗和宝安两区，卫生资源的供需匹配程度较低。

③ 目前，深圳市的住院人口主要集中在公立医院，尤其市级医院面临较大住院压力。2010 年，深圳住院人口总量为 80.16 万人，市级九家医院占比为 30.99%。市级医院以其医疗设备和专业技术优势资源吸引大量人口住院就诊，但这也与医保规定、业务开办门槛等倾向性政策密切相关，直接导致了市级医院住院压力增大。2010 年深圳市的平均病床使用率达到 89.5%，大部分国有医院几乎已将服务能力发挥到了极限，其中市属医院病床使用率超过 100%，处于超负荷运转的状态，门诊排队、住院加床现象十分突出，患者就医花较长时间；而基层医疗机构的病床使用率几乎不足 90%。

才完全靠引进，难以满足需求；深圳建市时间30多年，优良卫生资源缺乏积累，能担任区域医疗中心功能的大中型综合医院和高水平的专科医院为数不多。2010年深圳市15岁及以上常住人口就医状况调查数据显示，居民对社区街道医院、社区健康服务中心、门诊部、私人医院和个体诊所的信任度均不高，一般以上的调查对象表示更喜欢选择市、区两级的医院看病。这通常造成大中型医院人满为患，2010年深圳全市的病床使用率达88.1%，其中市属医院的病床使用率高达110.0%，大部分公立医院几乎已将服务能力发挥到了极限，处于超负荷运转的状态，这种情况严重影响了大中型医院技术水平的发挥和服务质量的保证，同时也增加了患者排队等候的时间，时间的可及性下降，增加了患者看病难的感觉。

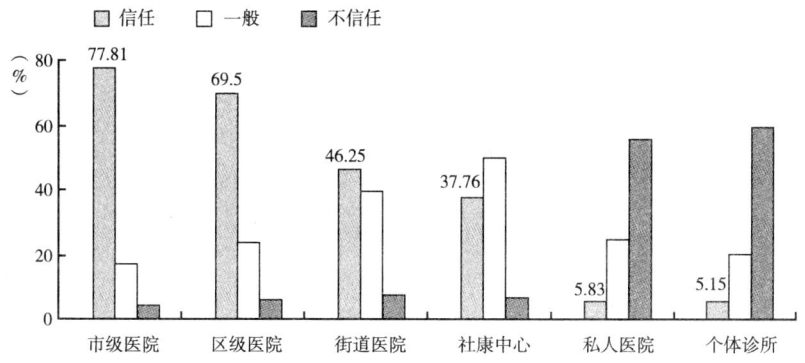

图4　深圳市15岁以上常住人口对各类医疗机构的信任度

3. "公共卫生服务公平性欠佳"的直接成因分析

（1）资源配置总量的不足和分布失衡并存。

①政府对公共卫生财政投入不足、投入不均。深圳市人均GDP位居全国首位，但政府财政对医疗卫生事业投入不足，2010年人均财政投入卫生事业经费为324.86元。此外，财政投入存在行业和地区的差异，表现为重一般医疗服务，轻公共卫生服务；重关内中心城城区，轻关外地区。财政投入是深圳医疗卫生事业费的主要来源，2010年医疗卫生领域的投入财政经费中，58.88%用于基本医疗服务，仅有22.32%用于公共卫生服务，且公共卫生事业经费的主要投入对象为集中分布于关内四区的市属医疗卫生机构（26%），即便是区属医疗卫生机构

在投入水平上仍存在较大的差距（见图5）。根据属地原则计算之后，这一差距更明显。

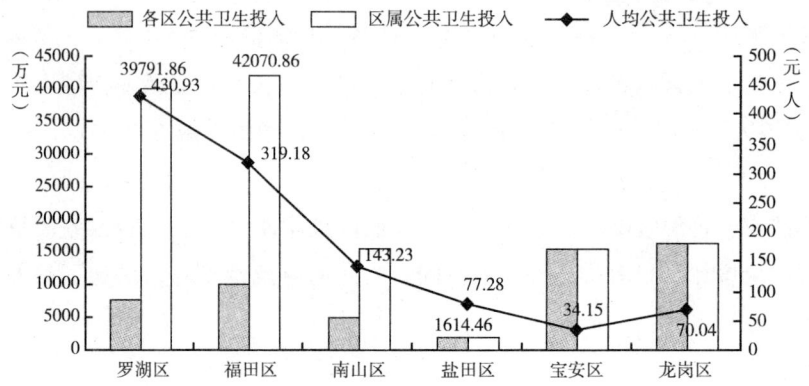

图5 深圳市各区财政投入公共卫生事业费总额及人均水平

说明：各区公共卫生投入是指将市属经费扣除后，投往各行政区的公共卫生事业经费，而区属公共卫生投入则指按属地原则，将市属卫生费用按各行政区公共卫生机构数的构成比例，将市属经费划分到各行政区后的区域总经费。

②公共卫生服务硬件配置相对薄弱，地域差别明显。从公共卫生服务机构①看，公共卫生服务具有外部公益性，国家或集体举办的医疗卫生服务机构是公共卫生服务提供的主体。对深圳市这一经济类型的医疗卫生服务机构及相关的人员、床位分析发现，深圳市公共卫生服务硬件配置水平相对薄弱，全市平均每1万人才拥有0.07个医疗卫生服务机构（包括疾病预防控制中心、血站等公共卫生服务机构），而北京、上海地区每万人口拥有的公立医院数就达0.14个和0.08个。与此同时，比较市内各区域按每万人口拥有的卫生资源发现，差别很大，公共卫生服务机构数最高（罗湖，0.28个）和最低（宝安，0.07个）之间相差3倍，卫生技术人员最多（福田，97.63人）和最少（宝安，29.3人）之间相差2倍，床位数的差距和卫生技术人员基本一致（2倍）。此外，社区卫生服务中心在慢病管

---

① 深圳市公共卫生服务体系由市、区公共卫生服务提供机构以及社区健康服务中心三级机构组成，其中公共卫生机构分为专业公共卫生服务机构和其他公共卫生服务机构两大类，前者包括疾病预防控制机构、卫生监督机构、慢性病防治中心、职业病防治中心、健康教育所和精神卫生中心等，后者包括妇幼保健机构、康宁医院等，形成包括各种功能的覆盖全民的三级公共卫生服务网络。

理方面发挥着举足轻重的作用,故特区外已经形成具有特色的社康中心,可在一定程度上弥补公共卫生服务在地区间的差距,① 且为弥补深圳与其他一线城市在万人医疗卫生机构数量上的差距作出了突出贡献,但总体差距仍然明显。②

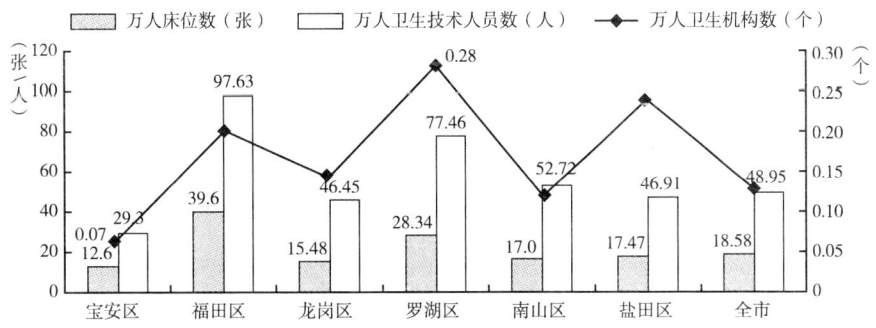

图6 深圳市各行政区每万人拥有的医疗卫生资源情况

(2) 医疗卫生服务未充分考虑人群公共卫生服务需求的特殊性。

深圳市人口特点使其在医疗卫生服务需求方面的特点具有其特殊性,表现在三方面:一是深圳市外来务工人员多,其中多数来自农村地区,对方便价廉的基本医疗卫生服务需求旺盛;而且有相当一部分人健康意识薄弱、卫生保健和职业卫生知识贫乏、自我保护意识和能力较差,而很多企业为了节约成本,职业防范措施缺乏,监督管理机构对厂方的监管不到位,以致职业病已经成为深圳市不可忽略的健康问题之一。二是全市人口中育龄妇女所占比例在国内城市中名列前茅,尤其流动人口中的育龄妇女总量规模很大,妇幼保健服务的需求量大,针对妇女儿童的青春期、孕产期保健,出生缺陷预防,生殖健康等公共卫生服务供应不足因此成为深圳市最具特殊性的健康问题。其中农村户籍的流动人口具有流动

---

① 深圳市的社康中心遍布各个社区,以其点多面广、贴近群众的优势,满足了社区群众的基本医疗需求,缓解了"看病难、看病贵"的难题,也有效提高了社区居民对健康教育的理性认识。但是,社康中心还存在着配套政策体系相对滞后、服务标准和技术规范制度缺位、职业化队伍建设相对滞后等问题,若想切实发挥其作用,需要进一步规范管理并完善相关政策。在本书中,"社康中心15年"分报告更详细地梳理了15年来社康中心成功的主要经验,分析其存在的突出瓶颈问题以及成因,进一步明确未来社康中心的发展方向,并结合深圳的实际提出了完善基层社区健康服务网络的政策框架。

② 具体可参见本书的分报告"社康中心15年"。

性大、主动性和依从性较差的特点,对妇幼保健服务利用不足,其妇女和儿童健康问题相对严重,尤其应引起重视。三是尽管深圳是一个人口结构较为年轻的城市,但其经济发展十分迅速,城市化速度较快,居民生活水平普遍高于内地很多城市,除了生活环境条件的变化,生活方式的改变、职业因素的影响、体力活动的减少等,使高血压、糖尿病、心脏病等慢性退行性疾病的发病呈现迅速增长的趋势。而且慢性退行性疾病已经成为引起深圳市居民死亡的主要原因。但相关医疗卫生服务对这些常见慢性病关注不够。

（3）区域间医保覆盖面参差不齐。

对深圳市1613名研究对象抽样调查的结果显示,医疗保险的参保率为71.17%。深圳市医疗保险参保人员中,绝大部分人员参加综合医疗保险（59.65%）和劳务工医疗保险（29.36%）,且在地区层面上参保率参差不齐,原关内四区居民医保覆盖率均高于全市水平。区域人口规模和人口结构的差异,导致区域医疗保险参保类型及参保率的差异,进而造成了人群享受基本公共卫生服务的机会存在一定地区性差异。较大一部分非户籍人口参与的是"农民工医保"和"住院医保",而户籍人口大部分参与"综合医保",其中农民工医保住院报销比例仅为76%,其他两类医保报销比例为90%,另有政策规定"农民工医保"和"住院医保"一个医保年度绑定社康门诊费用最高额度为800元。

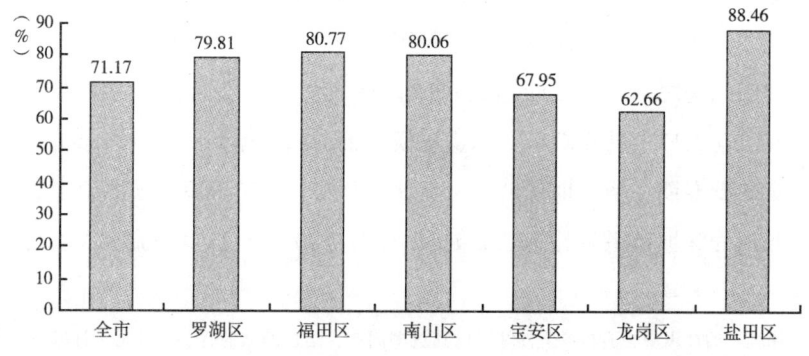

图7 深圳市区域居民参保比例

（四）深圳医疗卫生领域共性和个性问题的制度成因分析

作为一个发达的一线城市,深圳市的医疗卫生事业发展仍然有诸多不足,这显然有背后的制度性因素。就深圳市卫生事业发展相关问题的直接原因而言，与其他城市卫生事业发展基本相仿，仅仅在各因素与问题的关联程度上有所侧重。上述分析发现，深圳市医疗卫生事业发展中看病就医困难和"公共卫生服务公平性不好"的共性原因是医疗卫生资源总量不足和地域分布失衡，人群需求与资源配给不协调，而医疗卫生服务费用较高的直接原因则是政府财政投入不足、医疗机构公益性淡化。然而深圳市医疗卫生事业的发展受到诸多制度性因素的影响。从体制机制层面，可以将深圳市医疗卫生事业发展问题的成因择其大者归结为以下四方面：其一，深圳市独特的"关内外"二元化管理体制累积的负面效果，致使医疗卫生资源（尤其是优质卫生资源），不论是医疗资源还是公共卫生资源都存在明显的地域差别；其二，资源配置机制欠合理，按户籍人口无人配置的卫生资源与区域人群卫生服务需求难以匹配；其三，"资金机制"公益化程度不高，医疗卫生机构内部运行机制存在缺陷，驱使医疗机构公益性淡化，走向市场化；其四，绩效考核机制相对不合理。

1. 历史上"关内外"二元化管理体制累积的负面效果

区域经济发展水平限制和影响着区域卫生事业的发展水平，影响着区域卫生服务资源的供给能力，而区域人群的总量及结构均为区域医疗卫生服务需求的决定性因素。2010年中旬，深圳经济特区范围将扩大到深圳全市，但长期以来关内关外二元发展制度遗留下来的区域人口经济发展的不协调，很难在短期内消除，内部二元结构下政府投入的长期非均衡性和不公平性导致原关内和关外在卫生资源配置上的差别，尽管目前已改革，但历史上的制度成因使得相关工作基础不牢、欠账不少，是导致目前深圳市医疗卫生服务资源分布存在地域差别的根本原因，也是造成卫生服务需求与卫生服务供给不匹配的关键因素。

2. 卫生资源配置的制度欠合理

目前，深圳市卫生资源配置主要通过制定五年规划来实施。这一做法有以下两个方面的不足：首先，资源配置时"条块分割"，市、区两级政府各自规划，无法统筹安排，以致资源的区域分布严重失衡；其次，资源配置的依据是"是否有建设项目"，有了项目才有资源，且沿用的标准陈旧，不适合现代医疗卫生服务需要。因此，深圳市区域人口经济发展不协调的客观事实将导致医疗卫生服务资源的配置与区域人口卫生服务需求不匹配。

3. "资金机制"公益化程度不高,医疗卫生机构运行机制欠合理

政府财政投入不足,医疗机构运行机制不合理是当下医疗卫生服务费用高的主要原因。医疗卫生服务机构的收入主要来源于政府财政投入、药品收入费和医疗收入三部分,其中财政投入是主要来源。然而,许多医疗机构面临着政府财政投入逐年缩减的困境,同时还被要求承担大量的社会责任的窘境。面对激烈的市场竞争和沉重的生存压力,这些医疗机构为了正常运转和发展资金唯有"另辟蹊径",迈向市场化。公立医院面对巨大的市场需求造成编制床位和编制人员不足,但又无法补充编制,不得不自行增加病床,聘用医务人员,这部分支出得不到政府补助,最后还是通过医疗卫生服务收费来"养活"这部分人员。同时,目前医疗卫生服务价格体系严重低估医务人员知识和劳务价值,体现医务人员劳务价值的收费标准太低,医院转而依赖药品和设备收费来弥补。另外,医院人事制度、分配制度改革,虽然解决了过去低效率的问题,但培植了医院管理者和医务人员的趋利行为,出现乱收费、诱导需求、过度服务现象。深圳市医疗机构这种"以药养医"的运行机制是导致看病贵的根本原因。

4. 绩效考核机制相对欠合理

目前,医疗卫生服务的综合服务绩效考核评估制仍然沿袭过去的"重结果、轻过程"的导向性方式,过多关注政府财政资金投入最终效果的评估,而对于市民对医疗卫生服务需求的满足缺乏一定的关注度。此外,一些考核指标较少兼顾到以"需"定"供"的卫生资源配置机制,造成了目前医疗卫生服务的考核指标缺少对重点人群健康的关注及重点区域的卫生资源配置合理性的重视。

可以用图8完整总结深圳医疗卫生领域的不足及其成因。尽管这些问题的直接成因和制度成因都明晰了,但解决这些问题却殊为不易:尽管深圳的医疗卫生事业发展形势喜人,但必须认识到,我国的医疗和卫生公共服务还存在许多共性问题,深圳也概莫能外。而且,这些问题是当前国家在大力推进的医改中着力解决但困难重重的——这些问题的解决受到诸多制度性因素的限制。另外,深圳市医疗卫生事业发展面临的困难除了有与其他城市相同的成因外,还有一些特有的制度性成因。只有将这些共性和个性的制度成因梳理清楚并分析相关制度调整的可行性,才可能就深圳医疗卫生事业如何实现质量型发展进行顶层设计并提出具体对策。

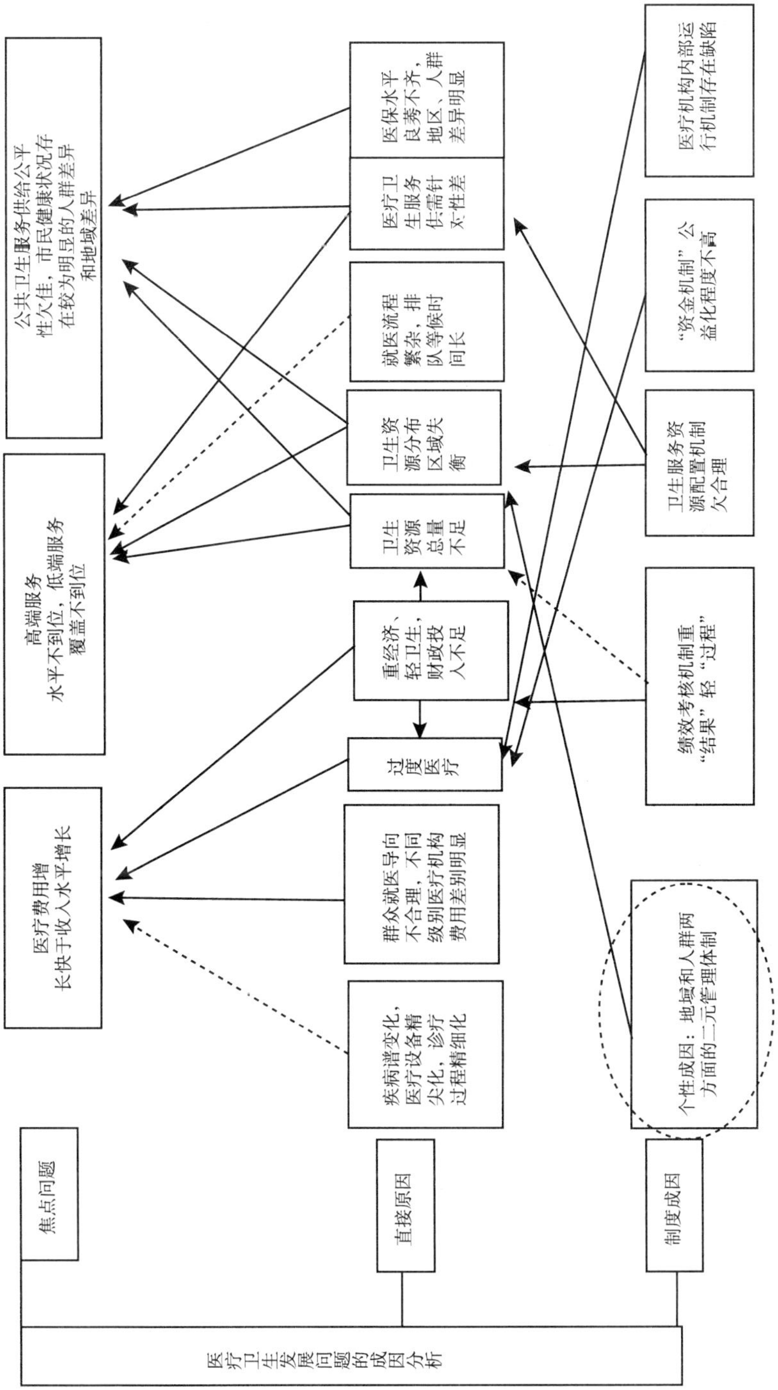

率先建立质量型发展理念下的医疗卫生服务体系的思路与顶层设计

图 8 深圳市医疗卫生服务问题的成因分析

021

人口与健康蓝皮书

三 新目标：深圳在人口与健康领域的质量型发展目标

了解了这些问题及其成因后，按质量型发展的高标准，我们必须了解深圳的卫生事业究竟差距何在，哪些区域和哪些人群需要特别关注，哪些工作需要加强？

（一）明确差距何在

1. 医疗卫生服务水平在某些方面落后于国内其他一线城市

深圳的人均GDP和人均财政收入经常位列全国之首，但不论从医疗卫生资源投入水平，还是从医疗卫生服务的健康产出看——均与北京和上海两个一线城市存在一定程度的差距。首先，医疗卫生资源投入领域最大的差距体现在卫生财政投入方面，北京市的"每万人口财政投入医疗卫生经费"相对最多，高达952.26万元，其次是上海市（695.16万元），而深圳市的该项指标值相对较低，仅为372.13万元，甚至低于全国同期的平均水平（424.61万元）；与此同时，在人力资源①和物力资源投入②方面也存在不可忽视的差距。其次，人群健康领域深圳部分健康指标不如其他两个城市。从居民整体健康水平看，深圳市平均期望寿命（78.25岁）较全国平均水平高出近5岁，但仍低于北京（81.12岁）和上海（82.51岁）。

2. 原关内外医疗卫生服务存在可观察的区域差别和人群差异

深圳市医疗卫生服务供给能力存在明显的地区差别，原关内各区的医疗卫生服务供给指数相对较高，其中罗湖、福田两个中心城区名列前茅，而关外地区的医疗卫生服务供给指数均相对较低。而从人群结构看，城市外来务工人员主要居

---

① 北京、上海和深圳三个城市的"每万人口卫生技术人员数""每万人口医生数""每万人口护士数"三项指标所处的位置大致相同，即无论是卫生技术人员，还是医生和护士，其排序依次为：北京、上海、深圳。

② 从医疗卫生服务的物力资源供给情况来看，北京市的每万人口医疗卫生机构数相对最多（4.80个），其次是深圳市（2.35个）和上海市（1.43个），但均低于全国同期的平均值（7.08个）；同时，北京市的每万人口床位数也是相对最多的（约49.17张），上海市与其差别不大（45.64张），而深圳市的每万人口床位数相对较少（23.00张），甚至低于全国同期平均水平（38.30张）。

住于宝安和龙岗两区,常住人口中外来人口的比例较高,且逐年增加。卫生资源的区域差异导致区域人口享受的卫生服务存在较大的人群差异,较大部分户籍人口能享受更多、更优质的医疗卫生服务。在这种缺少公平性,针对性不足的医疗卫生资源配置模式下,特区内外医疗卫生服务水平和健康水平存在较大的差距。

(二) 明确哪些区域和哪些人群需要特别关注

医疗卫生服务供需不相称是深圳市医疗卫生事业向好发展的巨大阻力。我们将深圳在医疗卫生服务供需相称方面的不足概括为缺少公平性和缺少针对性两方面。其中,缺少公平性体现为城市医疗卫生资源配置出现的"倒三角"与居民卫生服务需求"正三角"的局面不相适应;缺少针对性是指医疗卫生方面的服务供给没有针对人群特点强化或优化。对这两方面的不足,考虑卫生行政资源总量有限的情况,需要找出重点地区和重点人群:一方面,根据区域居民卫生服务需求情况,加大重点区域的医疗卫生资源投入,协调医疗卫生服务与居民卫生服务需求的不适应;另一方面,充分考虑深圳内部就医人群的特殊性,针对重点人群优化区域卫生资源配置,进而提高医疗卫生资源的配置效率。

各区医疗卫生服务供给和需求的 GAP 分析结果表明,宝安区、龙岗区和南山区存在需求与供给空缺相对较大(见图9),因此在卫生资源配置时,这些区域应予以特别关注。

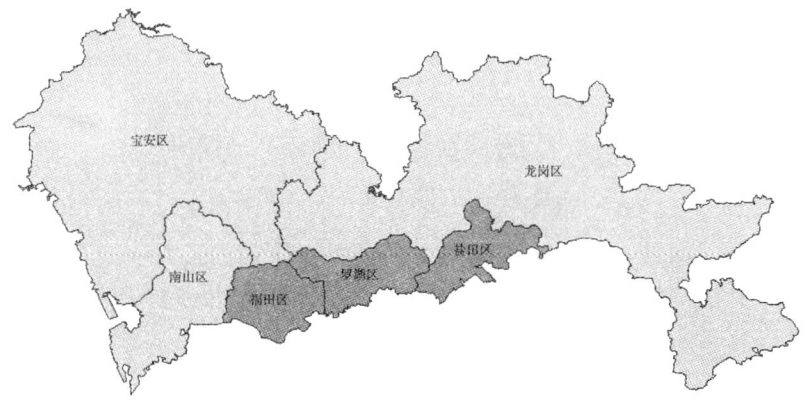

图9 2010 年深圳市居民医疗卫生服务供需空缺

考虑深圳市的人群健康特点，目前应予以特别关注的人群为：①在职劳务工人员，这是因为深圳市的新二元人口结构中，① 外来务工人员的比重较大，其中相当一部分人健康意识薄弱、卫生保健和职业卫生知识贫乏、自我保护意识和能力较差，且很多厂方为了节约成本，职业防范措施缺乏，监督管理机构对厂方的监管不到位，使得劳务工的职业损伤和中毒事件成为深圳的重大社会问题。②育龄妇女和儿童。深圳市人口中育龄妇女所占比例在国内城市中名列前茅，年活产数居全国城市前三位，妇幼保健医疗卫生资源异常紧张，因而妇女儿童的卫生保健问题是深圳市最具特殊性的健康问题，且其中外来农村流动人口具有流动性大、主动性和依从性较差的特点，对妇幼保健服务利用不足，其妇女和儿童健康问题相对严重，尤其应引起重视。③中老年群体。生活环境条件的变化，加之生活方式的改变、职业因素的影响、体力活动减少等，导致高血压、糖尿病、心脏病等慢性退行性疾病的发病率呈现迅速增长的趋势，且主要发生于中高年龄组，但相关医疗服务对这些常见慢性病关注不够。因此，在今后的医疗卫生服务中应加强对第1和2类人群的公共卫生服务，加强对第3类人群的基本医疗服务，如图10所示。

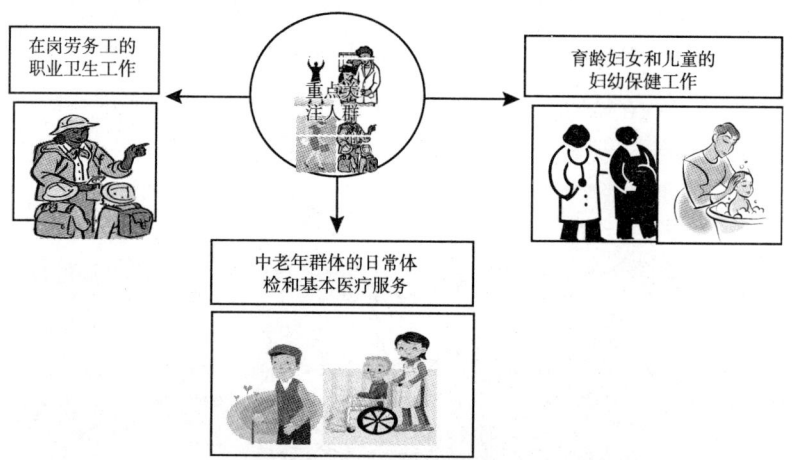

图10　深圳市医疗卫生事业发展应特别关注的人群

---

① 即形成了本地城市户籍居民和尚未全面享受公共服务的流动人口（大多数是农民工）两类差异较大的群体。

（三）明确哪些工作需要加强

深圳市经济发展水平处于全国领先行列，但医疗卫生服务发展与北京和上海两个一线城市存在一定的差距，且即便在深圳内部也存在可观察的区域差别和人群差别。究其原因是对目前区域人群医疗卫生服务需求缺乏准确的把握，相关服务从人群而言的针对性不强，致使相关卫生资源的配置以供需相应的标准衡量效率不高。这说明，从公共服务均等化和供需相应的标准看，现行某些制度有不合理之处。

更好地满足更多群众的医疗卫生服务需求是改善民生的重要方面，是促进深圳往"质量型发展"转型的重要抓手。"进一步提高基本医疗服务的公平性、可及性，更好地满足市民多层次、多样化的医疗卫生服务需求"是深圳市"十二五"期间深化医药卫生体制改革的总体目标。据此，从深圳的经济条件、目前规划《深圳市卫生和人口计划生育事业发展"十二五"规划》（简称卫人委"十二五"规划）和相关制度设计来看，缩小深圳内部医疗卫生服务的地区差别和人群差异，提高医疗卫生资源的配置效率和医疗卫生服务可及性和公平性是"十二五"期间乃至今后医疗卫生工作的重点方向。与此同时，还要加大医疗卫生资源，尤其是优质卫生资源的投入。①

1. 解决资源配置低效的问题

深圳市卫人委"十二五"规划已将"增加医疗卫生资源配置②，优化空间结构布局"作为完善医疗服务体系，提升医疗服务效能的重要工作任务。据此，医疗卫生资源总量不足、分布失衡和配置低效的问题可望在"十二五"期间得到一定的缓解，但由于既往长期施行的"关内外二元化管理体制"导致关外地区欠账较多，很难在短期内消除。此外，深圳市特殊的人群特点，关外地区需特

---

① 深圳市经济发展与卫生事业发展的不协调也在一定程度上反映了当前"重结果、轻过程"的绩效考核机制下，深圳市"重经济、轻医疗"的社会发展模式导致医疗卫生投入不足。目前，深圳市医疗卫生事业发展在投入方面尚与北京和上海两个一线城市存在较大的差距。

② 至 2015 年，卫生总费用中，政府卫生支出的比重不低于 30%，政府卫生投入占地方一般预算支出的比重不低于 6.5%，人均基本公共卫生服务经费达到 70 元（常住人口），人均人口计生事业经费达到 60 元；卫生资源增加，每千人口床位数、医生数分别达到 3.4 张、2.6 名，每万人口拥有救护车数按管理人口计达到 0.25 辆，医师按人口分布的基尼系数降低到 0.2，一体化发展初见成效。

别关注人群的人口比重大，相关医疗卫生服务针对这些特殊性进行适度调整。目前，医疗卫生资源配置低效的根本原因是没有建立"以需定供"的资源配置机制，且对区域人群医疗卫生服务需求缺乏准确的把握。因此，通过制定"以需定供"的资源配置机制，不仅可以解决资源配置低效的问题，而且还能提高医疗卫生服务的公平性和针对性，但这一过程也并非能一蹴而就，需要循序渐进，逐渐缩小关内外、关内非中心城区和中心城区的差距。

2. 缩小深圳医疗卫生事业发展与一线城市的差距

正如王荣书记所言"老百姓对我们的要求，兄弟城市对我们的评价，主要集中在医疗技术以及医疗专科、个性化医疗体现方面"，集中在医疗服务能力与大家的期盼有一定差距方面，归根结底是高端服务所需的优质卫生资源配置不足和基本医疗服务的公平性欠佳。卫人委"十二五"规划已将"大力培育优质医疗卫生资源"作为完善医疗服务体系的重要工作任务，并将增强医疗卫生服务的可及性和公平性作为"十二五"期间的主要工作目标。借助深圳市经济发展的领先地位，加大医疗卫生领域的财政投入，提高资源的配置效率，完善社会医疗保障体系，可促进医疗卫生服务的可及性①和公平性，满足居民不同层次的健康需要，提高居民的健康素养和健康水平，可以缩小深圳市医疗服务水平与其他一线城市的差距。其中，医疗卫生服务可及性不高（排队等候时间长）的问题，可通过优化医疗卫生资源配置及合理的患者分流来缓解，公平性欠佳的问题可通过提高医疗保险的覆盖面和偿付额度来应对。但这些措施能否见效，还受限于医疗卫生资源布局优化的程度以及医疗保障制度体系完善的程度。

四 深圳医疗卫生事业率先实现质量型发展的顶层设计和近期措施

顶层设计，顾名思义就是某项事业在较长时间内发展理念、方向、路径的选

---

① 目前，深圳市就医过程中排队等候时间长的现象主要存在于大医院，而基层医疗卫生机构则存在卫生资源闲置的现象，因此只要通过合理的资源配置，优化基层医疗卫生资源，尤其是人力资源，实现患者向基层医疗机构分流，就可以缓解当前大医院人满为患，排队等候，服务可行性差的问题，进而提高患者的满意度，缓解医患矛盾。

择和相关体制机制的总体设计方案。医疗卫生作为社会建设的重要领域,在体制机制方面统筹改革、"大胆"创新既是深圳市领导的愿望,① 也是医疗卫生领域率先实现质量型发展的条件。但也必须认识到,制度性因素是妨碍深圳市医疗卫生事业提质增效的根本原因。但因为制度涉及方方面面,在进行制度调整时不仅要考虑合理性,也要考虑可行性。根据前面的制度成因分析,可以有针对性地将深圳市相关体制机制调整的可行性分析如下。

(一) 相关体制机制调整的可行性分析

表 2　深圳市相关体制机制调整的可行性分析及对策

制度成因	诱发的问题	调整的可行性分析及对策
历史上二元化管理体制累积的负面效果	医疗卫生服务资源,尤其是优质卫生服务资源分布失衡	深圳市二元化制度带来的历史性医疗问题(区域卫生资源分布不均,区域人口结构差异较大),随着区域一体化进程的加快,可在一定程度上得到缓解
卫生资源配置的制度欠合理	区域医疗卫生服务供给和区域人群卫生服务需求存在结构性差距	卫生资源配置旨在满足区域人口不同层次的卫生服务需求,故应建立基于区域人口规模、结构的以"需"定"供"的资源配置机制。如实现转移支付的钱随人走,即高层级政府将用于基本公共服务的经费按各地实有服务人口划拨,深圳这样倒挂型的城市面对行政资源投入不足的问题就有了最大的资金开源渠道。但建立此机制的关键环节是摸清区域医疗卫生服务的实际需求
医疗卫生机构运行机制欠合理	医疗机构公益性淡化,追逐市场利益,增加患者的就医费用	随着正在热火朝天进行的深化医药卫生体制改革、推动公立医院改革,调整既有的医疗卫生服务价格体系的措施的推行,这一问题可以得到改观
绩效考核机制重结果、轻过程	医疗卫生服务资源投入总量不足	①改革绩效考核指标:考核指标应更全面、科学,贴近民生,这一做法的可操作性较差;②建立以"需"定"供"卫生资源配置机制,即便在卫生资源由较高一层级政府配置的行政管理体制下,也能做到有章可依,在制度框架下办事。从深圳市外来人口众多,从流动性强的特点看,操作具有一定的难度,因为即便满足人口的卫生服务需求,仍有很大一部分流动人口的潜在卫生服务需求无法准确定量

---

① 市领导明确表示"在经济发展和人民生活改善之际,中国社会领域的改革目前更多处于探索阶段,尚未来得及为系统和彻底地从体制机制角度考虑。深圳未来将大胆地在社会建设领域做新探索,寄希望于在体制机制层面、在社会建设层面能够顺应时代发展的阶段性需要"。

（二）深圳医疗卫生事业实现质量型发展的顶层设计框架

根据深圳市医疗卫生事业的现存问题、既定目标和国家相关体制机制改革以及深圳市政府关于质量型发展的总体要求，深圳市医疗卫生事业率先实现质量型发展的方案可用表3呈现。

表3 深圳医疗卫生事业率先实现质量型发展的设计框架

内容		近期目标		落实措施	
发展理念		"十二五"期间	未来	提质	增效
方向		提高医疗卫生事业的服务效果和相关行政资源配置效率，以尽量小的代价实现尽量多的人群的病有所医和医疗卫生机构的善治，使全行业在服务水平改善的同时增强公益性			
路径		调整有关体制机制，促进公立和私立机构全面发展			
体制		公立医院管理体制改革（管办分离的同时建立现代化的以理事会为基础的医院管理体制）和私立医院行业管理制度改革并举			
机制	资金机制*	建立基层机构公益性较强的资金机制（包括配套的相关保险制度）			
	卫生资源配置机制	区域一元化均等配置资源，以"需"定"供"			
	人力资源管理机制	员额管理制度，建立竞争上岗制度			
	薪酬激励机制	绩效工资分配制，建立工资总额管理制度			
	监督机制	除了卫生资源分配，其余由医院自主运行管理			

* 需要特别说明的是，资金机制是使基本医疗和公共卫生服务更多体现公益性、更好消除深圳人群差别和区域差别的抓手，但在资金机制调整中有些关键措施非深圳各级政府力所能及（如实现转移支付的钱随人走，即高层级政府将用于基本公共服务的经费按各地实有服务人口划拨，深圳这样倒挂型的城市面对行政资源投入不足的问题就有了最大的资金开源渠道），因此本年度蓝皮书仅仅就深圳市能够办到的事提出详细政策建议。

这个顶层设计的愿景不可能一蹴而就，必须分阶段、分领域逐步实施。

（三）现阶段提质增效的具体措施

在目前这个阶段，深圳在人口与健康领域的质量型发展需以解决当前深圳医疗卫生事业发展方面的突出矛盾为落脚点，充分利用有限的行政资源总量尤其是优质资源，主要通过"提质"和"增效"来改善相关服务，实现人人同等享有基本医疗卫生服务，并更好地适应人民群众多层次、多样化的医疗卫生需求。其中,增效主要靠合理配置资源使供需相称,提质①主要靠从效果、价格和可及性等方面完善相关服务。可以将这方面的举措与现存问题、发展目标的对应关系用图11呈现。由图可见,"十二五"期间,"增效"的途径主要有二:①通过进一步优化医疗卫生资源的配置和机构、专科间的布局,可在一定程度上"增效",并提高医疗卫生服务的可及性和公平性;②通过加大力度培育优质卫生资源,可提高医疗服务效果。提质则主要通过推进医疗服务价格体系改革和完善社会医疗保障体系,提高医疗卫生服务公平性和可及性,以降低患者的费用负担。

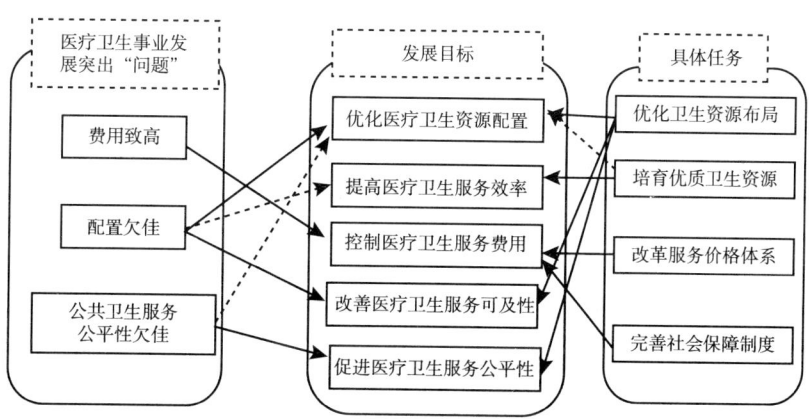

图11 深圳在人口与健康领域的质量型发展目标及具体任务

可以更具体地细说这些措施如下。

1. 优化医疗卫生资源配置

卫生资源配置效率"不高"是影响医疗卫生事业发展质量的首位问题。就其成因看,深圳长期以来的二元管理体制是造成区域医疗卫生资源分布失衡的根本原因,因此需从发展规划、政策扶持等方面出台分类管理政策,引导卫生资源合理配置。深圳市卫人委"十二五"规划,已将"增加医疗服务资源配置,不断优化空间结构布局"②作为完善医疗服务体系,提升医疗服务效能的工作任务

---

① 随着经济的发展,人们对于医疗保健有了更高的要求,希望获得高效、价廉、方便的医疗服务,因此医疗服务质量的提升(提质)主要通过提高医疗服务的效果、控制医疗服务的价格以及改善医疗卫生服务的可及性三方面来实现。
② 加快组织实施医疗机构设置规划和"十一五"确定的重大卫生建设项目,通过增加资源供给、调整结构和分布,以城市功能组团为单元,实现区域医疗中心全覆盖,推进特区医疗卫生基础设施建设一体化。

之一。未来深圳市可以根据本书中 GAP 分析的结果,有针对性地加强薄弱地域的薄弱服务,体现管理角度的"增效"。

2. 改善医疗卫生服务效果

深圳市医疗卫生服务质量有待进一步提高,这不仅在居民的感性认识中体现出来,也在相关调查和统计数据中体现出来①。这种情况一定程度可归因于深圳市优质医疗卫生资源的不足。因此,在卫生行政资源有限的情况下,应鼓励各级各类医疗机构按照市场属性和自身发展定位,在保障公益性,优先满足深圳市民基本医疗卫生服务需求的前提下,实施"高端带动基本"的发展策略,以高品质的服务提高优质服务水平,以高端技术保障基本诊疗服务质量。卫人委"十二五"规划明确提出要大力培育医疗资源,支持现有三级医院和各区人民(中心)医院创建成为三级甲等医院,并发挥其具备的医疗技术龙头作用,集中力量提高诊疗技术水平,承担全市疑难和重症疾病诊疗、医学科研教学、重点学科群建设、综合性健康产业开发、跨区域医疗服务等任务,有 1~3 个医学专科达到省级重点学科水平。

3. 控制医疗卫生服务费用

当前,医疗服务价格体系严重扭曲,促使医院通过过度服务维持运营,患者就医"两费"节节攀升。据此,首先应完善公立医院补偿机制。建立分类管理的财政补助模式,根据医院提供的服务数量、服务质量和群众满意度核定基本医疗服务补贴;通过社会医疗保险基金渠道,加大政府对市民基本医疗保障方面的投入,提高对医保定点机构的偿付标准,实现提高质量、减轻个人负担的目标;提高体现医务人员技术劳务价值的医疗收费价格,降低大型设备的检查价格。其次,进一步加大财政对医保资金的投入,通过医保资金的购买服务机制,适当提高对医保定点机构的补偿标准,②减轻居民疾病医疗费用负担。卫人委"十二五"规划将扩大基本医疗保障覆盖面,提高保障水平作为"十二五"期间卫生

---

① 例如,2011 年,深圳市住院患者的治愈率不到 70%。
② 深圳已经建立了包括基本医疗保险、地方补充医疗保险、生育医疗保险的多层次的社会医疗保险制度和完善的社会医疗救助制度。其中,基本医疗保险包括综合医疗保险、住院医疗保险、农民工医疗保险、少年儿童住院及大病门诊医疗保险四种形式。2011 年,深圳市综合医保、住院医保、农民工医保参保人住院费由统筹基金支付的比例分别达到 89%、86%、74.7%。

事业发展的工作目标之一,并提出至 2015 年,以常住人口计,基本医疗保险覆盖率达到 95%。

4. 改善医疗卫生服务可及性[①]

深圳大医院排长队的现象屡见不鲜,究其原因表现为医疗卫生资源尤其是优质卫生资源主要集中于大医院的现状以及目前繁杂的医院服务流程。据此,开展全市各类医学专科需求以及资源分布调查研究,在规划布局、财政支持、购买服务、人才引进、收入分配、社会参与、社区首诊等方面研究配套政策,引导卫生资源合理配置,优化专科结构布局是根本。其次,通过推进预约诊疗,推广"居民健康卡"、"数字化医院"通用软件系统,改善大医院服务流程可作为新的出路。目前,福田区人民医院"先诊疗、后结算"的做法已经取得了一定的成效,其成功的经验可供其他医疗机构借鉴。此外,还可以通过建立超负荷运行预警处置机制,以指导各医院合理制定医生满负荷工作警戒线,并向患者告示候诊预测时间,引导患者合理分流。

5. 促进医疗卫生服务公平性

深圳医疗卫生服务公平性欠佳不仅表现为地区差别还表现为人群的差异。其中,关内外二元化管理体制导致的医疗卫生资源配置不合理是促成医疗卫生服务存在地区差别的根本原因,因此应积极实行区域卫生规划,优化卫生资源配置,保证卫生资源的数量、结构和分布,与经济社会发展水平相适应,与改善健康公平的需求相适应,在保证基本卫生服务的基础上,各级卫生行政部门应研究和调整卫生服务的投资重点项目,把卫生资源投向最需要的人群,以及最需要防治的服务项目上;而由社会经济发展因素(人群结构、收水水平、受教育水平等)导致的人群差异则主要依赖于社会医疗保障体系的完善和社会医疗救助措施的施行。提高医疗卫生服务的公平性、实现公共卫生项目均等化是卫人委"十二五"规划的主要工作目标,并在优化资源配置和完善医疗保障体系方面做了相关部署。

但这些措施要想真正见效,仍然有赖于体制机制改革。在这个过程中,资金

[①] 卫生服务可及性包括三方面:一是个人的障碍。患者对卫生服务需要的认知、对服务的态度、信念及以往的经历,受社会和文化以及环境约束的影响。二是经济上的障碍。医疗服务本身的收费和患者由于因病离岗或往返医疗机构旅途所花费的时间。三是组织上的障碍。患者不得不等待较大的时间。就深圳而言,卫生服务可及性不佳,主要体现为组织上的障碍。

机制和薪酬激励机制改革是龙头,近期可从两方面调整:①完善财政补助政策。国家医改"十二五"规划提出,要确保政府卫生投入增幅高于经常性财政支出增幅。2011年,深圳市地方财政一般预算支出增长25.6%,医疗卫生支出增长24.8%。为用好新增投入经费,建议尽快出台《深圳市完善政府卫生投入政策实施方案》,建立分类管理的公立医院财政补助政策,健全"以事定费"、购买服务机制,调整对各级各类公立医院的财政补助结构;由财政对公立医院实施医药分开改革造成的政策性亏损安排专项补助;专题研究解决近年来新增的退休人员综合补贴、住房公积金、职业年金等增量支出问题;加大对重点学科、人才培养方面的投入。②当前的财政补贴方式、医保偿付方式、医疗收费方式不够科学,与医院和医务人员的工作绩效挂钩不够密切,不利于调动医务人员的积极性。在实现机制上,一是靠价格,通过补贴或降价等方式,扩大社康中心与医院收费价格差,引导患者在社康中心就诊,从价格弹性来看,社康中心还有进一步降低医院门诊负担的潜力;二是靠制度,在医疗保险制度设计上,坚持社康中心首诊原则,劳务工医疗保险做得比较好,社康中心建档率达到了95%以上,但综合医疗保险者有向上就医倾向,综合医疗保险的首诊制度有待于进一步强化。

分报告

Sub-Report

B.2
深圳常住人口就医需求及其变动趋势研究

王广州　胡耀玲　傅崇辉

摘　要：①尽管深圳常住人口的就医需求结构迥异于其他大城市，公立医院依然是住院医疗业务的主要承担者。

②近期应采取以下四方面对策：增加社康中心人员编制，提高社康中心医疗服务能力，减轻医院门诊负担；发挥医疗保险基金引导调控作用，促使普通病住院向市属医院之外医疗机构分流；非对称性增加卫生资源，适量增设营利性医院。

③加强医疗卫生资源共享，实现区域医疗中心和社康中心分级诊疗。

关键词：常住人口　就医需求　科室分布　就医人口预测

改革开放以来，深圳市的经济社会发展迅速，人口总量急剧增加，人口结构快速变动，使深圳的人口特征显著区别于其他大城市①。与之相对应，深圳市的常住人口就医需求呈现出多样化、复杂化的特点，对医疗卫生条件全面改善和服务质量进一步提高产生巨大影响。深圳是典型的流动人口占绝对优势的特大城市，具有人口的不稳定性和年轻化等独具特色的人口社会经济特征。研究深圳常住人口就医需求及其变动趋势，不仅对科学规划深圳医疗卫生资源、改善医疗卫生机构服务具有重要实践意义，而且是深圳积极探索医疗体制、机制改革的前期基础研究。

一 深圳市民就医需求的历史与现状

（一）门诊就医量快速增长，并逐渐向基层医疗机构分流，社康中心成为门诊服务的重要承担者

1. 门诊诊疗量快速增长，医生人均接诊负担加重

从历史变动趋势来看，深圳市门诊诊疗量呈加速上升趋势。1981~2011年，全市医疗机构诊疗量从147.81万人次增至8878.00万人次，年均增加291.01万人次，年均增长率为14.63%，比同期常住人口增长率高出2.42个百分点（见图1）。② 分析门诊诊疗量增加的影响因素，发现其与总人口规模增长速度呈显著正相关关系，深圳人口增长对门诊诊疗量增加的贡献率为92%，这表明，深圳

---

① 30多年来，深圳的经济社会发展速度惊人，创造了举世瞩目的"深圳速度"。与此同时，深圳人口规模在同一时期也呈现了超高速、超常规集聚的特点。人口规模由建市之初的33万人，增长到"六普"时（2010年11月）常住人口1035万人，户籍人口也达到257万。与第五次全国人口普查的700.84万人相比，10年共增加了334.95万人，增长47.79%，年平均增长率为3.98%。深圳常住人口增长率快于全国（0.57%）、全省（1.90%）平均水平。其原因除了降低入户门槛和加快户籍人口增长外，最主要的是人口流入量较大。十年来，深圳经济保持较高增速，提供了较多的就业岗位，吸引了大量市外人员到深圳工作和生活。深圳常住人口中，约有798万人是非户籍人口，占常住总人口的77%。在全市的人口年龄结构中，0~14岁人口为101.88万人，占9.84%；15~64岁人口为915.64万人，占88.40%；65岁及以上人口为18.28万人，占1.76%。适龄劳动人口比重为88.40%，比全国的74.53%高出13.9个百分点，比广东省的76.36%高出12个百分点，较上海市、北京市分别高出7.2个百分点、5.7个百分点。全市平均年龄为30岁左右，仍然处于旺盛的"人口红利"期，其中很大程度上归功于流动人口。
② 1981~1995年数据为深圳市医院总诊疗人次数，1996~2011年为全市总诊疗人次数。

门诊诊疗量不仅决定于人口增长因素,可能还受到疾病发病率和患者就医意愿等因素影响。

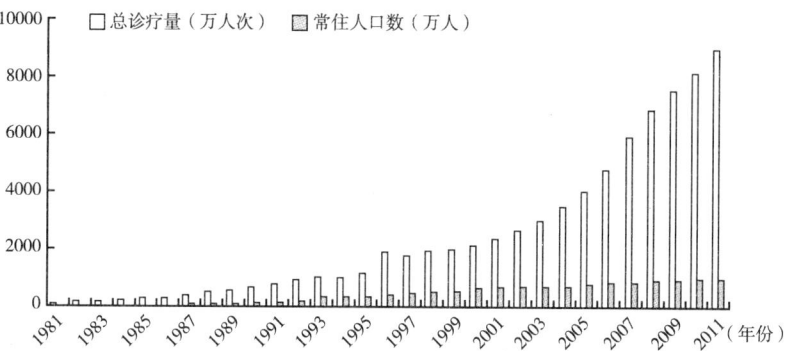

图1 深圳市医疗机构诊疗量变化情况(1981~2011年)

资料来源:《深圳卫生统计年鉴2011》,http://www.szhpfpc.gov.cn/view?oid=menunews&ntyp=A10B032,《深圳统计年鉴2011》,深圳市2011年国民经济和社会发展统计公报。

从常住人口人均门诊次数来看,1981~2011年,深圳人均门诊次数从4.03次增至8.48次,总体来看呈现上升趋势,三十年间增长了一倍以上,如图2所示。人均门诊次数增加可能源于两方面原因:一是疾病发病率升高;二是患者就

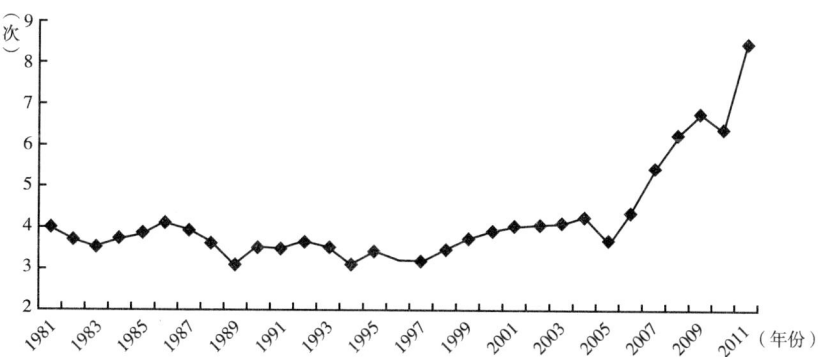

图2 深圳市常住人口人均门诊次数变化趋势(1981~2011年)

资料来源:《深圳卫生统计年鉴2011》,http://www.szhpfpc.gov.cn/view?oid=menunews&ntyp=A10B032,《深圳统计年鉴2011》,深圳市2011年国民经济和社会发展统计公报。

医意愿增强。随着卫生防疫体系健全和医疗条件改善，疾病发病率出现持续升高的可能性极小，人均门诊次数将主要决定于患者就医愿意。从这个意义上讲，人均门诊次数可以用来表示患者就医意愿。其实，还可以进一步将人均门诊次数变动趋势划分为两个阶段：一是窄幅震荡阶段（1981~2005年）。人均门诊次数从1981年的4.03次变化到2005年的3.71次，基本保持在3.10~4.30次之间，围绕4.00窄幅波动，常住人口与门诊人次数增速保持基本一致，人均门诊次数保持窄幅波动态势，说明患者就医意愿未发生明显变化。二是快速上升阶段（2006~2011年）。深圳市在此期间制定并实施卫生事业发展规划，构建新型城市二级医疗服务体系，为居民家庭和个人提供综合性基本医疗卫生服务，社区健康服务中心（以下简称"社康中心"）得到迅猛发展，经过十年发展，社康中心达到了611个，并在全市各社区普及，受双向转诊和费用优惠政策影响，人均门诊次数快速上升，从不足4.0次上升到8.0次以上，这表明患者主动就医意愿增强，在提高群众健康水平的同时，也给医疗卫生资源带来较大压力。

从医生人均接诊量来看，门诊负担有所加重。1981~2011年，医生人均接诊量[①]总体呈现上升趋势，并具体分为两个阶段：一是震荡下降阶段。随着1990年代医疗事业快速发展和卫生技术人员迅速增加，医生人均接诊量从1981年的2853人次降至1996年的1607人次。二是持续上升阶段，随着诊疗量加速增长和医生数量稳步增加，医生人均接诊量开始步入上升通道，从1997年的1663人次升至2011年的3113人次。由此可见，2011年的医生人均门诊接诊量比1981年增加了一成，比1996年医疗门诊量提高了将近一倍，更是比2010年的全国平均水平（607人次次[②]）高出四倍以上，这表明，受医疗卫生事业发展和患者主动就医意愿增强的双重影响，深圳医疗机构医生人均门诊负担有所加重，并远高于全国同期平均水平。

2. 门诊就医患者逐渐向基层医疗机构分流

按医疗机构类别划分，1981~2010年，区级及以上医院、街道（镇）医院的门诊就诊量分别从1981年的22.31万人次和125.60万人次增至2010年的

[①] 医生人均接诊量 = 当年门诊量/执业（助理）医师数。
[②] 根据《中国卫生统计年鉴2011》相关数据进行计算。

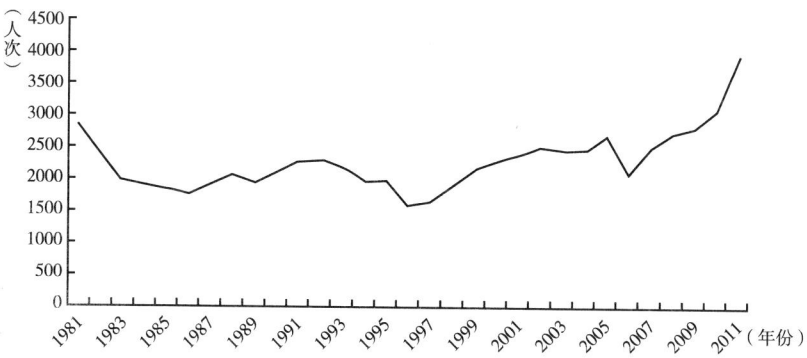

图 3　深圳市医生人均接诊量变化趋势（1981～2011 年）

资料来源：《深圳卫生统计年鉴 2011》，http：//www.szhpfpc.gov.cn/view？oid = menunews&ntyp = A10B032，《深圳统计年鉴 2011》，深圳市 2011 年国民经济和社会发展统计公报。

3719.68 万人次和 2889.92 万人次，均呈快速上升趋势（见图 4）。但两者在总诊疗量中的占比来看，其变动趋势略有不同，主要经历了两个阶段。

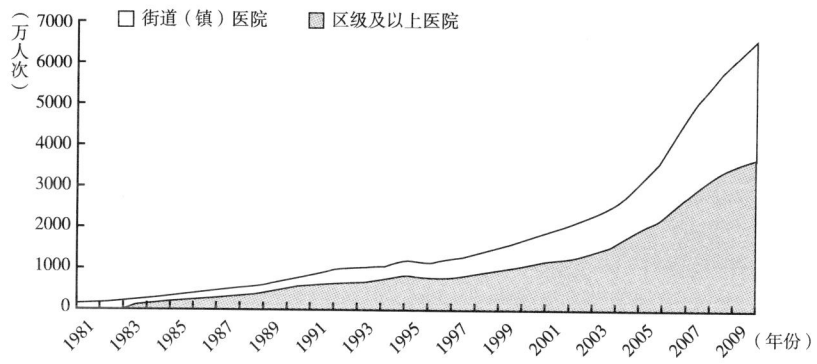

图 4　深圳市分类别医疗机构的门诊就诊量比较

资料来源：《深圳卫生统计年鉴 2011》，http：//www.szhpfpc.gov.cn/view？oid = menunews&ntyp = A10B032。

一是区级及以上医院门诊量占比快速上升阶段（1981～1995 年）。期初，区级及以上医院的门诊量低于街道（镇）医院，但其门诊量增长较快，到 1984 年追上并超过了街道（镇）医院门诊量，相应地，其在诊疗总量中的占比逐年升高，到 1995 年其占比达到峰值水平 72.36%，也就是说，门诊患者中有将近 3/4

到区级及以上医院排队挂号看门诊。

二是区级及以上医院门诊量占比持续下降阶段（1996～2010年）。1996年，区级及以上医院门诊量高出街道（镇）医院一倍以上，但两者之间差距逐步缩小，到2010年，前者仅比后者高出28%，相应地，区级及以上医院门诊就诊量占全市门诊就诊总量的比例从66.79%降至56.89%，门诊患者呈现逐步向基层医疗机构转移的迹象。需说明的是，这里的区级及以上医院的就诊量已经包含了其所属社康中心业务量，如果将社康中心业务量从医院就诊量之中扣除，并将之计算到基层卫生机构中，那么基层医疗机构业务量在2005年前后就可能已经占总门诊量的50%以上了。

其实，这也可以从2011年的统计数据得到验证。按二级服务架构分：2011年，区域医疗中心（含市、区级公立医院）完成总诊疗2952.0万人次，占全市总诊疗量的33.3%；基层卫生机构（含社康中心、街道医院、社会办医院、门诊部、私人诊所、卫生室及其他）完成总诊疗5925.9万人次，占全市总诊疗量的66.7%。也就是说，基层卫生机构逐渐成为接纳门诊病人的主要渠道，能够有效节约区域医疗中心的宝贵卫生资源，使之充分应用到危重、疑难病症的治疗和研究上去，这也是深圳卫生体制改革的初衷。

3. 社康中心已经成为深圳医疗卫生服务的重要承担者

社康中心是深圳卫生机构的重要组成部分，是深圳医药卫生制度改革的重点区域。根据深圳市卫生事业发展规划，近年来重点构建新型城市二级医疗服务体系的工作布局，实施"一大一小"卫生事业发展战略，区级以上医院实行内涵式功能扩展，注重医疗服务水平提高，增加社康中心布点数量，实现社康服务全覆盖。1996年以来，社康中心得到了较快发展，社康中心数量从1996年的19家增至2011年的611家，年均增加40家左右，初步形成了步行15分钟社康服务圈，为有效引导病人流向、建立社区首诊和双向转诊制度奠定了坚实基础。

随着社区卫生服务网络逐步完善，社康中心承担的业务量持续增长。社康中心年度诊疗量从1998年的60.03万人次增至2011年的3230.34万人次，年均增长率为35.88%，社康中心所提供的服务量占全市医疗机构总诊疗量的比例从1998年的4.33%上升至2011年的37.50%。同时，社康中心的公共卫生服务量也呈稳步增长态势，从2004年的165.30万人次快速增至2011年的1033.70万人次，年均增长率为29.98%。社康中心作为医疗服务社区首诊平台，为医院尤其是市级医院门诊就医起到了较好分流作用,有效缓解了医院普通病门诊就诊压力。

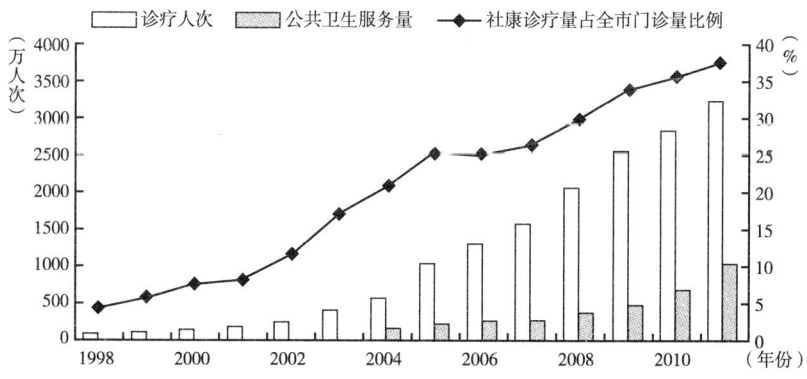

图5 深圳市社康中心服务量及其占全市诊疗总量的比例

资料来源:深圳市卫人委提供的《1996年以后社康中心各项业务汇总数据》。

4. 付费机制在双向转诊中发挥着重要作用

医院与社康中心之间双向转诊是深圳医疗卫生制度改革的特色之一。2004~2011年,深圳医疗机构间双向转诊量呈快速上升势头,从2004年的9.01万人次增至2011年的69.20万人次,年均增加8.60万人次,年均增长率为33.81%,在一定医疗卫生条件下,双向转诊有助于充分发挥不同类别医疗机构比较优势,合理使用现有卫生资源,间接起到优化资源配置作用。

双向转诊实现程度受政策导向、患者偏好、医疗水平、就医便利性等因素影响,是多因素共同作用的结果。关于在社康中心就诊,相关政策制度规定了首诊前置条件、费用优惠措施等。比如,《深圳市社会医疗保险办法》规定,农民工医疗保险和住院医疗保险参保人必须到社区健康服务机构首诊;《深圳市社区健康服务中心与医院双向转诊管理试行办法》要求,与社区健康服务机构建立双向转诊"绿色通道",落实人员、疏通病人交接环节、提高转诊效率;综合医疗保险参保人在社康中心发生的符合规定的门诊费用,由医保统筹基金支付30%,以及各社区健康服务机构严格执行社区健康服务机构收费水平低于广东省医疗服务最高限价标准20%的规定。

从双向转诊量与人均单次诊疗费用比较情况来看,双向转诊量随全市总体以及劳务工单次诊疗费用的下降而增加，而且边际系数为 -0.67，说明诊疗费用是决定人们在医院和社康中心之间如何选择的重要因素，合理的付费机制设计以及费用优惠政策将在双向转诊中发挥重要作用。

（二）住院患者数量增长较快，公立医院依然是住院医疗业务的主要承担者

理论上讲，住院疾病和门诊疾病对个人的健康情况、心理状况、经济承受能力的影响程度是不一样的，对住院患病就诊相关数据进行分析，可以更全面、更准确地了解和把握整个就医人群卫生服务需求特征和就医规律。

1. 住院患者数量持续增长，住院患者数量增长速度略高于全市总人口增长率

1981~2011年，深圳患者住院总量呈现持续增长趋势，从1981年的1.41万人次增至2011年的95.84万人次，年均增加3.15万人次，年均增长率为15.10%，略高于同期全市总人口增速（11.82%①），如图6所示。患者住院量增加，一方面说明人们的经济承受能力提高，住院医治的需求增大；另一方面是医疗卫生条件改善，使得原先必须转诊到深圳市之外就医的患者，现在可以在深圳得到住院医治。

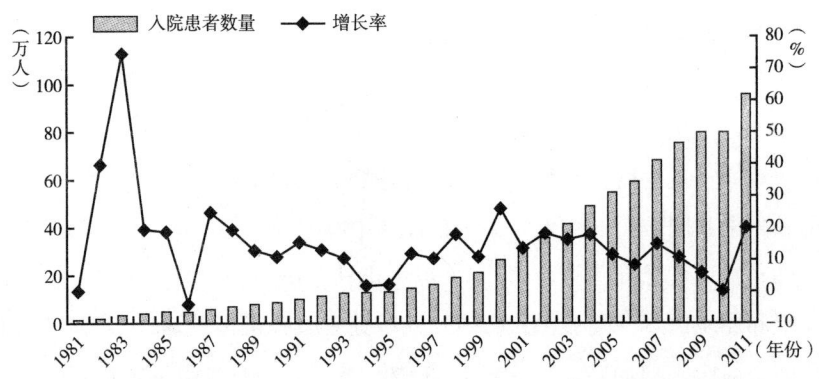

图6 深圳市医疗机构入院患者数量变化趋势（1981~2011年）

资料来源：《深圳卫生统计年鉴2011》，http://www.szhpfpc.gov.cn/view?oid=menunews&ntyp=A10B032。

---

① 根据《深圳统计年鉴2011》计算。

2. 住院患者集中在内外儿科和妇产科，妇产科占比达到三成以上

对住院情况分科别进行分析，深圳市与广东及全国总体情况有很大不同。2010年深圳卫生统计数据显示，深圳出院患者人数为797321人，其中，排在前五位的科室分别为妇产科、外科、内科、儿科和骨伤科，占比分别是31.17%、19.16%、17.26%、16.80%和3.08%，如表1所示。除骨伤科和肛肠科因统计口径问题不能比较外，其余科室与全国总体情况有着很大差异，深圳市妇产科占比比全国高出一倍以上，比广东省高出将近一倍，儿科比全国高出近七成，外科和康复医学科基本持平，其余各科基本上均低于全国平均水平，尤其是中医科，深圳市中医科住院患者占比远远低于广东省和全国总体水平。这表明，尽管深圳市探索实施了中医"治未病"服务，将中医"治未病"服务纳入公共卫生服务项目，在5家医院开展了中医"治未病"试点工作，但中医学科在深圳仍有很大发展空间。

表1 深圳与广东及全国分科别出院患者比较（2010年）

单位：人，%

类别	深圳 人数	深圳 占比	广东 人数	广东 占比	全国 人数	全国 占比
内科	137618	17.26	1554232	21.93	23920322	25.24
外科	152767	19.16	1410811	19.91	18271246	19.28
儿科	133950	16.80	827247	11.67	9570379	10.10
妇产科	248525	31.17	1266660	17.87	12297836	12.98
皮肤科	319	0.04	13560	0.19	213861	0.23
精神科	3907	0.49	66207	0.93	1120565	1.18
传染科	9329	1.17	119917	1.69	1906661	2.01
结核病科	1834	0.23	11342	0.16	292396	0.31
肿瘤科	13156	1.65	246517	3.48	3149602	3.32
急诊医学科	1037	0.13	11124	0.16	647143	0.68
康复医学科	5183	0.65	50257	0.71	531835	0.56
职业病科	159	0.02	411	0.01	74050	0.08
中医科	5103	0.64	857127	12.09	12174672	12.85
骨伤科	24557	3.08	—	—	—	—
肛肠科	8452	1.06	—	—	—	—
中西医结合科	1196	0.15	38919	8.65	1176643	1.24
其他	50229	6.30	613217	21.93	9432186	9.95
合计	797321	100.00	7087548	100.00	94779397	100.00

资料来源：根据《深圳卫生统计年鉴2011》和《中国卫生统计年鉴2011》整理计算。

3. 公立医院依然是住院医疗的主要承担者，几乎处于满负荷运转状态

根据深圳卫生统计年鉴，深圳市2010年入院住院数量为80.16万人，其中，公立和民营医院分别收治70.90万人和9.26万人，占全市总入院量的比例分别为88.45%和11.55%，病床使用率分别为92.1%和64.3%。由此可见，公立医院仍是深圳住院患者优先选择的医院机构，承载着八成以上的住院治疗任务，且其病床使用率较高，几乎处于满负荷运转状态。

与广东省和全国同期平均水平相比，深圳公立医院收治住院患者比例低于广东省和全国平均水平，而深圳民营医院患者入院比例明显高于全国和广东省平均水平。从病床使用率来看，2010年，深圳公立医院病床使用率为92.1%，比广东省和全国平均水平高出2个百分点；民营医院病床使用率差别更大，深圳市比全国平均水平（59.0%）高出5.3个百分点，如表2所示。这表明，深圳市民营资本投资医疗机构在全国算得上超前一步，但这些机构在发展空间、技术人才等方面仍处于劣势，与公立医院并不处于同一水平，有必要进一步扩大在非公立医疗机构执业范围和扶持力度，使其具备适当的服务能力并承担更多的公益性服务任务（如公共卫生）。

表2 深圳市分类别医疗机构住院情况与全省和全国平均水平比较（2010年）

单位：人，%

类 别	入院人数			病床使用率		
	深圳	广东	全国	深圳	广东	全国
公立医院	708997	6515645	87242246	92.1	90.3	90.0
民营医院	92576	591048	7995419	64.3	62.9	59.0
合 计	801573	7106693	95237665	88.1	87.2	86.7

资料来源：根据《深圳卫生统计年鉴2011》和《中国卫生统计年鉴2011》整理计算。

二 医疗服务需求影响因素分析

人们对医疗服务的需求来自对保持或恢复健康状况的需要。为了更好地了解深圳人口就医状况，本研究针对深圳常住15岁及以上年龄人口，专门设计了调查问卷，采取分层随机抽样方法对住户进行调查，本次调查共发放问卷1651份，收回1651份，合格问卷1613份，合格率为98.3%。

深圳常住人口就医需求及其变动趋势研究

（一）描述性统计分析

1. 社康中心在小病和普通门诊中的认同度较高

当遇到健康问题时，患病严重程度和就医类型决定了人们会选择不同类型的医疗机构。在遇到大病和住院时，98.07%和98.57%的患者选择到各类医院治疗，其中，分别为65.47%和68.13%的患者选择到市级医院治疗；在遇到小病时，选择药店和社康中心的比例分别为44.6%和32.4%，两者之和为77.06%；在需要于普通门诊就医时，有26.0%的患者选择到社康中心治疗，说明社康中心在医疗救治方面的社会认同度较高（见表3）。其实，这也可以从人们通常就诊的医疗机构得到验证，选择在市级医院、区级医院、街道医院和社康中心的比例分别为24.49%、25.79%、18.10%和20.02%。值得一提的是，在遇到急诊时，有12.6%的患者（尤其是对于危重病人）认为社康中心可以充分发挥其邻近、方便、快捷、处理及时等优势，为医院急救赢得宝贵时间，有效实现双向转诊。

表3 深圳市不同就医类型下选择医疗机构构成情况

单位：%

类 别	大病	住院	急诊	小病	普通门诊	特诊
市级医院	65.47	68.13	49.41	9.24	35.96	63.11
区级医院	18.29	16.43	17.73	4.46	15.50	15.19
街道医院	13.76	13.58	18.10	5.15	17.11	12.83
私人医院	0.56	0.43	1.36	1.36	2.29	0.87
社康中心	1.74	1.24	12.65	32.42	26.04	5.52
个体诊所	0.19	0.19	0.68	2.67	2.36	2.42
药 店	—	—	—	44.64	0.68	—
其 他	—	—	0.06	—	0.06	0.06

资料来源：根据《深圳常住人口就医调查问卷》数据统计整理。

2. 医疗保险类型和收入高低决定并影响着对医疗机构的选择

从简单交叉列表数据来看，所参加医疗保险类型对于选择哪种类型医疗机构就医有着决定性影响，综合医疗保险和住院医疗保险者中分别有66.95%和56.82%的人选择区级及以上医院就诊；劳务工医疗保险者中选择区级及以上医院就诊的仅有39.16%，不足四成。与之相对应的是，选择社康中心的劳务工医疗保险者达到了27.97%，达到将近三成的水平。同时，收入也对就医医疗机构类型选择有着较大影响，收入越高越倾向于选择区级及以上医院，而低收入者没有明显倾向性，在市级医院、区级医院、街道医院、社康中心之间占比分别为18.63%、26.86%、19.57%和20.81%，分布比较均匀（见表4）。由此可见，参加综合医疗保险者以及高收入者，更倾向于选择区级及以上医院，其在医疗机构就医上具有明显选择性。

表4　深圳市不同收入和医保类型人口的就医医疗机构分布情况

类别	市级医院	区级医院	街道医院	私人医院	社康中心	个体诊所	不知道	没看过病
综合医疗保险	222	167	63	9	96	1	6	17
住院医疗保险	27	23	16	4	12	2	3	1
劳务工医疗保险	36	76	70	3	80	2	6	13
学生儿童住院及大病门诊医疗保险	1	4	2	0	1	0	0	0
其他	5	3	0	0	2	0	0	0
很高收入	0	0	0	0	0	0	1	0
高收入	16	7	1	1	3	0	0	0
中等收入	133	116	71	8	96	7	7	30
低收入	120	173	126	17	134	9	13	52
很低收入	7	11	15	0	12	2	1	1
其他	2	2	5	0	1	0	1	0

3. 就医者对医疗机构的关注点集中在费用高低和手续繁简方面

在对医疗机构存在问题的调查中，有87.60%的被调查者认为医疗机构收费太高，77.43%认为看病手续比较繁琐，有八成左右认为收费太高或手续繁琐；人们对医疗机构的医疗设备配置、卫生环境和就医便利性的认可度较高，占比分别为80.72%、77.93%和76.81%，均达到了八成左右；而对医德医风和技术水平的分歧较大，相比之下，认可医德医风和技术水平的略占上风，分别为49.72%和54.93%（见表5）。由此可见，人们在就医需求上考虑得更加实际和理性，主要关注医疗费用和治疗效果，有必要进一步简化看病手续，特别是简化医保报销手续，加强医德医风建设，提高医疗技术水平。

表5　深圳市医疗机构存在问题的调查情况

单位：%

类　　别	是	否	不清楚
收费太高	87.60	11.47	0.93
看病手续繁琐	77.43	21.64	0.93
医德医风不好	37.26	49.72	13.02
技术水平低	29.94	54.93	15.13
离家远	22.57	76.81	0.62
医疗设备差	11.66	80.72	7.63
医疗卫生环境差	16.74	77.93	5.33

（二）实证研究结果

在医疗市场上，收入和价格水平等经济因素影响着人们的就诊需求，但这仅仅是一个方面。除此之外，对医疗服务需求还取决于个人和家庭特征、是否有医保以及医保类型、医疗服务质量及其可得性等。现将这些因素归为三类：一是个人家庭因素，相应变量包括年龄、性别、文化程度、婚姻状况和家庭人口数；二是经济相关因素，相应变量包括月均收入、医疗服务价格和医保类型；三是就医环境因素，相应变量包括附近是否有医疗机构、就诊时间等。应用probit模型对患者就医可能性进行回归分析，总体回归参数为$R^2=0.5316$，$p=0.0000$，结果表明回归结果具有统计显著性（见表6）。

表6　各因素对就诊可能性影响的实证结果

自变量	系数	p值	自变量	系数	p值
年龄	0.0023	0.368	家庭人口数	0.0093	0.132
性别:男			月均收入(元)	0.4761	0.002
女	0.0243	0.374	医疗保险:无		
文化程度:文盲			综合医保	0.1024	0.042
小学	0.0984	0.236	劳务工医保	0.1673	0.039
初中	0.0865	0.217	住院医保	0.0825	0.031
高中	0.0436	0.285	学生住院及大额门诊医保	0.0640	0.232
大学及以上	0.0993	0.066	附近医疗机构:无		
婚姻状况:非单身			有	0.1743	0.008
单身	-0.0472	0.135	就诊时间(分钟)	-0.0041	0.012

1. 个人家庭因素对就诊可能性影响不具有统计显著性

从个人和家庭特征变量的回归系数来看，在95%置信水平下，未能通过显著性检验，个人家庭因素对就诊可能性的影响不具有统计显著性。但从回归结果看，其与就诊可能性变化之间存在着一定规律性，女性就诊概率比男性高；单身者的就诊可能性较低；年龄、文化程度、家庭人口数与就诊可能性呈同方向变动，也就是说，年龄越高、受教育年限越长、家庭人口数越多，人们就越可能接受医疗服务。

2. 经济因素对就诊可能性具有显著影响

本项调查没有涉及医疗服务具体价格，仅仅是提到了医疗机构是否收费太高的问题，我们在实证中无法将医疗服务价格加入到模型之中。但从调查结果来看，有87.60%的被调查者认为医疗机构收费太高，这可能对其是否就诊产生较大影响。对于其他两个变量来说，月均收入和是否有医保对就诊可能性具有显著影响，其中月均收入对就诊可能性的边际影响是0.4761，也就是说，月均收入每升高1%，就诊可能性就上升0.4761个百分点。在四大医保类型中，劳务工医保对就诊可能性的影响最大，其后依次是综合医保、住院医保、学生儿童住院及大病门诊医保，回归系数分别为0.1673、0.1024、0.0825和0.0640，但学生儿童住院及大病门诊医保未能在统计上通过显著性检验。

3. 就医环境因素对就诊可能性有一定影响

本研究模型主要从就医便利性及其效率两方面，分析就医环境因素对就医可能性的影响，"附近有医疗机构"对就医可能性的影响较大，影响系数达到了0.1743，说明医疗机构可及性将有效促进人们有病就医；同时，在深圳高节奏工作生活方式下，就诊时间是人们在决定是否就医以及在什么医疗机构就医时需要考虑的重要方面，就诊时间与患病就诊可能性呈反方向变动。另外，在就医环境上，医疗技术水平和治疗效果也是影响人们就医积极性的一个因素，但由于缺乏数据支持，没能将之纳入实证模型。其实，遗落一些变量也是预料之中的，甚至有些变量还可能十分重要，比如，当患病程度较为严重时，接受医疗服务将成为一种刚性需求，在这个意义上讲，所患疾病的严重程度是决定人们是否就医的重要因素。

三 未来就医需求预测

(一) 未来就诊人口规模

1. 深圳未来人口预测

未来人口预测是分析深圳就医人口及其就医需求的基础和依据。本研究采用随机人口预测方法,在人口迁移流动因素不确定性较大的情况下,对深圳未来20年人口数量结构进行区间估计。预测结果表明,2012~2030年,深圳市常住人口均值从1116.39万人增至1691.29万人,年均增长31.94万人,年均增长率为2.33%,2012年和2030年的常住人口数量上、下限分别为1166.47万人、1066.26万人和1969.16万人、1440.87万人,呈现稳步增长态势(见图7);从年龄结构来看,深圳人口将逐渐老化,以人口平均年龄来衡量,2000年第五次人口普查深圳男性人口平均年龄估计为23.95岁,女性为21.71岁,2010年第六次人口普查深圳男性人口平均年龄估计为30.46岁,女性为30.37岁,预计深圳人口平均年龄将从2012年的31.05岁上升至2030年的41.22岁,平均每年升高0.57岁。

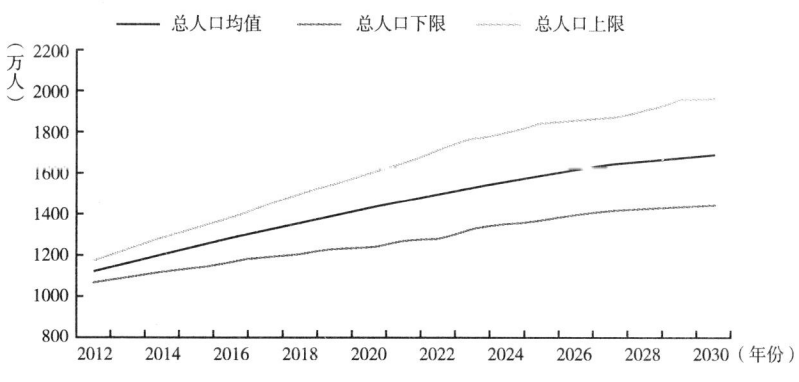

图7 深圳市常住人口规模变动趋势

2. 就诊人口规模变动情况

在数量上,就诊人口规模=常住人口数量×两周患病率×患病就医率。根据

2008年国家卫生服务调查数据，深圳人口两周患病率为200.89‰，而大城市两周患病率为222.02‰，假定深圳人口两周患病率匀速上升，到2020年达到大城市两周患病率222.02‰，之后保持该水平到2030年。由于自我感觉不适、患病、伤害和中毒的人口并不一定全部到医疗机构就诊，本研究将之设定一个区间范围，假定就诊率均值为90%，下限和上限分别为80%和100%。根据就诊人口规模公式，可以计算得到就医人口数量。

需说明的是，此处应用两周患病率估计结果低于实际就诊量（比如，2010年的估计值均值与实际量分别为4954.44万人次和8127.42万人次），产生这种情况的原因主要包括两方面：一是大量非深圳常住人口来深就诊；二是人口统计口径不同，预测估计时用的是统计局所公布的常住人口，而卫生部门数据更多的是基于深圳实际管理人口。根据深圳人口统计和医疗就诊实际，我们认为，第二种原因可能性更大一些，此时，我们可以对估计值进行适当调整折算。调整方法是以2010年估计值与实际量为基准，设定折算系数＝1.64（也可以这样认为，由常住人口去逆推实际管理人口），深圳未来就医人口预测结果如表7所示。

表7 深圳市未来就医人口规模变动情况（2012~2030年）

单位：万人次

年份	均值	下限	上限	年份	均值	下限	上限
2012	8908.41	7563.01	10342.23	2022	12703.83	9685.54	16069.56
2013	9310.85	7797.68	10947.82	2023	12967.96	9987.50	16613.23
2014	9712.24	8009.40	11548.65	2024	13225.93	10222.22	16908.22
2015	10118.37	8231.11	12075.48	2025	13454.63	10326.77	17381.98
2016	10531.00	8544.35	12633.85	2026	13676.06	10528.09	17542.98
2017	10942.26	8773.15	13311.96	2027	13887.42	10652.31	17590.79
2018	11344.24	8976.34	13956.22	2028	14073.77	10748.40	17961.76
2019	11746.29	9226.94	14488.74	2029	14248.47	10823.08	18528.57
2020	12141.17	9376.42	15082.57	2030	14410.22	10912.49	18641.93
2021	12427.18	9587.41	15501.41				

由表7可知，深圳就诊人口总量稳步增长，其均值将从2012年的8908.41万人次增至2030年的14410.22万人次，年均增长305.66万人次。如此快速的就诊人口增长将给卫生资源带来严峻挑战，医疗服务和诊疗能力面临较大压力。但这仅仅是对总量的分析，由于患病人口并非在各科室间均匀分布，而且各科室

的资源配置水平差别较大,就诊人口增长给卫生资源造成的压力也会有所差异,这需要根据就诊人口科别分布情况进行深入分析和研究。

(二) 就诊人口科别构成模式

1. 就诊人口科别构成

根据 2012 年深圳常住人口就医状况调查资料,分析得到两周患病就诊科别构成情况,从患病分布来看,排在第一位的是内科,占比为 42.37%,其后依次是儿科、外科、妇产科,分别占 22.90%、9.54% 和 9.16%,如表 8 所示。假定深圳就医人口始终按照本次调查的结构模式在各科室间分布,可以根据就医人口总量以及患病科别分布情况,估计得出未来就医人口将在各科室的就诊情况。

表 8 深圳市常住人口就医科别构成情况

单位: %

科 别	占比	科 别	占比
内科	42.37	耳鼻喉科	2.67
外科	9.54	全科医疗科	2.29
儿科	22.90	中西医结合科	0.76
妇产科	9.16	中医科	3.44
皮肤科	1.15	其他	1.91
口腔科	3.05	合 计	100.00
眼科	0.76		

2. 住院人口科别构成

根据表 8 给出的就诊科别结构以及深圳市 2010 年医疗机构诊疗人口总量,计算得出 2010 年在各科室的就诊人数。一般认为,患者看病需要先经过门诊检查或治疗,对于其中治疗效果不佳或病情复杂的病人,再转院住院治疗阶段。从这个意义上讲,门诊量与住院量之间具有关联性,但不同科别在数量关系上又有着一定差异。比如,对于内科就诊人口,很多科室的病人在门诊就得到有效治疗而痊愈,此时在数量上表现为门诊量远远大于住院量,而对有些科室来说,大多病症只能通过住院观察或手术治疗才能得到缓解或根治,此时看门诊的目的更可能是入院前的化验检查,在数量上表现为门诊量与住院量相差不大。在本文中,我们假定各科室的就诊量与住院量之间比例关系固定，由此可以根据2010年各科室就诊人口规模和表1中的全市各科室住院人口分布情况，得到分科别住院门诊比例关系，如表9所示。在总体人口就诊科别分布和就诊量与住院量关系基础上，可得分科别住院人口分布情况。

表9　2010年深圳分科别就诊量与住院量之间比例关系

科　别	就诊量/住院量	科　别	就诊量/住院量
内科	250.21	肿瘤科	589.48
外科	50.76	急诊医学科	33204.38
儿科	138.95	康复医学科	6643.44
妇产科	29.96	职业病科	11705.74
皮肤科	2917.41	中医科	547.10
精神科	8813.14	骨伤科	315.80
传染科	3690.96	肛肠科	917.56
结核病科	18774.78	中西医结合科	518.73

（三）分科室就医人口预测

1. 各科室就诊人口数量

如前所述，各科室就诊人口 = 就医人口总量×该科室在总体中的占比，根据深圳未来就医人口规模及其在分科别就医结构，估计得出2012～2030年全市各科室就诊人口数量，如表10所示，表中数值为估计结果均值（其上下限值略）。

2. 各科室住院人口数量

假定各科室就诊量与住院量之间存在固定比例关系，根据表10给出的各科室就诊人口规模和表9所列就诊量与住院量比例关系，计算得到各科室住院人口规模，如表11所示。

四　主要问题

将现有人口就医需求情况与卫生资源供给和使用效率相比，还存在一些不协调之处，主要表现在四方面。

深圳常住人口就医需求及其变动趋势研究

表10 深圳市各科室就诊人口规模（2012～2030年）

单位：万人

	内科	外科	儿科	妇产科	皮肤科	口腔科	眼科	耳鼻喉科	全科医疗科	中西医结合科	中医科	其他
2012	3774.49	849.86	2040.03	816.01	102.45	271.70	67.70	237.85	204.00	67.70	306.45	170.15
2013	3945.00	888.26	2132.18	852.88	107.08	283.98	70.77	248.61	213.22	70.77	320.29	177.84
2014	4115.07	926.55	2224.10	889.63	111.68	296.22	73.82	259.32	222.42	73.82	334.10	185.50
2015	4287.16	965.29	2317.11	926.85	116.36	308.62	76.90	270.16	231.72	76.90	348.07	193.26
2016	4461.98	1004.66	2411.60	964.63	121.11	321.19	80.03	281.18	241.16	80.03	362.26	201.15
2017	4636.23	1043.89	2505.77	1002.32	125.84	333.74	83.16	292.17	250.58	83.16	376.41	209.00
2018	4806.56	1082.24	2597.83	1039.14	130.46	346.01	86.21	302.89	259.78	86.21	390.24	216.68
2019	4976.91	1120.60	2689.90	1075.95	135.09	358.26	89.27	313.63	268.99	89.27	404.08	224.35
2020	5144.20	1158.27	2780.32	1112.13	139.63	370.31	92.27	324.16	278.03	92.27	417.66	231.90
2021	5265.40	1185.56	2845.83	1138.32	142.91	379.04	94.45	331.80	284.59	94.45	427.50	237.36
2022	5382.61	1211.94	2909.18	1163.68	146.09	387.47	96.55	339.18	290.92	96.55	437.01	242.64
2023	5494.52	1237.15	2969.66	1187.87	149.13	395.52	98.56	346.24	296.97	98.56	446.10	247.69
2024	5603.83	1261.75	3028.74	1211.50	152.09	403.39	100.52	353.12	302.88	100.52	454.97	252.61
2025	5700.72	1283.58	3081.12	1232.44	154.73	410.36	102.25	359.24	308.11	102.25	462.84	256.99
2026	5794.55	1304.70	3131.81	1252.73	157.28	417.12	103.94	365.15	313.17	103.94	470.45	261.22
2027	5884.11	1324.86	3180.22	1272.08	159.70	423.56	105.55	370.79	318.03	105.55	477.73	265.25
2028	5963.06	1342.64	3222.90	1289.15	161.85	429.25	106.96	375.77	322.29	106.96	484.14	268.81
2029	6037.07	1359.30	3262.89	1305.16	163.85	434.58	108.29	380.43	326.29	108.29	490.15	272.14
2030	6105.61	1374.73	3299.94	1319.97	165.72	439.50	109.52	384.76	330.00	109.52	495.71	275.24

表 11 深圳市各科室住院人口规模（2012~2030 年）

单位：万人

	内科	外科	儿科	妇产科	皮肤科	精神科	传染科	结核病科	肿瘤科	急诊医学科	康复医学科	职业病科	中医科	骨伤科	肛肠科	中西医结合科
2012	15.09	16.74	14.68	27.24	0.04	0.03	1.02	0.20	6.40	0.11	0.57	0.32	0.56	2.69	15.09	0.13
2013	15.77	17.50	15.34	28.47	0.04	0.03	1.07	0.21	6.69	0.12	0.59	0.34	0.59	2.81	15.77	0.14
2014	16.45	18.25	16.01	29.70	0.04	0.03	1.11	0.22	6.98	0.12	0.62	0.35	0.61	2.93	16.45	0.14
2015	17.13	19.01	16.68	30.94	0.04	0.04	1.16	0.23	7.27	0.13	0.65	0.37	0.64	3.06	17.13	0.15
2016	17.83	19.79	17.36	32.20	0.04	0.04	1.21	0.24	7.57	0.13	0.67	0.38	0.66	3.18	17.83	0.15
2017	18.53	20.56	18.03	33.46	0.04	0.04	1.26	0.25	7.86	0.14	0.70	0.40	0.69	3.31	18.53	0.16
2018	19.21	21.32	18.70	34.69	0.04	0.04	1.30	0.26	8.15	0.14	0.72	0.41	0.71	3.43	19.21	0.17
2019	19.89	22.07	19.36	35.92	0.05	0.04	1.35	0.27	8.44	0.15	0.75	0.43	0.74	3.55	19.89	0.17
2020	20.56	22.82	20.01	37.12	0.05	0.04	1.39	0.27	8.73	0.15	0.77	0.44	0.76	3.67	20.56	0.18
2021	21.04	23.35	20.48	38.00	0.05	0.04	1.43	0.28	8.93	0.16	0.79	0.45	0.78	3.75	21.04	0.18
2022	21.51	23.87	20.94	38.85	0.05	0.04	1.46	0.29	9.13	0.16	0.81	0.46	0.80	3.84	21.51	0.19
2023	21.96	24.37	21.37	39.65	0.05	0.04	1.49	0.29	9.32	0.17	0.83	0.47	0.82	3.92	21.96	0.19
2024	22.40	24.85	21.80	40.44	0.05	0.05	1.52	0.30	9.51	0.17	0.84	0.48	0.83	4.00	22.40	0.19
2025	22.78	25.28	22.17	41.14	0.05	0.05	1.54	0.30	9.67	0.17	0.86	0.49	0.85	4.06	22.78	0.20
2026	23.16	25.70	22.54	41.82	0.05	0.05	1.57	0.31	9.83	0.17	0.87	0.50	0.86	4.13	23.16	0.20
2027	23.52	26.10	22.89	42.46	0.05	0.05	1.59	0.31	9.98	0.18	0.89	0.50	0.87	4.20	23.52	0.20
2028	23.83	26.45	23.19	43.03	0.06	0.05	1.62	0.32	10.12	0.18	0.90	0.51	0.88	4.25	23.83	0.21
2029	24.13	26.78	23.48	43.57	0.06	0.05	1.64	0.32	10.24	0.18	0.91	0.52	0.90	4.30	24.13	0.21
2030	24.40	27.08	23.75	44.06	0.06	0.05	1.65	0.33	10.36	0.18	0.92	0.52	0.91	4.35	24.40	0.21

（一）医生人均门诊负担较重，尤以社康中心更为明显

2011 年，深圳医生人均门诊量为 3113 人次，而同期全国平均水平为 607 人次，前者比后者高出 4 倍以上（或多出 2500 多人次）。其中，尤以社康中心的医生人均门诊诊疗负担最重，2010 年的医生人均门诊负担为 6426 人，比全市平均水平高出一倍以上。尽管如此，社康中心门诊诊疗量仅占全市门急诊总诊疗量的三成，仍有较大的提升空间，假定社康中心门诊量占到全市总体的四成，以 2010 年的医生数和全市总体门急诊量计算，医生每年的人均门诊量将会达到 8500 多人次，需要每天接诊 40 多名患者，负荷量之大可想而知，社康中心人员编制、自由产权用房以及全科医学队伍建设将制约社康中心内涵建设和服务能力提高。

（二）住院人口主要集中在公立医院，市级医院面临较大住院压力

2010 年，深圳住院人口总量为 80.16 万人，民营医院住院人口占比仅有 10.56%，国有全资医院占比达到 86.53%，其中，市级九家医院占比为 30.99%。市级医院以其医疗设备和专业技术优势资源吸引大量人口住院就诊，但这也与医保规定、业务开办门槛等倾向性政策密切相关，直接导致了市级医院住院压力增大。在非完全市场配置资源的条件下，民营医院在竞争中处于不利地位，其病床使用率仅为 65%，而市属医院病床使用率达到了 110% 以上。尽管深圳民营资本（或私人资本）投资医疗领域已经走在全国前列，但在发展空间、技术人才等方面受政策束缚较大，与国有全资医院并不处于同一竞争平台，非公立医疗机构执业范围与其医疗卫生服务能力不相适应。

（三）各科室业务工作量不均衡，一些科室卫生资源超负荷运转，而部分科室的卫生资源又存在相对闲置现象

内科、外科、儿科、妇产科、肛肠科是住院需求比较集中的前五大科室，入院人口数量均在 10 万人以上，而皮肤科和精神科仅有寥寥一二百人，无论是在绝对入院人口数量方面，还是相对就医比例上，科室之间存在一定差异。与全国和广东省相比，科室间亦存在明显差异，深圳市妇产科占比比全国高出一倍以上，比广东省高出将近一倍，儿科比全国高出近七成，而深圳中医科住院患

者占比又远远低于广东省和全国总体水平。实际医疗工作中，有些科室医疗服务能力远远不能满足医疗服务需求，而有些科室又存在一定程度的卫生资源闲置，如何根据群众患病率和就医需求来配置医疗卫生资源，值得进一步探索和研究。

（四）双向转诊工作已在全市范围内开展，但尚未实现真正意义上的双向转诊

目前的双向转诊还仅限于本部医院与由其所举办社康中心之间，尚未在所有医院与社康中心间全面展开，只有自由流动转诊，才称得上是真正意义上的双向转诊。政府功能在于营造一个医疗部门各项职能得到充分发挥的机制环境，但当前的财政补贴方式、医保偿付方式、医疗收费方式不够科学，与医院和医务人员的工作绩效挂钩不够密切，不利于调动医务人员的积极性。在实现机制上，一是靠价格，通过补贴或降价等方式，扩大社康中心与医院收费价格差，引导患者在社康中心就诊，从价格弹性来看，社康中心还有进一步降低医院门诊负担的潜力；二是靠制度，在医疗保险制度设计上，坚持社康中心首诊原则，劳务工医疗保险做得比较好，社康中心建档率达到了 95% 以上，但综合医疗保险者有向上就医倾向，综合医疗保险的首诊制度有待于进一步强化。

五 应对深圳人口与健康问题的对策措施

根据深圳人口的特点并针对当前存在的几方面问题，应采取以下短期对策，以缓解人口与健康问题。

（一）增加社康中心人员编制，提高社康中心医疗服务能力，减轻医院门诊负担

可以采取三个途径：一是引进医疗卫生技术人才。根据社康中心医疗服务规模和建档数量，核定编制人数，招聘一批具有全科专业学习背景的医科大学应届毕业生，扩大社康中心队伍，充实社康中心服务力量。二是加强现有医疗技术人员的培训。建立社康中心医务人员（尤其是最近三年新毕业人员）定期到区域医疗中心轮训制度，发挥区域医疗中心的技术指导作用，提升社康中心人员素质

服务能力。三是建立医院医技人员下基层制度。建立区域医疗中心专家定期到社区健康服务中心工作制度，实行人才配置重心下移，落实政府举办的医疗机构的卫生专业技术人员在晋升中级专业技术资格前，必须到社区健康服务中心工作的制度。

（二）发挥医疗保险基金引导调控作用，促使普通病住院向市属医院之外医疗机构分流

在加强基层医院和民营医院医疗服务能力的同时，注重发挥医保政策的引导和调控作用，主要是医保报销方案设计，解决国有医院床位少、住院难问题。坚持"以收定支、收支平衡、略有结余"的原则，通过提高报销比例和最高支付限额的方式，将住院相关政策适当向街道医院及民营医院倾斜，通过政策调节作用将普通病住院或门诊患者分流到市属医院之外医疗机构，以此来缓解市属医院医疗服务压力，将优质卫生资源应用于重症及疑难疾病治疗上来，发挥不同医疗机构比较优势，确保卫生资源实现最大社会效用。

（三）非对称性增加卫生资源，适量增设营利性医院

切实落实深圳市"十二五"期间医疗机构设置规划，重点加强中心组团（罗湖、福田）和南山组团医疗服务能力，使执业医师、注册护士、住院床位数等在2010年基础上增长50%~100%，并进一步加强宝安、龙岗和东西两翼工业生态区的卫生基础设施建设，加大卫生技术人员培训力度。在政府大力投资卫生事业的同时，鼓励和吸引社会资本投资医疗事业，在坚持全市卫生整体规划前提下，适量增加民营营利性医院，逐步形成多元化投资办医模式，引进先进的技术、设备、管理和服务理念，提高医疗服务的供给水平与能力，改善医疗服务质量，满足居民多层次卫生服务需求。

（四）加强医疗卫生资源共享，实现区域医疗中心和社康中心分级诊疗

在卫生资源配置上，区域医疗中心与基层医疗机构存在一定差异，除硬件设施外，医疗技术能力也是患者选择医疗机构时所要考虑的重要因素。鼓励高级临床医师有序开展多点执业，为公立医院与民营医院、上级医院和下级医院人才交

流合作搭建桥梁，尽量缩小医疗服务能力在医院与社康中心之间的落差。建立双向转诊绿色通道，设立专线转诊电话及转诊机构，及时准确接收各社康中心转送患者及转诊患者的信息反馈，有效防止转入与转出过程中的信息流失。完善市场竞争机制，推行药品集中招标采购，有效降低服务成本，提高医疗卫生服务效率。

B.3 深圳新生代劳务工健康行为与生活质量研究

李建新　王媛媛　夏翠翠　胡媛　胡荣琴

摘　要：①当前有超过600万劳务工在深圳打工及就业，其中大部分都是新生代劳务工。研究表明，外来务工人员特别是新生代劳务工在身心健康方面承担着更大的风险，是值得我们特别关注的群体。

②新生代与老一代劳务工在自评健康和社会认同上存在显著差异；教育、职业、健康知识、健康行为和社会支持等对劳务工身体、心理及自评健康产生显著影响；居住环境、工作条件、医疗保险和社会支持等对劳务工的生活质量及社会认同产生显著影响。

③以人为本，改善劳务工工作和生活环境；关注新生代劳务工心理健康，广泛建立专业心理疏导机构；关注高危工作人群，加强对雇佣方监管力度，改善工作条件；提高劳务工医疗保险的覆盖范围；促进新生代劳务工自我职业规划。

关键词：新生代劳务工　健康　生活质量

一　深圳劳务工状况

（一）深圳人口现状

深圳是我国东南沿海开放城市群中迅速崛起的一个新兴城市。自建市30年来，受益于特区优惠政策和毗邻香港的特殊区位优势，深圳经济发展经历了一个超高速积累的过程，全市GDP从建市前的1.96亿元增加到

2011年的1.1万亿元，人均GDP从1979年的606元/人增长到2010年的94296元/人。固定资产投资总额从1979年的0.59亿元，增加到2011的2140亿元。深圳的社会经济发展速度惊人，创造了举世瞩目的"深圳速度"。与此同时，深圳人口规模在同一时期也呈现了超高速、超常规集聚的特点。人口规模由建市之初的31万人，增长到"六普"时常住人口1035万人，户籍人口也达到251万，年末社会劳动者数目由1979年的13.95万人增长到2010年末的705.17万人。30年间人口规模增长了31.37倍，年增长率远超过其他城市一般水平，流动人口的涌入为整个城市发展注入活力。

表1 部分年份深圳人口及GDP状况

单位：万人，元/人

年份	年末常住人口	户籍人口	非户籍人口	年末社会劳动者数	本市生产总值	人均GDP
1979	31.41	31.26	0.15	13.95	19638	606
1985	88.15	47.86	40.29	32.61	390222	4809
1990	167.78	68.65	99.13	109.22	1716665	8724
1995	449.15	99.16	349.99	298.51	8424833	19550
2000	701.24	124.92	576.32	474.97	21874515	32800
2005	827.75	181.93	645.82	576.26	49509078	60801
2010	1037.2	251.03	786.17	705.17	95815101	94296

资料来源：《深圳统计年鉴2011》。

据2010年进行的第六次人口普查数据显示，至2010年11月1日零时，深圳常住人口为1035.79万，与第五次全国人口普查的700.84万人相比，10年共增加了334.95万人，增长47.79%，年平均增长率为3.98%。深圳常住人口增长率快于全国（0.57%）、全省（1.90%）平均水平。其原因除了降低入户门槛，加快户籍人口增长外，最主要的是人口流入量较大。十年来，深圳经济保持较高增速，提供了较多的就业岗位，吸引了大量市外人员到深圳工作和生活。深圳常住人口中，约有798万人是非户籍人口，占常住总人口的77%。

表2 深圳2010各区人口状况

单位：万人

地区	年末常住人口	户籍人口	非户籍人口	地区	年末常住人口	户籍人口	非户籍人口
全　市	891.23	241.45	649.78	宝安区	317.74	41.22	276.53
福田区	120.61	60.4	60.21	龙岗区	180.02	34.26	145.76
罗湖区	88.5	43.49	45.01	光明新区	41.59	4.62	36.97
南山区	98.89	49.52	49.37	坪山新区	21.1	3.67	17.43
盐田区	22.77	4.26	18.51				

资料来源：《深圳统计年鉴2011》。

在全市的人口年龄结构中，0～14岁人口为101.88万人，占9.84%；15～64岁人口为915.64万人，占88.40%；65岁及以上人口为18.28万人，占1.76%。适龄劳动人口比重为88.40%，比全国的74.53%高出13.9个百分点，比广东省的76.36%高出12个百分点，较上海市、北京市分别高出7.2个百分点、5.7个百分点。全市平均年龄为30岁左右，仍然处于旺盛的"人口红利"期，其中很大程度上归功于流动人口。

（二）新生代劳务工的概念及其群体

学术界多数人倾向将1980年以后出生、具有农村户口、到城里打工的年轻人视作是"新生代"劳务工。中国社科院王春光研究员于2001年首次提出"新生代农村流动人口"的概念，他通过对温州、杭州及深圳三地的劳务工的调研，得出了以下关于新生代劳务工的基本特征：其一，平均年龄为22.99岁，其中80年代出生的外出打工者占76%；其二，54%的新生代劳务工具有初中学历，29.3%者具有高中学历；其三，仅有39.2%的新生代劳务工有务农经历，且有受访者将上学期间帮父母干农活也视为务农经历，故而实际意义上的有务农经历者的比例小于39.2%；其四，新生代的外出动机已经发生了很大的变化，从经济型转到经济型和生活型并存，或者生活型。此为新生代与第一代劳务工本质的区别。①

---

① 王春光：《新生代农村流动人口的社会认同与城乡融合的关系》，《社会学研究》2001年第3期。

大规模、真正意义上的改革开放开始于1980年,而20年的时间刚好完成一个社会人从出生、学习到就业等具体人生阶段。80后这一代人自21世纪之初便逐步进入到了劳动力市场,逐渐成为劳动力市场的主体,而相应的社会环境则产生了迥异于父辈劳务工的变化(王春光,2001;刘传江,2010;徐莺,2010;彭仁贤,2011)。将1980年代作为代际分野还由于1980年以来我国实施了史无前例最为严厉的一孩计划生育政策,大大加速了我国人口内部结构变化(李建新,2011)。城市中严厉的独生子女政策以及农村中"一孩半"政策的实施,使得1980年之后出生的人具有较父辈而言更简单的家庭结构关系。

全国总工会新生代劳务工问题研究课题组(2010)的研究报告则指出新生代劳务工在观念上与传统劳务工有了"六个转变"即:外出就业动机从"改善生活"向"体验生活、追求梦想"转变;对劳动权益的诉求,从单纯要求实现基本劳动权益向追求体面劳动和发展机会转变;对职业角色的认同由农民向工人转变,对职业发展的定位由亦工亦农向非农就业转变;对务工城市的心态,从过客心理向期盼在务工地长期稳定地生活转变;维权意识日益增强,维权方式由被动表达向积极主张转变;对外出生活的追求,从忽略向期盼精神、情感生活需求得到更好的满足转变。

王荣萍、段成荣(2010)通过对2005年全国1%人口抽样调查数据进行分析,从人口学的角度简单介绍了"新生代"劳务工的基本情况。杨菊华(2010)对比本地市民、城—城流动人口以及乡—城流动人口三类群体时发现,新生代流动人口"四高、一低、一薄弱"[①]的特点并不成立。虽然新生代乡—城流动较46~55岁流动人口的教育水平略有提高,但仍低于前两类群体,较父辈而言也未表现出更明显的人力资本优势,总体上呈现的是职业声望低、收入水平低、保障程度低、标准劳动时间低、身份认同低;就业行业差、住房条件差等"五低二差"的特点。

为及时、全面、准确了解劳务工数量、流向、结构、收支、就业等多方面信息,国家统计局于2008年底建立了劳务工统计监测调查制度。在对全国31个省(区、市)6.8万个农村住户和7100多个行政村的劳务工监测调查结果推算,

---

① 杨菊华:《对新生代流动人口的认识误区》,《人口研究》2010年第2期。

2009年度全国劳务工总量为22978万人,其中外出劳务工14533万人。劳务工的内部也产生代际分化,其主要特征就是"新生代",即80年以后出生的外出劳务工,逐渐成为外出打工劳务工的主体,他们在经济建设和社会发展中发挥越来越大的作用。

深圳作为一个新兴移民城市,关注外来务工人口问题尤为重要。由于深圳流动人口结构发生了变化,除打工群体之外,有更多高素质人才来到特区,所以,在深圳"劳务工"这个概念实际上比传统的农民工涵盖面更广,这个概念是指在深圳工作的但没有深圳市居民户口的务工人员,不仅仅局限于工厂打工者。本项研究按照代际替代,以及历来的民工潮出现时间先后,将流动人口中的劳务工分为第一代和第二代,第二代特指1980年之后出生的外来务工人员,即"新生代劳务工"。本文主要描述两代劳务工的基本人口社会经济特征;分析两代劳务工的健康状况、生活满意度,以及社会认同等方面的差异;探讨影响劳务工健康状况与生活质量的多方因素;最后在分析研究基础之上,提出针对研究问题的对策建议。

(三) 深圳新生代劳务工的基本状况和特点

本文采用中国社会科学院人口与劳动经济研究所与深圳市人口与计划生育研究所组织的"2010年环境与健康:深圳务工人员调查"数据,该调查对在深圳工作满6个月的务工、经商人员进行了问卷调查。通过对深圳人口分布、行业分布以及人口结构的特征分析,抽取了服务行业和制造业比较集中的福田、宝安以及龙岗三个区作为样本点,共得到有效问卷1025份。

该调查项目涉及基本的社会人口信息、居住环境、健康状况、健康行为与认识,以及卫生保健、社会支持以及外出务工工作和生活情况。具体来说,社会人口信息方面涵盖了被访者性别、年龄、籍贯、户口类型、婚姻状况、教育水平等社会信息,考察了自迁出地至迁入地的社会联系。工作情况方面,则具体询问了被访者本人职业、所属行业、工作时长等问题,询问了劳务工的工作环境情况,及医疗保障、工作条件和劳动防护方面的问题,具体考察新生代劳务工从事行业、工伤伤害及遭受职业病的风险。总体说来,本次调查数据能够较有效地反映深圳市外来务工人员的基本特征与状况,对深圳市流动务工人群具有较好的代表

性。(牛建林等,2011)

表3列出了本次调查数据外来务工人员的人口社会经济基本特征。由表可以看出外来劳务人员的年龄、性别、教育程度、婚姻状况、职业结构等具体信息。从年龄上看,深圳外来务工人员比较年轻,平均年龄36岁,80后新生代劳务工占57.95%;在所有劳务工中,约四成多的女性务工者(43.16%);七成的务工者出生地类型为农村(72.28%),农村青年仍为外出务工的主体。有超过半数以上的务工人员具有高中及以上学历(53.28%);约有多半的(54.55%)劳动者有配偶;行政、技术人员占务工人员职业类型的1/5,多数为服务人员和工人(比例约为68%)。

表3 主要变量的统计描述结果

单位:%

变量	分类	百分比	变量	分类	百分比
代际	新生代	57.95	本人职业	行政人员	7.90
				技术员	12.39
性别	女	43.16		服务员	36.00
				工人	31.12
出生地类型	非农村	27.72		其他	12.59
受教育程度	初中及以下	46.72	年收入	小于1万	39.67
	高中/职高	42.02		1万~3万	46.43
	大专及以上	11.26		3万~5万	9.99
婚姻状况	有配偶	54.55		5万及以上	3.92

说明:N=1025。

进一步从性别、教育程度、婚姻状况、职业差别等方面考察新生代与第一代之间的差别,可以更清楚地得到这两个年龄群体的不同特征。从代际年龄上看,第一代劳务工的平均年龄为41.21岁,新生代劳务工的平均年龄为25.93岁。

从性别结构上看,无论是第一代还是新生代务工人员,在群体内部均呈现出男性多于女性的趋势,只是新生代中女性务工人员比例较父辈更多,相比而言男女比例更加均衡,这与男女工作机会不平等有关。然而尽管新生代劳务工的女性比例上升,但是在统计结果上并不显著,即两代人在性别结构上无统计意义上的差异。

表4　两代劳务工性别结构差别

单位：%

性　别	男	女	合　计
第 一 代	59.63	40.37	100
新 生 代	54.81	45.19	100
合　计	56.84	43.16	100

说明：$N = 1024$，$X^2 = 2.3663$，$P = 0.124$。

从出生地类型上看，七成多的劳务工均来自农村，体现了农村是劳动力输出的主要阵地。从代际区分上看，有74.42%的第一代劳务工出生于农村，高于新生代的70.73%，不过这种差异并没有统计意义上的显著性，所以，从出生地上看，新生代实际上和第一代一样，皆大多源于农村。

表5　两代劳务工出生地类型结构差别

单位：%

出生地类型	农　村	非农村	合　计
第 一 代	74.42	25.58	100
新 生 代	70.73	29.27	100
合　计	72.28	27.72	100

说明：$N = 1021$，$X^2 = 1.6952$，$P = 0.193$。

两代务工者最显著的差别莫过于所受教育程度和婚姻状况不同。相比第一代外出务工人员而言，近六成新生代劳务工都受过初中以上教育，且从未合并的原始数据来看，文盲、小学组的数量大大低于第一代劳务工的比重。分析其中原因，可能得益于1986年4月颁布的《义务教育法》，刚好对80后新生代劳务工入学受教育起到重要影响，主要体现在高中及以上教育比例较第一代劳务工累计高出12.7个百分点。同样的，受到出生年龄和教育年限延长的累加作用，新生代劳务工结婚年龄推迟，代际区分在婚姻上则是有90%的第一代劳务工有配偶，以及仅三成新生代劳务工有配偶的差别。且两代劳务工教育、婚姻均在$P = 0.000$水平下差异显著，见表6、表7。

表6 两代劳务工教育程度差别

单位：%

受教育程度	小学及以下	初中	高中/职高	大专及以上	合计
第 一 代	43.12	10.96	37.06	8.86	100
新 生 代	39.70	1.69	45.61	13.01	100
合 计	41.14	5.58	42.02	11.26	100

说明：$N=1021$，$X^2=47.0941$，$P=0.000$。

表7 两代劳务工婚姻状况差别

单位：%

婚姻状况	无配偶	有配偶	合计
第 一 代	11.37	88.63	100
新 生 代	70.27	29.73	100
合 计	45.45	54.55	100

说明：$N=1023$，$X^2=349.0102$，$P=0.000$。

职业结构上，尽管新生代群体有向上流动的机会，行政、技术性岗位所占比例略有提高，但相比较于第一代劳务工而言，新生代更多地集中于工人岗位上，整体卡方检验并不显著。对于这种变化，可能的解释便是现在工厂对文化程度的要求也水涨船高地提高到初中及以上，在职业选择中"稀释"掉了高学历的净作用。而熟练的工作岗位与从业年限息息相关，第一代劳务工的工作经验成为他们走向更高的管理岗位的台阶。

表8 两代劳务工职业结构差别

单位：%

本人职业	行政人员	技术员	服务员	工人	其他	合计
第 一 代	6.60	12.50	39.62	28.54	12.74	100
新 生 代	9.04	12.63	34.30	33.79	10.24	100
合 计	8.02	12.57	36.53	31.58	11.29	100

说明：$N=1010$，$X^2=7.2439$，$P=0.124$。

在收入状况上，两代劳务工有着显著的差异，新生代劳务工收入水平显著低于老一代，在1万元以下的年收入水平上比老一代高13个百分点，这与新一代劳务工的工作性质和工作资历有关，新生代劳务工大多集中在制造业工厂和服务业等领域且劳动年限短等。

表9 两代劳务工收入状况的比较

单位：万元，%

收入	<1万	1万~3万	3万~5万	5万以上	总计
第 一 代	32.09	51.40	12.09	4.42	100
新 生 代	45.18	42.81	8.46	3.55	100
总 计	39.67	46.43	9.99	3.92	100

说明：N = 1021，X^2 = 18.4596，P = 0.000。

二 新生代劳务工健康现状及影响因素分析

（一）研究背景及理论

劳务工的健康状况直接影响到其工作和生活质量，关于劳务工健康状况已有诸多研究。对于"健康"概念，目前学术界主要从四个角度界定[①]。第一是医学模式定义，即"健康"是没有疾病或没有生理机能失调。这种定义仅依据生理学标准，倾向于排除对机能良好者的分析，所以不利于预防疾病和改善人体机能。第二是社会文化模式定义，即"健康"是完成个人社会职责的能力。这种定义强调已社会化的个人承担角色和完成任务的能力处于最佳状态。第三是心理学模式定义，即"健康"为感到情绪良好或快乐。第四是三维模式定义。1948年，世卫组织（WHO）明确提出"健康"的定义，即身体、心理及社会适应性方面的完好状态，而不仅仅是无病或不虚弱。[②] 这种定义将"健康"的概念从单纯的生理医学范畴，拓展到心理和社会两方面。基于以上，2001年世卫组织正式提出一个新的健康分类，即从身心功能、身体结构和活动参与三个维

[①] 田丰、尹德挺、曾序春：《影响深圳人口健康的关键因素及干预政策研究》，2011。
[②] 该定义最早出自世界卫生组织章程中的导言部分，该章程在1946年6月19~22日于纽约举行的国际卫生会议（the International Health Conference）上被采用。章程中"健康"的定义最终于1948年7月4日被正式确定使用。

度来考察生活功能和健康状况，并认为主要有两大因素影响人口健康：一个是个人因素，主要包括个人的生活习惯、生活方式等；另一个是环境因素，主要包括自然环境、社会网络和社会支持、社会体制政策、法律法规以及家居环境等若干方面。

具体到劳务工群体的健康状况，有研究认为由于劳务工主要分布在建筑、制造、采掘、服务等行业，在从事"脏累差"的体力劳动的同时，要面临着巨大的劳动安全风险，例如工伤事故、职业病，以及由此而导致的各种劳资纠纷。在较差的工作与生活环境中，新生代劳务工所遭遇的主要健康问题包括：职业伤害、流行病/艾滋病、传染病、自卑心理、自杀等（张喆，2011）。根据深圳2274例劳务工健康检查结果分析，深圳建筑装修企业劳务工大多数处于亚健康状态，或患有各种慢性疾病，特别是肝功能异常、血压异常、高脂血症、乙肝病毒携带等健康问题（侯金花，2007）。而且在疾病处理上，劳务工较为消极，其通常选择低成本的处理策略（朱考金，2008）。由于昂贵的医药费以及不健全的医疗保障制度，劳务工一般都是"大病小治、小病不治"。

与一般城市居民相比，在心理健康方面，劳务工生活环境差，工作关系紧张，职业与生活压力较大，多数情况下处于被忽略、遭受歧视与不公正待遇的境地，造成了他们对城市的隔阂，心理健康问题较严重。劳务工在心理健康方面存在的问题包括：自卑心理、排异心理、逆反心理、越轨心理、自杀心理（颜琴，2010）；青年劳务工常见的心理问题为人际关系敏感、抑郁、焦虑、敌对、恐怖等，其发生率在18%~28%，其中女性更为突出（李晓芳，2004）。在遭受职业伤害之后，劳务工的心理问题更为严重，曾有研究对120名男性劳务工尘肺患病者心理健康状况进行调查，结果显示，劳务工尘肺患病者的心理健康状况不如普通尘肺病患者。而且随着病情的加重，劳务工尘肺患者躯体化、强迫、人际关系、抑郁、焦虑、敌对、恐怖等得分越高，心理健康受到伤害越大（张桂丽，2011）。

就影响劳务工身体健康的因素而言，以往的研究指出，由于大部分劳务工受教育程度低，只能从事环境污染重（粉尘、废气、有毒气体和噪声）、职业病流行的行业，致使劳务工在工作中面临较高的安全风险，直接影响劳务工的身体健康。劳务工较低的工资收入在某种程度上是以牺牲自己的身体健康为代价。而较低的收入水平以及不完善的社会保障制度，又影响劳务工的健康投资，使劳务工的身体、心理健康状况恶化。

以往的研究还发现户籍制度的限制和经济收入与文化教育的地区差异等二元社会经济因素使劳务工在劳动就业选择中往往处于劣势（陆文聪，2009），教育对劳务工健康有显著的正影响（黄乾，2010）；在控制人口和社会经济变量的情况下，居住条件也是影响城市外来人口健康的重要社会因素之一（王桂新，2011）。

就影响劳务工心理健康方面，个体因素如年龄、性别、地区来源、日工作时间等对心理健康有较大影响，根据一项深圳宝安区1716名劳务工进行的调查，结果显示年龄越大，心理健康水平越高；日工作时间越长，心理健康水平越低；女性心理健康水平低于男性；来自于农村者心理健康水平低于来自于城市者心理健康水平（郑磊，2012）；另外关系网络、社会参与和信任等社会资本对劳务工健康起着重要的作用（黄乾，2010）；社交回避及苦恼对心理健康的预测作用达到了显著水平并且成为重要的影响因素，社会支持对青年劳务工的心理健康发挥了显著的调节效应（廖传景，2010）；

综上所述，以往研究多从身体健康和心理健康两个方面来分析劳务工的健康状况，并探索其影响因素，但是较少涉及劳务工的自评健康状况。实际上，自评健康是一个比较综合健康指标，是对发病率和死亡率的高度预测（Idler and Benjamni 1997），被广泛作为健康状况的一个有效和可靠的指标（Ferraro and Farmer 1999）。另外，以往研究也较少涉及第一代劳务工与新生代劳务工在健康以及生活质量方面的比较研究。本文在以往研究的研究上，选取1025名劳务工作为样本，从身体健康、心理健康、自评健康三个维度来较全面地分析劳务工的健康状况，突出了两代劳务工健康状况以及生活质量等方面的比较研究；在综合考察已有研究所涉及的健康影响因素的基础上，本研究不仅纳入劳务工自身控制变量、居住环境、工作条件、社会支持等变量，还结合调查数据，考察了劳务工的健康知识与健康行为等变量，以期全面分析影响劳务工健康的因素，从而提出相应的对策建议。

（二）两代劳务工健康现状、健康知识以及健康行为差异

1. 健康指标的选择与构建

根据调查数据中的信息，本文从三个方面来衡量劳务工群体的健康状况，即身体健康、心理健康和自评健康。

（1）身体健康。在调查中，询问过去12个月中个体所经历如下身体不适的

频率：感冒、流感；头痛、头晕；咳嗽、咽喉疼痛；眼睛酸胀；耳鸣；肌肉和关节僵硬；肩、颈或腰部酸痛；走路时感到双腿沉重；静息时感到胸闷或气短；心区不适；食欲减退；胃部不适；低热或怕冷；记忆力减退；反应能力下降；注意力不集中；失眠；皮肤瘙痒等共计18项。为了充分地利用好这些健康信息，本文对于这些健康问题，采取了以下处理方式，如果回答是"从来没有"赋值为0，"很少"赋值为1，"偶尔"赋值为2，"经常"赋值为3，将所得总分累加，取值范围在0到54之间，以连续变量的形式表达劳务工的身体健康状况，得分值越高，说明其身体健康状况越差。

（2）心理健康，询问过去一个月中个体所经历的如下心理感受的频率：紧张；绝望；孤独；焦虑或烦躁；沮丧，干什么都没劲，没什么事情能让您开心；做什么事都费劲；感到自己一无是处等共计7项。如同身体健康的信息处理方式一样，即如果回答是"从来没有"赋值为0，"很少"赋值为1，"偶尔"赋值为2，"经常"赋值为3，所得总分累加，取值范围在0到21之间，为连续变量。劳务工得分值越高，说明其心理健康状况越不稳定。

（3）自评健康，为Likert五级量表——极好、很好、好、一般和差，询问劳务工主观感知的健康状态，在分析中将前三种划分为"好"，赋值为1，后两种划分为"一般"状态，赋值为0。

2. 两代劳务工健康状况比较

下面我们来具体考察两代劳务工在身体健康、心理健康、自评健康等方面基本状况。从表10可以看出，在身体健康得分上，第一代劳务工得分在0到54之间，平均值约为15.1；第二代即新生代劳务工的身体健康得分在0到49之间，平均值约为14.91，低于第一代劳务工的平均值，身体健康分值好于第一代，不过，统计检验并不显著，也就说两代劳务工在身体健康方面不存在显著差异。

表10 两代劳务工身体健康差异

身体健康因素	样本数	均值	标准误(S.E)
第 一 代	390	15.097	0.537
新 生 代	538	14.907	0.441
合　　计	928	14.987	0.341

说明：N=928，P=0.783。

从心理健康方面考察，表 11 结果显示，两代劳务工在心理健康方面存在着显著差异，新生代劳务工心理健康得分在 0 到 20 之间，平均值为 5.99；第一代的得分在 0 到 21 之间，平均值为 5.04。新生代劳务工心理健康平均得分值要高于第一代，且统计显著，这说明新生代的心理健康状况比老一代较为波动、较为脆弱、较为不稳定。

表 11 两代劳务工心理健康差异

心理健康因素	样本数	均值	标准误(S.E)
第 一 代	416	5.041	0.228
新 生 代	577	5.995	0.198
合 计	993	5.595	0.150

说明：N = 993，P = 0.002。

从健康自评方面考察，表 12 结果显示，两代劳务工存在着显著差异，新生代劳务工自评健康较好的占 64.20%，显著高于第一代群体的 56.75%。新生代劳务工自评健康评价一般的占 35.80%，则低于第一代的 43.25%。

表 12 两代劳务工自评健康

单位：%

自评健康	好	一般	合计
第 一 代	56.75	43.25	100.00
新 生 代	64.20	35.80	100.00
合 计	61.07	38.93	100.00

说明：N = 1025，X^2 = 11.6087，P = 0.001。

3. 两代劳务工健康知识、行为及生活工作环境的比较

在这部分中，我们将进一步就考察两代劳务工在健康知识、健康行为、工作条件、居住环境、社会支持等方面的基本状况。

在本文所使用的调查问卷中，"健康知识"组成部分包括：成年人腋下体温的正常值范围；成年人每天至少应该保证多长时间的睡眠；是否有专门保护从事有毒有害工作的劳动者权利的法律；关于危险标识的辨识；预防传染病的措施；关于抗生素的说法；消除室内空气污染最有效的方法；紧急医疗救助的电话等共计13项。为了充分利用这些调查信息进行描述和分析,本文对此变量做如下编码:被访者回答正确,赋值为1,回答错误则赋值为0。健康知识取值范围在0到13之间,得分越高,说明健康知识越全面、正确。由于也需要将健康知识作为分类变量,本文又按照健康知识分值累积频率30%和60%两个分界点,将健康知识分为三类。将健康知识得分在0到5之间的赋值为1,表示健康知识"较少";7到10分之间的赋值为2,表示健康知识"一般";11到13分之间的赋值为3,表示健康知识"较多"。

从表13可以看出,两代劳务工健康知识"一般"的占有较大比例,新生代劳务工健康行为得分较好的比例占20.14%,低于第一代的21.38%;新生代得分一般的比例占61.79%,低于第一代的62.47%。两代劳务工在健康知识上不存在统计意义的差异。

表13 两代劳务工健康知识比较

单位:%

健康知识	较少	一般	较多	合计
第一代	16.15	62.47	21.38	100
新生代	18.07	61.79	20.14	100
Total	17.27	62.08	20.66	100

说明:N = 1002, X^2 = 0.7212, P = 0.697。

不过,从表14可以看出,两代劳务工对于预防传染病的认识存在显著差异。在选择"预防传染病最有效、最经济的措施"这个问题上,新生代劳务工的正确回答率,即选择"接种疫苗"的比例为30.69%,显著低于第一代的41.07%;而且更多的新生代劳务工认为注意个人卫生可以有效预防传染病,其比例为46.71%,远高于第一代劳务工的29.23%这个比例。

表14 两代劳务工对预防传染病的认识比较

单位:%

预防传染病	加强营养	锻炼身体	接种疫苗	注意个人卫生	不知道	合计
第一代	3.48	19.03	41.07	29.23	7.19	100
新生代	2.36	14.50	30.69	46.71	5.73	100
Total	2.83	16.41	35.06	39.36	6.35	100

说明:N = 1024, X^2 = 32.0902, P = 0.000。

对于外来人口健康行为，调查问卷中的"健康行为"组成部分包括：多久锻炼一次身体（将"每周1次""每周2~4次""几乎每天"赋值为1，其余赋值为0）；过去一个月是否一次性大量饮酒（将"没有"赋值为1，将"有"赋值为0）；每天是否吃早饭（将"经常""总是"赋值为1，其余赋值为0）；是否吃过期食品（将"过了保质期的食品就不吃"赋值为1，其余赋值为0）；在公共场所如何处理吐痰（将"咽下去"赋值为0，其余赋值为1）；面对别人吸烟会如何做（将"听之任之"赋值为0，其余赋值为1）；刷牙时间（将"很少刷"赋值为0，其余赋值为1）；春秋两季多久洗一次澡（将"每周不到一次""每月一两次或更少"赋值为0，其余赋值为1）。共计8项，健康行为取值范围在0到8之间，得分越高，说明健康行为越规范。当本文将健康行为作为分类变量时，按照健康行为累积频率30%和60%两个分界点，将健康行为分为三类。将健康行为得分在0到5之间的赋值为1，表示健康行为"较差"；6到7分之间的赋值为2，表示健康行为"一般"；8分赋值为3，表示健康行为"较好"。

从表15可以看出，两代劳务工健康行为"一般"的占有较大比例，新生代劳务工健康行为得分较好的比例占17.99%，低于第一代的21.43%；新生代得分一般的比例占66.09%，高于第一代的62.86%。但在统计意义上，两代劳务工在健康行为上不存在着显著性差异。

表15 两代劳务工健康行为比较

单位：%

健康行为	较差	一般	较好	合计
第一代	15.71	62.86	21.43	100
新生代	15.92	66.09	17.99	100
Total	15.83	64.73	19.44	100

说明：$N = 998$，$X^2 = 1.8760$，$P = 0.391$。

不过，从锻炼身体的频次上观察，表16结果显示，两代劳务工在锻炼身体频率上存在显著差异，总体上新生代劳务工每周锻炼一次及以上的比例低于第一代劳务工。新生代劳务工每周锻炼2至4次，以及几乎每天都锻炼的比例分别为11.00%和6.43%，低于第一代的13.69%和12.30%。新生代每周锻炼一次的比例为18.44%，略高于第一代。随着年龄的增长，四五十岁的劳务工群体倾向于通过锻炼的形式增强体质。

表 16　两代劳务工锻炼身体的比较

单位：%

锻炼身体	从来没有	少于每周1次	每周1次	每周2~4次	几乎每天	Total
第一代	38.28	20.42	15.31	13.69	12.30	100
新生代	37.39	26.73	18.44	11.00	6.43	100
Total	37.77	24.07	17.12	12.13	8.90	100

说明：$N=1022$，$X^2=16.7328$，$P=0.002$。

对于外来务工人员的工作条件，本调查的"工作条件"组成部分包括：工作地方是否存在冷热等九种问题（有赋值为0，没有赋值为1）；工作中是否遇到长时间站立等五种问题（有赋值为0，没有赋值为1）；目前工作使人受伤或生病的可能性大不大（"比较小""很小"赋值为1，其余赋值为0）；五年后健康状况能否承担目前的工作（"能"赋值为1，其余赋值为0）；目前工作单位中是否有人因患病而辞职（"否"赋值为1，"其余"赋值为0）。工作条件包含16项，取值范围在0到16之间。得分越高，表示工作条件越好。本文在需要将工作条件作为分类变量时，按照工作条件累积频率30%和60%两个分界点，将工作条件分为三类。将工作条件得分在1到10之间的赋值为1，表示工作条件"较差"；11到13分之间的赋值为2，表示工作条件"一般"；14到22分之间的赋值为3，表示工作条件"较好"

表17结果显示两代劳务工的工作条件并不存在统计意义的显著差异。两代劳务工的工作条件"较差""一般""较好"所占比例的差别不大。其中新生代劳务工工作条件"较好"和"一般"的比例分别为34.97%和37.89%，均略高于第一代劳务工的32.54%和36.77%。

表 17　两代劳务工工作条件的比较

单位：%

工作条件	较差	一般	较好	合计
第一代	30.69	36.77	32.54	100.00
新生代	27.14	37.89	34.97	100.00
Total	28.59	37.43	33.98	100.00

说明：$N=927$，$X^2=1.4498$，$P=0.484$。

对于劳务工的居住环境调查,"居住环境"组成部分包括:居住区是否有公园等(有赋值为1,没有赋值为0);是否有化工厂等(有赋值为0,没有赋值为1);对住所室内空气质量评价("较好"赋值为1,其余赋值为0);对居住区空气质量评价("较好"赋值为1,其余赋值为0);对居住区内噪音质量评价("较好"赋值为1,其余赋值为0);现在住房归谁所有("自己的""父母的"赋值为1,其余赋值为0);现在住房类型("楼房"赋值为1,其余赋值为0);住房所包含的设施八项(有赋值为1,没有赋值为0)。居住环境包含8项,取值范围在0到8之间,得分越高,表示居住环境越好。本文在需要将居住环境作为分类变量时,将低于中位数的赋值为1,表示居住环境"较差",将中位数及以上赋值为2,表示居住环境"较好"。

表18结果显示,两代劳务工在综合的居住环境方面,不存在差异性。两代都有80%以上的劳务工居住在较差的环境中。

表18 两代劳务工居住环境的比较

单位:%

居住环境	较差	较好	合计
第 一 代	82.90	17.10	100.00
新 生 代	84.73	15.27	100.00
合 计	83.96	16.04	100.00

说明:$N=1004$,$X^2=0.6122$,$P=0.434$。

对于外来劳务工的社会支持,本调查的"社会支持"组成部分包括九个关于社会支持陈述的指标,这九个陈述分别为"如果我想外出旅行一天,能够很容易找到人和我同行";"我感到没有人能够分担我很私密的烦恼和恐惧";"如果我生病了,我能够很容易找到人帮我处理日常家务";"如果我某天下午决定当晚参加娱乐活动,能够很容易找到人同去";"对于处理个人问题方面的建议,我知道该向谁求助";"我很少被别人邀请去参加各种活动(如逛街、吃饭、看电影或者其他非工作的事情)";"如果我想找人共进晚餐,很容易就能找到";"如果我在离住所15公里的地方遇到困难一筹莫展,能够打电话找到人来帮我";"如果我搬家需要帮助,能很容易找到人帮忙。""同意"陈述则赋值为1,"不同意""不清楚"赋值为0。社会支持的取值范围为0到9。得分越高,表示社会支持状况越好。本文在需要将社会支持作为分类变量时,将低于中位数的赋值为1,表示社会支持"较差",将中位数及以上赋值为2,表示社会支持"较好"。

由表19可知,超过半数的新老两代劳务工社会支持都较少,其中新一代获得的社会支持更少。

表19 两代劳务工社会支持状况比较

单位：%

社会支持	较差	较好	合计
第一代	56.75	43.25	100
新生代	64.20	35.80	100
合计	61.07	38.93	100

说明：$N=953$,$X^2=5.4118$,$P=0.020$。

新生代劳务工大多在工厂的车间工作,从事着简单重复的机械工作。再则,各生产车间的劳务工流动性极强,由于工作内容被拆分成无技术和经验可谈的重复动作,新一代劳务工的社会网络非常不稳定,社会交际圈狭窄,社会支持较少。

(三) 劳务工健康影响因素分析

在这部分分析中,因变量为劳务工健康状况,具体包括三个测量指标,身体健康、心理健康、自评健康。自变量分为代际变量,即新生代与第一代,控制变量为性别、教育、出生地类型、婚姻状况、职业、收入；第二类控制变量为健康变量,包括健康知识、健康行为等；第三类控制变量为工作生活状况变量,包括居住环境、工作条件、社会支持。这三组变量会依次加入模型中。

表20列出了本文多元回归中变量特征及编码。

表20 因变量和自变量的特征及编码

变量名称	原始类型	处理结果	变量值域
因变量			
身体健康	四分类	连续变量	0~54
心理健康	四分类	连续变量	0~21
控制变量			
年龄组	定距变量	二分类	0 第一代;1 新生代
性别	二分类	二分类	0 男性;1 女性
受教育程度	五分类	三分类	1 初中及以下;2 普通高中/中专;3 大专及以上
职业	八分类	五分类	0 行政人员;1 办事人员;3 专业技术人员;4 服务人员;5 其他
婚姻状况	七分类	二分类	0 无配偶;1 有配偶
2009年个人总收入	四分类	四分类	1 小于一万;2 一万至三万;3 三万至五万 4 五万以上
健康行为状况变量			
健康知识	三分类至七分类	连续变量	0~13
健康行为	二分类至七分类	连续变量	0~8
工作生活状况变量			
工作条件	二分类至四分类	连续变量	0~16
居住环境	八分类	连续变量	0~8
社会支持	八分类	连续变量	0~8

说明：在自评健康中，健康知识及行为变量、工作生活变量均作为分类变量处理。

如上所述，身体健康得分越高，表示身体健康状况越差。心理健康得分越高，表示心理健康状况越差。健康知识、健康行为得分越高，表示健康知识越正确、全面，健康行为越正确、规范。工作条件、居住环境、社会支持得分越高，表示三者越好。

1. 影响劳务工身体健康因素的分析

表21 为劳务工的身体健康与自变量多元回归分析的结果。

模型一为只用年龄组对身体健康作回归，年龄组的作用不显著，即新生代劳务工与第一代劳务工在身体健康状况上不存在显著差异。模型二加入了控制变量性别、出生地类型、受教育程度、婚姻状况、职业、收入，结果显示，新生代劳务工与第一代劳务工无差别。在新加入的控制变量中，性别对身体健康的影响是显著的，相对于男性劳务工而言，女性劳务工的身体健康状况较差，而且统计显著；但是出生地类型、受教育程度、婚姻状况、职业、收入不同的劳务工在身体健康方面没有显著差异。

模型三是在模型二的基础上加入了健康知识与健康行为。结果显示，新生代劳务工与第一代劳务工的差别仍然不显著，但在模型二中显著的性别在模型三种依然显著。在新加入的自变量中，健康行为对身体健康的影响是显著的，健康行为与身体健康呈正相关关系，随着健康行为分数的增加，即健康行为变好，身体健康分数逐渐减少，即身体健康状况逐渐变好。模型四在模型三的基础上，增加了居住环境、工作条件、社会支持三个自变量。加入新的变量后，两代劳务工身

表21　影响劳务工身体健康因素的分析

类别	模型一	模型二	模型三	模型四
年龄组（参照组：第一代）	0.291	0.072	-0.121	-0.192
性别（参照组：男）		3.447***	4.262***	4.066***
出生地类型（参照组：农村）		0.531	0.062	0.225
受教育程度（参照组：小学及以下）		—	—	—
初中		0.585	0.507	-0.163
高中/职高		-0.928	-0.73	-0.282
大专及以上		-0.588	-0.111	0.418
婚姻状况（参照组：无配偶）		-0.144	0.071	-0.25
本人职业（行政人员）		—	—	—
技术人员		3.178	2.959	1.517
服务员		-0.217	-0.133	-0.397
工人		2.522	2.493	1.073
其他		1.079	1.55	0.179
个人收入（<1万元）		—	—	—
1~3万元		-0.557	-0.852	-0.482
3~5万元		2.963	2.332	3.574*
5万以上		0.901	0.097	2.629
健康知识			0.297	0.357*
健康行为			-2.076***	-1.489***
居住环境				-0.433
工作条件				-0.915***
社会支持				-0.463*
Constant	15.027***	12.784***	23.665***	34.214***
N	739	739	739	739

＊$p<0.05$，＊＊$p<0.01$，＊＊＊$p<0.001$。

体健康方面的差异并不显著。在模型三中显著的性别、健康行为依然显著，且作用方向不变；在模型三中不显著的收入、健康知识在模型四中变得显著，相对于个人年收入低于1万元的劳务工，收入在3万至5万元的劳务工的健康状况较差，可能是由于收入在3至5万元的劳务工从事工作环境较差或较累的工作。在模型四中，健康知识分数与身体健康分数呈现正相关，随着健康知识分数的增加，身体健康分数也逐渐增加，即身体健康变差。可能是由于工作环境较差或者身体健康状况较差的劳务工更加注意积累健康知识。在新加入的变量中，工作条件与社会支持作用显著，而且都与身体健康呈现正相关关系。当工作条件、社会支持分数增加时，工作条件好、社会支持多，对于身体健康的影响越有益。不过，居住环境对劳务工身体健康的影响作用并不显著。

2. 影响劳务工心理健康因素的分析

表22为劳务工的心理健康与自变量多元回归分析的结果。模型一为只用年龄组对心理健康做回归，新生代劳务工与第一代劳务工在心理健康上存在显著差异，新生代劳务工的心理健康分数要高于第一代劳务工，即相对于第一代劳务工来说，新生代劳务工的心理健康状况较差。模型二加入了控制变量性别、出生地类型、受教育程度、婚姻状况、职业、收入。结果显示，在模型一中两代劳务工之间的心理健康差异不显著。在新加入的变量中，职业、收入显著，性别、出生地类型、受教育程度、婚姻状况不显著。相对于行政人员来说，技术人员的心理健康较差，而且差异显著。个人年收入在1至3万元之间的劳务工的心理健康状况要好于收入在1万元以下的劳务工。可能是相对来说，收入在1至3万元的劳务工工作压力较小，因工作产生的心理问题较少。

模型三在模型二的基础上，加入了健康知识与健康行为。结果显示，代际差异不显著，在模型二中作用不显著的性别变得显著，在模型二中作用显著的职业、收入类型在模型三中依然显著，而且作用强度变化不大。新加入的自变量中健康行为是显著的，健康知识不显著。健康行为分数与心理健康分数之间呈现负相关，随着健康行为分数的增加，心理健康分数逐渐减少，即健康行为变好则心理健康状况逐渐变好。模型四在模型三的基础上，增加了居住环境、工作条件、社会支持三个自变量，新生代与第一代在心理健康方面并不存在显著性差异。性别、1至3万元收入类型、健康行为依然是显著的，而且作用方向未变。在新加入的自变量中居住环境、工作条件与社会支持都与心理健康呈现正相关，当居住环境、工作条件、社会支持分数增加时,心理健康分数逐渐较少,即居住环境、工作条件、社会支持状况越好,心理健康越好。

表22 影响劳务工心理健康因素的分析

类别	模型一	模型二	模型三	模型四
年龄组(参照组:第一代)	0.900**	0.521	0.411	0.385
性别(参照组:男)		0.506	0.894*	0.757*
出生地类型(参照组:农村)		-0.335	-0.523	-0.398
受教育程度(参照组:小学及以下)		—	—	—
初中		0.138	-0.05	-0.208
高中/职高		-0.437	-0.293	-0.09
大专及以上		-0.538	-0.286	-0.025
婚姻状况(参照组:无配偶)		-0.587	-0.436	-0.526
本人职业(行政人员)		—	—	—
技术人员		1.567*	1.544*	0.932
服务员		-0.584	-0.542	-0.519
工人		0.173	0.181	-0.354
其他		0.105	0.413	-0.155
个人收入(<1万元)		—	—	—
1万~3万元		-0.909*	-0.976*	-0.751*
3万~5万元		0.254	0.072	0.708
5万以上		-1.334	-1.654	-0.535
健康知识			0.036	0.059
健康行为			-1.025***	-0.741***
居住环境				-0.278*
工作条件				-0.357**
社会支持				-0.282**
Constant	5.115***	6.195***	12.411***	16.841***
N	789	789	789	789

* $p<0.05$,** $p<0.01$,*** $p<0.001$。

3. 影响劳务工自评健康因素的分析

表23是劳务工自评健康与自变量logit回归的结果。模型一只用年龄组对自评健康做回归,新生代劳务工与第一代劳务工在自评健康上存在着显著差异,即与第一代劳务工相比,新生代自评健康分数更高。模型二加入了控制变量性别、出生地类型、受教育程度、婚姻状况、职业、收入之后,结果显示,两代劳务工

之间在健康自评上仍存在着显著性差异。性别、受教育程度、职业、收入的作用也是显著的。其主要是，女性自评健康低于男性；与受教育程度为小学及以下的劳务工相比，受教育程度在大专及以上的劳务工自评健康更好；与行政人员相比，服务员的自评健康更好。

表23 影响劳务工自评健康的因素分析

类　别	模型一	模型二	模型三	模型四
年龄组(参照组:第一代)	0.426 **	0.405 *	0.464 *	0.494 *
性别(参照组:男)		-0.440 **	-0.543 **	-0.498 **
出生地类型(参照组:农村)		-0.227	-0.233	-0.286
受教育程度(小学及以下)		—	—	—
初中		0.286	0.215	0.221
高中/职高		0.373 *	0.308	0.259
大专及以上		0.775 *	0.666 *	0.63
婚姻状况(参照组:无配偶)		-0.19	-0.225	-0.224
本人职业(行政人员)		—	—	—
技术人员		0.383	0.306	0.377
服务员		0.641 *	0.620 *	0.617 *
工人		0.183	0.142	0.221
其他		0.697 *	0.605	0.629
个人收入(<1万元)		—	—	—
1万~3万元		0.360 *	0.435 *	0.412 *
3万~5万元		0.177	0.285	0.127
5万以上		-0.087	-0.067	-0.329
健康知识(较少)			—	—
一般			-0.548 *	-0.540 *
较多			-0.254	-0.273
健康行为(较差)			—	—
一般			0.127	0.053
较好			1.073 ***	0.912 **
居住环境(较差)				—
较好				0.313
工作条件(较差)				—
一般				-0.008
较好				0.507 *
社会支持(较少)				—
较多				0.436 **
Constant	0.193	-0.288	-0.097	-0.389
N	812	812	812	812

* $p<0.05$，** $p<0.01$，*** $p<0.001$。

模型三在模型二的基础上加入了健康知识与健康行为。两代劳务工的健康自评差异依然存在。性别、受教育程度、职业收入仍然是显著的，且作用方向与作用强度变化不大。新加入的变量中，健康知识与健康行为均是显著的。相对于健康知识较少的劳务工来说，健康知识一般的劳务工自评健康较差，可能是由于这部分劳务工更清楚自身的健康状况，因而评价较低。相对于健康行为较差的劳务工来说，健康行为较好的劳务工自评健康更好。模型四在模型三的基础上，加入了居住环境、工作条件、社会支持，在加入新的自变量后代际健康自评差异存在，即较之于第一代劳务工，新生代劳务工的健康自评更加积极。性别、职业、收入、健康知识、健康行为也仍然是显著，而且作用方向不变，但是在模型三中作用显著的受教育程度变得不显著。在模型四中，新加入的工作条件与社会支持显著，而居住环境不显著。工作条件较好的劳务工自评健康较好，社会支持较多的劳务工自评健康也较好。

三 新生代劳务工生活质量及影响因素分析

（一）研究背景及理论

对于"生活质量"，目前还没有统一的定义，综合各种定义来看，生活质量通常包括两个方面，即主观方面和客观方面。客观的生活质量主要是指物质层面，如消费水平、娱乐休闲机会等，而主观的生活质量通常用生活满意程度和幸福体验的测试加以量化（国家统计局课题组，2007）。国内已有研究从多个角度构建劳务工群体的生活质量指标体系，例如用工作任务、组织环境和社会三个结构维度构建劳务工工作生活质量（饶惠霞，2012）；还有从客观、主观层次进行分析，客观指标体系包括居住状况、工作状况和权益保护、消费状况、婚姻家庭生活、社会交往、闲暇生活、健康状况7个类别，主观指标体系用相应的满意度进行测量，另外加上总体生活满意度（康绍霞，2010）。目前比较权威的指标体系，是国家统计局根据劳务工群体工作、生活的特殊性所构建的劳务工生活质量指标体系，包括收入、消费、住房、健康和就医、劳动时间、社会保障以及权益保护等6个方面（国家统计局课题组，2007）。目前国内不少研究强调劳务工的生活满意度和幸福感，并将其作为衡量劳务工生活质量的一个重要标准。在本研究中也着重分析了生活满意度这一指标。

劳务工作为社会的弱势群体，生活质量普遍不高，主要表现在，第一，劳务工生活、卫生条件差；第二，居住环境质量差；第三，子女受教育难；第四，劳务工就业服务和职业技能培训不到位；第五，劳务工从事的职业技术含量低、工资水平低（国家统计局课题组，2007）。有研究针对重庆市1200名劳务工进行调查发现，将劳务工生活质量差的状况描述"大低差少"：劳动强度大，生活开销大；文化程度低，社会保障低；工作环境差，生活条件差；文化娱乐少，技能培训少等问题，在社会地位上还是一群沉默的、弱势的、边缘的、无根的阶层（刘渝林，2009）。

劳务工的群体特征因素影响了其总体生活质量，另一方面也导致了其内部生活质量的不均衡差异。除了外在的政治、经济、社会及文化层面的因素以外，劳务工自身的性别、受教育水平、职业差异性是造成其内部非均衡性的重要因素。其中，因职业分布不同而造成的差异水平最大，其次为受教育水平高低引起的差异，引起差异量最小的为性别（冯华，2011）。

在生活质量影响因素方面，国家统计局课题组通过研究发现，对劳务工生活质量指数影响最大的因素包括：受教育程度、是否参加职业技能培训、合同签订情况、职业、行业、所有制、是否有本市户口和区域特征（国家统计局课题组，2007）。生活质量满意度是生活质量的一个主观指标，从影响生活质量满意度的因素中可以探寻生活质量的影响因素。国内已有研究探寻劳务工生活质量满意度的影响因素，大致可以归纳如下：劳务工的婚姻状况、月平均收入、居住类型和健康状况因素对其生活质量总体满意度有显著的影响，性别、年龄、受教育程度和居住时间因素对其生活质量总体满意度的影响不显著；工作保障满意度和生活环境满意度对劳务工的生活质量总体满意度的影响最为显著（焦亚波等，2008）。还有研究认为自评健康、月收入、合同签订情况、职业技能培训、受教育程度和部分职业变量也对劳务工生活质量的满意度影响较大，但其中受教育程度的影响为负（国家统计局课题组，2007）。劳务工所遭受的身心健康双重威胁也影响了生活质量满意度；制度障碍（医疗保险制度、养老保险制度、失业保险制度、二元制度等障碍）是影响劳务工生活质量提升的根本原因，劳务工生活质量多元目标的实现存供需矛盾是深层原因，劳务工多元化目标实现手段的不相匹配性是直接原因（刘渝林等，2009）。另外新生代劳务工精神文化生活水平较低，除了上述提到的经济条件较差的原因，还包括休闲时间较少、参与有益文化活动的积极性不强以及企业和社区提供的精神生活食粮不足等问题（孙琼如，2012）。

本章节主要探讨新老两代劳务工的生活质量状况及其影响因素。一般说来，生活质量的评估可分为主客指标评估两个层面。因此，在本研究中，我们将居住环境作为生活质量的客观评估指标，考察了新老两代在房屋类型及其获取方式、住房设施、居住环境的污染情况方面的异同。主观指标则由劳务工的社会支持、社会保险、生活满意度及社会认同度构成。其中，我们构建了生活满意度和社会认同度指标，并重点考察了新老两代劳务工在这两者之间的差异和影响因素。通过对以上主客观指标的分析，我们可以对新老两代劳务工的生活质量进行评估，了解两代劳务工生活质量的差异及其原因。

（二）两代劳务工生活质量状况比较

1. 生活质量指标构建

生活质量是一个涵盖主客观两方面内涵的概念。本研究重点考察了劳务工的生活满意度和社会认同度，以衡量劳务工主观方面的生活质量状况。

（1）生活满意度，询问了自评的身体状况、居住满意度，以及对未来深圳务工生活的打算，主观的身体健康与否可以间接反映其对于生活的满意程度，在同样的卫生条件下，对于生活比较满意的人，会觉得自己的身体也是健康向上、充满活力的。对于居住地的喜爱程度可以直接反映工人的生活满意度。以上两个指标，将较正面的回答编码为"1"，较负面的回答编码为"0"。第三个指标是受访者以后的打算，我们将愿意继续留在深圳工作的回答编码为"1"，其余编码为"0"。最终通过加总的方式，将生活满意度定义为二分变量。其中，在这三项中达到两项及以上，即得2~3分，被定义为拥有较高的生活满意度，反之，得0~1分者则定义为较低的生活满意度。这样，我们就构造了生活满意度的变量。

（2）社区认同度，询问了居住区的安全程度，居住环境的和谐程度，劳务工对居住区的满意程度，以及劳务工对未来深圳务工生活的打算。首先纳入的是劳务工对居住区的自评安全程度，自评"总是"和"大部分时间"安全的合并为"1"，认为"有时"和"从不"安全合并为"0"。根据"您居住区里的居民乐于互相帮助""您居住区的居民通常相处融洽""您居住区的居民可以信赖""您居住区的很多居民晚上不敢出门""您居住区的居民大多互相认识",我们将正向陈述同意者赋值为"1",反之为"0",将反向陈述同意者赋值为"0",反之为"1"。加上前面所说对居住地的满意程度和对未来深圳务工生活的打算。一共八个单项,加总累计分数。最后,将 0~3 分为赋值为"0",定义为较低的社区认同度,将 4~8 为赋值为"1",定义为较高的社区认同度。

2. 两代劳务工生活质量比较

本文首先描述了两代劳务工的生活满意度和社区认同度等状况,试图探索两代劳务工在生活质量方面是否存在显著差异。表 24 可以看到第一代和新生代的生活满意度都较低,分别为 62.20% 和 70.83% 两代人中超过一半的对自己的生活不太满意,其中新生代比第一代的不满意程度更大一些,两者之间的在生活满意度上的差异是显著的。

表 24　两代劳务工生活满意度比较

单位：%

生活满意度	较低	较高	合计
第 一 代	62.20	37.80	100.00
新 生 代	70.83	29.17	100.00
合　　计	67.20	32.80	100.00

说明：$N = 994$, $X^2 = 8.1894$, $P = 0.004$。

根据表 25 两代劳务工社会认同度的比较,新生代劳务工中社会认同度较低者,超过半数,为 52.04%,第一代劳务工中社会认同度较低者为 38.02%,较高者超过半数为 61.98%。新老两代的社会认同度的差别非常显著,老一代劳务工的社会认同度较高,新一代社会认同度较低。

表 25　两代劳务工社会认同度比较

单位：%

社会认同度	较低	较高	合计
第 一 代	38.02	61.98	100.00
新 生 代	52.04	47.96	100.00
合　　计	46.18	53.82	100.00

说明：$N = 968$, $X^2 = 18.6235$, $P = 0.000$。

3. 两代劳务工居住环境保障条件比较

在生活质量的客观方面中，我们尤其关注新老两代劳务工的居住环境。住房是人们生活起居的场所，更是遮风避雨的家。住房质量和生活质量密不可分。另外，本研究表明居住条件和生活质量高度相关，考察新老劳务工的生活质量，居住条件必须纳入其中。在本研究中，主要考察了新老两代在房屋类型及其获取方式、住房设施、居住环境的污染情况方面的异同。研究发现，新一代劳务工在各方面的居住状况相对于老一代都处于劣势。

由表26可知，第一代劳务工居住类型的比例由高到低分别为：楼房的比例为53.36%，其次是农民楼房30.63%，平房为6.96%，工棚为6.73%，其他2.09%，地下室0.23%。新生代的劳务工居住类型的比例由高到低分别为：楼房的比例71.33%，农民楼房的比例16.36%，平房7.25%，工棚2.7%，其他2.19%，地下室0.17%。两代劳务工住房类型的排序相同，但是具体的比例有显著差异。第一代居住楼房的比新生代少18%，但是居住农民楼房的比例比新生代多一倍。在这里，楼房概指商品房，多为租赁的房间或者员工宿舍，带有集体性质。农民楼房是指农民自己建立的楼房，带有私人性质，更有家的感觉。新生代劳务工居住工棚的比例明显少于老一代，原因是老一代劳务工大多从事建筑类行业工作，住所流动性、暂时性较强，所以住工棚的较多，新生代从事的工作更为广泛，而且向服务业、制造业发展迅速，因此住工棚的较少。总的来说，两代劳务工的住房类型有显著的差异，新生代居住集中在公共性质的楼房，老一代既有住楼房的，也有一部分居住在自建楼房中。

表26 两代劳务工住房类型比较

单位：%

住房类型	楼房	平房	地下室	工棚	农民楼房	其他	合计
第 一 代	53.36	6.96	0.23	6.73	30.63	2.09	100.00
新 生 代	71.33	7.25	0.17	2.7	16.36	2.19	100.00

说明：N = 1024，X^2 = 44.6795，P = 0.000。

表27是两代劳务工住房获取方式比较。新老劳务工的住房大部分都有工厂提供或自己租赁，百分比分别是94.59%，83.92%。根据卡方值的检验，两代劳务工在住房获取方式的差异是显著的。老一代劳务工比新一代劳务工拥有个人

住房的比例高,这也印证了前面老一代居住在农民楼房的比例更高的事实。住房是人们生活起居的基础,也是幸福感来源的基础。老一代劳务工拥有自己房子的比例更高,他们的生活质量从这个角度来看较新一代相对要高。

表27 两代劳务工住房获取方式比较

单位:%

住房获取方式	租赁、工厂提供等	自己或父母拥有	合计
第 一 代	84.92	15.08	100.00
新 生 代	94.59	5.41	100.00
合 计	90.51	9.49	100.00

说明:N=1022,X^2=27.1116,P=0.000。

由表28可看到,两代劳务工居住区内是否有化工厂、印染厂、电厂、钢铁厂等污染工厂的差异是显著的。在第一代中,八成以上的劳务工居住区没有污染工厂,在新生代中,不足7成劳务工的居住处有污染工厂。32.54%的新一代劳务工的居住区里有污染工厂,这从侧面说明新一代劳务工的居住环境比第一代劳务工的居住条件差一些。

表28 两代劳务工居住区是否有污染工厂比较

单位:%

是否有工厂	有	没有	合计
第 一 代	19.95	80.05	100.00
新 生 代	32.54	67.46	100.00
合 计	27.26	72.74	100.00

说明:N=1016,X^2=19.7713,P=0.000。

住房设施包括八项内容,均为日常生活中必备的一些设施,具体是卫生间、自来水、洗澡设施、天然气/煤气、厨房、电话(座机)、电视、电脑。处理时将拥有以上设施达五项及五项以上赋值为"1",定义为生活设施较多;四项及四项以下赋值为"0",定义为住房设施较少。由表29可知,新生代和老一代的住房中拥有五项及以上的设施的比例都没有超过一半,其中第一代劳务工有

47.56%，第二代劳务工有 36.20%，对两代之间进行比较发现两者之间的差异是显著的，因此可以认为两代劳务工在住房设施上是有差异的，并且新生代比第一代劳务工的住房设施更少一些。从这个层次来说，新生代的生活条件更差一些。

表29 两代劳务工住房设施比较

单位：%

住房设施	较少	较多（5项及以上）	合计
第 一 代	52.44	47.56	100.00
新 生 代	63.80	36.20	100.00
合　　计	59.02	40.98	100.00

说明：N = 1025, X^2 = 13.3472, P = 0.000。

医疗保险是劳务工社会支持的重要组成部分。表 30 建立了新老两代与医疗保险的关联表，其中第一代劳务工买了医疗保险的占 67.37.%，第二代劳务工买了医疗保险的占 60.91%，老一代劳务工比新一代劳务工加入医疗保险的比例略高，且存在着统计意义上差异性。

表30 两代劳务工医疗保险

单位：%

社会保险	否	是	合计
第 一 代	32.63	67.37	100
新 生 代	39.09	60.91	100
合　　计	36.37	63.63	100

说明：N = 1020, X^2 = 4.4715, P = 0.034。

（三）劳务工主观生活质量影响因素的分析

1. 变量的选择与处理

在对生活质量状况的描述统计中，本文对因变量与自变量做了如下处理，如表 31 所示。

表31　因变量和自变量的特征和赋值

变量名称	原始类型	处理结果	变量值域
因变量			
生活满意度	—	二分类	0 – 1
社会认同度	—	二分类	0 – 1
控制变量			
年龄组	定距变量	二分类	0. 第一代;1. 新生代
性别	二分类	二分类	0. 男性;1 女性
受教育程度	五分类	三分类	1. 初中及以下;2. 普通高中/中专;3 大专及以上
职业	八分类	五分类	0. 行政人员;1. 办事人员;3. 专业技术人员;4. 服务人员;5. 其他
婚姻状况	七分类	二分类	0. 无配偶;1. 有配偶
2009年个人总收入	四分类	四分类	1. <万元;2.1万–3万元;3.3万–5万元;4.5万元以上
工作生活状况变量			
工作条件	二分类至四分类	三分类	1 差;2. 一般;3. 较好
居住环境	八分类	二分类	1. 较差;2. 较好
来深时间	—	三分类	1. 短 2. 一般 3. 较长
社会支持变量			
医疗保险	二分类	二分类	1. 无;2. 有
社会支持	八分类	二分类	1. 较差;2. 较好

表31需要说明的是，根据已有的文献，生活满意度是生活质量的最为重要的指标。为了集中讨论生活满意度和社会认同度，本研究将一些生活质量的客观指标和主观指标也纳入控制变量行列。

2. 影响劳务工生活满意度的分析

表32列出了多元回归分析的结果。在模型一中，首先考察了新老两代劳务工之间生活满意度的差别，正如前面所述，新老两代劳务工在生活满意度上差异显著，以第一代为参照群体，新一代的生活满意度要明显低于老一代。在模型二中，我们加入了性别、出生地类型、受教育程度、婚姻状况、职业和收入这些基本信息。此时，新一代的生活满意度依旧低于老一代，但是这个结果在统计上已经不再显著。研究发现在性别结构中，以男性为参照组，女性的生

活满意度较低，但是这种差异并不显著，以农村为参照组，来自城市的劳务工生活满意度较高，但是差异也不显著，类似不显著的还有婚姻状况。在教育程度中，生活满意度排行为大专及以上、高中/职高、小学及以下、初中，它们的差异仍然是不显著的，后面的模型还显示受教育程度和生活满意度之间的关系是不稳定的。职业状况中，工人的生活满意度较低。在收入中，个人年收入达到5万以上的劳务工生活满意度相对较高，这个结果是显著的，也是很好理解的。财富是生活满意度的重要来源，收入增加，生活的舒适度和满意度就会增加。

模型三在模型二的基础上纳入了居住环境、工作条件和来深时间，结果显示劳务工的社会人口基本特征没有显著变化，新生代的满意度低于老一代，但结果没有统计显著。居住条件和生活满意度高度相关，居住条件较好的劳务工生活满意度很高，比居住条件较差的劳务工高出许多，由前面对客观指标的描述统计，新生代劳务工的居住条件比老一代劳务工的居住条件在统计上显著的差一些，因此，前者的生活满意度更低。工作条件较好的劳务工生活满意度显著提高，而来深时间和生活满意度之间没有显著关系。模型四在模型三的基础上纳入了医疗保险和社会支持后，前面所述的各项基本控制变量的作用依然不显著，居住条件的作用依旧显著，工作条件的显著性减弱了。购买了医疗保险者比没有购买医疗保险的劳务工生活满意度要高，但是在统计上并不显著，社会支持对生活满意度的效用是显著的，效用增加，即社会支持较强者的生活满意度显著高于社会支持较差。

表32 影响劳务工生活满意度的 logit 分析

类　别	模型一	模型二	模型三	模型四
新生代(参照组:第一代)	-0.490**	-0.354	-0.37	-0.335
性别(参照组:男)		-0.297	-0.312	-0.314
出生地类型(参照组:农村)		0.204	0.121	0.08
受教育程度(参照组:小学及以下)				
初中		-0.355	-0.273	-0.315
高中/职高		0.19	0.118	-0.007
大专及以上		0.293	0.06	-0.031
婚姻状况(参照组:无配偶)		0.244	0.309	0.337

续表

类别	模型一	模型二	模型三	模型四
本人职业(行政人员)				
技术人员		0.03	0.095	0.149
服务员		0.274	0.178	0.175
工人		-0.476	-0.471	-0.544
其他		0.179	0.257	0.177
个人收入(<1万元)				
1~3万元		-0.034	-0.081	-0.154
3~5万元		0.443	0.259	0.151
5万以上		0.910*	0.502	0.46
居住环境(较差)				
较好			1.428***	1.451***
工作条件(较差)				
一般			0.06	-0.009
较好			0.443*	0.372
来深时间(较短)				
一般			0.141	0.09
较长			0.022	-0.091
医疗保险(否)				
是				0.361
社会支持(较差)				
较强				0.587***
Constant	0.421***	-0.751	-1.117*	-1.372**
N	795	795	794	792

*$p<0.05$, **$p<0.01$, ***$p<0.001$。

3. 影响劳务工社会认同度的分析

我们对劳务工社会认同度做了详细的 logit 分析。模型一中,我们同样考察了新老两代劳务工之间社会认同度的差别,正如前面所述,新老两代劳务工在社会认同度上差异显著,以第一代为参照群体,新一代的社会认同度要明显低于老一代。在模型二中,我们加入了性别、出生地类型、受教育程度、婚姻状况、职业和收入这些基本信息,结果表明新一代的社会认同仍低于老一代。在性别结构中，以男性为参照组，女性的社会认同度较低，但是这种差异并不显著，以农村为参照组，来自城市的劳务工社会认同度较高，但是差异也不显著。婚姻状况、教育程度对社会认同度的作用也都不显著。职业状况中，行政人员的社会认同度较高，技术工人、服务员和工人的社会认同度较低，这说明行政人员的声望相比从事技术或服务的劳务工要高。收入与社会认同度没有显著关系，在后期加入其他变量以后，收入与社会认同度的关系呈现不稳定性。

模型三在模型二的基础上纳入了居住环境、工作条件和来深时间。结果显示新生代劳务工的社会认同度仍旧显著低于老一代。性别、出生地类型、受教育程度、婚状况、职业、收入这些基本特征没有显著变化。居住条件较好的劳务工社会认同度更高。工作条件越好，劳务工的社会认同度越高，处于较好层次的劳务工社会认同度的升高是统计显著的，比参照组工作条件较差者提高不少的社会认同度。来深时间和社会认同度之间没有显著关系，且呈现不稳定的状态。模型四在模型三的基础上纳入了医疗保险和社会支持后，新生代与老一代在社会认同上仍存在着差异。而前面所述的各项基本控制变量的作用没有太大变化，居住条件的作用依旧显著，工作条件的显著性减弱了。在医疗保险上，购买者比没有购买者有更高的社会认同度，在统计上也是显著的。社会支持对社会认同度的效用是显著的，社会支持较强者的社会认同度明显高于较差者的。

表34 影响劳务工社会认同度因素的 logit 分析

类别	模型一	模型二	模型三	模型四
新生代(参照组:老一代)	-0.564***	-0.517**	-0.522**	-0.487*
性别(参照组:男)		-0.127	-0.144	-0.126
出生地类型(参照组:农村)		0.100	0.038	-0.020
受教育程度(小学及以下)		—	—	—
初中		0.311	0.373	0.299
高中/职高		-0.009	-0.099	-0.249
大专及以上		0.205	-0.017	-0.103
婚姻状况(参照组:无配偶)		0.006	0.052	0.083
本人职业(行政人员)		—	—	—
技术员		-0.472	-0.448	-0.393

续表

类　别	模型一	模型二	模型三	模型四
服务员		-0.094	-0.227	-0.226
工人		-0.271	-0.260	-0.340
其他		-0.020	0.032	-0.067
去年个人总收入(参照组:<1万元)		—	—	—
1万~3万元		0.040	-0.015	-0.073
3万~5万元		0.314	0.132	-0.004
5万元以上		0.064	-0.451	-0.545
居住环境(较差)			—	—
较好			1.469***	1.512***
工作条件(较差)				
一般			0.255	0.148
较好			0.546**	0.457*
来深时间(少于两年)				
3~5年			0.019	-0.019
6年以上			0.014	-0.110
医疗保险(参照组:否)				—
是				0.385*
社会支持(参照组:较差)				—
较强				0.825***
Constant	0.460***	0.546	0.206	-0.108
N	783	783	782	780

* $p<0.05$，** $p<0.01$，*** $p<0.001$。

四　政策建议

深圳人口红利和经济活力的来源是外来劳务工，劳务工的健康和生活质量关乎深圳人口整体健康和生活质量水平，也是社会建设和民生工程的重要内容之一，实现劳务工人口与深圳户籍人口与健康同步发展，人口健康与社会经济发展同步运行的格局，为深圳经济社会可持续发展提供健康的人力资源支持，实现人口、经济、社会的协调发展，对深圳长远的发展具有重要的意义。劳务工群体是当前中国经济腾飞重要的支持力量，也是劳动力市场的主要参与者之一。进入新世纪以来，"80后"新生代劳务工数量逐步增加，他们的工作和生活状况直接关系到未来二十年中国的经济和社会发展前景。深圳是中国经济发展的前沿，当前有超过600万劳务工在深圳打工及就业，其中大部分都是80后新生代劳务工。研究表明，流动人口和外来务工人口在身心健康方面承担着更大的风险，是值得我们特别关注的群体。如何保证新生代劳务工的健康和生活质量，正确引导、合理开发其潜力，对深圳经济社会发展具有重要的影响。

（一）以人为本，改善劳务工工作和生活环境，倡导科学合理的生活方式

近年来，深圳政府对进城务工人员的权益保障和工作条件的改善做了政策上、经济上的支持，深圳市劳务工的劳动合同签订率和社会保险缴纳率也逐年上升。但是应该看到，当前劳务工的工作和生活条件仍然存在诸多问题如工作单调而机械、居住条件较差等。政府部门应该进一步督促工业企业和服务行业承担起社会责任，优化生产模式和工作环境，提高劳务工的工作条件；同时，政府部门应该致力民生建设，增加适合于劳务工的而非仅针对市民的休闲娱乐设施，积极改善社会治安状况，提高城市的安居度。

另外，劳务工群体普遍存在不同程度的健康行为和健康知识缺乏现象，而在回归分析中发现健康行为和健康知识在对劳务工的身体健康、心理健康和自评健康中都具有显著的正向影响作用。因此，提高劳务工的健康意识、增强健康行为、增加健康知识对劳务工健康状况有重要的作用。由于劳务工群体整体教育程度不高，并且平时工作压力较大，对健康行为和健康知识的重视不够，所以需要政府部门加强专门针对各个行业，尤其是制造业、服务业等较为底层的劳务工群体的科学合理生活方式的宣传和倡导工作，提高劳务工对健康的重视程度，使得"健康"作为劳动力可持续发展的一个重要因素得到社会各界、雇佣方和劳动者的重视。

（二）关注新生代劳务工心理健康，广泛建立专业心理疏导机构

劳务工心理健康问题长期以来被社会忽视，在本次抽样调查中，劳务工普遍存在着程度不同的紧张、失眠、孤独、焦躁等心理问题，并且新生代劳务工的心理问题较之老一代更为严重。劳务工进城务工，远离家乡和亲人，且由于工作和居住条件的限制无法较好地融入城市生活中，容易产生孤独感、疏离感和自我边

缘化的倾向，而由于新生代劳务工在工作上较之老一代劳务工正处于起步阶段，在心理需求上更具有多样性，心理健康的问题更加严重。劳务工的心理健康需要得到社会的重视和关注，心理健康存在风险的少数劳务工亟须得到政府、社会及工作单位的关爱。因此，我们倡导用人单位在保证安全生产、保护劳务工身体健康的基础上，关注劳务工的心理健康状况，在用人单位配备专业心理疏导部门是保证劳务工心理健康的重要举措。同时，政府部门在社会上广泛建立公益性服务型心理疏导机构，倡导大家关注心理健康问题，加强对心理健康问题防治的宣传工作，也会对劳务工心理健康状况起到较好的改善作用。

（三）加大职业病排查清理力度，关注高危工作人群

尽管从事有职业病风险的工作及高危工作的劳务工仅仅是劳务工群体的一小部分，但仍需要引起政府及社会的关注和重视。本次问卷调查数据显示，由于新生代劳务工普遍教育水平较低（初中及以下占将近一半，46.72%），通常只能从事危险性较高的体力劳动，因此新生代劳务工面临的健康风险更大。同时，在调查中发现新生代劳务工每周的平均工作时长达到58小时。而在2005年全国1%人口抽样调查中，深圳中低收入人群平均每周工作时长约56小时，远远高于高收入者的45小时，本次抽样调查的58小时大致与2005年1%人口抽样的深圳中低收入人群的56小时相近。新生代劳务工长期从事高危险性、高负荷性工作必将对其健康状况和生活质量产生不利的作用，透支着未来劳动力人口的潜能。

尽管在各级政府的努力下，许多劳务工职业病患者得到了救治和补偿。但彻底解决一些高危行业的职业病问题，更应该以人为本，以防为主，加大安全生产宣传和执法力度，对存在职业病风险的行业和企业进行认真排查，强制涉险行业和企业进行专业的劳保防护用具配备。同时，应该大力引进新兴技术，淘汰危害劳动者健康的工种行业；同时，在劳务工群体中普及职业病风险和防护知识，提高农民工的劳动防护意识，多管齐下，规避职业病风险。

（四）加强对雇佣方监管力度，改善工作环境，关注工伤劳务工

虽然受工伤在新生代劳务工中并非是大概率事件，但由于工伤的致残性、致病性对受工伤劳务工的生活及工作产生重大的影响，同时在高危行业和制造业

中，大部分劳务工虽然不会真正受工伤，但均面临着工伤和职业病风险，因此从制度、法律、政策和舆论压力等方面减少劳务工面临的工伤风险，减少受工伤后的维权风险，对劳务工人口的健康和生活质量具有重要的影响。

在雇佣方层面上看，以下因素使劳务工面临较大的工伤风险：第一，工作场所无工伤防护措施或防护措施无意义，工伤劳务工或者是在完全没有任何防护设备的条件下工作，或者是防护设备无实际意义，仅为应对检查的摆设；第二，工作环境恶劣，有被访劳务工认为工厂空气质量和巨大的噪音污染会对身体健康状况产生不良影响；第三，生产设备老化，生产设备是工人从事生产的基本条件，生产设备的老化加大了劳务工受工伤的风险；第四，对于高危工作的危险性不告知，被访工伤者均认为在开始工作时并未收到危险提醒及告知；第五，劳动时间太长，造成疲劳和注意力不集中，这也加大了工伤的风险；第六，安全防护程序往往与保证生产效率有矛盾之处，而劳务工往往在雇佣方的效率催促下会放弃使用安全防护设备。加强对雇佣方的监管力度，敦促其改善劳务工的工作环境，对保证劳务工身体健康、降低劳务工工伤风险具有重要的作用。同时，提高对劳动安全的重视和加强宣传力度，在保证安全生产方面承担起政府责任，是降低工伤风险、保证劳务工健康工作的基础。

（五）提高劳务工医疗保险的覆盖范围和深度

深圳于2005年建立了劳务工医疗保险制度，然而对于无稳定工作且流动性大的劳务工而言仍然难以全面覆盖。本次调查数据显示，仍有37.39%的劳务工没有医疗保险。比起2005年全国1%人口抽样调查数据中75%的低收入人口没有医疗保险，虽然已经在覆盖范围上大大提升，然而仍有将近40%的劳务工无法享受到医疗保险，并且劳务工医疗保险的保障程度也不够。对承担着社会大多数高危和高负荷劳动的劳务工而言，劳务工人口身体健康不仅是卫生保健问题，同时也是劳务工的生活及生存问题，更是深圳的经济社会发展问题。针对劳务工的覆盖范围和深度全面提高的医疗保险制度，将是吸引劳务工来深发展，促进深圳经济社会发展的重要举措。在《深圳劳务工医疗保险暂行办法》中已经制定了相对完善的劳务工医疗保险政策，但仍覆盖不到流动性强、参保意识较弱的部分劳务工。

（六）建立多层次全方位的培训体系，促进新生代劳务工自我职业规划

劳务工的身体心理健康状况和生活满意度受到工作条件的显著影响，劳务工的工作时间较长，闲暇时间较零散，聚厂而居的居住方式也使得他们的生活范围比较狭小，限制了他们的自我发展和规划，也使得他们产生了诸多不健康行为及焦虑、感到生活无意义等心理健康问题。部分劳务工既缺乏短期内的时间管理意识，也对自己的将来没有确切的规划和设计，这不仅对劳务工本身产生困扰，对其生活满意度和社会认同感产生消极影响，也不利于劳动力整体水平的提高。政府部门应该积极行动，协调相关文体事业单位和培训机构，针对农民工群体开展普法宣传教育，并设立计算机、外语等多元化的培训项目，引导农民工进行自我职业生涯规划，提高自身知识修养和素质，培养更为优质的劳动力群体，也促使劳务工更好地融入城市，增强社会认同感。

参考文献

冯华：《农民工城市生活质量的群体差异性分析》，《社会保障研究》2011 年第 5 期。

国家统计局课题组：《城市农民工生活质量状况调查报告》，《调研世界》2007 年第 1 期。

国家统计局课题组：《中国农民工生活质量影响因素研究》，《统计研究》2007 年第 24 卷第 3 期。

国家统计局课题组：《中国农民工生活质量指数评价研究》，《统计研究》2007 年第 24 卷第 2 期。

侯金花等：《深圳市 2274 例劳务工健康检查结果分析》，《深圳中西医结合杂志》2007 年第 17 卷第 5 期。

黄乾：《教育与社会资本对城市农民工健康的影响研究》，《人口与经济》2010 年第 2 期。

焦亚波等：《城市农民工主观生活质量及其影响因素研究——基于上海浦东新区农民工调查数据的分析》，《人口与经济》2008 年第 6 期。

康绍霞：《对城市农民工生活质量指标体系构建的探讨》，《学理论》2010 年第 34 期。

李晓芳：《青年民工心理卫生状况调查分析》，《中国健康心理学杂志》2004 年第 12 卷第 6 期。

廖传景：《青年农民工心理健康及其社会性影响与保护因素》，《中国青年研究》2010 年第 1 期。

刘渝林等:《农民工生活质量与制度的考察》,《经济研究参考》2009年第13期。

陆文聪:《农民工健康权益问题的理论分析——基于环境公平的视角》,《中国人口科学》2009年第3期。

牛建林、郑真真等《城市外来务工人员的工作和居住环境及其健康效应——以深圳为例》,《人口研究》2011年第5期。

饶惠霞:《基于工作生活质量视角下的农民工管理制度创新》,《广东社会科学》2012年第4期。

孙琼如:《新生代农民工精神文化生活质量的调查与分析》,《佛山科学技术学院学报》2012年第30卷第2期。

王桂新等:《城市外来人口居住条件对其健康影响之考察——以上海为例》,《人口研究》2011年第35卷第2期。

颜琴:《新生代农民工身心健康问题研究》,《中国劳动关系学院学报》2010年第24卷第5期。

张喆等:《新生代农民工的健康研究现状》,《医学信息》2011年第7期。

张桂丽:《农民工尘肺患者120例的心理健康状况》,《职业与健康》2011年第2期。

郑磊等:《1716名深圳外来劳务工者心理健康状况调查及影响因素分析》,《海峡预防医学杂志》2012年第1期。

朱考金等:《进城农民工的卫生健康状况及影响因素分析——以南京市为例》,《南农业大学学报》2008年第4期。

深圳市统计局,国家统计局深圳调查队:《深圳统计年鉴2011》,中国统计出版社,2011。

Idler, Ellen L. and Yael Benjamini. , "Self-Rated Health and Mortality: A Review of Twenty-seven Community Studies", *Journal of Health and Social Behavior*, 1997, (38): 21-37.

Ferraro, Kenneth F. and Melissa M. Farmer. , "Utility of Health Data from Social Surveys: Is There a Gold Standard for Measuring Morbidity?" *American Sociological Review*, 1999, (64): 304-315.

B.4
深圳市医疗卫生服务的供给效率高吗
——基于医疗卫生服务供需情况GAP分析

陈 晨 崔祥芬 苏 杨

摘 要：①深圳在医疗卫生服务供需相称方面的不足概括为缺少公平性和缺少针对性两方面。其中，缺少公平性体现为城市医疗卫生资源配置出现的"倒三角"与居民卫生服务需求"正三角"的局面不相适应；缺少针对性是指医疗卫生方面的服务供给没有针对人群特点强化或优化。

②深圳市医疗卫生服务存在可观察的区域差异和人群差异，且因对目前区域人群医疗卫生服务需求缺乏准确地把握，相关服务从人群而言的针对性不强，致使相关卫生资源的配置以按需供给的标准衡量效率不高。

③按全国数一数二的标准看，深圳在卫生资源配置效率上仍有较大提高空间，必须从人群、区域和疾病谱三方面加强资源配置的针对性，才可能"增效"，真正实现医疗卫生领域的质量型发展。

关键词：医疗卫生服务 供需 GAP分析

尽管"深圳卫生事业发展的绩效属于上乘"，① 但仍然可从各种渠道的民怨中发现深圳的看病就医困难和基本公共卫生服务公平性欠佳等普遍问题。作为在

---

① 卫生部部长陈竺2011年12月22日在深圳市公立医院改革研讨会上的讲话中认为："衡量一个地区、一个城市卫生事业的重要指标是投入产出比。从深圳实际来看，我觉得走出了一条有特色的卫生事业发展道路。深圳卫生事业发展的绩效属于上乘。"

经济上全国最发达的城市，深圳也比较重视社会发展对医疗卫生事业的投入不可谓不多，还出现这种情况，说明深圳在医疗卫生服务供给的效率上仍然存在较多不足。从政府管理角度而言，在目前卫生资源总体投入水平下，医疗卫生服务的供给效率可以从供需差距来判断：供需差距越小，说明政府医疗卫生工作的效率越高（即投入产出比越高）。深圳市正处于质量型发展转型期，需要在民生方面率先转型，以在群众最急需的医疗卫生服务上实现最及时的质量型发展。因此，需要分析医疗卫生服务供需的差距，找寻医疗卫生服务发展的相对薄弱点，以针对性地指导卫生资源的有效配置、提高卫生服务供给效率，补齐短板，实现"提质增效"。本部分就是利用空缺分析法（GAP）对深圳各区这方面的效率进行定量评判，并将深圳这方面的效率与北京、上海等一线城市比较，既明了深圳内部这方面各区域之间的相对差距①，也明了深圳与全国领先水平相比在效率上的优劣。未来，不仅这种分析将延续以往深圳从纵向而言的改善情况，在获得数据的情况下，还可与香港、东京、纽约等国际化大都市进行这方面的定量分析，以明了深圳市医疗卫生工作在率先实现质量型发展和建设国际化大都市道路上的进展。

一 GAP分析的基本思路和技术方法

人群的健康在相当程度上靠医疗卫生服务保障。在行政资源总量有限的情况下，卫生系统的行政资源配置效率就成为医疗卫生服务工作质量的重要体现。而行政资源配置的效率，主要就是看供需一致性如何，即卫生系统的既有行政资源是否按人群健康需要的方式、数量和位置进行了配置。为此，可以进行量化的分区域相对比较，以判断深圳市各区域间医疗卫生相关行政资源的相对配置效率，并进而发现医疗卫生服务工作及相关管理工作在哪些区域、哪些方面存在空缺。需要说明的是，本研究进行的这种定量分析，有

---

① 从供需角度而言的深圳市内部各区之间的相对差距，与从经济发展相协调角度而言的相对差距，反映的是不同的工作问题：前者是实然差距，即按照基本公共服务均等化标准、从满足人群需求角度而言实际存在的差距；而后者是应然差距，即社会发展与经济发展不协调而出现的不应有的差距。从政府作为角度看，后者更应解决也更易解决，前者则往往需要追加大量行政资源投入。

理有据：有理指的是 GAP 分析方法是在许多领域应用比较成熟的衡量相对差距的技术，有据指的是本书"深圳常住人口就医需求及其变动趋势研究"分报告已经基于"人口与健康调查"就深圳的医疗卫生服务需求给出了系统的说明。

（一）GAP 分析的基本思路

考虑到数据情况以及政府对医疗卫生服务投入的效果具有滞后性，本研究以深圳市 2010 年前原有的六个行政区（罗湖区、福田区、南山区、宝安区、龙岗区、盐田区）为基本研究对象，通过建立合理可行的居民医疗卫生服务需求指标体系和居民医疗卫生服务供给指标体系，以 2010 年各区的相关数据为基础，运用 GIS 软件将各区医疗卫生服务供、需一致性的相对差距（GAP）直观地展示出来，据此判断各区卫生相关行政资源的配置效率如何，以及相对于人群医疗卫生服务需求而言哪些方面存在空缺。将 GAP 方法应用于分析深圳市医疗卫生服务供需情况的差距，可以判定一个区域范围内的小行政区（如深圳市辖区）之间医疗卫生服务"供""需"情况的相对差值，这样既可以为未来行政资源向哪一个区域加大投入提供依据，也可以保证在资源约束的情况下最大化地满足区域医疗卫生服务需求。不仅如此，还可以给出关于应该从什么方面加大投入（例如资金或人员）和应该从什么渠道加大投入（补供方还是补需方；向预防倾斜还是向临床医疗倾斜）更有效的建议，这样就便于完整地得出应对什么地区加大投入、应加大什么投入、应通过什么渠道（方式）加大投入的完整政策建议。需要特别说明的是，这些分析以及区域之间的比较，均基于常住人口，以全面真实地反映实有人口在医疗卫生服务上的需求和相关服务的供给差距。

（二）GAP 分析[①]的技术方法

从技术上看，GAP 分析方法的应用首先要构建一套能科学合理地反映深圳

---

① 保护空缺分析（GAP）方法是保护生物多样性的地理学方法（A Geographic Approach to Protect Biological Diversity）的简称，应用于本研究的基本原理是通过系统分析医疗卫生服务资源供给和人群的医疗卫生需求，找出目前供需之间存在的差距。

市医疗卫生服务"供给"和区域人群医疗卫生服务"需求"两方面的评价指标体系。指标体系的构建存在两方面难点：一是指标的选择；二是指标之间的权重设置。医疗卫生服务"供""需"水平评价的基础是充分理解医疗卫生服务的内涵和外延，且因各方面的内容（指标）并非等量齐观的，保证评价结果科学性和合理性的基础是运用客观的方法对指标进行赋权。据此，根据科学合理的指标体系，计算深圳市各行政区医疗卫生服务供给和医疗卫生服务的相对等级值。

（三）采用熵权系数法[①]进行赋权

在确定权重的方法选用方面，考虑到熵权系数法在计算过程中对各指标就进行了标准化处理，对指标量纲没有要求。相对于因子分析法而言，使用了全部样本信息，信息提取比较充分；相对于德尔菲法等而言，各指标权重是基于样本信息通过一系列计算获得，未掺杂人为主观因素的影响，因而评价结果更加科学、客观。具体来看，首先对投入指标进行赋权、评价过程如下：

1. 构造初始数据矩阵

设有 m 个样本，各样本分别有 n 个评价指标，x_{ij} 表示第 i 个样本在指标 j 下的评价值得到初始矩阵 $X = x_{ij(m \times n)}$，并按（1）式进行标准化得到 $Y = y_{ij(m \times n)}$。

$$y_{ij} = \frac{x_{ij}}{\sum_{i=1}^{m} x_{ij}} \tag{1}$$

其中，m 个样本即为 14 个县，n 个评价指标即为行政资源投入指标，分别标记为 Xi1、Xi2、…、Xin。

2. 指标权重

第 j 项指标的熵值计算方式如（2）式：

[①] 熵权系数法（Entropic Coefficient Method）的原理来自信息论：根据一系列的计算过程，直接根据样本各指标的数值构成关系得到各指标的权重，进而得到各样本的评价值。使用熵权系数法确定各指标权重并获得评价值的过程大致分为构造初始数据矩阵、计算熵值以确定指标权重、由标准化处理后的数据矩阵得到样本的综合评价值三个步骤。由其计算过程可知，熵权系数法既能给出各指标的权重，又能给出样本的优劣排序结果，虽然计算过程相对复杂，但更加客观、科学。

$$e_j = -k \sum_{i=1}^{m} y_{ij} \ln y_{ij} \tag{2}$$

(2) 式中：$k = \dfrac{1}{\ln m}$，$0 \leq e_i \leq 1$。

第 j 项指标的指标效用值为：

$$h_j = 1 - e_j \tag{3}$$

则第 j 指标的权重为：

$$w_j = \dfrac{h_j}{\sum_{j=1}^{n} h_j} \tag{4}$$

3. 根据指标权重及标准化处理后的数据矩阵就可以得到样本的综合评价值

$$V_i = \sum_{j=1}^{n} w_j y_{ij} \tag{5}$$

由（5）式获得的综合评价值 Vi 就是评价区域医疗卫生服务供给的相对等级值。

同理，医疗卫生服务需求类的指标的数据按照上述运算过程代入计算，就能得到相应指标的权重，进而计算出深圳市某一行政区医疗卫生服务需求的相对等级。

二 医疗卫生服务需求、供给指标选择依据

（一）医疗卫生服务需求指标的选择

"按需分配"不仅是共产主义社会的特征，也是经济学角度效率最高的资源使用方式。但哪怕仅仅从人群的健康需要来说，这种需求也不易把握：不仅可能因为缺少调查而不了解疾病及其影响因素分布情况，还因为这其中易混杂主观因素。当然，从"办人民满意的卫生事业"这样的标准来看，主观因素也不容忽视。因此，可以按以下思路来选择医疗卫生服务需求指标。

选择能从客观和主观方面反映医疗卫生服务需求的指标必须兼顾合理性和可行性，合理性主要指这些指标是否能全面反映公众的需求，可行性指这些指标的数据能否获得和这些指标是否便于进行国际国内比较。从合理性而言，个体实际存在或自我感觉到的疾患，以及对预防保健的需要，决定个人在某一时点是否进入医疗市场①。以下大致分医疗服务需求和公共卫生服务需求两方面来说明课题组是如何兼顾合理性和可行性来确定指标的。

1. 医疗服务需求指标的选择

居民的健康状况、就医意愿以及实际支付能力是医疗服务需求的三大要素。健康状况和就医意愿方面，本文选用反映居民"自我感觉"到的疾患的自评式"主观健康状况"和反映居民潜在医疗卫生服务的需求的"就医意愿"比例两项指标来评价居民的医疗卫生服务需要②；而支付能力是医疗服务需要转化为需求的限制因素，因此尚需考虑影响实际支付能力的医疗服务的价格、医疗保障水平、居民收入水平和时间成本等因素对医疗服务需求的影响。据此，统筹居民健康需要和经济支付能力，医疗服务需求一般用患病治疗情况、患者就诊率和住院率等医疗服务的实际利用情况表示。③ 医疗服务需求主要包括住院和门诊两方面的需求，而这两方面的需求影响因素是不同的：一项针对深圳市医疗服务需求抽样调查的结果显示，④ 居民门诊服务利用主要受病情严重程度影响，住院服务利

---

① 保罗·J. 费尔德斯坦：《卫生保健经济学》，经济科学出版社，1998。
② 一方面，社会经济条件、卫生医疗水平限制着人们的寿命，所以不同的社会，不同的时期，人们寿命的长短有着很大的差别；另一方面，由于体质、遗传因素、生活条件等个人差异，也使每个人的寿命长短相差悬殊。期望寿命又称平均期望寿命，指 0 岁时的预期寿命，一般用"岁"表示，即在某一死亡水平下，已经活到 X 岁年龄的人们平均还有可能继续存活的年岁数。通常用"平均期望寿命"反映一个社会生活质量的高低和医疗卫生水平的需求程度。但在研究深圳市各区之间的医疗卫生服务需求时，考虑到是在较小空间尺度（市级）内区之间的比较，就"平均期望寿命"指标而言差异不会很大，区别度不明显，因此选用调查得到的"居民健康状况""居民就医意愿"来近似替代。
③ 王翌秋、王舒娟：《居民医疗服务需求及其影响因素微观实证分析的研究进展》，《中国卫生政策研究》2010 年第 8 期。
④ 该调查由华中科技大学同济医学院公共卫生学院、原深圳市卫生局、深圳市慢病防治院以及北京大学深圳医学院共同完成，采用问卷调查的方式调查了深圳市 4688 名年龄介于 15~74 岁间居住满一年以上的常住居民，发现深圳市居民两周患病率、慢性病患病率的两周就诊率和住院率分别为 178.3‰、165.2‰、150.0‰和 2.7%，其中居民门诊服务主要受病情严重程度影响，住院服务主要受医疗保险和经济能力影响。资料来源于严吉祥、江捍平、陈广钦等的《深圳市居民医疗服务需求、利用及影响因素分析》，《中国社会医学杂志》2007 年第 3 期。

用主要受医疗保险、经济能力影响。世界卫生组织（WHO）利用两周千人就诊人数、两周就诊率和每人每年就诊次数衡量门诊需求量，并采用两周千人住院人次、每年每千住院者手术人次反映住院医疗需求。考虑到这些指标设计还算合理以及后面便于进行国际比较，课题组也采用这些指标来反映居民在医疗卫生领域的消费意愿。

总之，考虑指标的合理性和可行性后，选择居民两周患病率（‰）来反映居民对门诊服务的需求，利用居民住院率（%）表示对住院服务的需求。此外，区域医疗保险以及居民收入水平影响着个体的支付能力，因此增加区域医疗保险覆盖率和居民人均可支配收入①两个指标反映居民的支付能力。

2. 公共卫生服务指标的选择

公共卫生服务是指为了改善、保护和促进全体人民健康而由政府出资、各级卫生部门和医疗卫生服务机构提供的卫生产品和卫生服务，其内容主要包括对人群传染病、职业病、地方病、严重危害人民健康的慢性非传染性疾病（以下简称慢性病）以及环境因素和不良生活方式引起的疾病进行综合性预防以及妇幼保健、健康教育等。

对深圳这样发达地区的大城市来说，慢性病已成为威胁大城市人口健康的"头号杀手"，且具有"患病人数多、影响因素复杂、医疗成本高、患病时间长、服务需求大"的特点，对这类疾病的控制主要采取"预防为主，防治结合"的方针。采用"慢性病患病率"这个指标可较好地反映慢病防治需求，但深圳市既往的统计年鉴以及调查数据不能直接获得"慢性病患病率"的数据。为此，只能采用重点替代：考虑到高血压、糖尿病这样的常见病涉及人群范围广、造成的疾病负担总量大，且是心脑血管疾病等疾病的潜在病因，也有数据可查②；而肿瘤尽管是死因顺位第一，却涉及很少数量的人和总量不大的疾病负担，因此将高血压和糖尿病的患病率作为衡量医疗卫生需求的指

---

① 城镇居民人均可支配收入是指反映居民家庭全部现金收入，小能用于安排家庭日常生活的那部分收入。该项指标在全国统计口径一致，指标在不同空间尺度都具有可比性，并且能够较好地反映居民的支付能力。
② 深圳市2009年开展了慢性病及其危险因素的大规模流行病学调查，调查结果显示，高血压和糖尿病的患病率分别高达13.28%和5.04%，比1997年分别增长了22%和20%。而且，深圳市已建立了社区高血压、糖尿病病人及高危人群的发现、登记、转诊、随访管理及评估机制，这些数据已被纳入常规统计渠道。

标之一。

通常情况下,婴儿死亡率①和5岁以下儿童死亡率②是反映妇幼保健水平的指标。但相比之下,"5岁以下儿童死亡率"指标反映儿童(和社会其他人)所处的社会、经济、环境状况及其保健情况,包括的因素相对复杂;单从医疗卫生服务的角度来看,"婴儿死亡率"指标更能反映妇幼保健工作水平,且具备较好的国内和国际可比性。因此,本研究将"婴儿死亡率"作为反映居民公共卫生服务需求的指标之一。

健康教育也是公共卫生服务的重要内容,通常用居民基本健康知识知晓率来综合反映区域公共卫生服务的需求,这方面的数据在深圳有调查来源,因此在本研究中沿用。

3. 指标选择结果

综上所述,本研究选用居民基本健康知识知晓率来综合反映区域公共卫生服务的需求,选用传染病发病率、孕产妇死亡率、婴儿死亡率、慢病患病率等指标来评价传染病预防、妇幼保健、慢病防治等方面的公共医疗卫生服务需求。相关指标归纳如表1所示。

(二)医疗卫生服务供给指标选择依据

在选择医疗卫生服务供给指标时,既要考虑合理性,也要考虑可行性。从这两方面考虑,针对深圳医疗卫生领域存在的主要问题,在评价人力资源、财力资源和物力资源时,本研究在指标选择上有三方面特点:主要考虑公立机构,主要考察"硬"资源③,且卫生机构和卫生设备均要赋权反映质量差别。具体理由如下。

1. 主要考虑公立机构

医疗卫生服务供给者既有公立卫生机构,也有私营卫生机构。由于本研究的

---

① 婴儿死亡率(Infant Mortality Rate,IMR)是指婴儿出生后不满周岁死亡人数同出生人数的比率。一般以年度为计算单位,以千分比表示。婴儿死亡率是反映一个国家和民族的居民健康水平和社会经济发展水平的重要指标,特别是妇幼保健工作水平的重要指标。

② 5岁以下儿童死亡率(Under 5 Mortality Rate U5MR)是指规定年份出生的儿童在年满5岁前死亡的概率(表示每1000名活产的比率),但须以现有年龄死亡率为准。该指标同具体目标直接相关,用于计量儿童的存活情况。

③ 即所谓的硬件资源,包括进行质量加权的机构数量和进行价值加权的设备数量。

表1 居民医疗卫生服务需求指标体系

类别	评价内容	一级指标	具体指标		指标说明
			深圳市内部区际比较	深圳市外部城际比较	
医疗卫生服务需求	医疗服务需求	①居民健康状况	居民健康状况一般及差的比例（%）	平均期望寿命（岁）	反映深圳居民实际和潜在医疗服务需求
		②居民就医意愿	居民就医意愿的比例（%）	—	反映居民门诊的实际需求
		③门诊服务需求	居民两周患病率（‰）	每万人口诊疗人次数（人次）	反映居民门诊的实际需求
		④住院服务需求	近一年居民住院率（%）	每万人口入院人数（人次）	反映居民住院的实际需求
		⑤医保覆盖率	居民医疗保险参保比例（%）	每万人口城镇职工及新农合参保人数（人）	反映居民对医疗卫生服务的实际利用
		⑥居民收入水平	居民人均可支配收入（万元）	居民人均可支配收入（万元）	反映居民对医疗卫生服务的实际支付能力
	公共卫生服务需求	①传染病防治	传染病发病率（1/10万）	传染病发病率（1/10万）	反映公共卫生服务防治结果及未来防治要求
		②妇幼保健	孕产妇死亡率（1/10万）	孕产妇死亡率（1/10万）	
			婴儿死亡率（‰）	婴儿死亡率（‰）	
			3岁以下儿童系统管理率（%）	3岁以下儿童系统管理率（%）	
		③慢病管理	高血压患病率（%）	高血压患病率（%）	反映居民的慢病负担及防治情况
			糖尿病患病率（%）	糖尿病患病率（%）	
		④计生服务	婚前健康体检服务水平（%）	婚前健康体检服务水平（%）	反映区域计划生育宣传和服务情况
		⑤健康教育水平	基本健康知识知晓率（%）	基本健康知识知晓率（%）	反映区域健康知识的宣传、教育水平

主要目的是提高政府对卫生资源的配置效率,相关分析主要反映政府提供的硬件和软件资源对应的医疗卫生服务供给能力①,而深圳的情况是:私营医疗卫生服务机构在目前这个阶段只承担很少的公益性医疗卫生服务,承担的其他医疗卫生服务量也远较公立机构的少②,且其全面准确的数据难以获得,故在相关数据分析时基本忽略私营医疗卫生服务机构。由于深圳已经是私营卫生机构发展得最好的城市③,因此这种取舍有普适性,也便于在这种指标下将深圳与全国其他地方进行相对比较。此外,由于本研究的目的是分析区域医疗卫生服务的"供需"水平及差距,因此所有医疗卫生机构的统计均按区属(所在地)归类。④

2. 主要考虑"硬"资源

从政府管理角度看,医疗卫生服务供给过程也就是卫生相关行政资源的配置过程。卫生相关行政资源(在本书中一般简称为卫生资源)是指在一定社会经

---

① 目前,深圳市医疗卫生服务供给相关的统计数据按经济类型分为公立医疗卫生机构(包括政府办和国有企业办两类)、集体全资、股份合作、联营、股份有限公司、中外合作合资、私有和其他等八种经济类型的医疗卫生机构。截至2011年,深圳市共有1854个医疗机构(不包括社康中心),其中私营机构有1745家,其提供的服务以门诊为主,所办机构多为门诊部、个体诊所和卫生室。尽管私营机构数量众多,但其提供的服务量相对医疗卫生服务总量来说只是零头:2011年,深圳市私营医疗卫生服务机构只承担全市医院约21%的门诊量及17%的住院量。

② 深圳市已经明确在公立医院改革中,要"按照营利性与非营利性分开的要求,淡化各类医疗机构的举办主体之分,健全统一准入、统一标准、统一监管的全行业管理制度;进一步完善非营利性医疗机构、营利性医疗机构在土地使用、财政补贴、价格管理、税收优惠、经济运行、财务监管等方面的分类管理制度,以此实现打破公立、私立界限,让各级各类医疗机构在公平的医疗市场环境下规范运营,发挥好各自作用,培育有良好社会信誉、有合理医保制度、有恰当技术支持的民营医疗机构"。但目前这样的举措才刚刚起步,深圳市公立医疗卫生机构占据主体的局面还未改变。

③ 卫生部部长陈竺2011年12月22日在深圳市公立医院改革研讨会上的讲话中认为:"深圳民营医疗机构医务人员占到医务人员总体数量的37%,机构数占到22%。在民营资本、社会资本办医方面在全国应是做得最好的。"

④ 分析发现深圳市属医疗机构主要分布于原关内:全市24家市属医疗卫生机构中,分布于罗湖(12家)、福田(9家)、南山(2家)和龙岗(1家)四区。故根据属地原则,分别将这些医疗卫生机构归入各个行政区,进行统计。此外,除私人医疗卫生机构外,其他卫生机构中还包括卫生室338个,无法对其进行属地归类,且其总和接诊量不足全市当年接诊总量的2%,故在本次研究中也未对此部分数据加以分析。据此,本文分析的数据包括政府办医疗卫生机构和国有企业办卫生机构两类国营全资机构以及集体、股份合作、联营和中外合资等社会办医疗机构的相关数据。

济条件下各级政府对卫生系统提供的人力、物力、财力的总称,是卫生系统为群众提供医疗卫生服务的基础。在内容上,卫生资源包括软资源和硬资源两方面。其中,卫生硬资源是指人力、物力、财力等有形卫生资源;卫生软资源是指医学卫生信息、科技知识以及卫生服务相关的各种管理规定和制度安排。卫生服务要求反映居民对预防保健、增进健康、摆脱疾病、减少致残的主观愿望,不完全是由自身的实际健康状况所决定的。因此,本研究中所研究的卫生资源仅包括硬资源,即人力资源、物力资源(卫生机构数、床位、装备)以及财力资源(卫生事业费)。其中,物力资源主要包括进行质量加权的机构数量和进行价值加权的设备数量。但各区的人口数量差异较大,因此这些硬资源均采用每万人口平均数进行标准化处理。

3. 卫生机构和卫生设备均要赋权反映质量差别

考虑到不同级别的医疗卫生服务机构,其提供医疗服务的能力也有所差异,本研究根据医疗卫生服务机构的举办者差别,对不同类型的医疗卫生机构的人员、床位、机构数等指标进行赋权加总。由于公共服务主要由公立(政府办和全资国有企事业办)医疗卫生机构承担,所以将其为基准赋值为1,其他经济类型的医疗机构均赋值为0.5,进行加权计算,而机构卫生设备的配置则按以下准则计算:医疗卫生设备是提供医疗卫生服务的基础,卫生设备的价值可在一定程度上反映其在医疗卫生服务供给中的作用,因此根据卫生设备的价值的不同,可对医疗卫生设备数进行赋值。将卫生设备按价值不同,分为<1万元、1万~50万元、50万~100万元和100万元以上四等,分别赋值为1、2、3、4。相关指标归纳如表2所示。

表2 居民医疗卫生服务供给指标体系

类别	评价内容	具体指标		指标说明
		深圳市内部区际比较	深圳市外部城际比较	
医疗卫生服务供给	人力资源	①每万人口卫生技术人员	①每万人口卫生技术人员	反映区域医疗卫生相关人员情况
		②每万人口医生数	②每万人口医生数	
		③每万人口护士数	③每万人口护士数	

续表

类别	评价内容	具体指标		指标说明
		深圳市内部区际比较	深圳市外部城际比较	
医疗卫生服务供给	财力资源	每万人口财政投入医疗卫生经费	每万人口财政投入医疗卫生经费	反映区域财政对区域卫生事业发展的投入水平
	物力资源	①每万人口床位数 ②每万人口卫生设备数 ③每万人口医疗卫生机构数	①每万人口床位数 ②每万人口医疗卫生机构数	反映区域医疗卫生机构和基础设施配置情况

三 深圳各区医疗卫生服务供需情况比较

（一）深圳市各区医疗卫生服务需求分析

1. 医疗服务需求

（1）深圳市居民健康状况。

尽管严格意义而言，居民健康状况是客观指标。但因为健康是民生之基，健康状况难免在相当程度上与主观因素关联，其还直接影响到就医意愿等，因此政府提供的医疗卫生服务也不能不与主观的健康状况关联。如何了解主观的健康状况呢？课题组于2012年3月专门组织开展"深圳市常住人口就医需求与意愿"问卷调查①，共调查了1613名居民的"自评健康状况"，其中两人不清楚自己的健康状况，有效的1611名研究对象中，75.05%的居民认为自己的健康状况好（包括"非常好"和"好"），22.41%的居民认为自己的健康状况一般，有2.55%居民认为自己的健康状况不好（包括"不好"和"很不好"）。就医疗卫生服务需求而言，主要发生于自我感觉健康状况"一般及不好"的居民。这一比例在深圳各区的差别不大，最高（罗湖为32.69%）和最低（南山为19.94%）的两个行政区间相差约15%，如表3所示。

---

① 本分报告中，凡来自这个调查的数据均反映深圳2012年3月这个时点的情况。但考虑到数据分析的可比性，其他国民经济和社会发展数据均为2010年的，与本书主题报告中相关数据的时点（2011年）有所区别，特此说明。

表3 深圳市居民自评健康状况调查人数及其构成

单位：人，%

区属	好		一般		不好		合计	
	人数	占比	人数	占比	人数	占比	人数	占比
罗湖区	70	67.31	31	29.81	3	2.88	104	100.00
福田区	122	78.21	25	16.03	9	5.77	156	100.00
南山区	281	80.06	351	18.80	4	1.14	182	100.00
宝安区	333	75.34	99	22.40	10	2.26	442	100.00
龙岗区	384	72.18	135	25.38	13	2.44	532	100.00
盐田区	19	73.08	5	19.23	2	7.69	26	100.00
全市	1029	75.05	361	22.41	41	2.55	1611	100.00

将被调查居民的自评健康状况和就医意愿按行政区分别汇总，如图1所示，罗湖区居民自评健康状况不好（包括"不好"和"很不好"）的比例在六个区中最高，为32.69%，而比例最低的南山区仅为19.94%，其他四个区的该项指标均在20%～30%之间。由此可见，在各区内将近1/3的居民自我感觉健康状况不好，这部分人群相对而言对医疗卫生服务的需求更迫切。

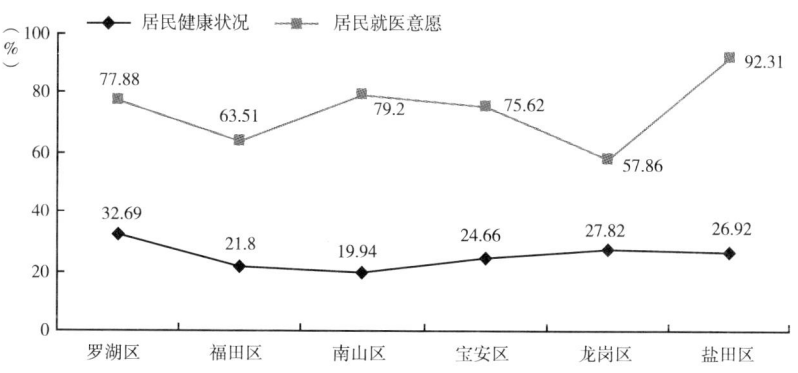

图1 深圳市居民健康状况及居民就医意愿

（2）深圳市居民就医意愿情况。

课题组调查发现，在患病时，约42.65%的居民"立刻就医"，20.15%的居民患病时会先拖上一段时间，发现病情无好转之后再去就医，6.28%的居民则因为工作、学习等原因，不能立刻去就医，但只要有时间就会就医，然而30.01%的居民则不愿去就医，常选择自己去药店购买药品自行解决。各区居民就医意愿如表4、图1所示。

表4 深圳市居民患病时的就医意愿构成情况

单位：人，%

区属	立刻就医		不能愈,再就医		空闲时就医		不去就医		其他	
	人数	占比	人数	占比	人数	占比	人数	占比	人数	占比
罗湖区	53	50.96	12	11.54	16	15.38	23	22.12	0	0.00
福田区	61	39.10	25	16.03	13	8.38	57	36.54	0	0.00
南山区	172	49.00	91	25.93	15	4.27	73	20.80	0	0.00
宝安区	200	45.15	98	22.12	37	8.35	105	23.07	3	0.68
龙岗区	188	35.72	96	18.01	22	4.13	224	42.03	3	0.56
盐田	14	53.85	3	11.54	7	26.92	2	7.69	0	0.00
全市	688	42.65	325	20.15	110	6.28	484	30.01	6	0.37

2006~2011年，深圳市社区健康服务中心（社康中心）得到迅猛发展，数量达到了600家以上，并在全市各社区普及。同期，受社康中心的双向转诊和费用优惠政策影响，人均门诊次数快速上升，从不足4.0次上升到8.0次以上，这表明患者主动就医意愿增强，在提高群众健康水平的同时，也给医疗卫生资源带来较大压力。但是，通过此次调查数据的比较可以发现，各区居民就医意愿的差距很大：选择就医比例最高的是盐田区，达到了92.31%，而最低的龙岗区仅为57.86%，这直接体现出"原关内"和"原关外"①在就医意愿方面的居民截然不同的状况，也间接反映了各区医疗卫生资源配置和服务供给的区域失衡。在本书中，"深圳常住人口就医需求及其变动趋势研究"分报告更详细地研究了影响深圳常住人口就医行为的主要因素，分析了人口患病类型分布、就医需求变动趋势。

（3）两周患病和近一年住院情况。

政府管理角度的"患病"常常是从居民对医疗卫生服务的主观需要的角度去考虑的，并非严格意义上由医学检查确认的客观"患病"。因此，其包括被调查者的自身感受的"不适"和调查员（医务人员）客观判断的患病、受伤和中毒等，具体如下：①自觉身体不适，去医疗卫生单位就诊确认有病或伤或中毒，接受了治疗；②自觉身体不适，未去医疗单位诊治，但自服药物或采取一些辅助治疗；③自觉身体不适，未就诊治疗，也未采取自服药物或辅助疗法，但因身体不适休工、休学或卧床一天及以上者。在本研究中，上述三种情况有其一者，均认为"患病"。因此，通过调查获得的"居民两周患病率"是反映卫生服务需求的重要指标。

---

① 罗湖、福田、南山和盐田四区为"原关内区域"，宝安和龙岗两区为"原关外区域"。

在课题组进行的"深圳市常住人口就医需求与意愿"的问卷调查中,课题组收集了4467名居民的两周患病和近一年的住院信息。统计数据显示,调查对象两周患病和近一年住院人次数分别为340人次和121人次,两周患病率①和近一年住院率②分别为76.11‰和2.73%。各行政区居民两周患病和近一年住院情况如表5所示。

表5 深圳居民两周患病率和近一年住院率调查情况

区 属	两周患病总人次	近一年住院人次数	调查人数	两周患病率(‰)	住院率(%)
罗湖区	26	13	309	84.14	4.21
福田区	31	15	458	67.69	3.28
南山区	24	14	868	58.76	1.62
宝安区	122	44	1284	95.02	3.43
龙岗区	102	32	1491	68.41	2.15
盐田区	8	3	57	140.35	5.26
全 市	340	121	4467	76.11	2.73

居民两周患病率最高的是盐田区,达到140.35‰,其次是宝安区、罗湖区,最低的是南山区(58.76‰)。同时,南山区的居民"近一年住院率"最低,为1.62%,而盐田区居民"近一年住院率"也最高,是南山区的3倍以上,达到5.26%。如图2所示,各区这两项指标的相对高低程度大致是一致的。

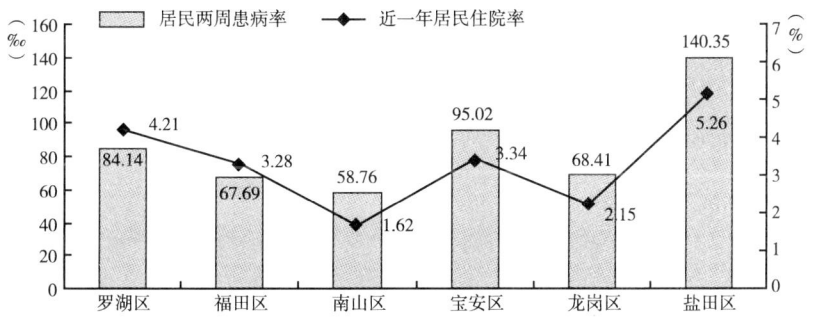

图2 深圳市居民两周患病率及近一年住院率

---

① 两周患病率=调查居民中"两周内患病人数或人次数"/"调查总人数"(百分率或千分率),本文采用居民两周内患病人次数与调查总人数之比表示。
② 住院率是指某地某类人群在某一段时间内住过院的人次数与该地此类这段时间内的此类人群数量相比所得出的百分数,本文采用近一年调查居民的住院人次数与调查居民总数之比表示。

(4) 深圳居民医疗保险覆盖率。

抽样调查的结果显示,全市医疗保险的参保率为71.17%。参加医疗保险的1148名调查对象中,参加深圳市医疗保险的居民占84.84%,而其他居民则参与其他省市的医疗保险。深圳市医疗保险参保人员中,绝大部分人员参加综合医疗保险(59.65%)和劳务工医疗保险(29.36%)。深圳市居民医疗保险覆盖率存在一定程度的区域差异,原关内四区居民医保覆盖率均高于全市水平,但宝安和龙岗两区的覆盖率则与全市水平存在一定差距。深圳市各行政区的居民医疗保险覆盖率如表6所示。此外,这一地区差异也体现在居民的可支配收入水平上,如表7所示。

表6 深圳市居民医疗保险覆盖率

单位:人,%

区 属	参保人数(n)	调查人数(N)	参保比例
罗湖区	83	104	79.81
福田区	126	156	80.77
南山区	281	351	80.06
宝安区	301	443	67.95
龙岗区	334	533	62.66
盐田区	23	26	88.46
全 市	1148	1613	71.17

表7 2010年深圳市居民人均可支配收入

单位:户,万元

区 属	样本户数	人均可支配经济收入	区 属	样本户数	人均可支配经济收入
罗湖区	—	3.36	龙岗区	—	2.83
福田区	140	3.93	盐田区	50	3.02
南山区	90	3.50	全 市		3.24
宝安区	100	3.00			

资料来源:各区2010年国民经济与社会发展统计公报。

从各区医保覆盖率的情况来看,如图3所示,该项指标值均在60%以上,但各区之间的差别仍然较大:盐田区达到了88.46%,为最高,而最低的龙岗区只有62.66%。因此,在流动人口占据常住人口主体的深圳市,改善医疗保障工作使这一公共服务均等化显得尤为重要。

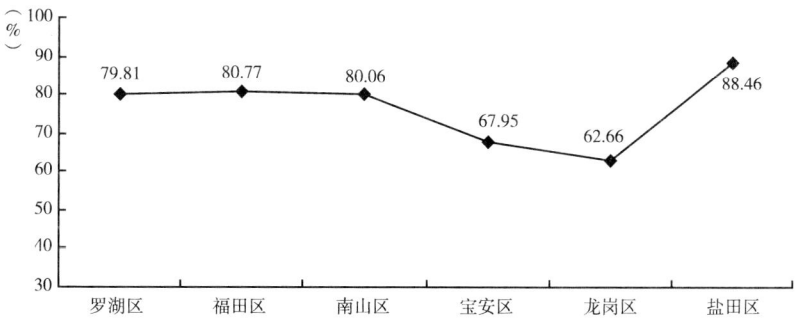

图 3　2010 年深圳市医保覆盖率

（5）深圳居民可支配收入。

深圳市人均可支配收入一直在全国数一数二，2010 年深圳的人均可支配收入达到 3.24 万元，远远高于全国城镇人均可支配收入，但在深圳市不同区之间收入水平存在着较大差异。

如图 4 所示，2010 年人均可支配收入最高的是福田区，达到 3.93 万元，其次是南山区 3.5 万元，罗湖区 3.36 万元；盐田区、宝安区和龙岗区均低于全市平均水平，分别为 3.02 万元、3.00 万元和 2.83 万元。

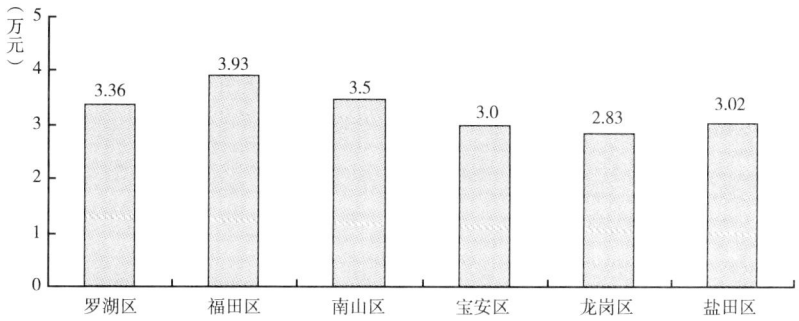

图 4　2010 年深圳市居民人均可支配收入

2. 公共卫生服务需求

（1）传染病防治和慢病防治情况。

根据深圳市 2009 年开展的慢性病及其危险因素的大规模流行病学调查结果，高血压和糖尿病的患病率分别高达 13.28% 和 5.04%，比 1997 年分别增长了 22% 和 20%，是深圳排列前两位的慢性病（全国排位前四的慢性病分别为心脑血管疾病、糖尿病、癌症和慢性呼吸道疾病）。如图5所示，从传染病发病率指标的情况来看，罗湖区的值最高，其次是南山区、福田区，远高于全国同期的平均水平（238.69/10万），而龙岗区、盐田区的该项指标值相对较低。

表8　2010年深圳市传染病和慢病（高血压、糖尿病）情况

区　属	甲乙类传染病发病率（1/100000）	高血压患病率（%）	糖尿病患病率（%）
罗湖区	331.17	15.43	4.90
福田区	274.87	19.69	5.98
南山区	324.11	15.64	3.70
宝安区	234.55	14.55	5.12
龙岗区	217.03	12.09	5.71
盐田区	189.56	16.25	0.58
全　市	271.86	14.21	6.20

说明：传染病发病率直接来源于《2010年深圳卫生和人口计划生育统计年鉴》，其计算方法为：2010年各区甲乙类传染病的发病例数/当年该区的常住人口数×100000/10万；高血压、糖尿病患病率均来源于深圳市慢性病及其危险因素的大规模流行病学调查结果。

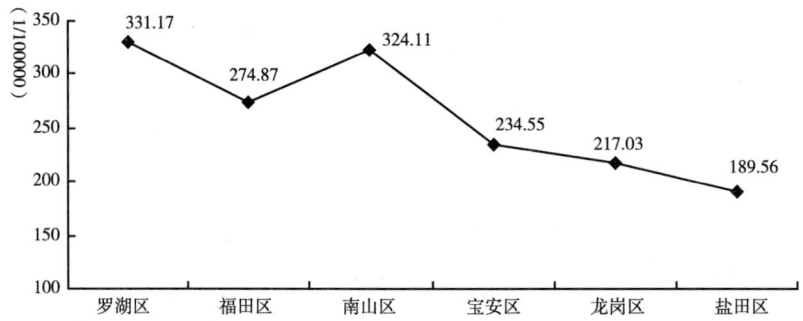

图5　2010年深圳市传染病发病率

如图6所示，从各区的高血压、糖尿病的患病率情况来看，福田区的两项患病率均为最高，应为慢性病防治及管理的重点区域；相比之下，龙岗区的居民高血压患病率最低（12.09%），盐田区的糖尿病患病率最低（0.58%）。然而，与全国平均水平相比，各区的居民高血压患病率均远高于全国平均水平（5.49%）；除盐田区以外，其他区的居民糖尿病患病率也远高出全国平均值（1.07%）。

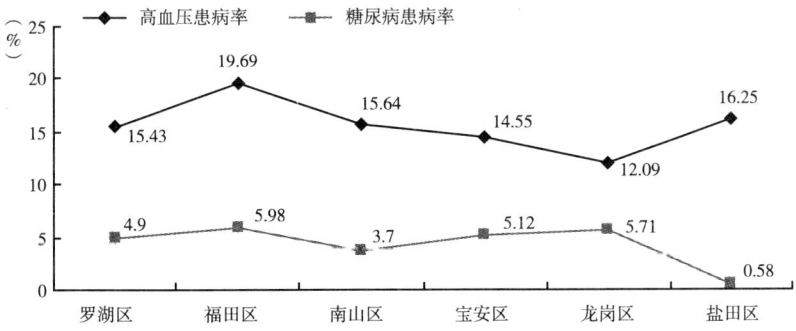

图6 2010年深圳市高血压、糖尿病患病率

(2) 妇幼保健情况。

深圳市各区的妇幼保健各项指标情况整理如表9所示。

表9 2010年深圳市妇幼保健需求情况

区 属	孕产妇死亡率 (1/100000)	婴儿死亡率 (‰)	3岁以下儿童系统管理率 (%)
罗湖区	0.00	2.47	100.00
福田区	5.95	3.63	93.48
南山区	8.70	1.39	85.62
宝安区	11.52	1.50	87.73
龙岗区	41.63	2.56	83.62
盐田区	0.00	1.10	87.97
全 市	15.41	2.35	87.60

说明：孕产妇死亡率和婴儿死亡率均直接摘自《2010深圳市卫生和人口计划生育委员会统计年鉴》，3岁以下儿童死亡率=3岁以下儿童系统管理人数/3岁以下儿童数×100%。

① 孕产妇死亡率。

2005~2010年，深圳市常住人口平均每十万孕产妇死亡数从17.81例下降到15.4例。从"孕产妇死亡率"指标各区的情况来看，如图7所示，罗湖区和盐田区最低——2010年无一例孕产妇死亡案例；福田区和南山区稍高，但远远低于全市平均水平；宝安区的孕产妇死亡率高于原关内四区，略低于全市平均水平；而龙岗区的孕产妇死亡率高达41.63（1/10万），表明龙岗区的妇幼健康保障水平处于全市最低。

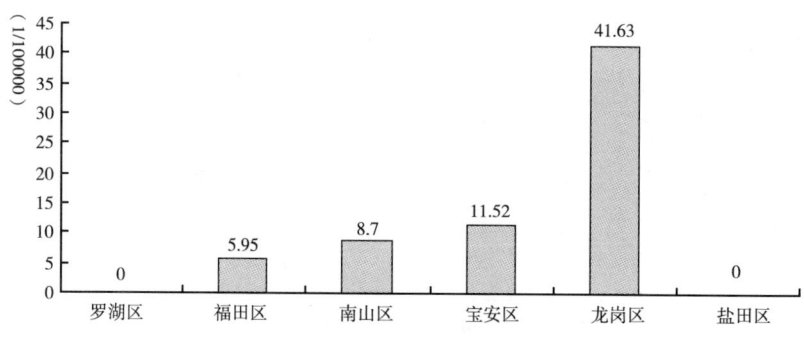

图7　2010年深圳市孕产妇死亡率

② 婴儿死亡率。

2005年，深圳市常住人口的平均预期寿命在76.75岁，2010年提高到78.01岁；常住人口婴儿死亡率由原先的4.3‰降低到2.35‰。根据2010年的数据深圳罗湖和福田两区尽管在经济指标上处于全市前列，但是在婴儿死亡率、新生儿死亡率和5岁以下儿童死亡率上均高于全市平均水平；南山区、盐田区和宝安区在这三项指标上均低于全市平均水平，如图8所示，深圳各区在妇幼保健指标上表现出明显的不均衡①，说明妇幼保健也是深圳亟待均等化的公共服务。

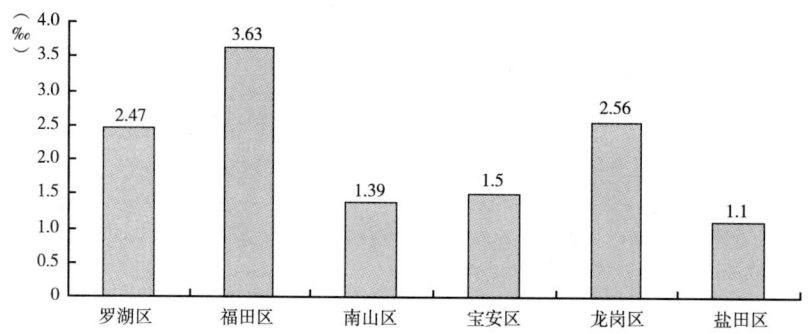

图8　2010年深圳市婴儿死亡率

③ 3岁以下儿童系统管理率。

如图9所示，罗湖区的"3岁以下儿童系统管理率"达到了100%，其次为

---

① 在2012年的蓝皮书中，将专列一个"深圳市社会经济均衡性对人口健康的影响研究"分报告，对区域差异性、医疗资源地区间横向分布的均衡性及其对健康的影响进行更详细的研究。

福田区（93.48%）；而龙岗区的"3岁以下儿童系统管理率"最低，为83.62%。

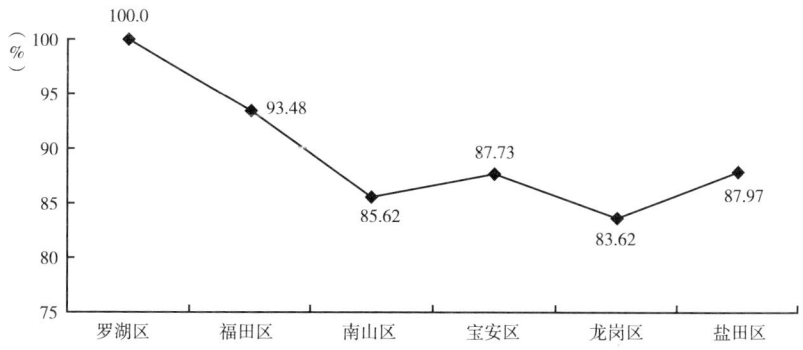

图9 2010年深圳市3岁以下儿童系统管理率

（3）计划生育服务情况。

婚前健康体检服务水平反映了区域计划生育宣传和服务情况。各区的该项指标值与"3岁以下儿童系统管理率"的情况类似，罗湖区最高，为43.10%；最低的是龙岗区（20.34%），不及罗湖区该项指标值的一半，如表10所示。

表10 2010年深圳市婚前健康体检服务水平

单位：人，%

区　属	应检人数（N）	实际受检人数（n）	受检率（%）
罗湖区	16194	6979	43.10
福田区	22720	8824	38.84
南山区	23492	9399	40.01
宝安区	9294	3098	33.33
龙岗区	9562	1945	20.34
盐田区	1272	457	35.93
全　市	82534	30702	37.20

（4）深圳居民健康知识知晓率。①

根据2009年和2011年的健康调查结果，本研究分别取平均值得到了六个区

---

① 深圳市分别于2009年和2011年开展了《深圳市民健康素养调查报告》，2010年基本健康知识知晓率=（2009年健康知识知晓率+2011年健康知识知晓率）×50%。

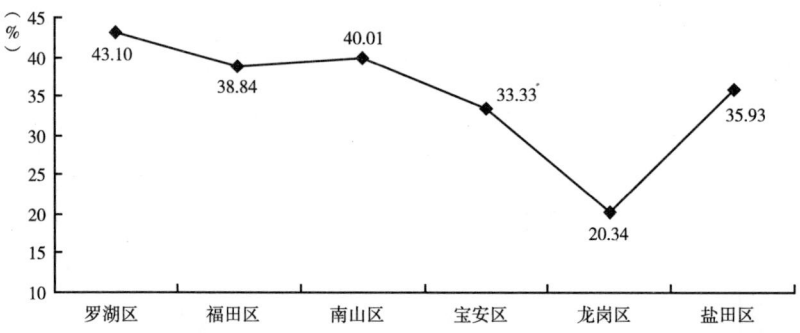

图 10　2010 年深圳市婚前健康体检服务水平

在 2010 年的健康知识知晓率水平，如图 11 所示。福田区的居民健康知识知晓率水平相对最高（69.61%），其次是南山区（66.37%），罗湖区和宝安区的值相对较低，分别为 59.35% 和 58.57%。

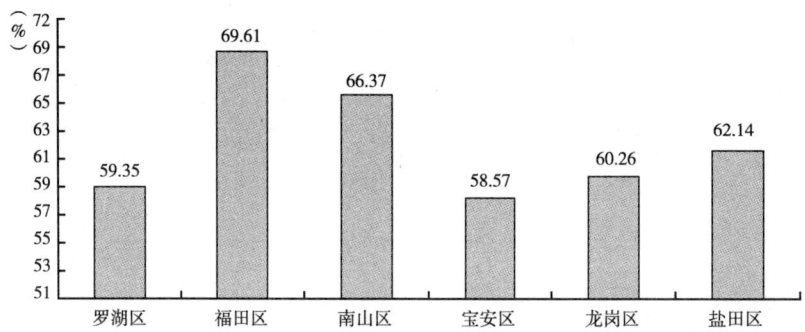

图 11　2010 年深圳市健康知识知晓率

（二）深圳市各区医疗卫生服务供给情况分析

1. 人力资源供给情况

整理各区的医疗卫生服务的人力资源相关数据（见表 11），通过比较可以看出，罗湖区、福田区的三项指标均高于全市同期的平均值，说明人力资源配置情况相对较好。而其他四个区的指标值有高有低，原关外的宝安和龙岗的差距尤为明显。

表11 2010年深圳市医疗卫生人员配置情况

区 属	每万人口卫生技术人员数（1/10000）	每万人口医生数（1/10000）	每万人口护士数（1/10000）
罗湖区	64.02	24.44	25.81
福田区	81.50	30.15	36.14
南山区	43.25	17.20	17.98
宝安区	24.17	8.99	9.84
龙岗区	37.20	13.64	15.01
盐田区	37.17	15.99	15.03
全 市	52.21	15.11	16.73

说明：深圳市共有24家市属卫生机构，按其地理位置的区属分别归入不同的行政区。由于不同所有制类型的医疗卫生服务机构提供基本医疗卫生和公共卫生服务的能力不同，公共服务主要由国有（政府办和全资国有企事业办）医疗卫生机构承担，所以将其为基准赋值为1，其他经济类型的医疗机构均赋值为0.5，进行加权计算。如：罗湖区每万人口卫生技术人员数＝［（罗湖区政府办医疗卫生技术人员数＋国有企业办卫生技术人员数）＋其他经济类型卫生技术人员数×0.5］/宝安区常住人口数×10000/万。

从各区的情况来看，每万人口配备的卫生技术人员数量在福田区相对最多（见图12），而在流动人口相对集中的宝安区、龙岗区则较少，人力资源配备不足的问题尤为严重。①

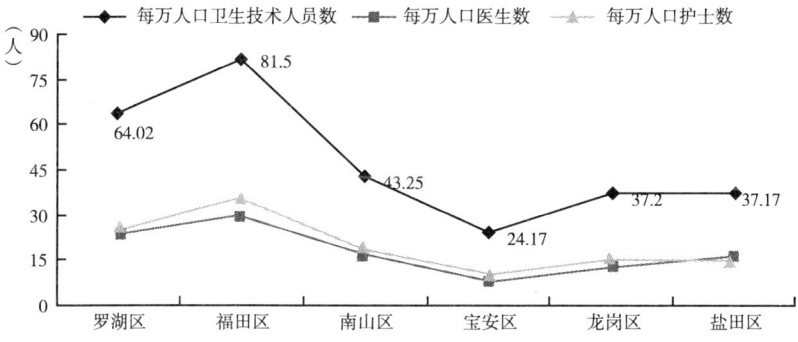

图12 2010年深圳市医疗卫生服务人力资源情况

---

① 客观而言，深圳市在公共卫生资源配置方面的主要问题是社区卫生机构公共卫生人力资源不足。目前，每万人口的社区卫生机构公共卫生医师不到2名，即使加上公共卫生护士，与北京市每2000服务人口配备1名预防保健人员相比缺口较大。这是深圳这样的"倒挂型"城市在目前的机构和人员编制管理机制下的客观限制。

2. 物力资源供给情况

表12　2010年深圳市物力资源配置情况

区　属	每万人口床位数（张）	卫生机构数（个）	卫生设备数（台/套）
罗湖区	28.42	0.31	285.37
福田区	39.65	0.23	346.60
南山区	17.57	0.14	103.73
宝安区	12.84	0.07	72.45
龙岗区	16.00	0.15	130.77
盐田区	17.47	0.26	110.91
全　市	22.05	0.14	143.45

说明：深圳市共有24家市属卫生机构，其中有8家为研究或教育机构，16家为医院或疾病防治机构。这16家机构中8家在福田区，7家在罗湖区，1家在南山区。统计数据显示，深圳市市属医疗卫生机构共有卫生装备41053台，其中百万元以上卫生装备有387台，其中福田245台，罗湖116台，南山15台，龙岗11台。由于百万元以下的市属医疗卫生装备无法区划，故依据百万元以上卫生装备的区域分布比例（63%，30%，4%和3%）进行等比例折算，加到各个行政区，再按不同金额进行加权求和。不同行政区的人口分布存在较大差异，因此采用百万人拥有卫生装备表示，即：百万人卫生装备数＝[4×百万元以上卫生装备数＋3×（50万～100万元）卫生装备数＋2×（－50万元）卫生装备数＋1万元以下卫生装备数]/区域常住人口数×10000/万。

从表12所见，深圳市的医疗卫生资源相对不足，2010年每千人口床位2.21张、每千人口医生2.05名，不仅低于北京、上海等一线城市，在全国副省级以上城市中最低，甚至低于全国城市平均水平，且既有卫生资源在全市范围内分布也不均衡[①]；虽然深圳市推行社区卫生一体化建设，但长期以来形成的原关内外发展差距一时难以弥补。深圳市医疗卫生资源主要集中在罗湖、福田两区，而外来人口较多的龙岗、宝安两区及南山区等则相对匮乏，[②] 如图13、图14所示。

---

① 优质卫生资源在医疗机构间的配置也极度不均衡，其主要集中在特区内的大医院。而收入水平的上升和健康意识的不断增强使人们对医疗卫生服务需求的水平也日渐增长，因此导致原特区内大型公立医院人满为患，病人排队时间较长。2010年深圳市的平均病床使用率达到89.5%，大部分级别较高的公立医院几乎已将服务能力发挥到极限，其中市属医院病床使用率超过100%，处于超负荷运转的状态。门诊排队、住院加床现象十分突出，患者就医需花较长时间。

② 据统计，宝安区、南山区和龙岗区暂住人口比例分别达到了72.75%、62.75%和60.09%。由于各区的暂住人口构成情况差别很大，在公共卫生服务提供方面的难度和成本也有所不同。

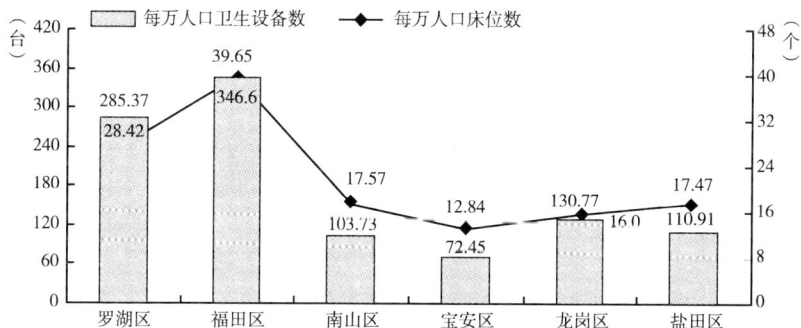

图13 2010年深圳市每万人口卫生设备数及每万人口床位数

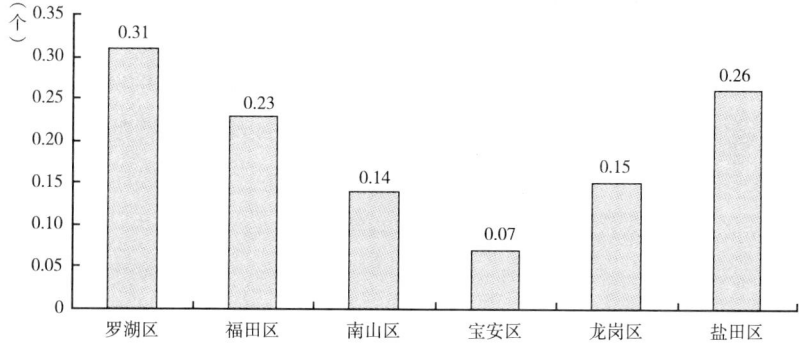

图14 2010年深圳市每万人医疗卫生机构数

在医疗卫生机构情况方面,深圳市公共卫生服务体系由市、区公共卫生服务提供机构以及社区健康服务中心三级机构组成。① 从各区的医疗卫生机构数量情况来看,罗湖区的"每万人医疗卫生机构数"相对最多(0.31个),其次是盐田区和福田区,而宝安区的该项指标值相对最低,仅为0.07个,均远低于全国同期的平均水平。其中,深圳的社康中心已经形成特色,② 且为弥补深圳与其他一

---

① 其中公共卫生机构分为专业公共卫生服务机构和其他公共卫生服务机构两大类,前者包括疾病预防控制机构、卫生监督机构、慢性病防治中心、职业病防治中心、健康教育所和精神卫生中心等,后者包括妇幼保健机构、康宁医院等,形成包括各种功能的覆盖全民的三级公共卫生服务网络。
② 深圳市的社康服务机构遍布各个社区,以其点多面广、贴近群众的优势,不仅满足了社区群众的基本医疗需求,缓解了"看病难、看病贵"的难题,也有效提高了社区居民对健康教育的理性认识。但是,社康中心还存在配套政策体系相对滞后、服务标准和技术规范制度缺位、职业化队伍建设相对滞后等问题,若想切实发挥其作用,需要进一步规范管理并完善相关政策。在本书中,"社康中心15年"分报告更详细地梳理了15年来社康中心成功的主要经验,分析其存在的突出瓶颈问题以及成因,进一步明确未来社康中心的发展方向,并结合深圳的实际提出了完善基层社区健康服务网络的政策框架。

线城市在万人医疗卫生机构数量上的差距作出了突出贡献，但总体差距仍然存在。

总之，从对深圳卫生机构这样的硬件资源考察情况来看，深圳在社会发展上存在区域差别和人群差别：如果仅仅从户籍人口衡量，深圳的社会发展水平全国领先，如果从实有人口来看，还有很多工作要做才可能实现又好又快的发展。

3. 财力资源供给情况[①]

近年来，深圳市各类公共卫生工作有序开展，并取得较大成效，其中一个重要原因就是政府重视。在政府投入水平上，市、区两级政府每年按常住人口人均20～30元不等的标准核拨基本公共卫生补助经费，超过了全国的平均水平。在政府投入方式上，建立分类保障机制：对于公共卫生机构政府基本上全额保障；对于社区卫生机构定向补助与定额补助相结合；对于具有防与治双重职能的机构，如妇幼保健机构，公共卫生的人员全额拨款，承担的公共卫生工作按照项目补助。

表13　2010年深圳市财力资源配置情况

单位：万元，万人

区　属	财政医疗卫生投入	区域常住人口数	每万人口财政医疗卫生投入
罗湖区	60572.22	92.35	631.82
福田区	83279.78	131.76	331.92
南山区	36110.00	108.80	415.56
宝安区	8681.00	449.93	193.60
龙岗区	87105.29	232.04	261.74
盐田区	60734.99	20.89	324.86
全　市	336483.28	1035.78	655.97

但从各区的情况来看，人均医疗卫生经费投入的区域不均衡性仍然显著：罗湖区最高，平均每万人达到631.82万元，其次为南山区；相对而言，宝安区最

[①] 公立公共卫生机构经费来源主要为各级政府的财政投入，本文的财政投入包括市、区两级财政的投入；公共卫生费用与医疗费用，在统计年鉴中市属机构的费用单列，因此根据属地原则，分别将其纳入到各个地区的卫生事业费中。2010年获得财政拨款的市属卫生机构共有22家，其中公共卫生服务机构7家，医院9家，根据其所在地的构成比例将市属财政拨款的公共卫生支出和医疗卫生支出分别划归到不同的行政区。

低，平均每万人医疗卫生经费投入约为 193.60 万元（见图 15）。① 不过，由于深圳经济发达，因而财力资源方面的状况是其不均衡程度最低的。

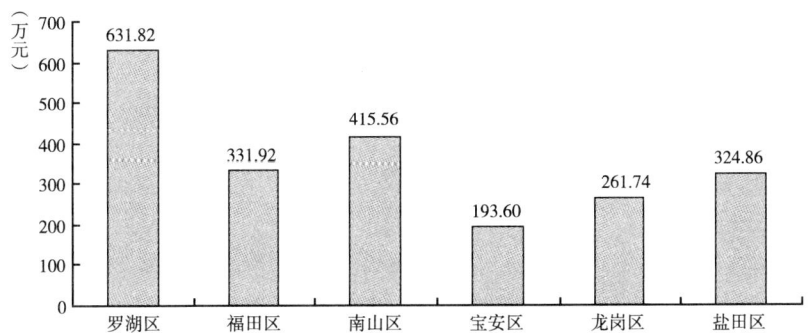

图 15 2010 年深圳市每万人口财政投入医疗卫生经费

4. 医疗卫生服务供给状况总结

国务院发展研究中心 2011 年完成的"深圳质量型发展战略研究"认为，总体来说，纵向来看，深圳的质量型发展正逐渐成形，这其中也包括医疗卫生服务。但正如深圳市委书记王荣所言②："与经济社会的其他领域，与深圳这座城市 31 年创造的奇迹相比较而言，深圳市医疗卫生事业确实有短腿……在医疗卫生事业方面，我们确实有供给不足、条件受限的问题……老百姓对我们的要求，兄弟城市对我们的评价，主要集中在医疗技术以及医疗专科、个性化医疗体现方面，集中在医疗服务能力与大家的期盼有一定差距方面"。因此，配置相关公共卫生资源，不仅要适应深圳市人口发展和城市发展的需要，还要满足不同类型和不同层次的公共卫生服务需要，这样才能更好地推进基本医疗和公共卫生服务均等化，使医疗卫生事业率先实现质量型发展。下一节，将量化分析深圳医疗卫生服务的供需相称情况，以在卫生资源配置上准确实现"增效"。

（三）深圳市医疗卫生服务供需情况 GAP 分析

为了从相对比较的角度分析深圳医疗卫生服务的供需相称情况综合考虑医疗

---

① 在本书中，"应对深圳人口健康转型的公共卫生政策"分报告通过对深圳人口健康转型、卫生服务需求变化现状及主要原因、公共卫生政策实施情况及其影响因素分析，更详细地研究了适应深圳市人口健康转型需要的公共卫生政策。
② 引自 2011 年 12 月 8 日深圳市委书记王荣在调研医疗卫生事业座谈会上的讲话。

卫生服务供需情况对比分析的可行性和数据可及性，在表1和表2的基础上，我们将反映深圳市各区居民医疗卫生服务需求和供给情况的基础数据汇总整理如表14、表15所示。

表14　2010年深圳市居民医疗卫生服务需求基础数据

地 区	居民健康状况(%)	居民就医意愿(%)	居民两周患病率(‰)	近一年居民住院率(%)	医保覆盖率(%)	居民人均可支配收入(万元)	传染病发病率(1/10000)
罗湖区	32.69	77.88	84.14	4.21	79.81	3.36	331.17
福田区	21.80	63.51	67.69	3.28	80.77	3.93	274.87
南山区	19.94	79.20	58.76	1.62	80.06	3.50	324.11
宝安区	24.66	75.62	95.02	3.43	67.95	3.00	234.55
龙岗区	27.82	57.86	68.41	2.15	62.66	2.83	217.03
盐田区	26.92	92.31	140.35	5.26	88.46	3.02	189.56

地 区	孕产妇死亡率(1/10000)	婴儿死亡率(‰)	3岁以下儿童系统管理率(%)	婚前健康体检服务水平(%)	高血压患病率(%)	糖尿病患病率(%)	健康知识知晓率(%)
罗湖区	0.00	2.47	100.00	43.10	15.43	4.90	59.35
福田区	5.95	3.63	93.48	38.84	19.69	5.98	69.61
南山区	8.70	1.39	85.62	40.01	15.64	3.70	66.37
宝安区	11.52	1.50	87.73	33.33	14.55	5.12	58.57
龙岗区	41.63	2.56	83.62	20.34	12.09	5.71	60.26
盐田区	0.00	1.10	87.97	35.93	16.25	0.58	62.14

表15　2010年深圳市居民医疗卫生服务供给基础数据

地 区	每万人口卫生技术人员数(人)	每万人口医生数(人)	每万人口护士数(人)	每万人口床位数(张)	每万人口卫生设备数(套)	每万人医疗卫生机构数(个)	每万人口财政投入医疗卫生经费(万元)
罗湖区	64.02	24.44	25.81	28.42	285.37	0.31	631.82
福田区	81.50	30.15	36.14	39.65	346.60	0.23	331.92
南山区	43.25	17.20	17.98	17.57	103.73	0.14	415.56
宝安区	24.17	8.99	9.84	12.84	72.57	0.07	193.60
龙岗区	37.20	13.64	15.01	16.00	130.77	0.15	261.74
盐田区	37.17	15.99	15.03	17.47	110.91	0.26	324.86

1. 各区医疗卫生服务需求相对指数

根据医疗卫生服务需求指标体系的层级关系，本研究运用熵权系数法对各项指标值进行了加权处理，汇总得到了各区的医疗卫生服务需求相对指数，再运用GIS软件绘图，根据图例颜色可以直观地判断各区的相对情况如何。

如图16所示，龙岗区的需求相对等级最高，其次是宝安区、福田区、南山区，在医疗卫生服务方面的需求更为迫切。

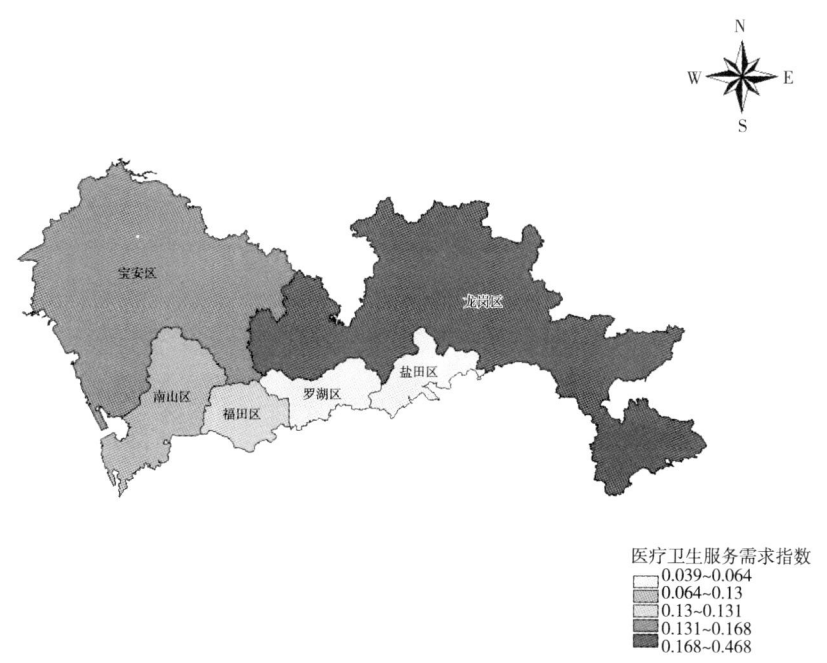

图16　2010年深圳市居民医疗卫生服务需求相对指数

2. 各区医疗卫生服务供给相对指数

同理，根据医疗卫生服务供给指标体系的层级关系，本研究运用熵权系数法加权汇总得到了各区的医疗卫生服务供给相对指数，再运用GIS软件直观地展示各区的相对情况。

如图17所示，罗湖区的医疗卫生服务供给指数相对最高，其次是福田区，而盐田区、龙岗区、宝安区的医疗卫生服务供给指数相对较低，表明在深圳市范围内，这三个区域的医疗卫生服务供给情况需要进一步改善。

人口与健康蓝皮书

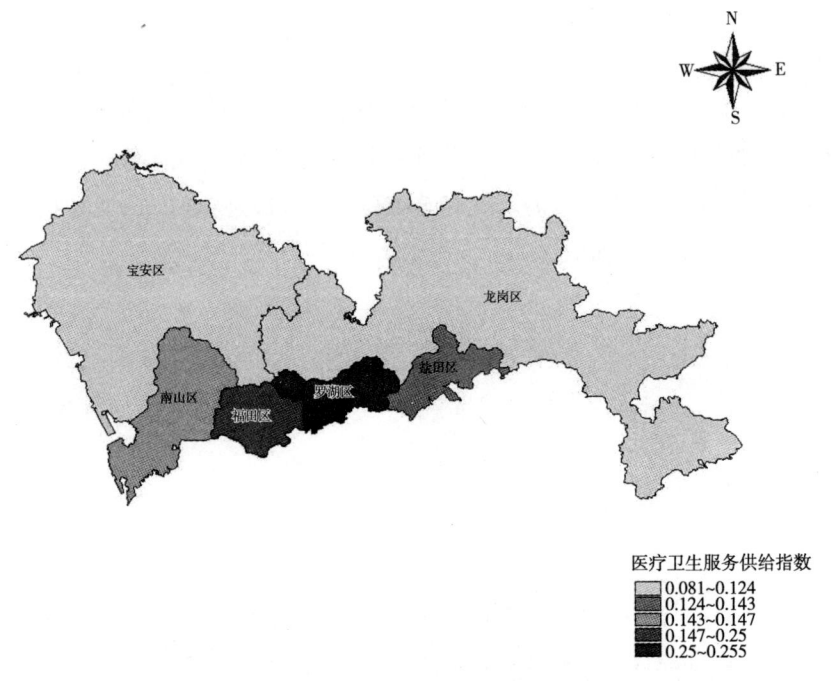

图17 2010年深圳市居民医疗卫生服务供给相对指数

3. 医疗卫生服务供需空缺情况分析

根据各区医疗卫生服务供给、需求的相对指数，我们利用GIS软件将各区医疗卫生服务供给指数、需求指数图进行叠加处理，就可以找出相对于医疗卫生服务需求而言，在医疗卫生服务供给方面存在空缺、亟须改进的区域。

按照各区医疗卫生服务需求指数的排序情况，我们得到了医疗卫生服务需求相对迫切（指数≥0.1304）而供给相对不足（指数≤0.1470）的区域，如图18所示，南山区、宝安区、龙岗区存在空缺。

（四）基于GAP分析结果的讨论

在图16～图18的GAP分析的基础上，我们可以从以下两方面来概括深圳在医疗卫生服务供需相称方面的不足，以准确发现在未来工作中如何实现"增效"。

深圳市医疗卫生服务的供给效率高吗

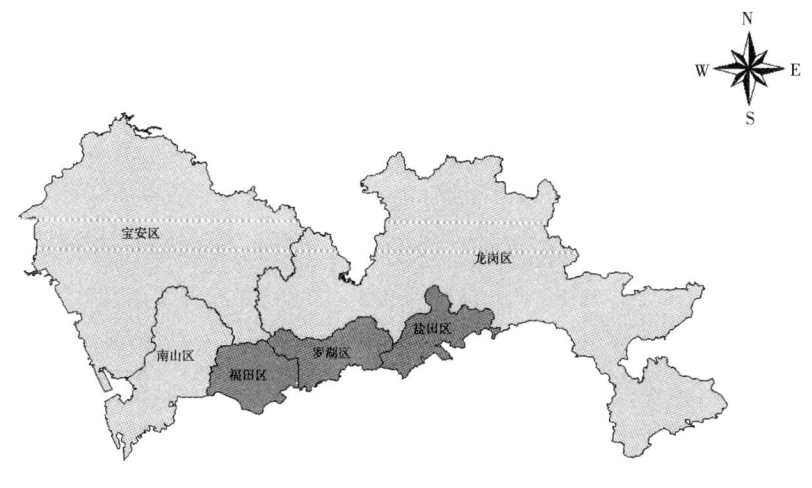

　　医疗卫生服务供需空缺

图18　2010年深圳市居民医疗卫生服务供需空缺

1. 缺少公平性：城市医疗卫生资源配置出现的"倒三角"与居民卫生服务需求"正三角"的局面不相适应

　　GAP分析结果显示，深圳市医疗卫生服务供给能力存在明显的地区差别，原关内地区的医疗卫生服务供给指数相对较高，其中罗湖区居于首位，而关外地区的医疗卫生服务供给指数均相对较低，这表明深圳市医疗卫生服务供给水平存在明显的地区差异，且深圳市市属医疗机构主要分布于罗湖与福田两区，这两区拥有100万元以上的卫生设备占全市的一半以上。从人群结构看，城市外来务工人员主要居住于宝安和龙岗两区，常住人口中外来人口的比例较高，且逐年增加。卫生资源的区域差异导致区域人口享受的卫生服务存在较大的人群差异，较大部分户籍人口能享受更多、更优质的医疗卫生服务。此外，即便是原关内四区，也存在优质卫生资源分布不均的问题。深圳市共有16家市属医疗卫生服务机构，均分布于原关内地区，且主要集中于福田（8家）和罗湖（7家）两区，仅有1家在南山区，而盐田区内竟没有市属医疗机构。这种情况下，深圳市医疗卫生服务"供""需"不相称的问题自然明显：医疗卫生服务需求相对指数最高的"龙岗"和"宝安"两区，正好是医疗卫生服务供给指数最低的两个区，这反映出深圳医疗卫生资源投入针对性较差,使城市医疗卫生资源配置出现的"倒三角"与居民卫生服务需求"正三角"的局面不相适应。

2. 缺少针对性:医疗卫生服务供给没有针对人群特点优化

GAP分析也显示其医疗卫生方面的服务供给缺少针对性,在相关行政资源配置上对深圳市人群特点而产生的医疗卫生服务针对性不够。在本书的"深圳的就医人口总量和结构变化"分报告中将这种特殊性总结为以下两方面:①深圳市外来务工人员多,其中多数来自农村地区。相当一部分人健康意识薄弱、卫生保健和职业卫生知识贫乏、自我保护意识和能力较差,目前职业病成为深圳市不可忽略的健康问题之一。②深圳市人口中生育期妇女所占比例在国内城市中名列前茅,因而妇女儿童的卫生保健是深圳市较具特点的医疗卫生服务需求。其中,外来流动人口具有流动性大、主动性和依从性较差的特点,对妇幼保健服务利用不足,其妇女和儿童健康问题相对严重。这两方面特殊性从医疗卫生服务供给来看应加强卫生服务的可及性和职业卫生工作,但在相关发展目标和制度设计中均对此考虑不够。另外,目前深圳市的"看病难"的问题集中体现为高端和低端服务需求两头紧张,即高端服务水平不到位,低端服务覆盖不到位。这样,既要补齐短板,也要根据人群和地域特点有针对性地加强相关服务,才可能使"难、贵、不公平"问题等得到缓解。

总之,GAP分析结果显示,深圳市医疗卫生服务存在可观察的区域差异和人群差异,且因对目前区域人群医疗卫生服务需求缺乏准确地把握,相关服务从人群而言的针对性不强,致使相关卫生资源的配置以按需供给的标准衡量效率不高。这说明从公共服务均等化和供求相应的角度看,现行某些制度有不合理之处。而满足群众的医疗卫生服务需求是改善民生的重要方面,是促进深圳往"质量型"发展的前提。"进一步提高基本医疗服务的公平性、可及性,更好地满足市民多层次、多样化的医疗卫生服务需求"是深圳市"十二五"期间深化医药卫生体制改革的总体目标。综合GAP分析结果和深圳市医疗卫生工作的既定目标,从深圳的经济条件、目前规划和相关制度设计来看,两大不协调问题中,后者更为突出,是今后要着力重点解决的问题。

解决深圳的供需不相称问题,既需要在深圳市范围内进行纵向比较,更需要在全国乃至全世界范围内进行横向比较。我们在今后的蓝皮书中,将继续采用GAP方法对此跟踪和扩展分析,以将深圳放在国际一流平台上发现差距和梳理成就。

四 医疗卫生服务供需相称情况的城市间对比分析

考虑到目前这个阶段深圳的率先实现质量型发展主要是相对全国而言,因此深圳在医疗卫生领域实现"增效"不仅要在内部比,更重要的是在全国范围来比,尤其与北京、上海等医疗卫生工作基础较好的一线城市比。①

(一) 北京、上海、深圳市医疗卫生服务需求情况对比分析

从深圳市的发展现状和率先实现质量型发展的目标来看,要准确研究深圳市医疗卫生服务的供需情况,需要将深圳市的相关情况与国内最发达的城市进行对比,以摸清全市总体医疗卫生服务需求、供给在全国范围内发达城市间的相对水平如何。因此,根据表1所示的医疗卫生服务需求指标,我们将深圳市的相关指标情况逐一与北京、上海等一线城市进行横向比较分析。②

1. 医疗卫生服务需求

(1) 健康状况。

期望寿命是一个综合评价居民健康状况的常用指标,反映了居民的生存状况。如图19所示,从平均期望寿命来看,上海市最高,为82.13岁,其次是北

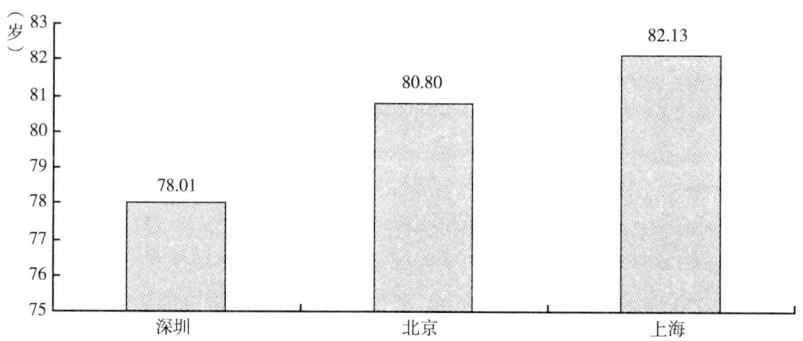

图19 2010年北京、上海、深圳市平均期望寿命

---

① 上海、北京、广州、深圳这四个城市通常被称为一线城市,是我国GDP排名前四位的城市,发展程度大体相当,可比性较强。
② 因为表2中的GAP分析相关数据缺乏,2012年的蓝皮书只能先就表1中的指标进行粗略分析。

京市（80.80岁），深圳市的该项指标值相对较低，为78.01岁，但均高于全国同期的平均值（73.50岁）。

（2）人均可支配收入。

人均可支配收入是衡量居民对医疗卫生服务支付水平的重要指标。如图20所示，与"平均期望寿命"指标的情况不同，深圳市的居民人均可支配收入最高，为3.24万元，其次为上海市（3.18万元），北京市的居民人均可支配收入相对较低，为2.91万元。三个城市的居民人均可支配收入均远高于全国同期平均水平（1.91万元）。

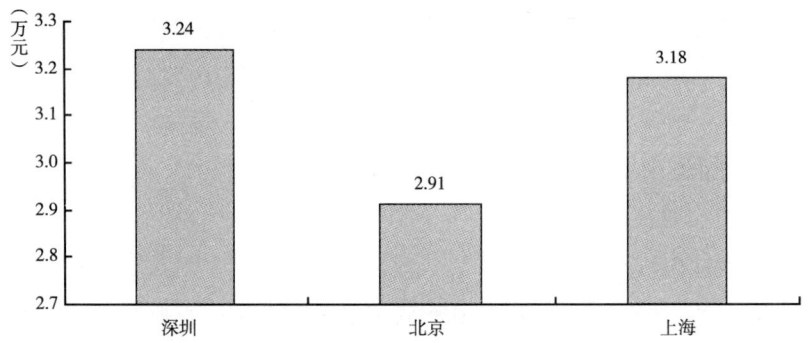

图20　2010年北京、上海、深圳市居民人均可支配收入

（3）医保参保率。①

比较三个城市医保参保率的情况，如图21所示，北京市的"每万人口城镇职工及新农合参保率"相对最高（68.41%），其次是深圳市（42.82%），上海市该项指标值相对最低（32.89%）。而从总体来看，北京、深圳、上海三个城市的"每万人口城镇职工及新农合参保率"均低于全国同期的平均水平（80.09%），这可能与北京、上海有较多公费医疗者有关，而深圳则因为流动人口比例较高，很多人在户籍地有了医保就未在深圳参保了。

---

① 本书中的医保参保率是指常住居民中参与新型农村合作医疗和城镇居民基本医疗保险两大保险的比例，而深圳由于没有新农合，特指参与城镇居民基本医疗保险和劳务工保险人数在常住居民中的比例。但部分居民可能有参与多种保险的情况，所以此参保率可能存在一定的高估。

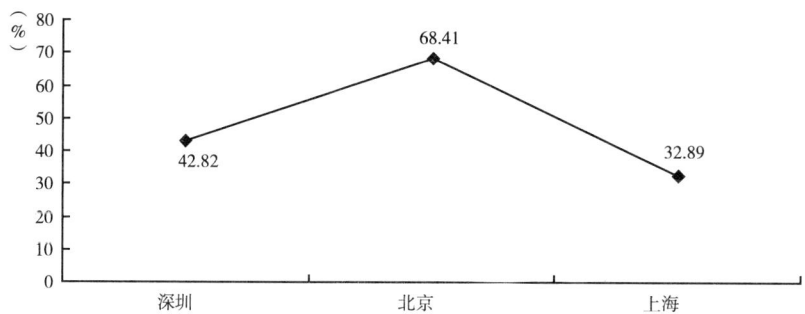

图 21　2010 年北京、上海、深圳市每万人口城镇职工及新农合参保率

（4）居民医疗服务实际需求。①

根据医疗卫生统计数据，"每万人口诊疗人次数"和"每万人口入院人数"可以较好地反映居民医疗服务的实际需求。比较北京、上海、深圳三市的情况可以看出，如图 22 所示，"每万人口诊疗人次"指标是深圳市最高（约 63785.03 人次），北京市和上海市的数值相对较低，但远远高于全国平均水平（15224.32 人次）；北京市的"每万人口入院人次"最高（约 918.94 人次），深圳市的该项指标值相对较低（约 769.75 人次），略高于全国同期的平均水平（710.88 人次）。

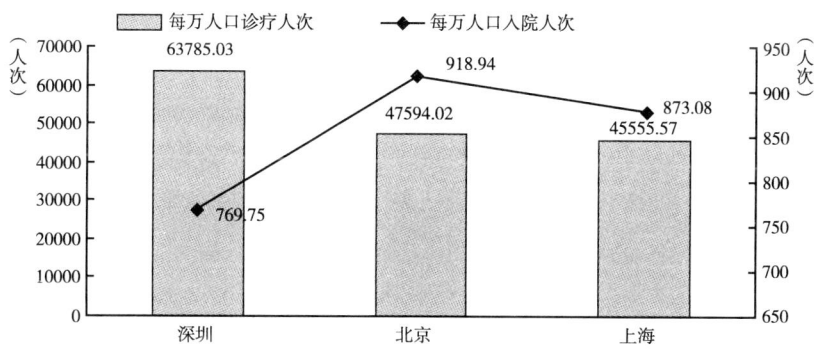

图 22　2010 年北京、上海、深圳市居民医疗服务实际需求情况

---

① 北京、上海和全国的数据来源于《中国卫生统计年鉴2011》，深圳的数据来源于《深圳市卫生和人口计划生育委员会统计年鉴2010》。

2. 公共卫生服务需求

（1）慢病与传染病防治。

分别整理北京、上海和深圳市传染病发病和慢病患病情况①，整理结果如表16所示。

表16　北京、上海和深圳市传染病发病和慢病患病情况

区域	甲乙类传染病发病率（1/10000）	高血压患病率（％）	糖尿病患病率（％）
深圳	271.86	14.21	6.20
上海	268.99	30.30	15.60
北京	185.62	23.60	8.60
全国	238.69	5.49	1.07

从"传染病发病率"指标的情况来看，除北京市以外，深圳和上海的指标值均高于全国平均水平，并且深圳市的甲乙类传染病发病率略高于上海，如图23所示。

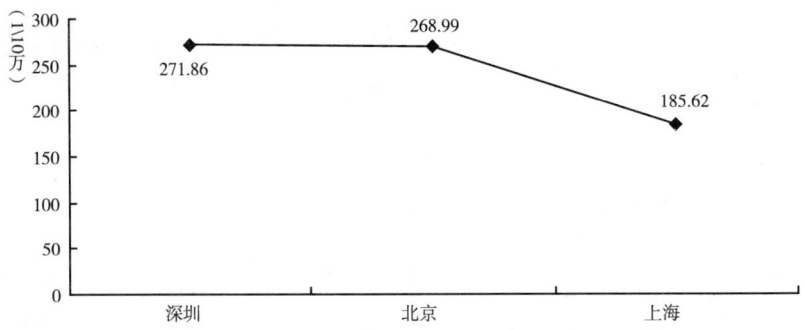

图23　2010年北京、上海、深圳市传染病发病率

从以高血压、糖尿病为代表的"慢性病患病率"指标的情况来看（见图24），三个城市的两项指标均远远超出全国平均水平，尤其以北京市的指标值最

---

① 关于"传染病发病率"指标，北京、上海和全国的数据来源于《中国卫生统计年鉴2011》，深圳的数据来源于《深圳市卫生和人口计划生育委员会统计年鉴2010》；关于"高血压、糖尿病患病率"指标，北京市数据来源于《北京市2009年度卫生与人群健康状况报告》，上海市数据来源于上海市卫生局网站，深圳市数据来源于2009年开展的"深圳市慢性病及其危险流行病学调查"结果。

高；相对而言，深圳市的"高血压患病率"和"糖尿病患病率"在三个城市中处于较低的水平，这在一定程度上与深圳人口年龄构成较轻有关。

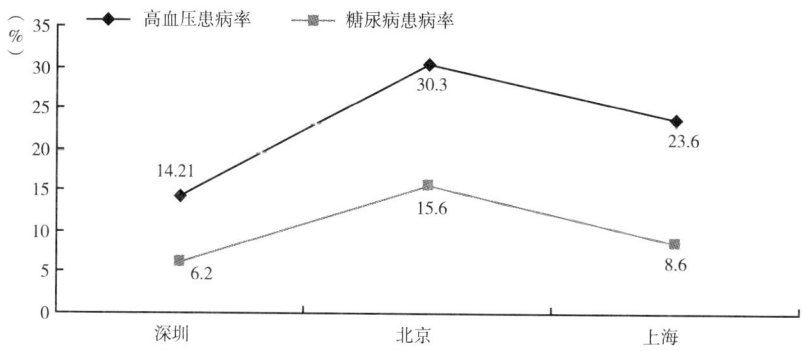

图24　2010年北京、上海、深圳市高血压、糖尿病患病率

（2）妇幼保健情况。

对比北京、上海、深圳的妇幼保健情况，可以直观地看出三个城市的"孕产妇死亡率"均低于全国同期平均值，但城市间的差别较大。如图25所示，"孕产妇死亡率"相对较高的深圳市指标值是上海市该项指标值的两倍多。这个差异表明，在孕产妇健康保健方面，深圳市存在短板。

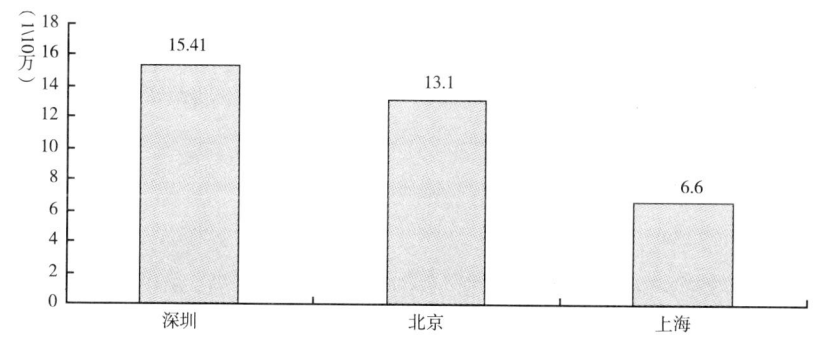

图25　2010年北京、上海、深圳市孕产妇死亡率

从"婴儿死亡率"情况来看，如图26所示，深圳市的该项指标值为最低（应为2.35‰），上海市的婴儿死亡率相对较高，但也远低于全国同期的平均水平。而对比"3岁以下儿童系统管理率"的情况可以看出，深圳市的该项指标值在三个城市中处于较低水平，但也高于全国同期的平均值（81.50%）。

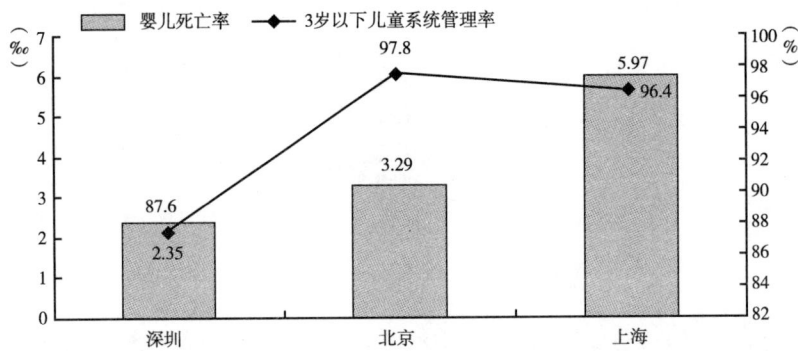

图26　2010年北京、上海、深圳市婴儿死亡率及3岁以下儿童系统管理率

（3）居民健康知识知晓率。①

根据相关调查结果，可以发现三个城市的居民健康知识知晓率也不尽相同（见图27）：上海市的该项指标值相对最高（约82.0%），其次是北京市

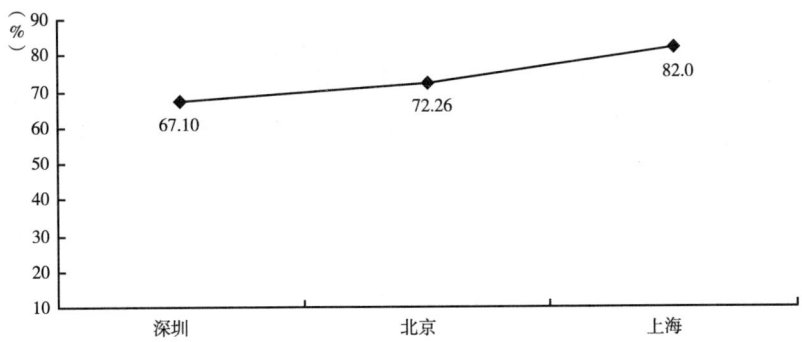

图27　2010年北京、上海、深圳市健康知识知晓率

---

① 在全国范围内尚未统筹开展大规模的人群健康知识知晓情况调查，只有部分地区组织过相关的调查，调查内容可能存在一定的差异。2010年深圳居民健康知识的知晓率来源于深圳市人卫委"十二五规划"；北京居民健康知识知晓率则来源于何朝等2010年对北京市顺义区801名17~79岁常住居民的问卷调查（顺义区属北京市近郊，利用该区居民的健康知识知晓率代替北京全体居民的健康知识知晓率可能存在一定程度的低估）。具体数据来源是：何朝，李印东，李玉堂等《北京市顺义区居民健康知识知晓率调查》，《职业与健康》2012年第12期，第1503~1504页；上海市居民健康知识知晓率的数据来源于嘉定区的调查结果，该区居民总体健康知识知晓为82.0%，其中城市和农村分别为87.8%和76.2%，由于上海市全体居民健康知识知晓率数据的缺失，本研究采用嘉定区2009年的调研数据代替。数据来源：徐立新、王良锋、龚菊花等《上海市嘉定区城乡居民健康知识和健康行为流行病学调查》，《中国初级卫生保健》2010年第9期。

(72.26%),深圳市的值相对较低(67.10%)。尽管这与深圳市非户籍常住人口较多、居民的年龄和受教育年限都相对较低有关,但也说明健康教育还有很大的作为空间。

(二)北京、上海、深圳市医疗卫生服务供给情况对比分析

同样的,根据表2所示的医疗卫生服务供给指标体系,我们利用2010年北京、上海、深圳三个城市的医疗卫生服务供给数据,从人力资源、物力资源、财力资源三个方面进行横向比较分析。

1. 人力资源①供给情况

从医疗卫生服务供给的情况来看,三个城市的"每万人口卫生技术人员数"、"每万人口医生数"、"每万人口护士数"三项指标所处的位置大致相同,即无论是卫生技术人员,还是医生和护士,三个城市的人力资源数量配置状况比较类似(见图28)。总体来看,北京市的人均医疗卫生服务人力资源数量较多,而深圳市相对较少。

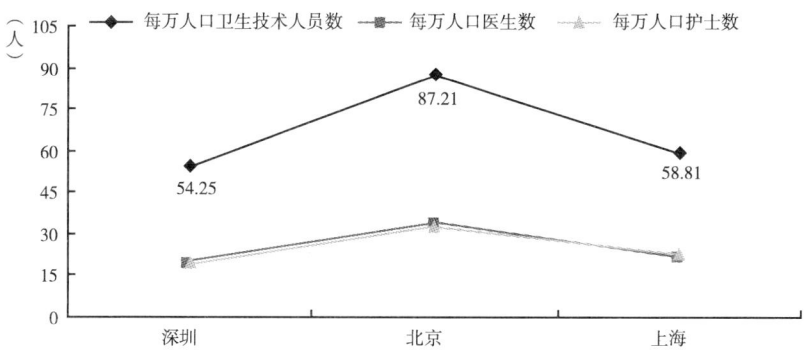

图28 2010年北京、上海、深圳市医疗卫生服务人力资源情况

2. 物力资源供给情况

从医疗卫生服务的物力资源供给情况来看,如图29所示,北京市的每万人

---

① 数据来源:北京、上海和全国数据来源于《中国卫生统计年鉴2011》,相关人力和物力资源均包括了社区卫生服务中心的相关数据,因此相应地在《深圳市卫生和人口计划生育委员会统计年鉴2010》中卫生人员、机构和床位的数据基础上加上社区卫生服务中心的数据。因此,本分报告中的相关数据与统计年鉴可能存在一定差异。

口医疗卫生机构数相对最多（4.80个），其次是深圳市（2.29个）和上海市（2.04个），但均低于全国同期的平均值（6.99个）；同时，北京市的每万人口床位数也是相对最多的（约47.28张），上海市与其差别不大（45.64张），而深圳市的每万人口床位数相对较少（22.05张），甚至低于全国同期平均水平（35.73张）。

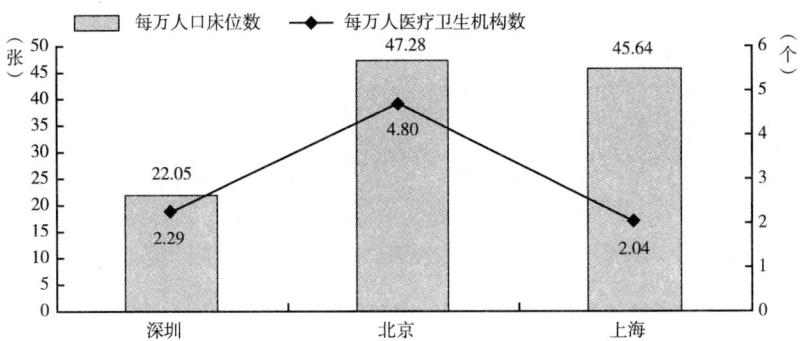

图29 2010年北京、上海、深圳市医疗卫生服务物力资源情况

3. 财力资源供给情况

从医疗卫生服务的财力资源供给情况来看（见图30），北京市的"每万人口财政投入医疗卫生经费"相对最多，高达952.26万元，其次是上海市（695.16万元），而深圳市的该项指标值相对较低，仅为324.86万元，低于全国同期的平均水平（424.61万元）。在深圳的人均GDP和人均财政收入均列全国大城市首位的情况下，这方面的差距比较"刺眼"。

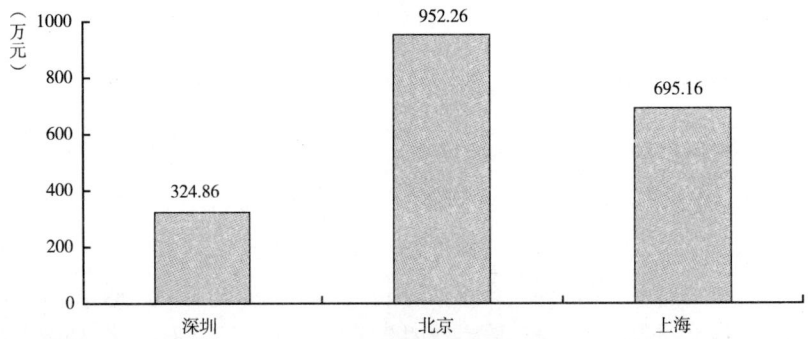

图30 2010年北京、上海、深圳市每万人口财政投入医疗卫生经费

B.5
深圳市社会经济均衡性对人口健康的影响研究

尹德挺 田丰 卓杰

摘　要：①随着发展阶段和发展目标的变化，深圳市人口经济社会协调性问题凸显，无论是健康水平还是医疗卫生服务供给状况，都存在明显人群差异和区域差异。

②深圳市社会经济均衡性对人口健康差异的作用途径主要体现在以下几个方面：经济总量地区发展的不平衡影响人口健康的区域差异；产业结构的不均衡性引发职业病的区域差异；医疗卫生服务的均衡性、个人社会经济特征的均衡性以及居民健康素养的不同都综合影响着人口健康的人群差异。

关键词：社会经济均衡性　人口健康　深圳市

一　宏观背景

健康是民生问题的重要方面。从长期发展的视角来看，经济发展是解决人类健康问题的强有力手段，也是有效提高人口健康水平的重要因素。从深圳市的实际情况来看，经济发展对医疗卫生保障水平和人口健康的正面影响非常显著。与此同时，在经济快速发展过程中，深圳市卫生和人口计生系统还组建了有效的卫生服务管理机构和综合管理机制，形成了具有鲜明特点的卫生服务体系，人口医疗卫生保障水平不断提高，人口健康状况逐步改善，平均预期寿命不断延长。

然而，改革开放的这三十多年，"以经济建设为中心"的发展思路也有其弊端：经济发展和社会发展不平衡，人口经济社会协调性问题逐步凸显。本部分就

以深圳为例专门研究社会经济均衡性对人口健康的影响，以期实现医疗卫生领域的质量型发展。

（一）研究目的

本项研究旨在通过对深圳不同区域、不同人群的对比分析，归纳和总结经济社会发展均衡性对人口健康的作用机制和影响路径，从而找到进一步提升人口健康整体状况和均衡发展的政策抓手。基于此，本项研究目的可分为三方面。

第一，准确描述深圳市经济社会发展以及人口健康的均衡状况。

第二，探讨深圳市经济社会发展的均衡性对人口健康影响的形成机制，特别是不同层次的制度化和非制度化因素的影响过程，分析其形成机制的一般规律性和特殊性。在这一部分中，本研究将遵循三条研究路径：一是基于社会结构，强调可测量的经济社会不平等指标对健康状况的影响，如职业、收入、教育、性别、户籍等，其假设是先天获得和后天获得的经济社会地位对人口健康有不同程度的影响。二是基于地域结构，强调可区分的不同地理区位和居住环境对人口健康状况的影响，如行政区划、家庭居住状况等。其假设在相同或者相似地理区位的社会人群的经济社会地位是相同或相似的，地理区位能够折射出经济社会地位差异对人口健康的影响。三是基于生命历程理论，强调生命历程中可分割的不同阶段人口健康状况的差异，如婴幼儿、劳动适龄人口、老年人等。其假设是经济社会的不均衡会导致在生命历程中不同阶段人口的医疗健康保障需求及健康状况存在显著差异。

第三，针对深圳市人口健康的区域差别和人群差别，提出相应的政策建议。

（二）研究意义

本研究的意义可以归纳为三方面。

1. 现实意义

着眼于深圳经济社会发展不均衡与人口健康的作用路径，分析在社会结构、地域结构和生命历程中，处于不同经济社会地位的社会人群所面临的人口健康问题及其现实原因，充分挖掘经济新兴地区经济社会不均衡与人口健康之间的互动模式。在发展理念从以经济增长为主转向经济与社会建设并重的大背景下，本研究具有重要的现实意义，即以当前经济社会发展面临的突出问题为抓手，破解经济社会可持续性问题。

2. 理论意义

深圳市的经济社会发展模式在中国具有典型示范意义,通过深入剖析深圳市经济社会发展均衡性与人口健康的影响,发掘其背后的作用机制和一般规律,能为中国其他地区在经济增长过程中出现类似的人口健康问题提供理论借鉴。此外,在一个经济社会发展领先于全国的地区,在市场经济最为发达的城市,研究社会经济发展均衡性对健康的影响是以往研究中较少关注的,因此具有一定理论上的创新性。

3. 政策指导作用

通过合理的政策设计,优化经济增长背后的人口健康环境。

二 文献综述和理论框架

深圳市经济社会均衡性对人口健康影响研究的最终目的是为了实现健康公平(Health Equality),实质上是指如何保证不同经济社会地位、不同地域的社会人群获得同等质量的医疗保健服务和公平的健康状况。在这一部分里,本文首先对核心概念、测量方法和理论框架加以概述。

(一) 核心概念

本项研究所涉及的关键概念包括经济社会不平等、人口健康、健康不平等三个方面,以下做简要阐述。

1. 经济社会不平等

(1) 经济不平等。"经济不平等"也被称为"贫富差异",其主要含义是指人们控制经济资源能力的不公平,主要指财富和收入两个维度的差距,即经济资产和收入分配的差距。经济不平等在市场经济制度环境下某种程度上被认为是有益于社会发展的状况,因为经济不平等实质上反映出单个个体或者社会群体在劳动力市场上的地位,体现了个人创造财富能力的差异,保持经济社会应有的激励力度并促进经济发展效率提高。

(2) 社会不平等。"社会不平等"则是侧重反映社会结构中各个不同社会群体之间没有平等的社会地位、社会层级和社会资源的情况。社会不平等最为强调的是人们基本权利的不平等，衡量指标包括人口的选举投票权、言论自由的权利、集会结社的权利、私有财产的权利和接受教育的权利，其中，获得医疗保健的权利也是衡量社会不平等的一个重要指标。与之相对应的概念是"社会平等"，强调在社会中的每一个人都应该是平等的，应该享受一定的最低水平的社会安全保障和社会医疗福利，不论其出身、职业、成就、种族、性别等。

社会不平等与经济不平等概念紧密相连，社会不平等在一定程度上反映了经济的不平等，即在经济资产和收入分配上的差距，而从某种意义上说，经济不平等是造成社会不平等的原因之一，但在更大范围内，社会不平等突破了经济不平等在财富和收入上的局限，比如种族、性别和城乡地域等。与造成经济不平等的原因相比，造成社会不平等的原因不仅更为多样，而且更加广泛和深远，社会不平等更多强调历史、文化和制度因素，比如对国家和阶级的强调。可见，社会不平等更为强调市场以外的社会影响因素对不平等的作用机制。

2. 人口健康

"人口健康"的概念是20世纪末从国际上引入中国，是在人口数量出现突飞猛进的增长、人口格局不断改变的情况下被各国竞相推崇的概念。在经济社会文化全方位转型的情况下，人口整体的健康水平必须要考虑人口转变过程的因素，将健康与人口联系起来，结合人口自身的发展规律与健康的内涵，这就为形成人口健康概念提供了核心思想。1974年，加拿大卫生福利部部长Marc Lalonde在对人口健康问题进行广泛调查的基础上，发表了著名的"The Lalonde Report"。该报告运用全新的内涵、更为广泛的"健康领域"（Health Field）概念，批判了以往认为药物科学（或可以称之为"艺术"）是解决健康问题的源泉，健康等于一定数量药品的传统健康领域观念，提出了四个相互联系的影响人口健康的主要因素：人类生物学（Human Biology）、环境（Environment）、生活方式（Lifestyle）及医疗体制（Health Care Organization）[①]。1989年，加拿大高级研究院（the Canadian Institute for Advanced Research）对"人口健康"做出概念界定，认为"人口健康"是指用健康指标来衡量社会经济和物质环境、个人卫生习惯、

[①] Lalonde M. *A new perspective on the health of Canadians. A working document*. Ottawa：Government of Canada，1974.

个人能力和应变技巧、人类生物学、早期儿童发展和卫生保健服务等社会发展指标所影响的总人口，或特定子人口的健康状况。人口健康的研究对象不仅仅包括处在不健康状态的病人，而且还包括亚健康人口和健康人口，其目的是促进全部人口的健康，消除不同地位、不同群体之间的健康不平等。由此可以看出，人口健康的关注重点转向影响人们健康的生活环境和工作条件，这些条件对个体促进和维护健康具有重大意义。

3. 健康不平等

健康的基本概念强调健康是人的基本权利，"健康平等"是个理想型，指每个社会成员获得等量的社会健康服务。虽然一个社会不可能达到完全的健康平等状态，但大部分健康不平等实际上也是不公平的，"健康平等"其实质就是对健康公平的追求，意在尽量缩小不可接受的健康不平等的人群范围和人数，让每个人都应有公正的机会发挥其全部的健康潜能，避免出现被剥夺该权利的情况。"公平"是一个相对的概念，通过对个体或群体同其他个体或群体的状况相比较而判断，这种价值判断是以比较或是根据某种标准为基准建立起来的。"健康公平"强调的公平，不仅指个人或群体之间在享受卫生服务上的机会平等，还指实现健康公平时应注重个人或群体之间的不同需求。WHO 和 SIDA（Swedish International Development Cooperation Agency）在 1996 年一份倡议书《健康与卫生服务的公平性》中强调了公平性（Equity）与平等（Equality）概念的区别，健康公平意味着健康机会的分配不应该建立在社会特权上，而应该以需要（Need）为导向①。这要求健康公平应该"同等的对待相同的，不同等的对待不同的"。需要尽可能减少在不同个体与不同群体间存在的不公平的健康状况，促使全体居民有同等的机会享有最高水准的健康权利，实现 21 世纪"人人享有卫生保健"。

从内容上看，狭义的"健康公平"指个体或群体的健康状况公平，指在生物学范围内，每个人都有同等的机会达到他们尽可能的身体、精神和社会生活的完好状态。广义的"健康公平"除健康状况公平外，还应包括医疗卫生保健公平，指不同个体与群体获得医疗卫生保健机会的公平，即不同个体或群体在生病或者健康不良时能够获得充足和有效的医疗卫生保健。

---

① World Health Organization, "SIDA initiative, Equity in Health and Health Care", *Geneva*, 1996(1).

与"健康公平"相对立的是"健康不平等"(Health Inequalities or Health Disparities)或"健康不公平"的概念。决定健康的因素是多种多样的,既有社会经济、文化因素,也有先天基因差异,因此,健康差异是必然的,而健康不公平是指可避免的、不公正的健康差异。在社会学研究中,对健康不平等的关注主要体现在对不同社会经济地位群体之间的健康不平等,因而"健康不平等"又被称为"健康的社会不平等",主要是指处在不同地位的社会群体之间具有系统性差异的健康水平,如妇女、穷人、老人等群体比其他社会群体遭遇更多的健康疾病和健康风险的社会不平等现象。①

(二)主要概念的测量方法

1. 经济不平等的测量方法

经济不平等的测量中最为常见的是对收入不平等或者收入差距的测量,常用的收入不平等测量方法有洛伦茨曲线(Lorenz Curve)、基尼系数(Gini Coefficient)等。下面将对经济不平等的相关测量方法予以简略介绍:健康公平性是与社会经济发展相联系的,在不同城市和地区、不同时间和经济社会发展阶段,对健康公平有着不同的界定。因此,确立较为公认、客观的评价方法是衡量经济社会不平等对深圳市人口健康影响程度的前提,也是进行针对深圳市经济社会发展特点,合理配置卫生资源的重要依据。社会不平等是指社会成员或群体所处的不同社会地位以及由此产生的社会报酬等方面的差别。社会不平等是社会地位垂直分化的表现,是社会分化的必然结果。一般来说,衡量社会不平等程度主要从社会分层状况来看。社会分层指社会具有特定的层序结构,根据一定的分层标准可以将社会划分为若干处于不同社会地位与拥有不同社会资源的阶层。关于社会不平等的指标和检验方法主要有以下几种。

(1)洛伦茨曲线。

洛伦茨曲线最早由奥地利统计学家洛伦茨(Max OttoLore)提出,用于研究社会收入或财产分配不平等程度,还可用于比较分析一个国家在不同时代或不同国家在同一时代的财富不平等,该曲线由于将社会收入和财产分配信息通过便利

---

① Braveman. Paula, "Health Disparities and Health Equity: Concepts and Measurement", *Annual Review of Public Health*, 2006: 27.

的图形方法加以体现而得到广泛应用。洛伦茨曲线实际上是通过收入百分比和人口百分比在不同区间内的变化来表示收入不平等的程度，即假设在绝对公平的情况下，每个人的收入是完全相等的，那么洛伦茨曲线应该是一个45°角的直线。如果人与人之间的收入存有差异，那么洛伦茨曲线将会偏离45°角直线，其偏离程度越大，意味着人与人之间的收入不平等程度越大。在实际研究中，研究者倾向于使用分组后的数据，或者以不同收入阶层或者社会阶层为分组的数据，那么洛伦茨曲线则代表了不同社会人群和不同收入阶层之间的不平等程度。

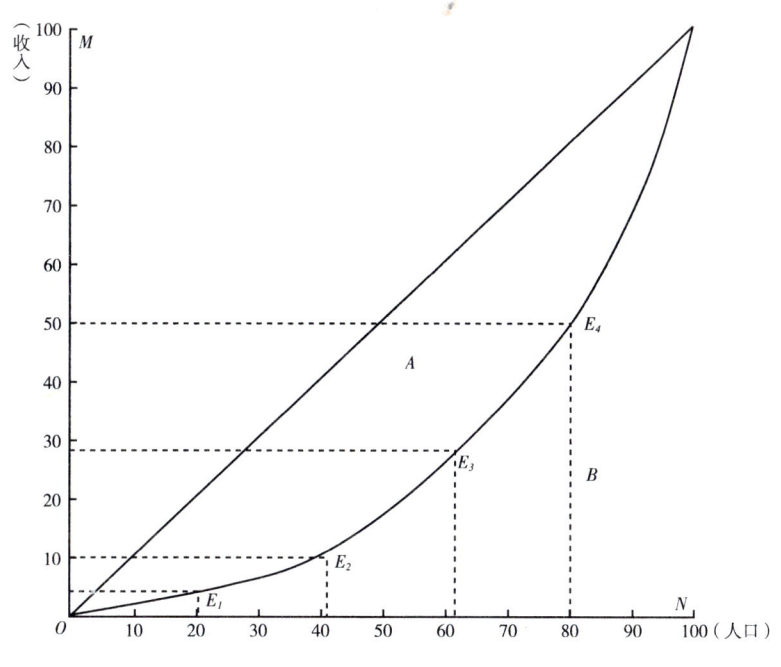

图1　洛伦茨曲线示意图

（2）基尼系数。

洛伦茨曲线是通过图的方式来表达不平等程度，这一表达方法虽然直观，但不够简明，故而，意大利经济学家基尼提出基尼系数（Gini Coefficient）以及计算基尼系数的方法。随着其后其他学者的进一步研究，被用于进一步计算收入分配的差异程度，即在收入的总体中，由于分配不平等造成的收入差异占总收入差异的比重。

基尼系数是比例数值，取值在0~1范围之间。数值越低，表明财富在社会成员之间的分配越均匀。当取值为最大值1时，即百分之百的收入被一个单位的人全部占有，表示居民之间收入分配是绝对的不平等。当基尼系数取值为最小值0时，即百分之百的收入被所有的人平均占有，人与人之间收入完全平均无差异，表示居民之间收入分配的绝对平均。根据国际通常标准，在0~0.2区间内表示收入接近于绝对平均水平，在0.2~0.3之间是存在较少的社会差异，0.3~0.4之间一般被视为存在较为合理的收入差距，超过0.4之后往往是表示收入差距较大，而超过0.6以上就属社会动乱随时发生的危险状态。

（3）沃尔夫森"极化指数"。

沃尔夫森在《不平等的极度分化》一文中专门阐述了他对于两极分化和不平等（Polarization and Inequality）的问题的看法。沃尔夫森认为两极分化不等同于不平等概念，收入水平的不平等指收入水平的差距，两极分化是假设人口在收入上的分布不断地向最低端和最高端偏移，而处于收入分布中部，即中等收入人群或者中产阶级的数量在不断减少。

沃尔夫森强调"消失的中层阶级"（Disappearing Middle Class）概念，预计未来中等收入阶层将逐渐被分化为低收入阶层和高收入阶层，中等收入阶层分化消失之后，社会中实际上只存有富人和穷人两个极端群体，一个是极度富有，一个是一无所有。

沃尔夫森提出"极化指数"去测量所谓的两极分化现象，指数值处于0~1之间，"0"代表完全没有分化。当收入完全平等时，人口数量上完全没有分化现象，数值取值为"0"。"1"代表完全分化。当收入不平等达到极端状态，即富人占有全部收入，穷人完全没有收入，这时处于完全分化状态，又称极化，极化指数为"1"，此时人口数量上表现为1/2的人口拥有收入为"0"，剩下的1/2则占有了全部的收入，达到平均收入的2倍。

（4）恩格尔系数。

恩格尔在研究德国工人的生活条件时发现，在其他条件不变的情况下，德国工人家庭收入中用于食物的支出可以用来测量该家庭总体生活水平状况，随后在1857年恩格尔根据统计资料，对消费结构的变化得出一个有关消费与社会成员总体生活水平状况的定律：随着个人和家庭收入水平的提高，家庭消费总支出中，用于生存性消费，即饮食方面的支出占总支出的比例逐渐下降。即当一个家庭的总收入处于微薄的情况下，食物成为生存的第一需要，家庭总支出中用来购买食物的支出占总支出很大比例；随着家庭的总收入的增加，食物需求基本满足后，消费的重心开始向穿戴、休闲等其他方面转移，如此，家庭总支出中用来购买食物的支出则会下降。恩格尔系数用公式表示为：恩格尔系数（％）＝食品支出总额/家庭或个人消费支出总额×100％。

恩格尔系数自提出以来得到各国普遍认同，并被广泛运用于统计工作中，成为有些国家政府政策制定依据。恩格尔系数的重要意义在于，它不仅可以用于总体生活水平的测量，也用来表示各类社会成员的生活状况，一个国家或地区越穷，该国家或地区人民的平均支出中用于购买食物的支出所占比例就越大，随着国家或地区的富裕程度上升，其恩格尔系数出现下降趋势。因此，国际上常用恩格尔系数来衡量一个国家或地区人民生活水平的状况。一个国家或家庭生活越贫困，恩格尔系数就越大；反之，生活越富裕，恩格尔系数就越小。根据联合国粮农组织（Food and Agriculture Organization of the United Nations）提出的标准，恩格尔系数在59％以上为贫困，50％～59％为温饱，40％～50％为小康，30％～40％为富裕，低于30％为最富裕。

2. 健康公平的测量方法

与经济不平等和社会不平等有所区别的是，健康不平等实际上是强调健康的公平性，或者说是测量不同经济社会条件下健康公平状况。健康公平的测量方法包括：①极差法，即在人群按照经济社会水平高低分组的前提下，以最高组和最低组之间的差异作为指标来衡量健康的公平性；②不平等的斜率指数，即使用回归模型的方法，首先计算不同经济社会地位分组后人群的健康指标的平均值，然后以经济社会指标为自变量，健康状况为因变量，进行回归分析并计算回归系数（斜率指数），以此来测量和分析经济社会状况对健康公平的影响；③集中指数法，即测量健康集中度曲线与对角线之间的面积，并以此形成一个健康集中度指数，与洛伦茨曲线相似，集中度曲线距离对角线越远，其面积越大，说明健康公平程度越差。

（三）健康公平性影响因素的理论框架

早期公共卫生服务实施政策认为影响人口健康的主要罪魁祸首是传染性疾病。随着大规模传染性疾病的有效控制，慢性疾病和疲劳综合征等问题渐渐凸显，公共卫生的战略重点在继续加强传染病控制的同时开始逐步向提倡健康生活

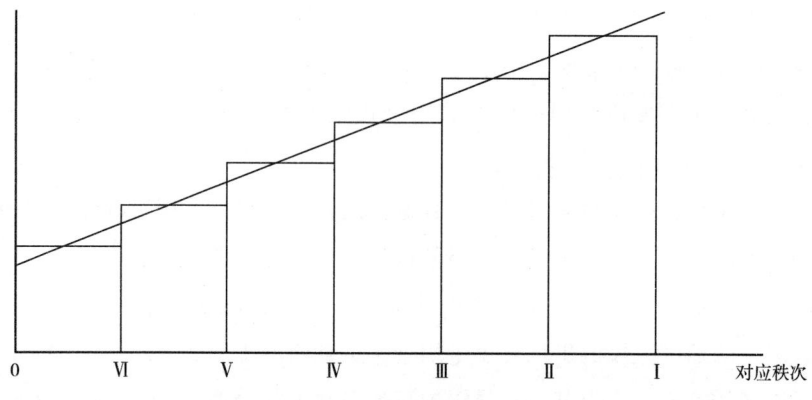

图 2　不平等斜率指数曲线示意图

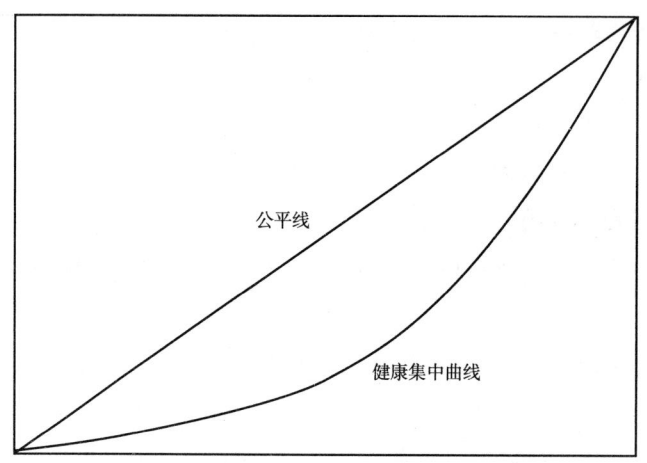

图 3　集中曲线示意图

方式、预防健康风险转移，预防措施的重点主要针对不健康的生活方式以及慢性病的早期筛查和早期治疗。在这种情况下，世界卫生组织提出生理、心理和社会三者结合的"三位一体"健康观，The Lalonde Report（1974）也提出了四个相互联系的影响人口健康的主要因素，包括人类生物学（Human Biology）、环境（Environment）、生活方式（Lifestyle）及医疗体制（Health Care Organization），这些都代表人口健康的概念逐渐在突破以往的传统医学界限，健康即是没病的观点逐渐消亡，对健康影响因素的认识从生物医疗学开始向生态学转变。生态学是阐述有机体与它所处环境相互关系的一门学科，认为个体和环境的融合对个体行为的影响已超越了个体自身因素。生态学与健康领域的结合推动了行为生态学模型、锻炼生态学模型等模型的发展，其中两者结合较为成熟的理论是健康生态学模型。

健康生态学模型是新兴的将生态学应用于健康领域的研究理论，这一模型将影响个体健康的因素与个体的关系按由远及近的方式分成上游、中游、下游，强调从上游策略来促进整个人群的健康。健康生态学模型指出了影响健康的从个体到个体之间、社区、社会组织等多层次因素问题，强调所有层次的因素都是纵横交错、相互作用。这种模式假设目标是创造一个健康的大社区环境，提供促进健康的信息和社会支持，使人们有更健康的生活方式。健康生态学模型的具体结构可分为5层：第一，生物学上的先天个人特质，包括性别、体质等；第二，个体心理行为和个体生活方式；第三，个体拥有的社会网络，包括家庭、社区和社会上的人际网络；第四，经济社会因素与经济社会条件差异导致的自然环境差异，包括收入水平、教育程度，以及居住的自然环境等；第五，更大场域上的经济社会因素，包括当地、国家到全球水平的经济、社会、政治以及各种有关政策等。

在健康生态模型提出的五大影响层面上，影响健康的经济社会因素和物质环境因素这些环境背景因素是对人口健康起着根本决定作用的上游因素，这些上游因素间接影响着中游因素即个体心理行为生活方式因素和下游的生物学因素，成为最重要的原因。由此可见，在人口健康的影响机制中，经济社会不平等与人口健康存在很大相关性，普遍认为经济社会不平等是人口健康差异形成的重要原因。下面基于健康生态模型提出健康的影响机制。

1. 经济社会因素

早在1980年英国卫生与社会保障部"健康不平等"研究委员会主席道格拉斯·布莱克发表《布莱克报告》（Black Report），指出在经济社会对健康的影响上有四种不同的基本观点。

第一种是虚假相关论，认为社会成员的经济社会地位与健康水平之间表现出来的相关关系是虚假相关，是由于统计上的测量误差导致，实际上社会成员的经济社会地位与健康水平并没有真正的相关关系。这种观点很快被其他三种观点否定，三种观点一致认为经济社会地位与健康水平之间具有相关关系，不同的是在解释经济社会地位差异和健康水平差异发生原因的时候出现分歧。

第二种是带有达尔文主义色彩的自然选择论，认为个体健康状况决定了其所处的经济社会地位,因此不同经济社会地位的健康差异是自然而成的,这种观点导致后来健康选择假说(Health Selection Hypotheses)的产生。

第三种是从唯物主义出发,认为同经济地位相关的社会生活条件导致健康水平差异,后来演变成社会因果论(Social Causation Hypotheses)。

第四种从文化主义或行为主义出发,认为不同社会群体之间的个体行为有明显不同。而个体行为中那些健康风险行为会引起健康水平差异,如不良生活习惯,包括不良饮食习惯、吸烟和公共医疗卫生服务使用不当等。这种解释一般被应用于比较不同工业化社会中的健康差异,不以个人为分析单位。因而,在对健康不平等的研究中,社会因果论(Social Causation)和健康选择论(Health Selection)是两种最基本的理论。大部分的学术研究都以这两个理论为核心进行相应的拓展研究,这两个理论之间的争论和验证也是当前研究的主要内容。

社会因果论强调社会环境和社会结构的作用,它假设处于不同社会环境和社会结构中的个体获取社会资源的能力不同,尤其是获取相应健康医疗服务资源的机会差异悬殊,在社会结构中处于优势地位的人群,即社会上层人群有能力获得更好的医疗卫生服务,从而使他们保持健康的机会要高于处于社会下层的人群(Dahl,1996)。

社会因果论认为,人们在社会结构中的不平等位置导致人们在工作环境接受医疗服务的机会健康风险等方面都有明显不同,因而处于社会上层地位的人的健康状况比处于社会下层地位的人要占有优势(Dahl,1996)。

健康选择论更加强调个体自身的作用,即个体本身并不是完全被动的,而是自身会不断变化的,这种变化和移动(Health Related Mobility)导致群体之间的健康状况差异。那些健康状况较好的人能够获得向比自己所在经济社会地位更高的方向流动。相反,健康状况较差的人则向比自己所在经济社会地位更低的方向流动(Dahl,1996;West,1991)。这就导致了经济地位较高的群体中那些健康状况较差者逐渐脱离群体,而那些健康状况较好者慢慢补充空缺,这样经济地位较高的群体渐渐聚集了健康状况较好的人。同样,较低经济地位的群体也渐渐聚集了健康状况较差者,如此,个人健康上的流动导致了不同社会经济地位人口之间健康梯度的扩大。健康选择论和社会因果论之间的差异不在于是否承认个人的健康变化在不同经济社会群体间健康差异中的作用,而在于健康选择论认为这种作用是具有决定性的。而社会因果论虽然承认有一定的作用,但人们的经济社地位差异才是不同社会经济地位人口之间健康差异的主要原因。

以上两种理论都在不同时间、地区发现了实证支持。但从国外的研究来看，经济社会地位差异对健康的影响是非常显著的，这表现在全球低收入国家和各国（不论收入高低）国内贫困人口均遭受更多的疾病危害。据 WHO 资料，2010年，有 880 万人罹患结核病，140 万人死于结核病。95% 以上的结核病死亡发生在低收入和中等收入国家。在拥有 25 亿人口的低收入国家，特别是有 6.5 亿人口的南撒哈拉非洲国家，期望寿命远远低于世界其他国家。在那些贫困地区，约有 1/5 的儿童死于因环境恶劣而导致的疾病。不论收入高低，各国家的贫困人口比该国经济社会地位高的人口在寿命预期上较短，在重大疾病控制上更容易遭到侵害，在母婴安全问题上存在更多风险。研究显示，儿童营养不良与贫穷密切相关，由于饮用不安全水和卫生条件差，每天生活低于 1 美元的儿童营养不良（Malnutrition）发生的概率是 2 美元和 2 美元以上者的 2~3 倍。对那些可避免的死因，如结核病、疟疾、艾滋和微量元素缺乏综合征等，经济社会较低的人群会比经济社会较高的人群有更高的死亡率。这是由于经济社会较低人口在预防性健康检查、诊断和治疗方向的缺失。而预防性健康检查、诊断和治疗的缺失反过来会影响到贫困人口在劳动力市场上的机会，因为身体不健康等原因，他们很难获得较为稳定和较高收入的职业机会。

这种健康与贫困的关系可以用人力资本理论来解释，代表人物有迈克·格罗斯曼（Michael Grossman）。格罗斯曼首次提出健康生产函数概念，构建健康投资模型。指出健康既是一种使得消费者感觉良好的消费品，同时又是一种投资品，因为健康状态将决定消费者可利用的用于工作和闲暇的时间分配，生病天数减少导致工作过程货币价值上升，这就是健康投资的回报。在这种情况下，贫困中的人们由于医疗卫生服务水平和对医疗的认识水平不够等导致对健康投资不足，处在亚健康甚至不健康中的贫困人口丧失了人力资本投资的能力和改善自身境遇的机会，导致收入减少，更加贫困。最终形成了"贫困—健康水平低下—人力资本投资不足—更加贫困"的恶性循环。不难看出，健康水平低下是贫困发生的原因，更是贫困造成的后果。

除了个体性因素外，社区因素也是不可忽视的，因为具有同等或者类似经济社会地位的社会人群往往聚居在相邻的社区内，在贫困社区居住的社会人群其患病的可能性也更高。这也与他们能够获得的健康权益保障有关，比如经济社会地位较低的社会群体获得初级保健的比例较低，而获得初级保健能力与一个人的收入水平和经济社会地位呈现正相关关系。

2. 个体心理因素

经济社会地位影响健康的途径还可以反映在经济社会地位差距会影响个体的心理，进而影响个体身心健康等方面。这是因为不同经济社会地位的个体或者群体的心理因素不一，面对各种压力因素的心理反应模式也有所不同。例如，个人对自身福利状况的认知是通过与社会经济状况高于自己的人进行比较得来的，这种社会比较会给处在较低经济社会地位的群体产生一种相对匮乏感（Relative Deprivation），这种相对匮乏感会导致心理压力和负面情绪，久而久之就会致病，如抑郁症和心血管疾病。处在较低经济社会地位的社会群体在应对社会压力时能力较差，更容易沉溺于不良的健康习惯，形成不良生活方式，进而导致健康问题。

3. 物质环境因素

物质环境因素和经济社会因素之间的关系纵横交错，物质环境通常由经济社会因素决定，又会反向影响经济社会因素。通常来说，物质环境因素包括个体或群体所处的自然环境因素和社会环境因素。在社会环境因素中，医疗环境是最为关键的因素。医疗环境因素包括该国家或该地区的公共卫生支出情况和医疗可及性。其中，公共卫生支出反映了当地的整体医疗卫生水平，表现在各国公共卫生支出不同，在同一国家不同地区的公共卫生支出也并不相同，公共卫生支出体现该国用于投资医疗技术的资金和公共卫生设施的普及程度。医疗可及性相对而言更具有个体色彩，即使在同一地区生活的不同个体或群体对医疗获得的机会并不相同。从这点上看，不同社会经济地位群体之间的健康差异可以表现为个体或者群体在健康状况和获得保证健康状况的医疗卫生服务上有差异。健康状况的差异受个体或者群体的个人因素影响比较多，能否及时获得充足和有效的卫生保健服务逐渐成为衡量现代社会中人口健康状况的重要指标。从这个意义上说，影响健康和造成健康不平等在于获取医疗卫生保健服务上的差异。造成获取医疗卫生保健服务差距的原因有很多，具体来说大致可以包括以下内容。

（1）医疗保险覆盖面不足。在缺乏医疗保险的情况下，患者可能推迟去医疗保健机构就诊，从而导致疾病的治疗不能够及时有效，而且患者更有可能去收费较低、非正规的医疗机构就诊，也有可能在没有就诊的情况下，自行服用药物，这些都会导致没有医疗保险的患者健康状况较差。

（2）无法获得定期的健康检查。很多人没有固定的医疗健康服务机构，也没有定期的身体和健康状况的全面检查，只是在身体出现病症之后才采取一些治疗措施。而且在维护人口健康的作用上，这些医疗措施并无法取代定期的健康检查的功能。

（3）没有足够的经济支持。对于中低收入者来说，没有经济支持是导致出现健康问题的一个重要原因。无论是国内还是国外，缺少经济来源的社会人群避免在医疗卫生和健康保健上的支出已经成为普遍现象。这种现象可以分为两个主要类型：第一，没有购买医疗保险，甚至是公共医疗保险；第二，没有能力支付门诊或者住院的费用。

（4）法律和制度障碍。由于某些特殊的法律规定和社会制度，一些特殊的社会人群没有获得法律规定和社会制度的允许，从而被排挤在公共医疗保障之外。最为典型的是在较长一段时间内，农村居民来城市务工都没有资格购买公共医疗保障服务，也就属于典型的利用法律规定和社会制度将部分特殊人群排除在医疗保障之外。

（5）医疗服务的结构性障碍。结构性障碍主要是医疗卫生机构提供的服务质量和数量与当地居民所需要的医疗卫生服务质量和数量之间的结构性矛盾。比如，过多的患者集中在医院候诊可能是医疗卫生服务机构提供的卫生服务数量满足不了当地居民的需要；再如，在不发达地区，医疗机构无法治疗一些疑难病症等，就属于医疗卫生服务机构提供的卫生服务质量不高的结构性矛盾。总之，初级保健医生、医疗专家和卫生服务设施的匮乏往往是结构性矛盾的主要表现。

（6）社会人群的健康素养。所谓的健康素养是指潜在的病患者在获取、处理和理解基本健康信息方面的问题。例如，一个具有良好健康素养的潜在病患者不可能不知道针对某些健康症状需要寻求医生的帮助。健康素养相关的问题不仅仅是对社会人群的区分，某种角度上看，具有较高经济社会地位和较高受教育程度的社会群体健康素养要更高一些。健康素养还包括对一些健康生活方式的认同和遵从。在低机械化时代，人们体力支出远远大于脑力支出，到了中等机械化时代和机械自动化时代，人类的劳动方式逐渐由一开始的体力型转为半体力型，到高级阶段的智力型。相应的，健康所关注的由肢体疲劳逐渐转向被使用更多频率的高神经系统，关注更多社会竞争和过于强化的责任感背后的精神紧张与疲劳，如过劳死。而这些健康的获得有赖于个体具备的健康素养和健康生活方式。

(7) 年龄。年龄本身既可以作为影响人口健康的生理因素，也可以作为影响人口健康的社会因素。当年龄作为影响人口健康的生理因素时，强调的人体机能在不同年龄组呈现出不同的特征。当年龄作为影响人口健康的社会因素时，强调的是人在不同生命历程周期中所处的经济社会地位变化。比如一些老年人在退休之后，他们自身的生理机能下降，慢性病增多，这更多的属于生理性问题。但同时，他们的经济社会地位也开始下降，收入相对减少，支付医疗费用需要自己承担更多的比例等等，这些就是一个社会性问题。

可见，健康不平等是一个与社会、经济或者环境密切相联系的系统性差异，性别、社会经济地位、年龄、居住环境等各个方面都有可能对其造成影响。公平获得医疗保健的重要性在全球范围内已经成为共识，在千年发展目标中也有所体现。实现人口健康的公平性，就是实现全体人口最高健康水平的健康权益，需要重视社会中的特殊群体，通过持续努力来避免出现健康不平等，包括历史上和现阶段的，就是要消除健康和医疗差距，对所有社会人群一视同仁。

从以上分析可以看出，在社会领域中，人口健康不平等比较一致的三个方面的解释是：第一，从个人环境和经济社会地位来解释，将经济社会不平等与人口健康联系起来，这种解释方法可以用来解释个人与个人之间，或者地区与地区之间的健康差异；第二，处于社会结构中不同的社会人群在试图进入卫生保健服务体系时所遭遇的障碍是不同的。在现行的社会体制下，一些社会人群更容易获得卫生保健服务，而另外一些社会人群则难以获得卫生保健服务；第三，处于社会结构中不同社会人群即便能够进入到卫生保健服务体系中，他们各自所获得的卫生保健服务质量也是不同的。

三　研究方法与数据来源

（一）研究方法

为了对这一研究主题进行深入且全面的研究，本文将采取多种研究方法探讨深圳社会经济发展均衡性对人口健康的影响机制。

1. 文献法

一方面，本研究将对国内外已有理论研究成果进行文献研究，将相关理论资料进行有序整理和总结归纳；另一方面，本研究将对深圳已有的实践调查报告、数据结果进行对比分析，在综合考量数据准确性、可靠性和有效性的基础之上，综合利用各类数据，以达到最终的研究目的。

2. 问卷调查法

为了更为细致地掌握深圳人口健康状况及其影响因素，本研究还将采取问卷调查的方法，由深圳市人口和计划生育科学研究所组织全市的入户抽样调查，最终与其他已有的调查研究数据相互佐证、相互补充。

（二）数据来源

从数据来源看，本研究报告的数据主要来源于以下几方面：第一，相关政府工作报告；第二，相关统计年鉴提供的汇总数据；第三，统计部门组织的2005年1%人口抽样调查、2010年全国第六次人口普查的相关数据资料；第四，2012年由深圳市人口和计划生育科研所在全市进行的入户抽样调查——《深圳常住人口就医状况调查》（以下简称"2012年深圳就医调查"）。此次抽样调查对象为15岁及以上的常住人口，内容主要涉及深圳常住人口的就医、行为、态度、意愿等问题。由于样本量的限制，本文根据研究目的，在必要的地方，后期分析阶段将调查人群数据分为"原关内"和"原关外"两组，即将罗湖、福田、南山和盐田四区划分为"原关内区域"，将宝安和龙岗两区划分为"原关外区域"①，试图描述原关内和关外居民截然不同的健康及就医状况。在对数据进行缺失值处理以后，得到了1127个有效样本，其中男性为655人，女性为475人，分别占58.12%和41.88%；男性平均年龄为35岁，女性为32岁。

四 深圳市人口健康及其均衡性状况

（一）人口健康整体状况明显改善

"十一五"期间，深圳市常住人口总数从2005年的827.75万迅速增加到

---

① 本文按照行政区域划分，光明新区隶属于宝安行政区，龙华新区隶属于宝安行政区，坪山新区隶属于龙岗行政区，大鹏新区隶属于龙岗行政区。

2010年的1035.79万,户籍人口的出生率和自然增长率也有所提高。虽然高速增长的人口数量给深圳市各项事业带来了巨大压力,但并没有影响人口健康状况的逐步改善:2005年,常住人口的平均预期寿命在76.75岁,2010年提高到78.01岁;常住人口婴儿死亡率由原先的4.3‰降低到2.35‰;常住人口平均每10万孕产妇死亡数从17.81例下降到15.4例;常住人口5岁以下儿童死亡率由5.46‰下降到3.5‰。

表1 深圳"十五"期末与"十一五"期末人口与健康主要指标比较

类 别	指 标	2005年	2010年
人口指标	常住人口(万)	827.75	1035.79
	户籍人口出生率(‰)	12.64	14.5
	户籍人口自然增长率(‰)	11.23	13.59
	户籍人口政策出生率(%)	99.17	98.47
综合健康指标	常住人口平均预期寿命(岁)	76.75	78.01
	常住人口婴儿死亡率(‰)	4.3	2.35
	常住人口孕产妇死亡率(1/10000)	17.81	15.4
	常住人口5岁以下儿童死亡率(‰)	5.46	3.5

(二)部分健康指标存在明显的区域差异

根据2010年的数据,深圳各区在妇幼保健指标上表现出不均衡的特点:深圳罗湖和福田两区尽管在经济指标上处于全市前列,但是在婴儿死亡率、新生儿死亡率和5岁以下儿童死亡率上均高于全市平均水平;南山区、盐田区和宝安区在这三项指标上均低于全市平均水平。

表2 2010年深圳分区妇幼保健指标

单位:‰,1/10万

类 别	全 市	罗湖区	福田区	南山区	盐田区	宝安区	龙岗区
婴儿死亡率	2.35	2.47	3.63	1.39	1.1	1.5	2.56
新生儿死亡率	1.3	1.6	1.62	0.7	1.1	0.92	1.67
5岁以下儿童死亡率	3.5	3.92	5.7	1.83	1.1	1.9	3.93
孕产妇死亡率	15.41	0	5.59	8.7	0	11.52	41.63

资料来源:《深圳市卫生和人口计划生育委员会卫生统计年鉴2010》,http://www.szhealth.gov.cn/wsj/view?fid=view&oid=xxgk_gkml&ntyp=H01B0501,2011年7月27日。

深圳市社会经济均衡性对人口健康的影响研究

在孕产妇死亡率上，罗湖区和盐田区最低，2010 年无一例孕产妇死亡案例；福田区和南山区稍高，但远远低于全市平均水平；宝安区的孕产妇死亡率高于关内四区，略低于全市平均水平。在妇幼保健指标上较为特殊的是龙岗区，四个指标均高于全市平均水平，其中孕产妇死亡率更是达到了 41.63/10 万，表明龙岗区的妇幼健康保障水平处于全市最低。

在死亡率方面，年龄别疾病死亡构成比例反映了各类疾病死亡人数在不同年龄段人群中的分布，这一指标不仅与人口年龄结构有关，而且能很好地反映出不同年龄段人群的健康水平。根据图 4 可以看出，在这一指标上，宝安和龙岗两区表现出以下特征：10 岁以前，两区的年龄别疾病死亡构成比例显著高于全市平均水平，其中宝安区 0 岁组的比例为 0.26%，高于龙岗区的 0.23%，表明两区的婴幼儿健康状况要低于全市平均水平且宝安区更低；在 15~55 岁人群之间，宝安和龙岗两区的疾病死亡构成比例也略高于全市平均水平。这一年龄段的人口都是劳动人群，表明两区在劳动人群的健康保障上还较为欠缺；在 55 岁以上的年龄段，宝安区的比例要略低于全市平均水平，这与宝安区的年龄结构较为年轻有关。而龙岗区从 65 岁以上的比例低于全市，但 80 岁以上的比例高于全市。

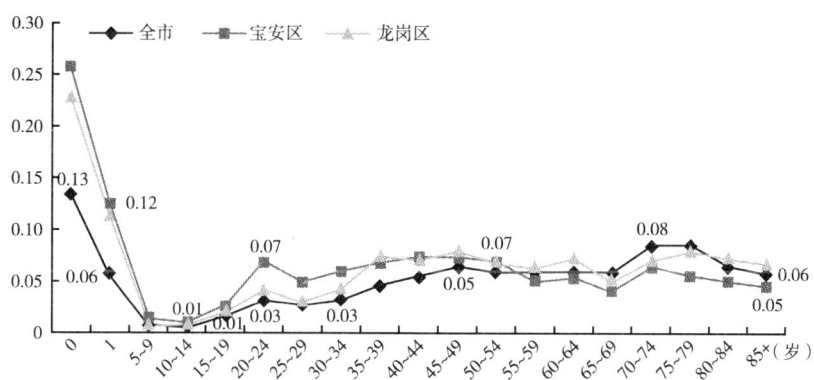

图 4　深圳市 2010 年宝安区、龙岗区年龄别各类疾病死亡构成与全市平均水平

资料来源：根据《深圳市卫生和人口计划生育委员会卫生统计年鉴 2010》（http://www.szhealth.gov.cn/wsj/view?fid=view&oid=xxgk_gkml&ntyp=H01B0501，2011 年 7 月 27 日）中的数据计算而成，疾病类别包括传染病、肿瘤、内分泌及免疫疾病、造血器官疾病、精神病、神经病、循环系统疾病、呼吸系统疾病、消化系统疾病、泌尿生殖疾病、妊娠分娩及产褥期并发症、肌肉骨骼及结缔组织疾病、先天性异常、新生儿疾病、损伤和中毒、其他疾病和不明死因等 17 个类别。

"2012年深圳就医调查"数据显示,原关内和关外居民在健康自评上存在显著差异。如表3所示,有67.7%的原关内居民认为其健康"很好",原关外居民的这一比例原为50.43%,原关内居民好于原关外居民。有17.39%的原关内居民认为其健康"好",原关外居民这一比例为26.58%;有13.35%的原关内居民认为其健康"一般",原关外居民这一比例为21.24%。总体上看,两类居民健康自评为"很好"、"好"和"一般"的比例占了调查人数的98%以上,表明两类居民对自身健康的态度都很积极,但原关内居民中自评健康"很好"的比例要高于原关外居民,所以原关内居民的健康自评比原关外居民更佳。

表3 2012年原关内和关外居民的健康自评

单位:人,%

类	别	很好	好	一般	不好	很不好	不清楚	合计
原关内	人数	218	56	43	5	0	0	322
	比例	67.7	17.39	13.35	1.55	0	0	100.00
原关外	人数	406	214	171	12	1	1	805
	比例	50.43	26.58	21.24	1.49	0.12	0.12	100.00

说明:N = 1127, Pearson Chi = 28.8406, P = 0.000。
资料来源:"2012年深圳就医调查"。

(三)部分健康指标存在明显的人群差异

这种差异主要体现在常住人口和流动人口之间。深圳卫生统计简报2009年的数据显示,流动人口的孕产妇死亡率为17.5910万,高于户籍人口和暂住人口的16.1%;流动人口的围产儿死亡率、婴儿死亡率和五岁以下儿童死亡率分别为8.67‰、3.06‰和3.9‰,均高于户籍人口和暂住人口的三项指标(4.3‰、2‰和3.08‰),其中围产儿死亡率上差距达到两倍以上;流动人口的新生儿破伤风发病率为0.13‰,高于户籍人口和暂住人口的0.04‰。

深圳卫生统计简报2010年的数据显示,流动人口孕产妇死亡率下降了3个点,比户籍人口和暂住人口的孕产妇死亡率更低,表明孕产妇得到较好的医疗护理;流动人口的围产儿死亡率比2009年有所下降,但婴儿死亡率和五岁以下儿童死亡率比2009年有所增加,三项指标仍然大大高于户籍人口和暂住人口;2010年流动人口的新生儿破伤风发病率为0.14‰,户籍人口和暂住人口为0。

表4 2010年全年妇幼保健指标情况

指标	户籍+暂住		流动人口		全人口	
	2010年	2009年	2010年	2009年	2010年	2009年
分娩量	71693	56110	96404	103075	168097	159185
活产数	71371	55913	95813	102358	167184	158271
孕产妇死亡数	11	9	14	18	25	27
孕产妇死亡率(1/10000)	15.41	16.1	14.61	17.59	14.95	17.06
围产儿死亡率(‰)	5.36	4.3	8.02	8.67	6.88	7.13
婴儿死亡率(‰)	2.35	2	3.54	3.06	3.03	2.69
五岁以下儿童死亡率(‰)	3.5	3.08	4.83	3.9	4.26	3.61
新生儿破伤风发病率(‰)	0	0.04	0.14	0.13	0.08	0.09

资料来源：《深圳市医疗服务信息简报》（2010年全年），http://www.sz.gov.cn/wsj/tjsj/zxtjxx/index.htm，2011年2月28日。

五 深圳社会经济发展均衡性对人口健康影响的作用路径

本部分的文献综述中详细论述了人口健康影响因素的理论框架，接下来将这些理论研究思路应用到深圳的实际情况中，具体探讨深圳改革开放三十余年来社会经济发展均衡性对人口健康的影响路径。

（一）经济总量地区发展不平衡与人口健康的地区差异

改革开放30多年来，深圳经济创造了举世闻名的"深圳速度"。"十一五"期间，深圳国民生产总值始终保持在10%以上的增长速度，从2006年的5813.56亿元上升到2010年的9510.91亿元，经济总量跃居全国大中城市前列。

然而，值得注意的是，深圳经济发展水平的地区不均衡性较为突出，以人均GDP为例，呈现三级阶梯状分布：南山区和福田区人均GDP分别达到了18.38万元和14.06万元，远远高于全市平均水平9.43万元；盐田区和罗湖区人均GDP为13.49万元和11.12万元，也高于全市平均水平；龙岗区和宝安区人均GDP仅为7.73万元和5.81万元，远远低于关内四区和全市平均水

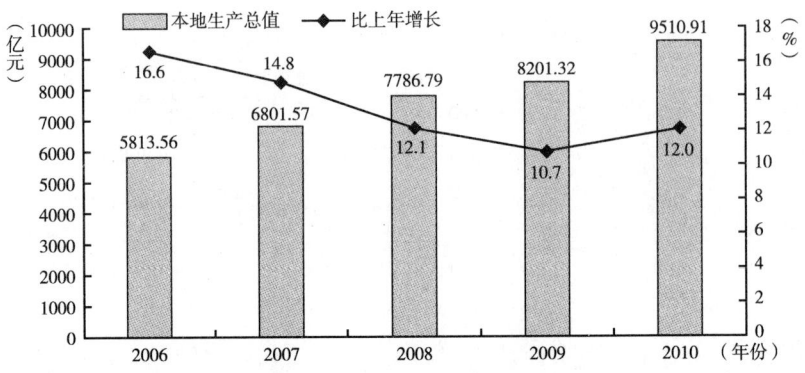

图5　2006～2010年深圳市国民生产总值及增长速度

资料来源：《深圳市2010年国民经济和社会发展统计公报》，http://www.sz.gov.cn/cn/xxgk/tjsj/，2011年4月25日。

平。从2010年起深圳经济特区范围扩大到深圳全市，原关内关外在体制上已实现一体化，但社会经济发展水平仍然存在较大差异，这不仅体现在人均GDP上，而且体现在经济结构、投资环境、基础设施、交通通讯、社会治安等诸多方面。

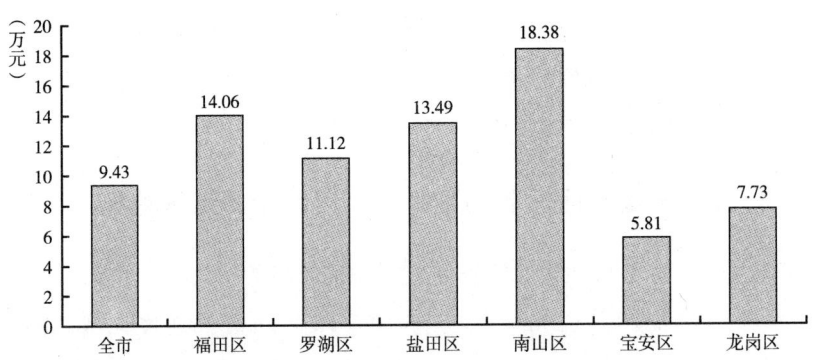

图6　2010年深圳市分地区人均GDP

资料来源：根据《深圳统计年鉴2010》及各区统计年鉴所得数据计算而成。

一方面，宝安区、龙岗区在整体经济发展水平落后于其他四区；另一方面，原关外的部分人口健康指标，如在低龄组以及劳动年龄段人口的死亡率上，高于全市平均水平，经济水平与健康状况两者之间存在明显的相关关系。一般而言，在经济快速增长前提下，城市化和工业化过程往往会暴露出贫富差距不断拉大的社会问题。其原因在于，与城市化和工业化相伴的人口大规模从农村地区转移到城市地区，从农业转移到工业和服务业。在市场为基础的竞争机制调配下，拥有优势经济资本、人力资本和社会资本的社会人群，自然而然地会借用自身优势不断扩大与相对弱势的社会人群之间的差距。

以收入不平等对健康的影响为例，美国学者 Rodgers（1979）根据跨国数据进行实证研究。① 以56个国家横截面数据为样本，采用基尼系数测量收入不平等情况，采用出生时预期寿命、5岁时预期寿命与婴儿死亡率三个指标测量总体人口健康状况，发现收入不平等对于总体人口健康水平均产生了负面影响。此结论不仅适用于研究的所有样本国家，并且适用于其中的欠发达国家。另有美国学者 Kennedy（1996）等根据一国跨地区数据进行实证研究，② 使用了美国国内50多个地区的横截面数据，采用 Robinhood 指数和基尼系数测量收入不平等情况，发现收入不平等指标与州死亡率（包括正常死亡率与特殊原因导致的死亡率）存在显著相关。正常死亡率指与人口寿命年限有关的死亡率，每10万人中 Robinhood 指数每上升一个百分点将会导致人口死亡率相应地上升21.68例。而在那些由特殊原因导致的死亡率中，如婴儿死亡率、冠心病发病率和杀人率，收入不平等指标与这些死亡率之间均存在着显著的正相关关系。

（二）经济生产的不均衡性与职业病地区分布差异

在改革开放的三十多年时间里，深圳经济生产的不均衡性导致了企业职工职业病的地区分布差异显著。据深圳市卫生部门1999年统计，全市纳入卫生管理的9589家企业中，有毒有害企业为3722家，占38.8%。其中涉外有毒有害企业，占93.1%。这些企业主要分布在宝安、龙岗两区。宝安区截至1999年，全区工厂为5130家，存在各种有毒有害因素的工厂占全部工厂总数的70%；作业工人总数60万人，80%以上为外来年轻未婚女工，直接接触有毒有害因素的工人7.5万人，占工人总数的12.5%。龙岗区全区工厂为5562家，职工总数55万

---

① Rodgers G. B., "Income and inequality as determinants of mortality: an international crosssectional analysis", *Population studies*, 1979（33）343 - 351.

② Kennedy P, Kawachi I, "Income distribution, socioeconomic status and self-rated health in the United States: multilevel analysis", *British Medical Journal*, 1998, 917 - 921.

人，直接接触有毒有害的工人占工人总数的9.8%。① 有关资料还显示，深圳工业规模从1979年的200多家小型企业发展到现在的2万多家，在1990~2005年期间，深圳市90%以上的生产工厂分布在宝安、龙岗、南山三个行政区，职业危害更是集中在宝安、龙岗两地。

（三）医疗卫生服务的均衡性与人口健康的差异性

1. 基本医疗保险制度的均衡性及其对健康的影响

到目前为止，深圳社会医保制度发展大致经历了四个阶段②：一是改革调研试点阶段（1989年3月至1992年7月）。二是"统账结合"原始阶段（从1992年8月至1996年6月）。1992年深圳市政府颁布了《深圳市社会保险暂行规定》和《深圳市社会保险暂行规定医疗保险实施细则》，并在全市范围内推行。同时，成立了全国第一家医疗保险管理局。三是"统账结合"初级阶段（从1996年7月至2003年6月）。1996年在全市推行"社会统筹"与"个人账户"相结合的医疗保险新模式。四是"统账结合"深化改革阶段（从2003年7月至今）。2003年深圳市人民政府颁布《深圳市城镇职工社会医疗保险办法》；2006年深圳推出全国首个劳务工医疗保险办法，解决了劳务工看病就医困难的问题；2007年深圳少儿医保的确立实施，被各界称为深圳迈入"全民医保"的标志；2008年2月《深圳市社会医疗保险办法》出台医保17大新举措。从以上发展阶段，我们可以看出，深圳医保经历了由"群体有别"到"全民医保"逐步迈进的过程，在这个过程中，不同人群的健康保障程度和健康水平发生了明显变化，但一些问题依然存在。主要表现在以下几方面。

（1）参保覆盖面逐步扩大，但区域差异依然存在。

在1992年底，深圳市基本医疗参保人数仅为6.2万人，定点医疗机构仅为39家，③ 而到了2012年，深圳市医保参保人数达1118万人，④ 按常住人口口径

---

① 《关于我市职业健康保障工作问题的调研报告》，http：//www.szzx.gov.cn/scdy/scdy_2001/200602/t20060227_1505649.htm，2005年5月10日。
② http：//sz.bendibao.com/szsi/20071219/si56779.asp，2007年12月19日。
③ 孙煌辉：《深圳医疗保险改革面临的机遇、挑战与发展》，《深圳商报》2004年11月15日。
④ http：//money.163.com/12/0712/03/866D4JIO00252G50.html，2012年7月12日。

计算，深圳正在逐步实现全民医保。特别是劳务工保险从无到有，参保人医疗保障待遇有待进一步提高。早在1993年底，深圳特区全市已达295万人口，职工人数150多万，其中2/3是临时工，效益不好的企业尽量压低职工的医疗费用，部分职工得不到基本的医疗保障，形成突出的社会问题。① 不过，此后深圳创造了劳务工医保的"深圳模式"，1996年《深圳市基本医疗保险暂行规定》推出劳务工参加的保人病的住院医疗保险；2003年《深圳市城镇职工社会医疗保险办法》规定劳务工可以选择参加住院医疗保险或综合医疗保险，且住院医疗保险缴费标准从原来的2%降至1%；2006年，《深圳市劳务工医疗保险暂行办法》颁布实施，劳务工医疗保险具有"两广两高一低"的特点，即覆盖范围广、就医点选择范围广、门诊医疗待遇提高、住院医疗待遇提高、劳务工看病自费比例显著降低。

表5 2012年原关内、关外居民是否加入医疗保险比较

单位：人，%

	是	否	合计
原关内样本数	280	42	322
原关内比例	86.96	13.04	100.00
原关外样本数	568	237	805
原关外比例	70.56	29.44	100.00

说明：N=1127，Pearson Chi=33.1995，P=0.000。
资料来源："2012年深圳就医调查"。

不过，从调查的数据来看，深圳不同区域的参保比例依然存在一定的差异。从不同区域的参保比例来看，"2012年深圳就医调查"数据显示，原关内居民加入医疗保险的比例为86.96%，显著高于原关外居民的70.56%。同时，在类型的分析上，原关内居民大多加入的是综合医疗保险，比例高达69.55%，高于原关外居民的49.7%，原关外居民有40.56%加入的是劳务工医疗保险。

---

① 吴之寿：《深圳职工医疗保险制度的形成与发展》，《中国农村卫生事业管理》1994年第10期。

表6 2012年原关内、关外居民的医疗保险类型比较

单位：人，%

	综合医疗保险	住院医疗保险	劳务工医疗保险	学生儿童住院及大病门诊医疗保险	其他	合计
原关内样本数	185	22	55	0	4	266
原关内比例	69.55	8.27	20.68	0	1.5	100.00
原关外样本数	250	43	204	2	4	503
原关外比例	49.7	8.55	40.56	0.4	0.8	100.00

说明：N=769，Pearson Chi=34.4455，P=0.000。

资料来源："2012年深圳就医调查"。

此外，加入医疗保险对两类居民的作用也不相同：只有42.05%的原关外居民表示在加入了医疗保险以后个人负担的费用减少，远远低于原关内居民的69.29%，有49.65%的原关外居民明确表示参加医疗保险对于个人负担费用的减轻没有作用；只有12.72%的原关外居民认为参加医疗保险增强了其住院的意愿，显著低于原关内居民的25%，有65.72%的原关外居民认为其住院意愿"无变化"；在就医及时性上，有57.77%的原关外居民认为医疗保险并没有影响其就医及时性，而70.71%的原关内居民认为其就医变得更加及时了。由此可见，原关内居民享有的医疗保障程度比原关外居民要好，原关外居民不仅参加医疗保险的比例、种类档次不及关内，且参加医疗保障在原关外居民的个人负担费用、住院意愿、就医及时性等方面的作用也比较小。

表7 2012年原关内、关外参加医疗保险前后就医情况比较：个人负担费用

单位：人，%

	增加	减少	无变化	不清楚	合计
原关内样本数	2	194	70	14	280
原关内比例	0.71	69.29	25.00	5.00	100.00
原关外样本数	17	238	281	30	566
原关外比例	3.00	42.05	49.65	5.3	100.00

说明：N=846，Pearson Chi=59.0446，P=0.000。

资料来源："2012年深圳就医调查"。

表8 2012年原关内、关外参加医疗保险前后就医情况比较:住院意愿

单位:人,%

	更倾向于住院	更倾向于不住院	无变化	不清楚	合计
原关内样本数	70	64	140	6	280
原关内比例	25.00	22.86	50.00	2.14	100.00
原关外样本数	72	87	372	35	566
原关外比例	12.72	15.37	65.72	6.18	100.00

说明:N=846,Pearson Chi=36.6745,P=0.000。
资料来源:"2012年深圳就医调查"。

表9 2012年原关内、关外参加医疗保险前后就医情况比较:就医及时性

单位:人,%

	及时	不及时	无变化	不清楚	合计
原关内样本数	198	1	79	2	280
原关内比例	70.71	0.36	28.21	0.71	100.00
原关外样本数	184	9	327	46	566
原关外比例	32.51	1.59	57.77	8.13	100.00

说明:N=846,Pearson Chi=115.2161,P=0.000。
资料来源:"2012年深圳就医调查"。

(2)小部分户籍居民社会医疗参保状况有待改善。

2008年一项调查显示,深圳户籍未参加医保人群的职业以无业和学生为主。未参医保的原因主要是经济困难、已买商业保险、处于毕业阶段以及在读大学的学生[①]。例如,目前无业居民在个人缴费窗口参加社会保险(养老和医疗),至少需要492元/月/人,并且费用逐年上升。多数受访者认为这笔费用太高,一般家庭不易承担。因此,具有这些特征的人群,未来健康状况可能存在一定程度的隐患。建议撤销捆绑缴费规定,允许无业居民单独参加医保,以提高医保覆盖率;灵活参保模式,让无业居民自行选择医保类型;以户为单位参保,提高医疗保险保障能力;完善医保操作流程,让大学生可以切实参保;加大宣传力度,提高市民参保

---

① 张欣等:《盐田区深圳户籍居民社会医疗保险参保情况调查研究》,《中国医疗前沿》2008年第18期。

意识①。

2. 医疗资源地区间横向分布的均衡性及其对健康的影响

近些年来，深圳医疗事业发展迅猛，但人均医疗资源远不能满足需求。改革开放 30 年来，深圳市医疗卫生事业取得了长足进步。1979 年深圳市仅有卫生机构 62 家，到 2010 年已经达到 1827 家，增长了 30 倍。2010 年拥有医院 107 家，妇幼保健院 7 家，专科防治院 7 家，门诊部 333 家，私人诊所 981 家，企事业内部医务室 337 家，其他卫生机构 55 家。卫生人员数量也呈逐年增长的趋势，从 1979 年的 1214 人增加到 2010 年的 67678 人，增长了 50 多倍，其中卫生技术人员增至 54081，占卫生人员总数的 79.9%。

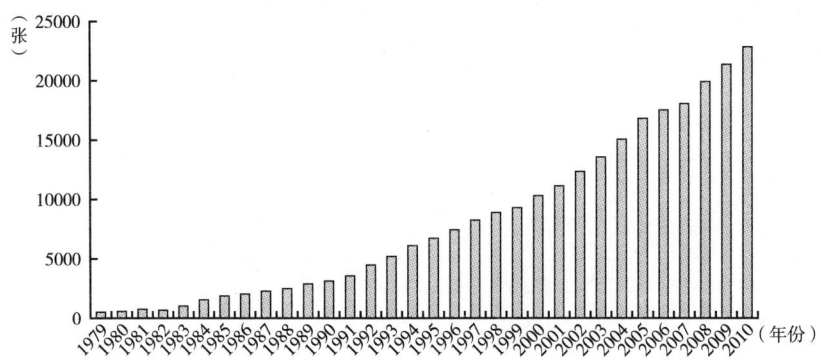

图 7　1979～2010 年深圳市医疗机构床位数

1979～2010 年，深圳市卫生机构床位数持续增长，分为两个阶段：第一阶段（1979～1991 年），卫生床位数从 597 张增加到 3582 张，年均增加 248 张，但是每千人拥有床位数从 1.90 降至 1.50，说明床位数增加速度落后于人口增长速度；第二阶段（1992～2010 年），卫生床位数从 4550 增至 22842 张，床位数增加速度明显快于人口增长速度，每千人拥有的床位数从 1.74 张升至 2.21 张。

但是，深圳市在人均医疗资源的占有量上发展还不充分，不能满足日益增长的需求。2010 年深圳每千人拥有卫生技术人员数为 5.22，略高于全国平均

---

① 张欣等：《盐田区深圳户籍居民社会医疗保险参保情况调查研究》，《中国医疗前沿》2008 年第 18 期。

水平4.37，但是远低于北京（15.58）、上海（9.71）、天津（7.12）等发达城市，甚至略低于广东省平均水平（5.34）。2010年深圳每千人拥有的医疗机构床位数为2.21，远低于北京（7.35）、上海（7.44）、天津（4.93），也低于广东省（3.52）和全国平均水平（3.56）。

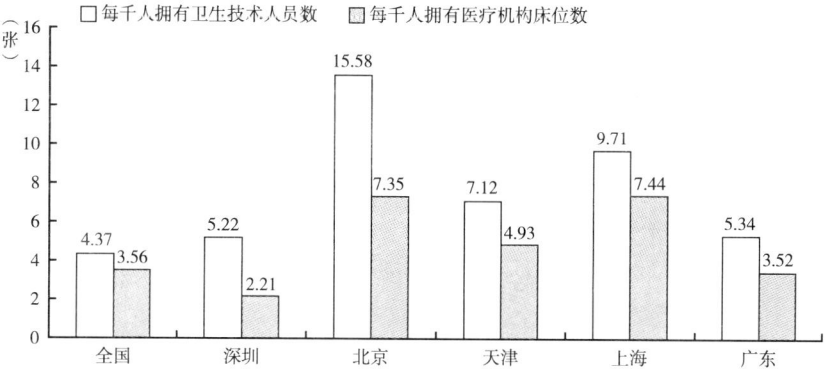

图8　2010年不同地区每千人拥有卫生技术人员数和医疗机构床位数

资料来源：深圳数据来自《深圳市卫生和人口计划生育委员会卫生统计年鉴2010》（http：//www.szhealth.gov.cn/wsj/view? fid = view&oid = xxgk_gkml&ntyp = H01B0501，2010年7月27日），其他数据来自《中国卫生统计年鉴2010》（http：//www.tjcn.org/plus/view.php? aid =16737，2010年10月）。

同时，因为历史因素，原特区内外的医疗卫生事业发展差异显著，主要表现在：第一，原特区内外医疗资源与医疗服务的供需矛盾差异显著。如宝安、光明新区每千人医师数、床位数为1.22人和1.51张，远低于原特区的3.15人和3.29张，特别是精神科、康复科、传染科及妇产科等病床相对短缺。此外，原特区外大型综合医院和高水平的专科医院更为缺乏。按地域面积计算，福田区每平方公里拥有医疗机构2.93家，是宝安区的8.1倍；按人口数量计算，罗湖区每万人拥有医疗机构2.93家，是宝安区的2.6倍。[①] 第二，原特区外基层医院基础设施相对落后，医疗设备配置及医院信息化建设严重滞后，卫生人才配置明显不均衡。医疗卫生资源的公平性得不到充分保障。对不同区域的人口健康产生了重要影响。

---

① 参见《深圳市卫生事业"十一五"发展规划》。

以下，本文进一步运用洛伦茨曲线和基尼系数两种方法，更为直观地展示出深圳卫生服务资源配置的区域差异。

表10 2010年深圳医疗卫生资源配置状况

类 别	盐田区	南山区	罗湖区	福田区	龙岗区	宝安区
常住人口(万人)	22.77	98.89	88.5	120.61	180.02	317.74
卫生机构总数(个)	65	351	224	365	566	852
每万人卫生技术人员数(人)	38.25	47.27	114.81	92.77	62.6	39.8
每万人拥有医院床位数(人)	16.03	20.53	46.6	42.13	24.53	19.11
每万人拥有市级医疗卫生经费(万元)	381.24	365.15	201.7	247.72	309.59	241.72
每万人拥有执业医师及助理医师数(人)	17.26	24.04	45.06	36.28	22.5	15.71
每万人拥有护士数(人)	14.98	21.37	46.5	39.33	24.74	15.57

资料来源：2010年深圳各区统计公报。

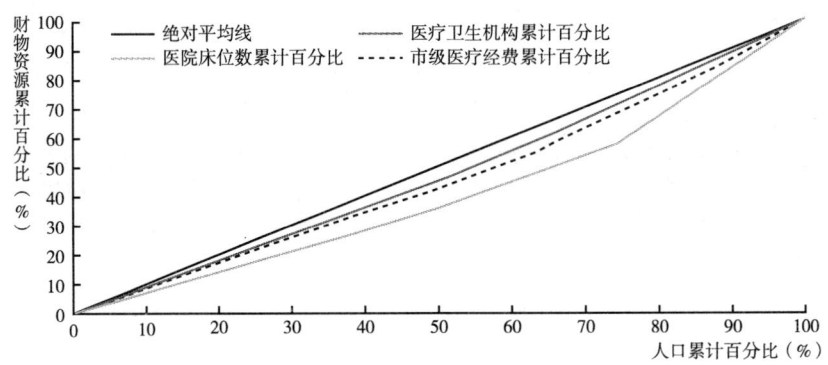

图9 深圳六区医疗卫生财力、物力资源配置洛伦茨曲线

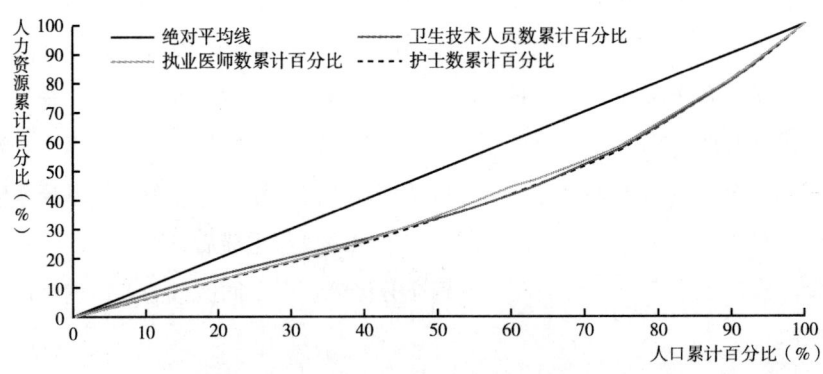

图10 深圳六区医疗卫生人力资源配置洛伦茨曲线

洛伦茨曲线反映了实际资源在各区人口分配状况与绝对公平状况的偏离程度。图9、图10表明，在医疗卫生机构数、医院床位数、市级医疗经费、卫生技术人员数、医生和护士数等几项指标上，深圳六区均存在着不同程度的不均衡性。首先，从总体上看，人力资源比财物资源的不均衡程度更大；其次，在财物资源的配置上，医院床位数在各区的分布差异较大，相比而言，医疗卫生机构的分配相对较为均匀，与绝对公平线的偏离程度最小；市级医疗经费在各区常住人口中的分配也较为公平。

根据计算出的基尼系数也反映了上述特点。六项指标的基尼系数值均小于0.3，表明从整体上来看深圳的医疗卫生资源配置是较为合理的。同时，财物资源——医疗卫生机构数，医院床位数和市级医疗经费的基尼系数明显小于人力资源的基尼系数。这表明，各区之间的医疗卫生"硬件"相对较为公平，真正的差异体现在"软件"上，即卫生技术人员数量上。如果考虑到卫生技术人员的质量，那么原关内和原关外的区域差异将会更加明显。

表11　2010年深圳医疗卫生资源配置的基尼系数

类　别	医疗卫生机构数	医院床位数	市级医疗经费	卫生技术人员	执业医师数	护士数
基尼系数	0.053	0.181	0.084	0.208	0.209	0.226

此外，洛伦茨曲线和基尼系数虽然直观地反映了资源配置的均衡状况，但是医疗卫生机构的可及性、结构和质量，医院床位以及经费的使用效率等因素并没有考虑在内，否则将会呈现更大程度的区域不均衡性。

3. 公共卫生服务的均衡性及其对健康的影响

公共卫生服务涉及计划免疫、传染病控制、妇幼保健和健康教育等诸多方面。近些年，深圳公共卫生工作仍存在区域发展不平衡的状况。例如，预防接种工作发展不均衡，接种率相差较大，加强免疫接种率偏低。其中，盐田区、宝安区的乙脑疫苗加强免疫接种率偏低，龙岗区的百白破加强免疫、麻疹复种、乙型脑炎加强免疫接种率偏低，光明新区的百白破加强免疫、麻疹复种、乙型基础免疫和乙型脑炎加强免疫接种率指标均偏低①。

---

① 《关于2008年深圳市免疫规划工作检查情况的通报》，http：//wsj. szbaws. com/readnews. asp?NewsID = 9551，2008年12月26日。

自2007年起，深圳市卫人委制定"深圳市社区公共卫生服务包"，以公共卫生服务机构为技术指导中心，社康中心为服务平台，让两者建立分片包干责任制，为不同的目标人群提供包括妇女儿童保健、计划免疫、老年保健、心理卫生、社区康复等内容在内的9大类公共卫生服务项目（包括国家规定的10大类41项基本公共卫生服务项目），为不同的目标人群提供包括妇女儿童保健、计划免疫、老年保健、心理卫生、社区康复等基本公共卫生服务，初步实现了基本公共服务均等化①。例如，目前特区内已建立了"市—区—街道接种单位"三级免疫预防实施网络，宝安和龙岗区建立了"市—区—街道—社区接种单位"四级免疫预防实施网络。全市包括1个市疾病预防控制中心、6个区级疾病预防控制中心、22个街道预防保健所及477个社区预防接种单位。健全的基层保健网络结构在全市疾病预防控制中正在发挥重要作用。② 未来深圳人口健康的均衡状况将会发生较大程度的变化。

（四）微观社会经济特征的均衡性与人口健康的群体差异

1. 收入差异对健康的影响

深圳市人均可支配收入居全国前列，2010年深圳的人均可支配收入达到3.24万元，远远高于全国城镇人均可支配收入（1.91万元），也领先于上海（3.18万元）、北京（2.91万元）、天津（2.43万元）等发达城市及广东省平均水平（2.39万元）。然而，虽然整体上深圳的收入水平位于全国前列，但在深圳市不同区之间收入水平存在着较大差异。2010年，人均可支配收入最高的是福田区，达到3.93万元，其次是南山区3.50万元，罗湖区3.36万元。盐田区、宝安区和龙岗区均低于全市平均水平，分别为3.02万元、3.0万元和2.83万元。

其次，从不同人群来看，户籍人口收入高于流动人口。"2012年深圳就医调查"数据显示，流动人口主要集中在中低收入阶层，月收入大于等于500元而小于2000元的劳动者占深圳全部流动人口从业者的78%，其中月收入为500~1000元者和1000~2000元者分别占40%和38%。流动人口中中等收入群体的比例不大，9.54%的流动人口劳动者月收入为2000~3000元，7.44%的劳动者月

---

① 《2011年深圳卫生人口计生事业发展情况报告》。
② 《深圳市扩大国家免疫规划项目实施工作指南（试行）》。

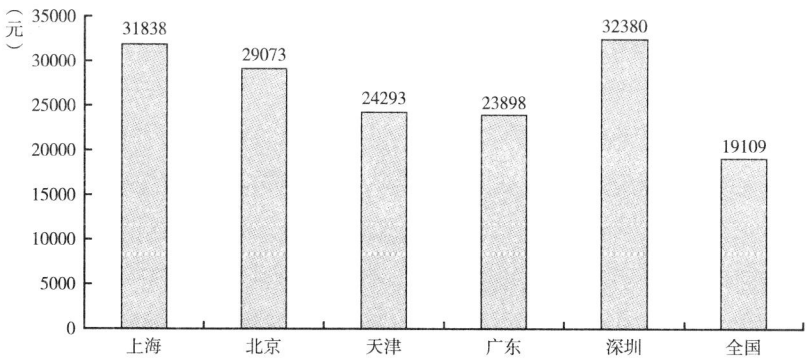

图 11　2010 年部分地区城镇居民人均可支配收入

资料来源：《中国统计年鉴 2010》及相应省市政府工作报告。

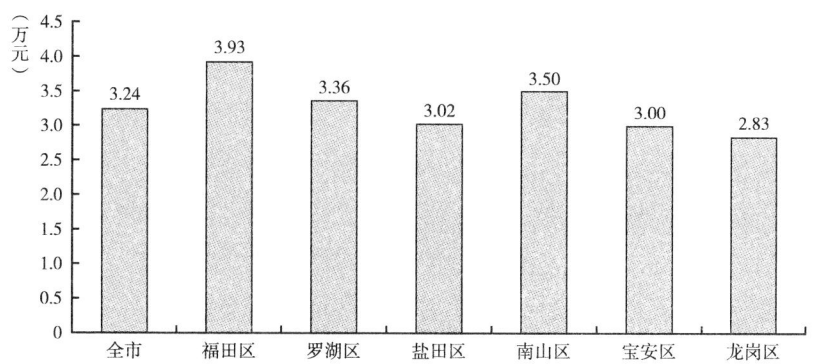

图 12　2010 年深圳市分地区人均可支配收入

资料来源：《深圳统计年鉴 2010》及各区统计年鉴所得数据计算而成。

收入为 3000～5000 元。流动人口中高收入人群的比例很小，只有 0.64% 的劳动者月收入大于 10000。而深圳户籍人口的月收入主要集中在中高收入阶层，50.47% 的户籍人口月收入为 2000～5000 元，36.45% 的户籍人口月收入超过 5000 元，其中 4.85% 的户籍人口月收入超过 10000 元。从平均收入来看，原关内居民的月平均收入为 5025 元，原关外居民的月平均收入为 3770 元，t 检验显示二者存在显著差异。

关于个体收入状况与健康不公平的关系，诸多研究结果显示，对那些可避免的死因，如结核病、疟疾、艾滋病和微量元素缺乏综合征等，经济社会地位较低的人群会比经济社会地位较高的人群存在更高的死亡率。这是由于经济社会较低人口在预防性健康检查、诊断和治疗的延误。而预防性健康检查、诊断和治疗的延误反过来会影响到贫困人口在劳动力市场上的机会,因为身体不健康等原因,他们很难获得较为稳定和较高收入的职业机会。

2. 职业环境差异对健康的影响

从深圳人口的就业单位来看,各单位的从业劳动力比例一直在发生变化。改革开放之初,镇村劳动者的比例较高,其次是国有单位的劳动力。在20世纪80年代,乡镇企业开始突飞猛进的发展,吸纳了100万以上的劳动力,此后镇村劳动力的增长势头有所放缓。90年代以后,私营经济逐渐发展起来,开始成为劳动力就业的重要部分。2004年,私营个体劳动者超过了200万人,其他类型的单位劳动者也超过了100万人。对应的,国有单位和城镇集体单位的劳动者的绝对量增长缓慢,相对比例不断下降。

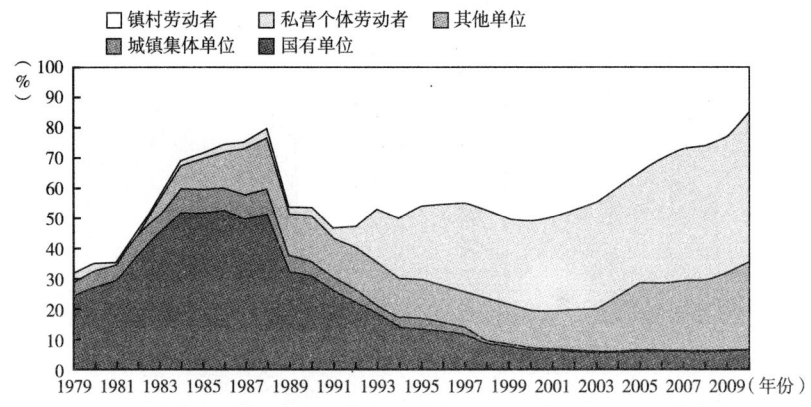

图13 1979~2010年深圳市劳动力从业单位的构成

资料来源:《深圳统计年鉴2011》,中国统计出版社,2011。

深圳居民在不同性质和级别的单位中的就业结构状况与人口健康状况存在重要联系。大部分有职业危害的涉外企业的行政管理权隶属镇、村一级,没有明确的卫生管理机构,难以严格控制和管理。此外,从工作环境来看,原关外居民所面临的报酬和工作环境略差。深圳外来务工者的工作环境中存在不同程度的极端不利条件,他们的工作时间普遍较长,[①] 而这也是影响不同区域、不同人群健康

---

① 牛建林、郑真真、张玲华、曾序春:《城市外来务工人员的工作和居住环境及其健康效应——以深圳为例》,《人口研究》2011年第3期。

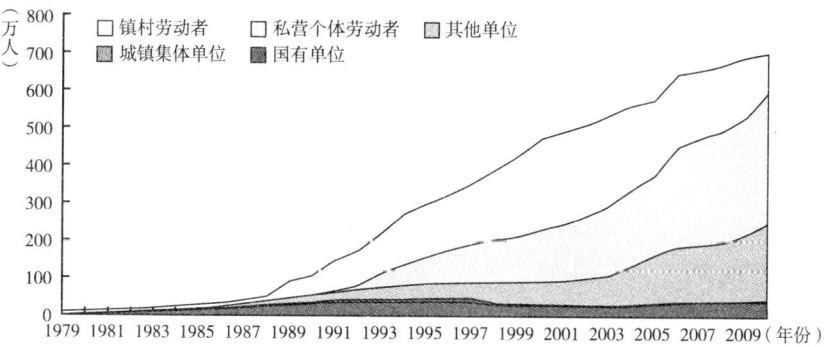

图14 1979~2010年深圳市劳动力在各类单位的从业状况

的重要因素。"2012年深圳就医调查"数据显示,原关外居民中有32.55%的人平均每天工作8小时以上,显著高于原关内居民的18.63%。

表12 2012年原关内、关外居民的日均工作时间

单位:人,%

类 别	8小时以内	8小时以上	合 计
原关内样本数	262	60	322
原关内比例	81.37	18.63	100.00
原关外样本数	543	262	805
原关外比例	67.45	32.55	100.00

说明:N=1127,Pearson Chi=21.8157,P=0.000。
资料来源:"2012年深圳就医调查"。

3. 受教育程度的均衡性对健康的影响

从地区分布上来看,"2012年深圳就医调查"数据显示,原关外常住居民专科及以上学历占调查人数的22.73%,远远低于原关内居民的45.65%。同时,原关外居民以初中、高中及中专两个学历阶段为主,分别占32.92%和41.74%,比例均高于关内居民。卡方检验显示,原关内常住居民的受教育程度要明显好于原关外居民。这也会对区域时间的健康差异产生影响。

4. 居住环境差异对人口健康的影响

基于2010年"环境与健康:深圳外来务工人员调查研究"1025位外来务工人员的抽样调查数据,牛建林等人研究发现,绝大多数外来务工人员目前居住在

楼房（多数为当地的农民楼房），他们的住房来源以个人租赁或雇主提供的集体宿舍为主。总体而言，外来务工人员的居住条件比较简陋，其住所内宜居条件较差，从而对健康产生影响。

表13　2012年原关内、关外居民的受教育程度

单位：人，%

类别	小学及以下	初中	高中及中专	专科及以上	合计
原关内样本数	2	65	108	147	322
原关内比例	0.62	20.19	33.54	45.65	100.00
原关外样本数	21	265	336	183	805
原关外比例	2.61	32.92	41.74	22.73	100.00

说明：N=1127，Pearson Chi=79.1422，P=0.000。

资料来源："2012年深圳就医调查"。

（五）居民健康素养的不同与人口健康的差异性

在这里，本文将健康素养界定为就医态度和就医行为。"2012年深圳就医调查"数据显示，原关内外两类居民对附近的医疗条件有着显著不同的评价，如表14所示，原关内居民中有5.9%和49.69%的人认为附近的就医条件"非常好"和"较好"，原关外居民仅有2.11%和30.56%的人这样认为。有超过一半的原关外居民认为就医条件"一般"，显著高于关内居民的40.99%。有10.43%的原关外居民认为就医条件"较差"，原关内居民仅有3.42%。同时，还有0.87%的原关外居民认为附近就医条件"简陋"。由此可见，在对区域就医条件的主观评价中，原关内和关外居民有着显著的不同，整体上看原关内居民对于就医条件的满意度更佳。

表14　2012年原关内、关外的就医条件评价比较

单位：人，%

类别	非常好	较好	一般	较差	简陋	合计
原关内样本数	19	160	132	11	0	322
原关内比例	5.9	49.69	40.99	3.42	0	100.00
原关外样本数	17	246	451	84	7	805
原关外比例	2.11	30.56	56.02	10.43	0.87	100.00

说明：N=1127，Pearson Chi=59.9880，P=0.000。

资料来源："2012年深圳就医调查"。

在经常选择就诊的医疗机构类型上,原关内居民中有47.83%的人选择去市级医院,而原关外居民这一比例仅占14.04%。原关外居民更多的是选择区级医院、街道医院和社康中心,比例分别占27.7%、22.86%和20.75%。原关内居民选择区级医院和街道医院的比例显著低于原关外居民,其中在街道医院就诊的比例仅有4.04%。两地居民选择社康中心就诊的比例大致相当。另外,还有14.66%的原关外居民选择私人医院、个体诊所或不看病,比例也高于原关内居民。医疗机构的级别和医疗资源的质量密切相关,由此可见原关内居民的就医态度主要是求"好"——倾向于在医疗质量好的机构就医,其次是求"近"——在社康中心就诊的比例也较高;原关外居民的就医机构分布较为均衡,一方面反映了原关外所拥有的市级医院较少,另一方面也反映出原关外居民对医疗机构的级别没有特别的倾向。生了大病以后,有绝大多数的原关内居民选择去公立医院(82.92%),比例远远高于原关外居民(59.25%),也反映了这一点。

表15 2012年原关内、关外选择就医的医疗机构类型比较

单位:人,%

类 别	市级医院	区级医院	街道医院	社康中心	私人医院、个体诊所或不看病	合 计
原关内样本数	154	60	13	71	24	322
原关内比例	47.83	18.63	4.04	22.05	7.45	100.00
原关外样本数	113	223	184	167	118	805
原关外比例	14.04	27.7	22.86	20.75	14.66	100.00

说明:$N = 1127$;Pearson Chi $= 179.8760$;$P = 0.000$。

资料来源:"2012年深圳就医调查"。

表16 2012年原关内、关外选择医疗机构的主观意愿:大病

单位:人,%

类 别	公立医院	区级医院	街道医院	社康中心	私人医院或个体诊所	合 计
原关内样本数	267	48	5	1	1	322
原关内比例	82.92	14.91	1.55	0.31	0.31	100.00
原关外样本数	477	158	147	16	7	805
原关外比例	59.25	19.63	18.26	1.99	0.87	100.00

说明:$N = 1127$,Pearson Chi $= 75.5889$,$P = 0.000$。

资料来源:"2012年深圳就医调查"。

从就医态度上看，原关外居民中有32.67%的人患病选择"不就医，自己买药解决"，高于关内居民，也反映了原关外居民的就医态度比关内居民更加消极。

表17 2012年原关内、关外居民的就医态度

单位：人，%

类别	患病立刻就医	先拖一段时间，病情无好转再就医	由于工作或学习原因，不会立刻就医，但有时间就会就医	不就医，自己买药解决	其他	合计
原关内样本数	138	79	36	69	0	322
原关内比例	42.86	24.53	11.18	21.43	0	100.00
原关外样本数	328	149	61	263	4	805
原关外比例	40.75	18.51	7.58	32.67	0.5	100.00

说明：N=1127，Pearson Chi=19.3106，P=0.001。

资料来源："2012年深圳就医调查"。

此外，原关内和关外居民对于深圳医疗机构存在哪些问题，也有着不同的看法。有近九成的两地居民认为深圳医疗机构收费太高，这点上没有显著差异。有近1/3的两地居民认为深圳医疗机构技术水平低，原关外居民选择"不清楚"的比例要高于原关内居民。在"是否离家远"的选项上，两地居民的差异较为明显，有27.08%的原关外居民认为深圳医疗机构离家太远，原关内居民这一比例仅为11.49%。而在"是否医疗设备差"的选项上，有14.66%的原关外居民认为设备较差，高于原关内居民。还有18.88%的原关外居民认为深圳医疗机构"卫生环境差"，这一比例也高于原关内居民。由此可见，收费太高是深圳医疗机构面临的普遍问题，而相对于原关内医疗机构，原关外的医疗机构不仅数量较少，距离居住区较远，而且技术水平偏低，医疗设备较落后，卫生环境也较差。

表18 2012年原关内、关外深圳医疗机构存在的问题：收费太高

单位：人，%

类别	是	否	不清楚	合计
原关内样本数	292	28	2	322
原关内比例	90.68	8.7	0.62	100.00
原关外样本数	701	97	7	805
原关外比例	87.08	12.05	0.87	100.00

说明：N=1127，Pearson Chi=2.8493，P=0.241。

资料来源："2012年深圳就医调查"。

表19　2012年原关内、关外深圳医疗机构存在的问题：技术水平低

单位：人，%

类别	是	否	不清楚	合计
原关内样本数	102	193	27	322
原关内比例	31.68	59.94	8.39	100.00
原关外样本数	261	396	148	805
原关外比例	32.42	49.19	18.39	100.00

说明：N=1127，Pearson Chi=32.4188，P=0.000。
资料来源："2012年深圳就医调查"。

表20　2012年原关内、关外深圳医疗机构存在的问题：离家距离远

单位：人，%

类别	是	否	不清楚	合计
原关内样本数	37	283	2	322
原关内比例	11.49	87.89	0.62	100.00
原关外样本数	218	580	7	805
原关外比例	27.08	72.05	0.87	100.00

说明：N=1127，Pearson Chi=32.4188，P=0.000。
资料来源："2012年深圳就医调查"。

表21　2012年原关内、关外深圳医疗机构存在的问题：医疗设备差

单位：人，%

	是	否	不清楚	合计
原关内样本数	27	276	19	322
原关内比例	8.39	85.71	5.9	100.00
原关外样本数	118	610	77	805
原关外比例	14.66	75.78	9.57	100.00

说明：N=1127，Pearson Chi=13.5506，P=0.001。
资料来源："2012年深圳就医调查"。

表22　2012年原关内、关外深圳医疗机构存在的问题：医疗卫生环境差

单位：人，%

类别	是	否	不清楚	合计
原关内样本数	44	271	7	322
原关内比例	13.66	84.16	2.17	100.00
原关外样本数	152	589	64	805
原关外比例	18.88	73.17	7.95	100.00

说明：N=1127，Pearson Chi=19.4246，P=0.000。
资料来源："2012年深圳就医调查"。

总之，原关内外居民就医行为和就医态度对人口健康状况产生了重要影响。首先，关外居民对附近医疗条件的满意度不如关内居民；其次，原关内居民经常选择的就医机构是拥有高质量医疗资源的市级医院，而原关外居民选择市级医院的比例较小，更多选择的是区级医院和街道医院，主观意愿上关内居民也更倾向于去公立医院就诊；最后，在对深圳医疗机构面临问题的评价上，两地居民都认为"收费太高"，但是原关外居民更倾向于认为深圳医疗机构"技术水平低"、"离家远"、"医疗设备差"和"卫生环境差"，这反映出原关外居民所拥有的医疗资源较差，满意度较低。

（六）小结

深圳在过去30多年的高速发展中，产生了一定程度的社会经济不均衡。具体表现在如下两方面。

首先，地区之间差异显著。经济指标上，深圳经济总量增长迅速，人均可支配收入处于全国前列，但是地区经济发展不均衡，传统的"关内四区"——罗湖、福田、盐田和南山在人均GDP和人均可支配收入上要领先于宝安、龙岗两区。医疗资源上，深圳医疗事业一直发展迅猛，但远远不能满足需求，且不同区域医疗资源差异较大，宝安和龙岗两区在医疗资源的总量和人均占有量上不及关内四区。不仅如此，关内四区在经济结构、投资环境、基础设施、交通通讯、社会治安等多方面均优于宝安、龙岗两区，后者在经济发展水平和发展机遇处于落后的地位。

其次，流动人口与户籍人口之间差异显著。流动人口的人均可支配收入要明显低于户籍人口。与户籍人口相比，流动人口职业结构和职业流动中处于明显的劣势地位。从事生产、运输设备操作，商业和服务业的流动人口占深圳市全部流动人口就业的80%以上，而户籍人口中只有不到一成的人从事同种工作。户籍人口多为专业技术人员和办事人员，还有接近1/5的人担任国家机关、党群组织、企业、事业单位负责人。在受教育程度上，户籍人口也优于流动人口：流动人口的受教育水平以初中和高中学历为主，占总数的3/4，而在户籍人口中有近一半的人拥有大专及以上学历。

以往的研究表明，社会经济不均衡对于人口健康存在着深远的影响。深圳在人口健康上取得了长足的进步，特别是在"十一五"期间：常住人口的平均预期寿命由76.75岁提高到78.01岁；常住人口婴儿死亡率由原先的4.3‰降低到2.35‰；常住人口中平均每10万孕产妇死亡数从17.81例下降到15.4例；常住人口5岁以下儿童死亡率由5.46‰下降到3.5‰。但是，深圳面临的社会经济不均衡，也一定程度上影响了健康指标的均衡状况。例如，在2010年妇幼保健指标上，龙岗区均落后于其他各区。在对各区年龄别疾病死亡构成的分析表明，宝安和龙岗两区的婴幼儿健康状况要低于全市平均水平，在劳动人群的健康保障上均比较欠缺，并且龙岗区高龄老人的疾病死亡比例也高于全市平均水平。户籍人口与流动人口之间的社会经济不均衡，也同样反映在健康指标的不均衡上：近年的数据显示，流动人口的孕产妇死亡率、围产儿死亡率、婴儿死亡率、五岁以下儿童死亡率和新生儿破伤风发病率均高于户籍人口和暂住人口，其中围产儿死亡率上差距达到两倍以上。

在利用2012年"就医调查"数据的基础上，我们不仅验证了原关内和关外常住居民之间的社会经济不均衡——原关外居民在受教育程度、工作时间和月人均收入等指标上不如原关内居民，并且我们得以进一步阐明了原关内和关外两地之间面临的健康不均衡：原关外居民在健康自评和就医态度上比原关内居民更为消极。

六 提升深圳社会经济发展均衡性与人口健康公平性的政策建议

（一）进一步推进原关内外区域经济的协调，促进人口健康协调发展

统筹原关内外区域经济发展，鼓励区域间优势互补、良性互动，构造产业链式发展，进一步完善区域之间协同发展的制度保障，在区域经济协同发展的同时，实现不同区域、不同人群健康的持续发展。

（二）协调健康政策，以社会建设统领人口健康跨部门合作

随着经济社会的不断进步，以GDP为中心的发展模式弊端暴露无遗，迫切需要与经济建设相适应的社会建设。人口健康是一个复杂的系统工程，影响人口健康的因素是多元的，任何一个影响因素所决定的健康风险也是多元的。由

于长期缺少人口健康政策的统筹规划机制和跨部门协作机制，导致卫生部门单打独斗的不利局面。世界卫生组织认为，事实上对健康造成广泛影响的大部分问题处在卫生部门可影响的范围之外。民政、环境、教育及其他部门都对健康产生影响，但这些部委对健康造成影响的决策通常很少引起注意。人口健康和卫生医疗事业都是社会建设的重要内容，因而决定了必须在社会建设的统领之下，推进政府部门、企业单位、社会组织、社区之间的互动合作，力图引导政府各部门广泛地采用"所有政策考虑卫生"的策略。人口健康的复杂性也决定了解决人口健康问题，必须依靠"大卫生"格局，即以社会建设统领人口健康的跨部门合作。尤其是在政策设计、制定和出台的过程中，避免利益部门化的不良倾向。政策工具的选用要科学化，保证政策效能得以最大化的同时，还要保证人口健康资源的可控使用，慎防政策制定过程中的部门利益驱动而导致政策短板。

（三）推进区域医疗资源均衡布局，全面提升医疗服务技术水平

一是加大对原特区外地区的政策倾斜。要积极主动协调有关部门加大对原特区外6个区（新区）的卫生专项经费的投入，在卫生装备建设、人才引进和培养等方面予以倾斜；协调有关部门优先安排卫生重大项目建设资金，加快宝荷、新安等6家选址原特区外地区的新建医院建设。推进华为科技城、龙城、龙华、沙井、大浪、平湖、葵涌等片区的"十二五"规划新建医院的立项工作。制定三级医院结对帮扶一级和二级医院的责任制，推动原特区外地区医疗机构的标准化、规范化建设。到2016年，实现每个城市功能组团均有1家以上三级医院，每个街道范围内均有1家以上二级医院。到2016年底，卫生资源实现按城市功能组团优质均衡布局。

二是提高区域医疗中心的办院档次。按照实用、先进、经济原则支持、加快市人民医院等老医院大型医疗设备更新，全面提升现有三级医院的诊疗能力和档次水平。

三是城市卫生规划需要确立医疗卫生资源的分区配置原则。社区层面以社区健康服务中心为建设重点，实现全覆盖目标；结合不同社区对医疗卫生资源的需求，制定分区域的配置导则，特别是对经济相对落后地区要发挥政府的调控作用，保障公共属性医疗机构的配置。

（四）进一步提升卫生公平性和可及性，促进健康公平

一方面要改善医疗保健筹资的公平性，加大对卫生保健的投入力度，逐步提高弱势群体、特殊群体的保障标准，缩小区域之间和人群之间的保障差异；另一方面要健全基层医疗服务网络，将医疗卫生服务资源向需求迫切的地区和人群贴近。

（五）营造身心健康的工作和居住环境，改善外来务工人员健康状况

建立健全以疾控中心、卫生监督所为主导、街道预防保健所为骨干、社康中心为网底的职业卫生服务网络体系。对重点区域的职业病危害企业进行重点监控；着力改善外来务工者聚居区的卫生条件，减少因过度拥挤而引发一系列的安全问题和健康影响。

（六）加强健康教育与促进体系建设，提升居民健康素养

完善健康教育与促进体系，开展创建健康城市工作，宣传健康城市理念。完善市民健康素养监测工作机制和监测体系，全面掌握辖区居民健康需求，主要健康问题及其影响因素，逐步扩大对重点人群，重点疾病和重点风险行为监测范畴，为实施有针对性地有效干预提供科学依据，开展健康素养普及教育。

B.6 应对深圳人口健康转型的公共卫生政策

吴明 雷迪 杨越涵

摘 要： ①深圳市公共卫生服务体系较为完备，除了常规的CDC、卫生监督机构、健康教育机构和妇幼保健机构外，还独立出慢性病防治中心、职业病防治中心、精神卫生中心等机构，在部分区还有街道层面的预防保健所。

②这种体系需要解决在机构间的协调配合、管理成本较高和如何配置公共卫生人员上形成合理的管理办法才可能使这种体系的完备体现为服务质量的提升和运行状况的高效。

③未来，应从建立基本公共卫生服务长效筹资机制和公共卫生提供者的有效激励机制入手，并建立监督机制，就可能使深圳的公共卫生事业真正实现提质增效。

关键词： 人口健康转型基本 公共卫生服务 公共卫生政策

一 研究背景

人口健康转型是指人口疾病谱以及影响健康的主要因素发生了本质性的变化。近几十年来，我国人口的疾病谱逐渐发生了改变：威胁人类健康和生命的主要疾病由感染性疾病转变为包括心脏病、脑血管病、恶性肿瘤和糖尿病等疾病在内的慢性退行性疾病；此外，精神疾患和意外损伤的发生率也逐渐升高，新发传染病对居民健康构成了新的威胁。

疾病谱改变的主要原因有：一是人口结构的改变。中国已进入老年型人口国

应对深圳人口健康转型的公共卫生政策

家,近年来老年人口的比重不断上升,且高龄化趋势日益明显。与其他年龄组的人群相比,老年人是健康最脆弱的人群,各种疾病尤其是慢性病的患病率高,且病情严重、病程更长。二是影响健康的主要危险因素发生了改变。生活环境(包括食品、大气、水、居住等环境)污染、不良生活方式、精神紧张和职业危险因素等成为目前影响人们健康的主要因素,也成为目前慢性病呈现低龄化趋势的主要原因。

疾病谱的改变必然会带来居民对卫生服务需求的变化。其中一个主要表现为医疗服务的利用水平和诊治费用水平不断提高,尤其是在医疗保障水平较高以及医学高新技术逐渐得到普遍应用的情况下。但由于很多慢性病难以治愈,即使是应用现代的高新医疗技术,也只能通过医学手段延缓病情发展。对于很多慢性病患者来说,一旦患病,往往需要长期承受疾病带来的各种痛苦以及给生活和工作带来的种种不便,影响到生活甚至生命的质量。即使通过医学手段恢复了健康或延缓了病程,也通常是以社会和家庭沉重的疾病经济负担为代价。因此,这给改善健康的手段提出了挑战。

不像多数传染病那样有明确的致病因子,大多可以通过医学技术进行预防和治疗,慢性退行性疾病、精神疾患、意外损伤等主要疾病是多种因素(生物、心理和社会因素)综合作用的结果,其中很多因素广泛存在于社会、生活和工作等环境之中,并伴随工业化、城镇化所带来的社会、经济的各种变化而逐渐被强化,依靠医学技术既难以完全治愈,也不能够预防它们的发生。因此,改善健康策略的内涵及其主要手段应随之改变,作为控制健康危险因素重要手段的公共卫生应成为适应人口健康转型的重要卫生工作内容。

公共卫生服务的有效提供不仅涉及提供服务所需要的技术,更与提供者的提供能力以及对提供者的有效激励密切相关。由于多数公共卫生服务具有公共产品性质和外部性,因此,对提供者的有效激励与公共卫生政策以及包括公共卫生投入、公共卫生资源配置方式以及公共卫生监管在内的政府行为密切相关,而这些又涉及政府对公共卫生的重视程度、政府的服务理念以及中国的行政管理体制、财政体制、政府相关部门的合作机制等。

综上,本研究利用深圳市相关统计数据、深圳市相关研究资料、在深圳市开展无结构深度访谈调查资料以及相关文献资料,采用文献分析、理论研究以及定性分析相结合的方法,通过对深圳人口健康转型、卫生服务需求变化现状及主要原因、公共卫生政策实施情况及其影响因素分析，研究适应深圳市人口健康转型需要的公共卫生政策，并提出政策建议。

二 深圳人口健康转型及其影响因素

（一）深圳市人口数量及结构

深圳市人口包括：户籍人口，即拥有深圳市户籍的人口；暂住人口，即在深圳办理暂住证人口（居住半年以上）；流动人口，包括到深圳不到半年的流动人口和相当一部分在深圳长期逗留但没有暂住证的人口。前面两类人口之和称为常住人口。长期居住但无暂住证的人口也属于常住人口，但由于没有到人口管理机构登记，因而难以掌握该人群的数量。

2001年末深圳市常住人口468.76万，其中户籍人口132.04万，占28.17%，非户籍人口336.72万，占71.83%。根据2010第六次人口普查资料，全市常住人口为1035.79万人，同2000年第五次全国人口普查的700.84万人相比，十年共增加334.95人，年平均增长率为3.98%，明显高于全国（0.57%）和全省（1.90%）的平均水平。其中户籍人口251.03万（占24.2%），非户籍人口占76.8%。

深圳人口结构属于年轻型。根据第六次人口普查资料①，全市常住人口中0~14岁人口占9.84%，15~64岁人口占88.40%，65岁及以上人口仅为1.76%。同2000年第五次全国人口普查相比，0~14岁人口的比重上升1.34个百分点，15~64岁人口的比重下降1.99个百分点，65岁及以上人口的比重上升0.65个百分点。

（二）深圳市人口健康状况及主要健康问题

1991~2011年深圳市婴儿死亡率和孕产妇死亡率都呈下降趋势（见图1和图2）。2011年全人口围产儿死亡率、婴儿死亡率、新生儿死亡率、5岁以下儿童死亡率、孕产妇死亡率分别为5.43‰、2.29‰、1.53‰、2.98‰、7.34/10

---

① 深圳市统计局：《深圳市2010年第六次全国人口普查主要数据公报》（2011年5月12日）。

应对深圳人口健康转型的公共卫生政策

万。这些指标在全国大中城市中排在前列,已达到发达国家水平。2011 年深圳市人口的期望寿命为 78.03 岁。

2011 年全市常住居民粗死亡率为 6.221/万。前十位死因顺位是:恶性肿瘤、心脏病、损伤与中毒、脑血管疾病、呼吸系统疾病、传染病、寄生虫病、新生儿疾病和泌尿、生殖系统疾病(见表1)。前三位死因占全部死亡的 63.05%,恶性肿瘤、心脏病、脑血管疾病及内分泌、营养代谢及免疫疾病等慢性退行性疾病占全部死亡的 64.99%。恶性肿瘤死亡首位是肺癌,其次是肝癌、结肠直肠癌、胃癌等;心脏病死亡以心肌梗死为主,其次是其他心脏病和冠心病等;损伤与中毒死亡以交通事故为主,其次是意外跌落、其他损伤中毒自杀、意外窒息等。

表1 2011 年深圳市常住人口前十位死因构成

死亡原因	死亡率(1/10000)	构成比(%)
恶性肿瘤	1.92	35.26
心脏病	0.78	14.28
损伤和中毒	0.74	13.51
脑血管疾病	0.67	12.20
呼吸系统疾病	0.46	8.49
传染病、寄生虫病	0.22	4.10
消化系统疾病	0.19	3.51
内分泌、营养代谢及免疫疾病	0.18	3.25
新生儿疾病	0.17	3.18
泌尿、生殖系统疾病	0.12	2.22
合计		100.00

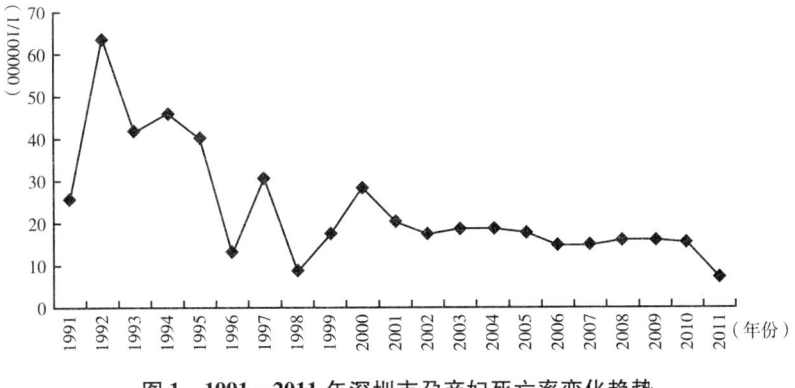

图1 1991~2011 年深圳市孕产妇死亡率变化趋势

183

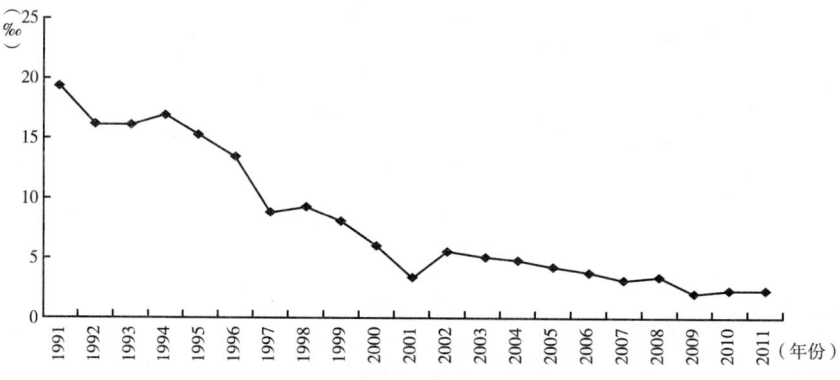

图 2　1991～2011 年深圳市婴儿死亡率变化趋势

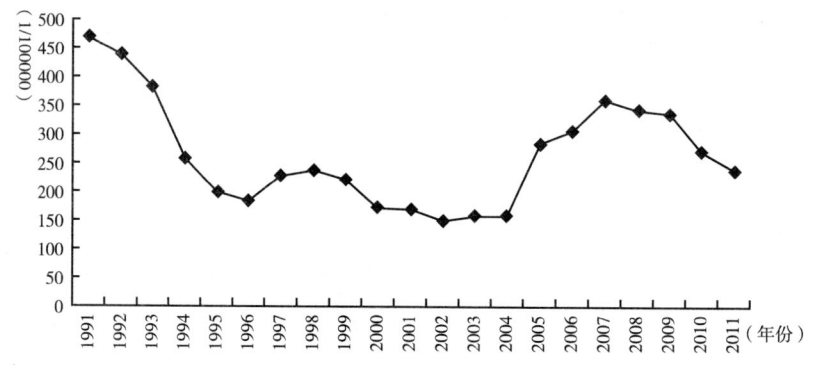

图 3　1991～2011 年深圳市甲、乙类传染病发病率变化趋势

在过去的 30 年里,深圳市传染病发病变化呈现 4 种"发病模式"。1980～1983 年的"流感高发",1984～1987 年的"疟疾高发",1988～1990 年的"肝炎高发",1991～2000 年的"性病高发"。从 21 世纪开始,结核病发病率排在前面,同时面临一些新发传染病的严峻挑战,如 SARS、O157、禽流感、甲型 H1N1 等。1991～2011 年期间,随时间推移深圳市传染病(甲、乙类)发病率呈下降趋势。2011 年传染病发病率为 238.44/10 万。目前,传染病仍然是影响深圳市居民健康的重要因素,尤其对于外来流动人口,传染病防治工作仍然任重道远。

尽管深圳是一个人口结构较为年轻的城市,但其经济发展十分迅速,城市化进程和速度较快,居民生活水平普遍高于内地很多城市,除了生活环境条件的变化,生活方式的改变、职业因素的影响、体力活动减少等,高血压、糖尿病、心脏病等慢病退行性疾病的发病呈现迅速增长的趋势。而且慢性退行性疾病已经成为引起深圳市居民死亡的主要原因。第一次卫生革命尚未完成，但同时又面临着第二次卫生革命的挑战。

随着深圳市社会、经济的发展，社会及生活环境不断变化，竞争激烈，生活压力较大，精神疾患对深圳居民的影响越来越大。调查显示，深圳市精神病人数、患病率均呈现逐年上升的趋势。精神疾患已经成为影响深圳市居民健康的重要问题。

深圳市是改革开放的前沿阵地，经济较为发达，私家车拥有量居全国前列，因此带来的交通问题也日益严重。深圳市交通事故频频发生，交通事故死亡率也随之上升。此外，意外中毒、自杀的死亡率总体上也呈现上升趋势。损伤与中毒死亡成为居民死亡的第三位主要原因。

深圳市人口特点也使其在健康方面的特点具有其特殊性。一是深圳市外来务工人员多，其中多数来自于农村地区。相当一部分人健康意识薄弱、卫生保健和职业卫生知识贫乏、自我保护意识和能力较差，目前职业病成为深圳市不可忽略的健康问题之一。二是全市人口中生育期妇女所占比例在国内城市中名列前茅，因而妇女儿童的卫生保健问题是深圳市最具特殊性的健康问题。其中外来农村流动人口具有流动性大、主动性和依从性较差的特点，对妇幼保健服务利用不足，其妇女和儿童健康问题相对严重，尤其应引起重视。

（三）影响深圳市人口健康的主要因素

1. 自然因素

深圳是沿海城市，属于亚热带海洋气候，常年平均气温22.4℃，平均降水量1933.3毫米。日照时间长，夏季长达7个月之久，且雨水较多。炎热与潮湿容易导致蚊子、苍蝇以及其他细菌滋生，引起消化道疾病。另外，海产品在居民饮食中占重要位置，但海产品易受细菌污染。这些因素使得深圳成为肝炎、痢疾、霍乱等消化道传染病和疟疾的高发区。

在地理位置上，深圳毗邻香港、澳门，是我国陆上进出口的主要通道，市民与香港、澳门以及东南亚国家的居民有着极为密切的联系与交往，边贸频繁，导致一些输入性疾病很容易流入。

2. 生活条件

生活条件改善是降低传染病发病的社会处方之一。但是对于外来务工人员来说，他们的居住条件相对简陋和拥挤，卫生条件差，饮食方面的不卫生，这些都是导致肝炎、痢疾、霍乱以及疟疾的传播与流行的危险因素。

3. 生活方式

深圳是一个年轻的城市，但其经济发展十分迅速，特别是农村城市化后，人们生活水平普遍高于内地其他城市。而生活方式的改变，营养过剩、体力活动减少、心理压力过大等，使得高血压、糖尿病、肿瘤等慢病呈现迅速增长的趋势。

4. 观念行为

深圳市开放程度较高，年轻人比例较高，人们的思想活跃，观念开放，一些不良社会观念和行为在年轻人中有所蔓延。同时，很大一部分流动人口的文化水平不高，自我保护意识差，使得同居和性乱、甚至性交易等行为成为性病、艾滋病高发的原因。

5. 职业安全

对于外来务工人员来说，特别是来自农村地区的人群，卫生保健和职业卫生知识贫乏、自我保护意识和能力较差。而很多企业为了节约成本，职业防范措施缺乏，监督管理机构对企业的监管不到位，使得劳务工的职业损伤和中毒事件成为深圳的社会重大问题。职业安全以及职业病的防治工作面临挑战。

6. 卫生服务的可及性

深圳市流动人口占有很大比例，其中又以外来农村人口为主，流动人口受其本身素质、就业压力、外出打工的目的、经济状况、流动性、医疗保险保障水平等因素的影响，卫生服务的利用水平较低，主动性和依从性均较差，从而对他们的健康产生影响。

三 深圳市公共卫生服务提供状况及其面临的挑战

（一）深圳市公共卫生服务提供状况及相关政策

除了专业公共卫生机构提供的常规公共卫生服务外，依托社区健康服务中心和区级专业公共卫生机构为居民提供包括健康档案、妇女儿童保健、计划免疫、老年保健、慢病管理等内容在内的基本公共卫生服务项目。近年来全市已累计建立了1400多万份居民健康档案；市民主要健康知识知晓率和主要健康行为形成率得到提高；老年人保健工作不断加强，重性精神疾病得到有效管理，糖尿病和高血压病管理加强，成为全国和广东省"慢病综合防治示范点"。2011年全市居民传染病发病率为238.44/10万，全人口婴儿死亡率和孕产妇死亡率分别为2.30‰和7.34/10万，全市孕产妇产前检查率为98.49%。这些公共卫生服务指标排在全国大中城市前列。

在重大公共卫生服务项目方面，继续实施结核病控制策略，开展耐多药结核病防治项目和流动人口结核病防治项目，户籍肺结核病患者的系统管理率超过90%，流动人口系统管理率超过75%；实施艾滋病和梅毒母婴传播干预项目，从2002年10月至2011年12月全市为孕产妇提供免费艾滋病和梅毒筛查分别为206万多例和213万例，检查出274例艾滋病和7634例梅毒阳性孕产妇并进行了干预，经规范治疗随访管理的艾滋病孕妇母婴阻断和梅毒孕妇先天梅毒阻断成功率分别为96%和99%；自2004年10月开展"降消"项目以来，到2011年初市、区两级财政共投入3425万元；实施乳腺癌和宫颈癌早诊早治、产前筛查和产前诊断，儿童心理行为问题筛查与干预网络建设五项妇幼安康工程。

总之，各类公共卫生工作有序开展，并取得了较大成效。原因之一是政府重视，这是公共卫生工作取得成效的前提条件。在政府投入水平上，市、区两级政府每年按常住人口人均40元不等的标准核拨基本公共卫生补助经费，远远超过了全国的平均水平。在政府投入方式上，建立分类保障机制：对于公共卫生机构政府基本上全额保障；对于社区卫生机构定向补助与定额补助相结合；对于具有防与治双重职能的机构，如妇幼保健机构，公共卫生的人员全额拨款，承担的公共卫生工作按照项目补助。总之，对于不同类型的公共卫生服务提供机构，根据具体情况采取不同的财政补助方式，目的是既满足开展公共卫生工作的需要，同时也注意调动提供者的积极性。

原因之二是公共卫生服务体系健全，这是公共卫生工作取得成效的基本保证。深圳市公共卫生服务体系由市、区公共卫生服务提供机构以及社区健康服务中心三级机构组成，其中公共卫生机构分为专业公共卫生服务机构和其他公共卫生服务机构两大类，前者包括疾病预防控制机构、卫生监督机构、慢性病防治中心、职业病防治中心、健康教育所和精神卫生中心等，后者包括妇幼保健机构、康宁医院等，形成包括各种功能的覆盖全民的三级公共卫生服务网络。

原因之三是各级各类卫生机构功能明确、职责定位比较清楚，且相互配合，既有分工又有合作，条与块有机地结合，既保证了向深圳市居民提供各类公共卫生服务，又不出现资源配置的重复或空白。此外，还强调公共卫生的属地化管理，即通过网格化分片包干形成属地化辖区负责制，以保证公共卫生职责的落实。

（二）深圳市人口发展和经济转型给公共卫生带来的挑战

尽管深圳市公共卫生工作取得了较大成效，但在发展过程中也面临着人口发展和经济转型带来的挑战。

1. 深圳市人口发展具有以下特点

一是人口数量增长较快。2010年人口普查资料显示深圳市人口年平均增长率为3.98%，明显高于全国（0.57%）和全省（1.90%）的平均水平。

二是外来人口较多，呈现出户籍人口与非户籍人口结构倒挂的特征。深圳人口的增长以机械增长（即迁入增长）为主。根据第六次人口普查资料，全市常住人口为1035.79万，其中户籍人口251.03万（占24.2%），非户籍人口占76.8%，而目前实有人口①规模已达到1400万~1500万。

三是人口年龄结构年轻。来自市卫人委的访谈资料显示，深圳市的人口平均年龄目前为32岁。根据第六次人口普查资料，全市常住人口中0~14岁人口占9.84%，15~64岁人口占88.40%（比广东省的76.36%高出12个百分点，比上海市的81.25%高出7.2个百分点，比北京市的82.70%高出5.7个百分点），65岁及以上人口占1.76%。深圳的人口老龄化程度明显低于其他地区，劳动年龄人口占绝大多数。

四是深圳市人口老龄化程度逐步加大。根据"五普"数据，2000年深圳市65岁及以上人口仅占总人口的1.2%，2010年65岁及以上人口占常住人口的比例的1.76%。尽管深圳市的人口仍为年轻人口，但老年人口比例呈上升趋势，老年人口规模逐渐加大。

五是深圳市的人口密度较大。在全国大中城市中深圳市人口密度为最高，从"四普"时的每平方公里825人增加到"五普"时的3596人，10年间增长3.46

---

① 包括常住人口和流动人口。

倍。2010年的第六次人口普查数据显示,全市人口密度已达5201人/平方公里,同2000年的3596人/平方公里相比,增加了1605人/平方公里。福田区、罗湖区人口密度明显高于其他各区,人口密度最高的福田区达到16756人/平方公里,是人口密度最低的坪山区的1852人/平方公里的9倍,人口分布不均情况较明显。此外,各区的暂住人口构成情况差别很大,宝安区、南山区和龙岗区暂住人口比例分别达到了72.75%、62.75%和60.09%。

2. 深圳市人口特点给公共卫生工作的开展带来很大挑战

一是外来流动人口具有流动性大、受教育水平偏低、行业分布偏向于非公经济等特点。一方面城市外来流动人口大多来自农村,在城市多从事高劳动强度、低收入的工作,与城市居民相比,通常饮食卫生和居住条件差,生活条件和生活方式中往往存在着很多对健康不利的因素;另一方面缺乏基本的卫生知识,健康意识相对较差,利用公共卫生服务的主动性不高,且对公共卫生指导的依从性也较差,甚至提供免费的上门服务也不一定配合。因而,在该人群中开展公共卫生工作难度较大。再加上相当比例的人口流动性大,公共卫生管理机构难以掌握人口与健康方面的相关信息,为该人群提供全面的公共卫生服务难度极大,尤其是连续的公共卫生服务,进一步增加了开展公共卫生工作的难度,其中流动人口的传染病预防与管理以及孕产妇管理、儿童管理、慢性病管理、精神疾病管理等实施难度很大。所有这些均给深圳市开展公共卫生工作带来很大的挑战。

二是尽管深圳市已经为流动人口提供计划免疫、妇幼保健等基本公共卫生服务,但受资金和资源的限制,很多公共卫生资源往往按照户籍人口数或常住人口数配置,因而即使向流动人口提供公共卫生服务,也只是其中的一部分。目前深圳市流动人口公共卫生服务的提供和管理并没有完全纳入到城市卫生服务系统之中。因此,对于流动人口比例很高的深圳市,如何改变目前按常住人口配置卫生资源的状况,在公共卫生资源配置和管理中引入服务人口的概念,按照服务人口配置公共卫生资金和资源,将流动人口纳入公共卫生管理之中,以逐步实现基本公共卫生服务均等化目标,是未来深圳市面临的又一挑战。

三是各区的暂住人口构成情况差别很大,宝安区、南山区和龙岗区暂住人口比例分别达到了72.75%、62.75%和60.09%。一方面暂住人口大多为来自于农村,另一方面通常这些地区也是流动人口比例较大的地区,因而不同区因人口结构不同,在公共卫生服务提供方面的难度和成本也有所不同。如果在公共卫生资

源配置上缺乏对不同区人口构成对公共卫生服务提供影响的考虑，将对实现基本公共卫生服务均等化目标带来挑战。

四是尽管深圳市的人口老龄化程度明显低于其他同等规模的城市，目前仍为年轻人口，但老年人口比例以及老年人口的规模呈逐年上升趋势，也因此会带来慢性病患病率的上升。此外，由于工业化及居民生活水平的提高，影响健康的主要危险因素在发生变化。生活环境污染、饮食结构发生改变、不良的生活方式、职业危险因素增加和精神紧张等，不仅会带来慢性病患病率的上升，还将会导致慢性病的低龄化趋势。因此，对于深圳市来说，不仅需要面对外来农村流动人口较高的传染病发病率的防控，同时还要面对快速升高的慢性病患病率的防控，即要同时承担第一次卫生革命和第二次卫生革命的双重任务，这是深圳市需要面对的另一挑战。

五是"深港都市圈"建设和经济结构高端化发展，近年来深圳市高素质人才规模加大，再加上居民收入水平的迅速提高，对医疗卫生服务的高端需求逐步增加。同时，建设现代化城市，需要一流的卫生资源与之配套，包括一流的医疗设施和高质量的医疗服务以及优质的公共卫生资源，以创造良好的、安全的健康环境。这对于公共卫生资源配置和公共卫生服务提供都提出了更高的要求。

因此，如何合理的配置相关公共卫生资源，一方面适应深圳市人口发展和城市发展的需要，满足不同类型和不同层次的公共卫生服务需要，以及打造安全、良好的健康环境；另一方面逐步推进基本公共卫生服务均等化，以实现医改目标，是深圳市需要考虑的问题。

3. 经济发展带来的挑战

深圳市是经济发展速度较快、经济发达程度相对较高的城市，也是城市化速度和进程较快的城市。尽管伴随而来的是居民收入水平的迅速提高、生活条件和生活方式的快速改变，但快速的城市化也会导致影响健康的主要危险因素发生改变。生活环境（包括食品、大气、水、居住等环境）污染、不良生活方式、精神紧张和职业危险因素等成为目前影响人们健康的主要因素，高血压、糖尿病、心脏病等慢性退行性疾病的发生呈现迅速增长的趋势，恶性肿瘤、心脏病和脑血管疾病等慢性退行性疾病已经成为深圳市居民死亡的主要原因。同时，随着深圳市社会、经济的发展及生活环境不断变化，竞争激烈，生活压力较大，精神疾患对深圳居民的影响越来越大。调查显示，深圳市精神病人数、患病率均呈现逐年

应对深圳人口健康转型的公共卫生政策

上升的趋势,精神疾患已经成为影响深圳市居民健康的重要问题。此外,意外中毒、自杀的死亡率总体上也呈现上升趋势,损伤与中毒死亡成为居民死亡的第三位主要原因。总之,经济发展导致疾病谱发生变化,慢性退行性疾病、精神疾病等成为影响深圳市居民健康、并威胁深圳市居民生命的主要问题。相应的,改善健康的策略和主要手段也应随之发生变化,作为控制健康危险因素主要手段的公共卫生应成为适应经济发展的主要卫生工作内容。快速的经济发展给公共卫生工作带来了很大挑战。

深圳市工业以电子、轻工、机械五金、纺织、建材、化工等为主。电子、机械五金、印刷、制鞋、塑胶玩具、家具等主要的职业病危害行业,与有机溶剂、重金属和粉尘等有关的职业病危害比较突出。因此,深圳市产业发展不仅导致人口数量的增加和人口结构的改变,同时,也带来相关的公共卫生问题。一是职业病危害繁多,涉及行业面广,其中有毒化学品、重金属和粉尘职业危险因素危害较大,导致职业病、损伤、中毒等公共卫生问题的解决难度逐步加大。二是企业众多,守法意识淡薄,部分企业没有依法落实职业病防护等相关工作,如对有机溶剂使用不规范可能会导致严重后果,留下了职业病危害的隐患。三是相当比例的企业变化大、企业职工流动性大,监管难度很大。同时,卫生监督资源相对短缺,多部门参与监管,各部门职能不明确,监管体制未理顺、协调机制不完善,缺乏有效沟通和协调,职业病防治难以落实,再加上中国特有的违规成本低的国情,监管难以到位。这也给深圳市开展公共卫生工作带来很大的挑战。

四 深圳市公共卫生政策分析及相关问题探讨

(一) 深圳市人口健康转型与公共卫生政策

人口健康转型是指人口疾病谱以及影响健康的主要因素发生了本质性的变化。根据前面的分析,一方面主要因生活条件和生活方式的改变以及生活环境中众多危害健康的因素[①]导致的慢性退行性疾病和精神疾病成为危害深圳市居民健

---

① 深圳市慢性病患病率的上升主要不是因为人口老龄化,而是生活环境因素和生活方式的改变所致。

康的主要疾病；另一方面因有相当比例的外来农村流动人口以及众多存在职业危害隐患的企业，传染病以及职业病也与慢性退行性疾病同时成为危害深圳市居民健康的主要疾病。这与很多大城市以慢性退行性疾病为主，而传染病和职业病并不是很主要的公共卫生问题有所不同，成为深圳市人口健康转型的特殊之处。由于深圳市人口健康转型的特殊性，包括计划免疫、传染病防控、妇幼保健等传统的公共卫生任务依然艰巨，针对慢性退行性疾病这种"现代"疾病的防控任重而道远，同时职业病防控工作面临巨大挑战。因此，深圳市公共卫生工作面临三重挑战。相应的，公共卫生资源配置的重点及其形式以及公共卫生管理应与其他城市有所不同。

在公共卫生资源配置上，需要考虑第一次卫生革命和第二次卫生革命的双重任务，同时，还要考虑深圳市职业病相对严重的特点，即感染性疾病、慢性退行性疾病和职业病等的防控都是公共卫生资源配置的重点。从目前深圳市公共卫生服务资源配置情况看，专门设立了慢性病防治中心、职业病防治院等专业公共卫生机构，这在资源配置上比仅设立CDC更有助于获得更多地在慢性病和职业病防控方面的公共卫生资源，因而也更有助于针对深圳市的主要公共卫生问题推进相关的公共卫生工作。

目前在公共卫生资源配置方面面临的主要问题是社区卫生机构公共卫生人力资源不足。目前每万人口的社区卫生机构公共卫生医师不到2名，即使加上公共卫生护士，与北京市每2000服务人口配备1名预防保健人员相比缺口较大。主要原因是按照常住人口配置社区卫生机构的公共卫生人力资源。一方面，因部分社区的流动人口比例很大，按照常住人口配置公共卫生人力资源，首先从数量上就难以满足开展基本公共卫生工作的需要；另一方面，流动人口的流动性大、防保意识差，利用公共卫生的主动性以及对公共卫生指导和管理的依从性较差，因而在该人群中开展公共卫生工作的难度要明显大于常住人口，因此在流动人口数量较多的地区，对社区公共卫生人员的数量和质量要求就更高。由于社区卫生机构直接面对服务对象，因而在流动人口中开展基本公共卫生工作主要依靠社区卫生机构，如果社区卫生机构公共卫生人力资源配置不足，不仅会成为流动人口公共卫生管理和服务提供的瓶颈，也会制约深圳市公共卫生工作的开展，并影响公共卫生工作的整体效果。因此，深圳市在公共卫生资源配置政策上应该考虑如何向基层卫生机构倾斜以及向流动人口多的地区倾斜。

在公共卫生管理方面需要关注的另一问题是职业病的防控。职业危害问题发生较多的通常是中小企业。目前在深圳市，中小企业不仅数量众多，且生产变化快，相当比例的企业"寿命"周期短，职工多为外地农村流动人口，自我维权和保护意识差，且流动性较大。此外，除急性中毒和损伤外，很多职业病在短期内很难显现，疾病和损伤的发生滞后、诊断滞后。这些都增加了职业病防控的难度。另一方面，一旦发生职业病，将会给职工的健康带来损害，尤其是很多职业病对健康的损害是不可逆的。因此，职业病防控的关键是针对职业危险因素预防职业病的发生。深圳市职业病防控的重点之一是加大对建设项目职业病危害的预评价，严格审批制度；重点之二是对中小企业的生产过程进行监管，及时发现影响职工健康的危险因素，并通过给予相应的处罚增大违规成本，督促企业采取措施减少职业危险因素的产生和对职工采取保护措施以减少健康危害。由于职业病防控涉及包括生产安全监督管理、卫生、政府建设项目的审批部门等多个政府部门，因此政府部门之间的有效合作就成为职业病防控工作有效开展的关键，需要建立起政府相关部门之间有效合作的机制。

（二）深圳市基本公共卫生筹资和管理相关问题探讨

因具有公共产品性质和外部性，公共卫生筹资应以政府筹资为主，因而在公共卫生筹资中，政府投入水平是实现公共卫生服务政策目标的基本保证。尽管深圳市各级政府在公共卫生方面的投入水平相对较高，但是因深圳市公共卫生工作面临传染病、慢性退行性疾病以及职业病防控的三重挑战，因而从满足公共卫生服务工作的需要来看，政府投入仍然存在缺口。因此，首先要不断提高政府基本公共卫生的投入。但相对于开展工作的需要而言，资源总是有限的，因而更重要的是要考虑如何能够使政府的资金得到有效利用，即政府投入一定、产出达到最大化，以最低的成本实现政策目标。影响政府资金有效使用的主要因素，除了纳入的服务是否具有成本效果、建立激励和约束机制有效的激励提供者并规范它们的行为等以外，还需要考虑以下问题。

1. 多种来源的政府资金如何协调、统筹使用

促进基本公共卫生逐步均等化政策中提出的服务内容包括基本公共卫生服务项目和重大公共卫生服务项目，前者主要由基层卫生机构提供，后者主要由专业公共卫生机构提供，基层卫生机构也参与部分工作。相应的，目前基本公共卫生的主要筹资方式有二：一是政府的经常性投入，主要用于专业公共卫生机构的业务支出、人员支出和行政管理支出以及基层卫生机构防保人员支出；二是政府的专项投入，主要用于专业公共卫生机构和基层卫生机构完成专项工作所需要的专项人员补贴、专项业务支出、专项购置费等。由于不同机构各项工作的资金来源有所不同，包括经常性投入（基层卫生机构的防保人员补贴、专业公共卫生机构的事业经费）和项目投入（基本公共卫生服务均等化经费、重大公共卫生项目投入以及专业公共卫生机构的专项投入等），会出现各类经费使用范围既有所不同，也存在相同和交叉之处。因此，既有可能存在一定程度的经费使用范围的交叉，也有可能存在经费使用覆盖范围的空白。如用于人员支出、业务支出的经常性投入和专项投入各自不足以覆盖全部人员成本或全部业务成本，但两种来源的政府经费总和既有可能超出人员或业务支出总和，也有可能还是不足。实际情况到底如何，至少目前尚未有人算过这笔账。但这样带来的结果是前者会影响到投入资金的使用效率，后者导致工作难以完全到位，并影响到资金投入的整体效果。因此，需要统筹考虑各种来源经费的用途和相互关系，使资金能够得到统筹利用，并最有效率。

2. 常规工作与项目工作如何有机结合

常规工作是指在长期开展的经常性公共卫生工作，如计划免疫、慢性病管理、产前检查、产后访视、健康教育等基本公共卫生工作，这些是无论在任何时期、无论主要公共卫生问题发生何种改变都是需要开展的工作，针对的是人群中普遍性的、长期性的公共卫生问题。项目工作是指在一定时期内为解决一些当期的主要公共卫生问题而开展的专门性公共卫生工作，如目前实施的重大公共卫生项目，针对的是当期重要的公共卫生问题或是在短时期内集中资源开展工作可以有明显改善的公共卫生问题。

前者有利于改善健康工作的连续性，因工作经费和人力资源等资源的常规性投入，还有利于工作的可持续性。由于项目有明确的起点和终点、有针对性和有明确的成果性目标和约束性目标，可以对一个或几个最为突出的问题，针对最容易干预或干预最有效的环节或问题，有的放矢的设计项目内容，通过干预获得较明显的效果，因而后者通常是在相对短的时期内、更有针对性地开展的公共卫生工作，当主要公共卫生问题发生改变时，项目就会终止，进而针对新的公共卫生问题设立新的项目。如果确实是影响人群健康的主要公共卫生问题（问题找得准)、且采取的干预措施有效,相关各方对工作的重视程度更高,可以在短时期内集中人、财、物开展工作(资源更有保证),有助于迅速解决或减轻主要的公共卫生问题,成效相对明显,工作的推动力度也更强。随着项目工作的开展,问题被逐步减轻或逐步得到解决,后期的边际成本会逐步增加或边际效果会逐步降低,资源利用效率会逐步降低。此外,如果同时开展的项目较多,可能会导致"顾此失彼",甚至影响到常规的工作;如果缺乏系统设计,多个项目之间缺乏"配合",整体效果也未必很高。

综上所述,常规工作和项目工作各有特点,如何权衡常规工作和项目工作的关系以及不同项目之间的关系是需要考虑的问题。无论是基本公共卫生还是重大公共卫生项目,均有助于改善健康,但各类措施应相互关联和协调,才能够更有效的利用资源、实现公共卫生工作目标。但从目前来看似乎对基本公共卫生项目与重大公共卫生项目之间的关系、各类重大公共卫生项目之间的关系考虑不多,是否纳入似乎更取决于资金量以及在中央政府主管部门各业务司局之间以及地方政府各部门之间的平衡,对那些重大公共卫生项目今后将被转为常规工作的长期规划也考虑不多。

3. 常规管理和项目管理如何有机结合

相对于常规工作和项目工作,基本公共卫生管理可分为常规管理和项目管理。由于项目针对性更强,有明确的起点、终点以及明确的成果性目标和约束性目标,即投入、资源配置、干预措施的实施和监管都是围绕一个明确的目标,还可在实施过程中根据目标的实现情况及时调整实施方案,因而在管理上更易制度化、程序化和规范化,也与我国目前以问题为导向的政府投入体制、资源配置和服务提供的管理模式相匹配。与项目管理相比,常规管理更有利于工作的可持续性,但由于是日常普遍开展的工作,其涉及范围大、工作的长期性和常规化以及在短时期内通常看不到明显效果的特点,可能会因为"年复一年"的日常工作而导致各方的"兴奋程度"不高,对工作的重视程度、筹资增长和日常管理力度都会存在不同程度的影响,会导致在管理中普遍存在操作上不规范、不按照政策规定开展工作、监管不到位等问题以至于影响到工作效果。

从目前的情况看,基本公共卫生工作应该属于常规工作,但资金投入是按照项目投入,管理方式本应按照项目管理,但目前似乎是介于常规管理和项目管理之间,因而没有项目管理的力度大,但又大于其他常规工作的管理力度,几方面似乎存在着不匹配。由于基本公共卫生是一项长期工作，且在短期内部分基本公共卫生服务的效果不像重大公共卫生项目那么明显，增加了评价基本公共卫生工作成效的难度以及相应的管理难度，这也导致虽然基本公共卫生的政府投入是按专项投入，但在管理上又不能够像重大公共卫生那样大的力度。此外，如果随着时间的推移，在管理上将逐步变为常规管理，是否会因此放松管理，也是需要考虑的问题。

4. 尚未建立起公共卫生筹资的长效增长机制

无论是公共卫生常规工作还是公共卫生项目，目前缺乏公共卫生筹资定期的、按照一定规律增长的机制（这是全国的共性问题），即目前尚无任何相关制度以保证政府公共卫生服务的筹资水平能够随经济发展水平或财政收入的增长而提高，没有一个理由和规定来明确公共卫生的政府筹资水平是否应该增长，如果增长应该如何增长（如筹资水平定期增长的周期，增长幅度等）。因而在筹资增长方面的"随意性"较大，人为因素的作用较大。由于筹资的不定期增长以及增长幅度不确定，导致各级管理者"心中无数"，难以掌握筹资的增长规律，不仅难以制定公共卫生服务提供和管理的长远规划，各项工作及其计划只能随着政府资金不定期的增加而调整，可能会导致一些工作显得被动且匆忙，影响到政策的效果。而且一旦筹资增长（如基本公共卫生经费），在缺乏系统研究和考虑的情况下，匆忙将一些服务纳入，这些服务可能是并不具有成本效果的服务，甚至会导致有悖客观发展规律的问题。

（三）推进深圳市基本公共卫生服务逐步均等化面临的挑战

1. 基本公共卫生服务均等化的内涵及影响因素

基本公共卫生服务均等化是指全体城乡居民，不论地域、民族、性别、年龄、收入、职业等，都享有获得基本公共卫生服务的相同权利，都能够平等的获得基本公共卫生服务，即相同健康需要者应该获得在数量和质量上相同的基本公共卫生服务。实施基本公共卫生服务均等化政策的目的是在保证全体国民利用基本公共卫生服务"机会均等"的前提下最终实现"结果均等"，而实现"结果均等"政策目标的关键是如何保证"提供均等"，即同样健康需要者，无论居住在什么地区，无论是在城市还是农村，无论个人的人口社会经济特征如何，对于同类人群或者基本公共卫生服务需要相同者，都应该为他们提供一视同仁的、无差别的服务；同时，服务对象应具有很高的"依从性"，即能够利用为他们所提供的基本公共卫生服务，不存在不利用的情况。

由于多数基本公共卫生的服务对象是尚未出现或尚未感受到健康损害的"健康"人，除免疫接种外，通常对于基本公共卫生服务缺乏需求，相当比例的人不会主动利用服务，甚至对于"上门"的服务也不愿意利用，尤其是外来农村流动人口。对于健康出现问题或者已知处于高危状态的人，除非疾病发展已经到了比较严重的阶段、甚至威胁到生命，即使告知他们如何改变不良生活方式以及如何采取有效预防措施延缓疾病的发展，通常也会有相当大比例的服务对象仍然存在依从性较差的问题。

除外需方因素外，"提供均等"是保证均等化政策目标实现的关键。影响"提供均等"的主要因素有以下四方面。

一是制度供给均等，即政策本身及其配套政策应在服务提供数量、质量和规范等方面有同样的规定和实施同样的标准。这是实现基本公共卫生服务均等化目标的前提。如果在政策相关规定上不同地区有所不同，尤其是在最低标准上存在差异，则政策实施的结果会导致不同地区在基本公共卫生服务提供数量、质量等方面存在差异。

二是财政供给均等，不仅是人均筹资标准相同，更重要的是应该考虑财政资金的投入、分配和使用如何有利于实现"结果均等"。这是实现基本公共卫生服务均等化目标的基础。财力投入的不同，影响到服务提供成本的补偿程度，进而影响到服务的提供。在财力投入较弱的地区，就会出现因资金限制而导致部分服务提供不足，或难以完全按照政府要求开展工作的问题。

三是基本公共卫生服务提供能力的均等，即不存在因为不同地区或不同机构提供能力不同而影响到"结果均等"的情况。这是实现基本公共卫生服务均等化目标的保证。如果一些地区包括人力资源在内的卫生资源数量和质量达不到保质保量开展工作的基本要求，则直接影响到基本公共卫生服务的提供数量和质量，进而影响到服务提供的效果。

四是基本公共卫生服务提供动力均等，即不同的提供者应有同样的提供基本公共卫生服务的动力（积极性），才能够保证按照政策规定及同样的标准提供服务。即使是在制度、财力以及提供能力方面都能够实现"均等"，但如果服务提供者的动力（积极性）存在差异，一方面会影响到服务提供数量和质量，表现

为服务供给的不均等;另一方面,因效率不高,也会影响到服务提供成本(低效率导致成本增加),表现为财政供给不均等。

2. 深圳市实现基本公共卫生服务均等化目标面临的问题

实现基本公共卫生服务均等化政策目标的主要路径是通过制度供给均等、财政供给均等、服务提供能力均等和服务提供动力均等四个方面的内容实现"提供均等",进而达到居民利用基本公共卫生服务的"机会均等",最终实现"结果均等"。

政策制定均等是指各地区在制订实施方案时,应在服务提供数量、质量和规范等方面有同样的规定和实施同样的标准。从目前深圳市基本公共卫生服务实施情况看,各区实施同样的方案,保证了在服务提供标准和规定上的统一。但是,对如何缩小地区之间和人群之间(如常住人口和流动人口之间)基本公共卫生服务提供与利用上的差距几乎没有任何考虑,并没有充分体现如何实现"均等化"的政策目标。这是深圳市推进基本公共卫生服务均等化需要解决的问题之一。

在财政供给层面,尽管各区人均筹资标准基本相同,但受服务地理范围、人口密度以及人口结构等因素的影响,同样的基本公共卫生服务项目在不同地区提供服务的成本存在较大差异。例如,在外来农村流动人口多的地区,开展公共卫生工作的难度大,达到同样公共卫生服务效果的成本较高。因而均等的筹资标准未必能够得到均等提供和均等结果。因此,除了考虑筹资标准外,更重要的是要考虑在不同地区之间提供同样服务存在着成本上的差异。但目前深圳市在财政资金的实际投入、分配和使用上缺少对如何实现"结果均等"的关注,在政策和资金分配上并没有向影响"结果均等"目标实现的地区(如流动人口多的地区)倾斜。这与在制定基本公共卫生实施方案时较少考虑对如何缩小地区之间和人群之间(如常住人口和流动人口之间)基本公共卫生服务提供与利用上的差距有关。这应该是深圳市推进基本公共卫生服务均等化需要解决的问题之二。

在基本公共卫生服务提供层面,由于不同地区之间的财力不同,不同社区人口结构不同,因而不同地区和社区在提供基本公共卫生服务的卫生资源数量和质量方面均存在着一定差距,导致在服务提供能力上的差异。如按照常住人口配置公共卫生资源,在流动人口占比高的社区会出现公共卫生人力资源和资金难以满足开展工作需要的问题。总之,在一些地区因为提供能力的制约,难以按照政策要求和规定完全相关的工作,工作数量、质量和效果均受到影响。因此,如何缩小地区之间和城乡之间基本公共卫生服务资源质量以及提供能力的差距,是深圳市推进基本公共卫生服务均等化需要解决的问题之三。

此外,由于不同地区和社区提供基本公共卫生服务的成本存在差异,而在筹资和资源配置上又没有向成本高的地区倾斜,因而可能会存在一些地区和一些社区卫生机构成本补偿不足的问题,导致不同地区和不同社区卫生机构的激励存在不同的情况。此外,通过调查也发现不同地区考核工作的开展程度和考核结果的运用以及对基层卫生机构的监管程度等存在差异。因此,不同地区基层卫生机构在基本公共卫生服务的提供动力和压力上存在差异,因而基层卫生人员工作的积极性以及工作的到位程度也存在差异,这也会影响到在不同地区和不同社区以及人群之间基本公共卫生服务的提供均等。因此,如何建立有效的激励和约束机制,促进不同地区和不同社区卫生机构按照同样的要求规范的提供基本公共卫生服务,是深圳市推进基本公共卫生服务均等化需要解决的问题。

3. 流动人口基本公共卫生服务提供的难点及相关问题探讨

基本公共卫生服务项目主要包括建立居民健康档案、健康教育、预防接种、传染病防治、高血压和糖尿病等慢性病、重性精神疾病管理、儿童保健、孕产妇保健以及老年人保健、卫生监督协管服务等。其中既包括了公共卫生服务和公共卫生监督,也涉及临床服务和保健服务。从服务提供的角度看,基本公共卫生服务具有综合性,不仅需要公共卫生人员,也需要临床人员的参与。从服务利用情况看,对于医疗服务,因服务对象需要医生为他们解决病痛问题,通常会主动去利用服务,但公共卫生则与之不同。由于公共卫生服务通常是预防性服务,即需要在尚未出现健康问题时采取措施,此时服务对象通常是"健康"者,他们对于公共卫生服务缺乏需求,通常不会主动去利用服务。即使提供者主动提供服务,一些服务对象也因种种原因,未必愿意接受。如对于那些健康已经出现问题者(如患高血压、其他慢性病),或处于高危险状态下(如吸烟、酗酒、肥胖、缺乏运动等),即使告知他们应该如何改变不良生活方式或行为、如何控制疾病发展,但因疾病发展严重阶段或出现致命性疾病不在当期,而在"遥远"的未来,因而服务对象往往依从性较差。尤其是外来农村人口,一方面,该人群文化程度偏低，健康意识较差；另一方面，通常健康状况相对较好，且到深圳的主要目的是为了获得收入，因而缺乏主动利用公共卫生的意识，且依从性比一般人群更差。因而需要服务提供者改变在卫生机构等服务对象的服务方式，而是需要主动深入到社区和服务对象家庭开展工作，是一种在机构中提供服务与主动到社区上门服务相结合的服务提供模式。同时要提高宣传力度，使他们意识到利用公共卫生服务的重要性，并针对该人群的特点改变健康教育的形式，如以视频、漫画、警示图案等更形象的形式开展宣传，使该人群更容易接受。

此外，要考虑如何更便捷地获取该人群的人口和健康信息，以减少因流动性大带来的管理难度。目前城市人口管理系统主要采用"归位"管理的方式与外来人口流动性之间的矛盾是公共卫生工作难以完全到位的主要原因之一。目前对流动人口管理还是沿袭过去的单位制或街居制的"归位"管理方式。但流动人口白天分散在城市的各处从事经济活动，通常工作时间较长，在社区停留的时间很短，且多为晚间。此外，他们中的很多人因工作频繁变换、寻求较低的居住费用、探望在老家亲属等原因而导致流动性很大，相当比例的人工作和居住都不固定。因而无论是在单位还是在街居都很难对他们进行较长时期的"归位"管理。但很多公共卫生服务需要提供"定位"服务和连续性服务，如需要对服务对象进行登记，并定期进行管理和提供服务。如果服务对象的流动性大，很难实行"定位"服务，可能会存在公共卫生服务的供给"真空"，或者难以完全按照服务规范和要求全程提供或利用服务。虽然可以采用动员基层卫生服务机构采用"地毯式"搜索方法发现服务对象、最大限度地主动上门动员和提供服务等方法，但一方面，工作成本很高，在开展此项工作的基层卫生人员数量匮乏、业务经费不能满足需要的情况下也很难实现工作目标；另一方面，在信息系统建设不到位的情况下，即使投入资源再多，效果也未必好。

但由于相当比例的流动人口不主动到相关管理机构登记，因而到目前为止，尚未找到很好的办法解决这个问题。除了基层卫生机构主动为该人群提供服务外，信息系统的建立可以在一定程度上改变服务难以到位的问题。

4. 深圳市公共卫生服务体系相关问题探讨

深圳市公共卫生服务体系与其他城市不同之处在于，按照疾病性质和公共卫生工作的不同特点（如防控手段的不同）将市区级的专业公共卫生服务机构细分,除了常规的CDC、卫生监督机构、健康教育机构和妇幼保健机构外,还独立出慢性病防治中心、职业病防治中心、精神卫生中心等机构。此外,在部分区还有街道层面的预防保健所。在社区层面则与其他城市相同,为社区卫生服务机构。这种公共卫生服务体系有利于资金投入、资源配置和队伍建设,对于强化慢性病、职业病和传染病防控起到了积极的作用。

但是,这种体系也会面临以下问题。一是机构间的协调配合问题。从服务内容上看,数项基本公共卫生服务也要相互衔接,如健康档案,需要健康检查、慢性病管理、孕产妇保健、儿童保健等项目的信息,同时健康档案也为这些项目提供信息;健康教育是慢性病管理等基本公共卫生服务项目的一部分,影响慢性病的管理等服务项目的效果,同时,健康教育的效果也体现在慢病管理等项目上。因此,各项基本公共卫生服务通常不是单独的开展,而是多个基本公共卫生项目互为基础,相互支持。无论机构如何划分,但最终都是为居民提供公共卫生服务。此外,专业机构不仅要指导基层卫生机构,还要配合政府开展对基层卫生机构公共卫生管理。因而在公共卫生服务提供和管理上都是"上面千条线,下面一根针"。如果机构间"各自为政",相互之间缺乏协调配合,将会出现多次为服务对象提供服务,以及多次为基层卫生机构提供指导和进行考核、监督等,导致服务对象或社区卫生机构不得不花费更多的时间接受服务或介绍指导等。二是管理成本增加。由于设立了多个机构,都需要管理部门,因而直接管理成本增加。此外,在服务提供和对基层卫生机构的指导和管理上,需要机构之间的协调配合,交易成本的增加导致间接管理成本增加。

此外,基本公共卫生服务既涉及公共卫生服务,也涉及临床服务(如慢病用药指导、健康检查等)。基本公共卫生服务的特点决定了基本公共卫生服务提供的特殊性之一是不仅需要公共卫生专业人员,诸如慢病管理、精神疾病防控以及妇幼保健等服务还需要大量的临床人员,在卫生机构内部,需要公共卫生专业人员与临床医务人员形成团队,包括公卫医师和护士与临床医师和护士,相互配合,各有侧重,共同开展基本公共卫生工作。这与既往基层卫生机构临床医生独立提供诊治有所不同。这就涉及如何配置公共卫生人员问题。

一种方式是以专职公共卫生人员为主,即根据公共卫生工作量配置专门开展公共卫生工作的人员,基本公共卫生服务主要由这些人员提供。另一种方式是配置少量的专职公共卫生人员,根据基本公共卫生工作的需要调配相关临床人员参与慢病管理、精神疾病防控以及妇幼保健等服务的提供。两种方式各有利弊。前者因人员的专职性和稳定性，可以在公共卫生人员的配置上更能够得到保证基本公共卫生工作的开展，人力资源配置的保证程度会有所提高，但也由于公共卫生人员与临床人员的"分离"，对于诸如慢病管理中的临床用药指导、妇幼保健重大产前检查和产后访视等需要临床医生介入的服务，公共卫生人员要么在专业上难以胜任，要么在资质上不能够胜任，会在一定程度上影响到服务的质量。后者虽然有利于工作的开展和服务质量，但由于在很多基层卫生机构服务的资金来源不同（除了收支两条线管理机构），可能会出现基层卫生机构重医轻防的问题；相应的，在人力资源配置上也会存在开展公共卫生工作的人员配置不足，并将高素质人才配置到临床服务上等问题，尤其是在基本公共卫生经费不足以覆盖开展相关工作成本的情况下。

因此，应同时考虑两类服务特点的不同以及目前两类服务筹资途径和方式的不同及政府投入难以满足提供服务成本的需要的现实，改变既往基层卫生机构开展公共卫生工作的人员配置要么临床人员，要么公共卫生人员的配置模式，对于完全不要临床人员参与的"纯公共卫生"，可根据工作量（包括基本公共卫生服务提供量，以及参与监管的工作量）配置相应的专职公共卫生人员，对于需要临床人员参与的基本公共卫生，政府可根据工作量，规定机构要按照一定的比例配置兼职公共卫生人员，[①] 既可保证基本公共卫生的服务质量，也可保证有足够的人力资源开展基本公共卫生工作。

五 政策建议

（一）基本公共卫生服务逐步均等化政策实施策略

对于如何缩小地区之间、城乡之间和人群之间在基本公共卫生服务提供以及利用上的差距，关键在于政府。政府在制定政策和实施方案时要考虑到这个问题，并在实施方案和相关政策中体现为实现均等化目标在政策、财力、工作重点和支持力度等方面向基本公共卫生服务的"薄弱地区"倾斜。

---

① 部分时间开展公共卫生工作，部分时间开展临床工作。

目前深圳市已经做到了制度供给均等和财政筹资均等。考虑到影响深圳市基本公共卫生服务"均等化"目标实现的主要因素（流动人口的基本公共卫生提供是实现目标的难点），下一步重点应首先放在如何推进财政供给均等。即应考虑各地区和社区人口结构的不同以及不同地区和社区之间提供同样服务的成本差异，适当调整相关地区和社区的人均资金支付标准。对于提供服务成本较高的地区，如服务地理范围较大、服务对象较多或诸如老年人、高危人口等特殊服务对象比例较高的地区，尤其是流动人口比较高的地区或社区，按照服务人口数（而不是常住人口数）支付资金，同时可以考虑提高资金支付标准，或在财政资金分配上有一定的倾斜。

其次，推进基本公共卫生服务提供能力的均等。在人力资源上配置，应按照服务人口数（而不是常住人口数）配置公共卫生人力资源。短期内，采取在不同政府卫生机构之间适当调配人力资源，或对于人力资源短缺区域或机构，政府在人员编制上给予适当倾斜等方法，快速解决部分区域或机构提供基本公共卫生服务人力资源短缺问题。从长远的角度，制定人力资源配置规划，并在培训、人力引进、保持队伍稳定等方面给予提供基本公共卫生服务人力资源短缺或素质不高的区域或机构一定的倾斜和政策支持。

（二）建立基本公共卫生服务长效筹资机制

应建立政府基本公共卫生筹资的长效增长机制，即在研究和确定基本公共卫生服务项目范围和资金增长上限的基础上，明确基本公共卫生的筹资标准如何与经济发展水平或财政收入增长挂钩，或建立定期定额增长的制度。

（三）建立公共卫生提供者的有效激励机制

与医疗服务不同，公共卫生服务对象通常不会主动利用服务，且部分人群依从性较差，尤其是外来农村流动人口，需要服务提供方的主动提供。基本公共卫生服务的效果取决于提供者提供服务的动力以及是否按照政府要求和规定提供服务，因而对提供方的有效激励和约束就十分重要。因此，实现基本公共卫生服务均等化目标的关键环节之一是如何调动基层卫生机构的积极性，促使他们主动的、按照政府要求规范的提供相关服务，以保证政策的落实和较好的工作效果。这涉及如何保证政府投入能够满足提供基本公共卫生服务的需要、如何支付、如何进行绩效考核、如何监督以及绩效考核结果是否与支付挂钩等环节。需要建立合理考核指标体系，选择合理的支付方式，同时要加大监管和考核力度，并严格按照绩效考核结果分配和支付资金。

（四）建立监督机制，加大政策实施的指导和监管力度

实现政策目标的关键环节之一就是保证制度（包括相关政策、制度、规则、措施等）能够得到有效实施，即保证"照章办事"。因此，如何保证对包括政府相关部门、卫生服务提供者在内的政策执行者实行有效监督，是实现基本公共卫生服务政策目标的关键。应加强对政府及其相关部门和服务提供者行为的监督，以便在各个环节减少和消除管理方面及提供方的不规范行为。一是建立健全监管制度，使监管工作有章可循。二是建立有效的监管机制，包括明确监管职责、提供监管经费等，使监管者确实能够有效地行使其监管职能。三是在建立和完善对卫生服务提供方监管制度的基础上，加强对制度运行过程、相关政策执行和落实情况的监督，以便及时发现问题。四是加大奖惩力度，尤其要加大对不执行政策提供者违规行为的识别力度以及违规成本，对没有按照政府要求和规定开展工作者要给予经济或其他方面的处罚，保证各项制度的有效落实。五是监管形式多样化，各级各类监管者可以采用不定期抽查的形式，以防造假。

（五）加大对存在职业危险因素企业的监管力度

职业病防控的关键是针对职业危险因素预防职业病的发生。一是要加大对建设项目职业病危害的预评价，严格审批制度，对于没有安监部门评估报告就批准的建设项目，要追究相关政府部门的责任。二是对中小企业的生产过程进行监管，及时发现影响职工健康的危险因素，并通过给予相应的处罚增大违规成本。三是建立起政府相关部门在职业病管理上有效合作的机制。

B.7 社康中心15年

陆杰华 郑志刚 黄匡时 牛家儒 林颖 陈丹 徐梅笛

摘　要：①15年来，社区健康服务中心作为深圳医疗卫生创新的产物改善了千万深圳人的民生，也在全国大城市健康促进实践中起到了示范、引领和表率的独特作用，还将在深圳医疗卫生实现提质增效中发挥基础性作用。

②通过611家社康中心以及医院与社康中心之间双向转诊制度，初步实现了社区卫生服务"人口全覆盖、社区全覆盖、服务全覆盖"的目标，基层医疗机构网络基本形成了"十五分钟就医服务圈"，有效地提高了深圳全市的基层公共卫生服务能力，间接起到了优化资源配置的增效作用。

③社康中心目前基础条件难改进、偏医疗轻预防、难留人才等问题，既需要政府进一步扶持，也需要完善社康中心的运行机制并与公立医院改革形成互动。

关键词：深圳　社区健康服务中心　回顾与展望

一　引言

（一）宏观背景

在现代城市发展进程中，健康服务网络的建立和健全是一个城市人口与健康持续发展的重要指标，其中社区医疗和健康服务网络在居民疾病治疗与健康促进中更是发挥着基础性且不可替代的作用。社区健康服务网络既反映着一个城市公共卫生基本服务的水平，同时也是推进城市基本公共服务项目的重要阵地，更是城市全体居民健康的守门人。正是基于上述原因，深圳从20世纪90年代中期就开始依托社区健康服务中心（以下简称"社康中心"）探索为居民提供包括妇女儿童保健、计划免疫、老年保健、心理卫生、社区康复等主要基本公共卫生服务项目。截至2011年，深圳全市已经建有社区健康服务中心611家，初步实现了社区卫生服务"人口全覆盖、社区全覆盖、服务全覆盖"的目标。基层医疗机构网络在不断健全，基本形成了"15分钟医疗服务圈"。不仅有效地提高了深圳全市的基层公共卫生服务能力，为居民健康促进提供了重要的基础，同时也为城市公共卫生服务步入质量效益型奠定了前提条件。

2010年第六次人口普查数据显示，深圳市常住人口规模已经达到1035.79万人，比十年前第五次人口普查增加335万，年均人口增加3.98%。尽管这一速度低于1990～2000年全市人口增长速度，但还是远远高于全国的0.57%平均水平。面对快速人口增长的现实，尤其是外来流动人口的迅速增加，深圳卫生事业发展的格局明确为"一大一小"（一大指医院，一小指社康中心）。其中深圳社区健康服务中心在着力解决看病难问题上、稳步提高全体居民平均期望寿命等方面发挥了重要的作用。特别值得注意的是，深圳社区健康服务中心借助社会营销网络的策略全面推进基层社区健康服务网络，不仅有力地提高了人们的整体健康水平，同时其社区健康服务中心作为深圳医疗卫生创新的产物也在全国大城市健康促进实践中起到了示范、引领和表率的作用，引起了国内外各界的高度关注。

面对快速增长的人口规模与多样化的人口结构变化，面对城市居民健康促进的新期望，面对拓展基层基本公共卫生服务的新要求，面对追求质量效益型卫生事业的新格局，研究和探索深圳社区健康服务中心的演变历程、成功机理，进一步客观评估社康中心的效果，以及面对新形势存在的突出问题不仅关系到未来深圳社康中心发展的方向，同时也是一个事关城市基础卫生服务网络建设的重大现实命题。因此，有必要对此进行系统性的梳理和前瞻性的探索。

（二）研究目的与意义

本研究的主要目的包括三方面。

一是着眼于过去、现在与未来发展的多维视角，客观分析社康中心发展的必要性与现实性，系统评价其在城市健康网络体系中的重要作用，为健全深圳健康服务网络提供必要的决策依据。

二是站在城市卫生事业发展新形势的要求角度上，梳理15年来社康中心成功的主要经验，并分析其存在的突出问题以及成因，进一步明确未来社康中心的发展方向。

三是结合深圳实际，提出完善基层社区健康服务网络的政策框架，包括发展目标、思路与具体政策建议。

本研究具有较好的理论和实践意义。首先，本研究从一定的理论高度系统地分析了深圳社康中心的演变历程以及成功经验，将对其他城市基层健康服务网络建设具有重要的理论借鉴意义。其次，本研究的实践意义在于其重要的政策指导作用。主要表现在两个方面：一是全面系统认识大城市基层健康网络服务在城市健康促进中的地位、作用、发展方向以及存在的问题，有助于政府决策者进一步改进基层健康服务网络，推进城市人口与健康事业的持续发展。二是本研究成果以深圳社康中心作为分析对象，着眼于改革和完善城市基层健康服务网络的思路和政策框架，不但具有很强的前瞻性，也具有很好的借鉴性。

（三）数据来源与研究方法

鉴于有关社康中心的官方公开数据较少，本研究收集了深圳卫生和人口计划生育委员会信息中心有关社康中心的经常性统计报表作为重要的基层统计数据，同时考虑到数据的权威性、统一性原则，本研究还利用了官方公布的相关统计数据资料，包括人口普查数据、人口抽样调查数据、年度统计年鉴等。同时，本研究还包括了以往有代表性的研究文献。

综合而言，本研究的主要研究方法包括以下几方面。

一是公共政策分析方法。公共政策分析方法是本研究的一个重要工具，尤其是对于社康中心这种具有明显公益性的组织机构分析尤为重要。本研究各个部分的分析视野包括但不限于如成本效益分析、公平和效率平衡等，旨在探索和梳理15年来社康中心发展的脉络以及现实作用，以便为今后社康中心发展的方向提供必要依据。

二是绩效评估分析方法。在借鉴国内外相关绩效评估模型的基础上，考虑深圳作为新兴现代化大城市的实际情况，本研究专门设计了深圳社区健康服务体系绩效评估模型，以对深圳社区健康服务体系进行绩效评估。

三是文献分析方法。本研究还对国内外社区卫生服务方面的相关文献进行了系统的整理和分析，从中总结和思考发达国家及国内其他大城市在推进社区公共卫生服务的成果经验，并对未来深圳社康中心发展提供了借鉴和启示。

二 深圳社康中心发展的背景、脉络与定位

社区卫生服务不仅是城市卫生医疗体系的一个重要基础，同时也是确保城市居民健康的前提保障。因此，从这个意义上讲，发展城市社区卫生服务事业是构建城市两级卫生服务体系的关键。改革开放30多年来，深圳作为经济特区，为建设中国特色社会主义、建立社会主义市场经济体制进行了大胆的改革和探索。同样，自20世纪90年代之后，深圳在城市卫生事业上也做了示范性的改革和探索，其中伴随着城市人口快速增长的过程，社区卫生服务就是其改革的一个重要领域。

一般来讲，社区卫生服务重点为社区居民提供便捷性、综合性的基本卫生服务，它是全球城市医疗卫生服务发展的主要方向。大力发展社区健康服务中心的卫生服务，对优化卫生资源，方便群众就医，缓解群众看病难、看病贵的问题都具有非常重要的现实意义。

（一）深圳社康中心发展的宏观背景

深圳市社区健康服务工作的探索启动于1996年，迄今已经运作了15年。当时市政府办公厅印发了《深圳市社区健康服务工作方案》（深府办[1996]101号文件）（以下简称"101号文件"），初步确定了社区健康服务的发展方向和基本原则。毋庸置疑，15年来，深圳市社区健康服务工作取得了有目共睹的成绩。[①] 近年来，深圳市着力构建市、区、街道、社区四级健康服务网络，除有效解决了医疗与健康服务的可及性之外，深圳市还大力依托街道医院及社康中心，促进了全民健康服务的公平性，在全国城市社区卫生服务方面发挥了示范和引领的作用。

1. 快速的经济增长客观要求建立健全卫生服务体系

截止到1996年，深圳作为经济特区建设，已走过了15个年头，曾经提出了"时间就是金钱，效率就是生命"等特区理念，创造了三天一层楼的"深圳速度"，对全国的现代化建设产生了带动、激励和促进作用。深圳特区坚持"发展是硬道理"，因此，也推动了各项社会事业全面发展。

1995年，深圳经济特区又掀起"第二次创业"的热潮。深圳市委要求各行

---

① http://www.szzx.gov.cn/qhbd/qhbdsjec/sjecdhfy/200603/t20060326_1513831.htm；引用日期，2012年3月26日。

各业继续充分发挥先行先试的优势,抢抓机遇,加快发展,谱写改革创新的新篇章,继续充当全省、全国的排头兵、试验田。所有这些都呼唤深圳卫生服务体系的重构。

2. 工业化、城市化进程推进要求构建大卫生的格局

随着工业化的快速推进,生产社会化带动都市化,医学也逐步社会化,朝大卫生方向发展,主要体现在现代公共卫生的价值转变。历史上,公共卫生的价值主要体现在以社会人群为主要对象,以疾病预防为主。而现代公共卫生的核心功能赋予了新的内涵,其价值体现在两个方面:即以人群为基础的保健服务和以个人为基础的预防服务。公共卫生新价值体现出来的这种以人为本、以人群为基础的保健服务和以个人为基础的预防服务,其任务相当繁重,光靠一个卫生部门孤军作战是难以取胜的,要迎战这种挑战,只有实行社区服务方能奏效。

医疗卫生事业的发展在一定程度上满足了群众的医保需求,但是,"八五"期间对行政村(居委)委一级基层卫生网底建设还没有得到很好解决。村(居)委一级的基层卫生网底过去是由集体办的村卫生站构成,后来农村体制改革,村卫生站逐渐减少或转为私人诊所,基层卫生网底残缺不全。要实现"九五"城市初级卫生保健规划目标,必须建设好基层卫生网底,否则诸如疾病预防、妇幼保健、慢性病防治、健康促进等工作就无法达标,为基层群众提供好、便、廉的医疗保健服务的愿望也难以实现。

3. 多样性的人口构成呼唤卫生体系的创新

随着深圳经济特区的快速崛起,经济高歌猛进,社会飞跃进步。而与此同时,暂住、流动人口、境外人口与日俱增,社会活动日益频繁。据深圳全市的统计,1994年法定报告传染病的发病率仍为256.7/10万。这一时期的结核病、新生儿破伤风、孕产妇死亡、婴儿死亡等方面的个案时常在暂住人口或者流动人口群体中发现。与此同时,随着深圳户籍人口疾病谱的转变,本地人口诸如冠心病、糖尿病、高血压等方面的慢性疾病比重大幅攀升。伴随着社会经济的发展,深圳同期的心血管病、恶性肿瘤和意外伤害名列死因的前三位。这些问题都说明公共卫生、疾病预防任务十分严重。

"身体是革命的本钱""健康是最大财富"。由于生活节奏快,只有健康的体魄才能适应,同时经济发展了,生活改善了,人们更加注重生活质量。因此,不同人群对医疗保健、有益身心健康的服务提出了更高的要求。

4. 基层卫生投入不足凸显社康中心管理模式的形成

面对全球迅速的工业化、城市化及医学所面临的人口老龄化、医疗费用居高不下、非传染性疾病的增加等一系列难题，寻找适当的社区健康服务模式是全球卫生体制的必然趋势。

世界卫生组织总结英、法等国家的经验，从20世纪70年代就提出了医疗卫生服务的"社区方向"。英国开展社区健康服务已有百年历史，到了40年代已在世界不少国家得以普及。到了60年代初，我国北京、天津、哈尔滨、武汉、贵阳等城市，陆续成功地开展了城市地段保健工作。到1988年以后，北京、天津、大连、哈尔滨等地也相继恢复和发展了地段（即社区）卫生保健工作。

5. 社康中心"院办院管"的模式及其公有性质

深圳市社区健康服务工作一开始就确立了公有的性质和"院办院管"的基本原则。101号文件指出："社区健康服务中心的性质属国有或集体所有制，是我市最基层的医疗保健机构，又是医院的业务部门之一，中心负责人由医院正式任命，对院长负责。"这种做法明确了社康中心以社会效益为主的方向，发挥了现有资源的优势，明确了责任，规范了业务，提供了后续医疗保障，增强了社康中心的抗风险能力，大大提高了居民对社康中心的信心和满意度。

101号文件明确规定了社康中心六位一体的定位，即健康促进、卫生防病、妇幼保健、老年保健、慢病防治和疾病诊治六项基本任务。15年来，社康中心的工作任务不断充实，如计划生育服务、残疾人康复服务、精神卫生防治工作等，但六位一体的基本性质并未改变。

（二）深圳社康中心发展的主要脉络分析

15年来，深圳社康中心得到了长足的发展，积累了大量的成功经验。纵观其发展历程，其变化的主要脉络包括以下几方面。

1. 政策扶持力度增强，服务网络初步构建

随着社会经济的快速发展，深圳市党政领导充分认识到发展社区卫生服务的现实意义，并逐渐强化对其的政策扶持力度。15年来，为推进社区卫生服务的质量，深圳市政府积极探索建立健全相关规章制度，先后颁布和出台了《深圳市社区健康服务工作实施方案》（深府办［1996］101号）、《关于加强我市公共卫生体系建设的实施意见》（深府［2004］87号）、《关于发展社区健康服务的实施意见》（深府［2006］130号）等政策性文件。这些政策体系大大推进了全市社区卫生体系的建设，也保证了医疗卫生保健重心下移到社区，渗透到家庭，方便了居民常见疾病的就医，体现了政府以预防为主和建立公共卫生体系的基本卫生政策。101号文件发出后，成立了以主管副市长为组长的社区健康服务领导小组，提出了社区健康服务机构建设的要求、规范和配套政策，由市卫生局负责制定社区健康服务中心各项工作制度，行使政府管理职能。

截至2011年底，深圳市共有社康中心611家，初步实现了社区卫生服务的"三个全覆盖"目标，即人口全覆盖、社区全覆盖、服务全覆盖，基本形成了遍布全市所有社区的便捷、廉价、高效、统一的社区卫生服务网络，为满足全市居民基本公共卫生和医疗服务的需求提供了保障。

2. 政府购买卫生服务力度加大，公共财政投入稳步增加

就全国而言，深圳市是最早实行由政府购买公共卫生服务的城市之一。早在1999年，深圳市就开始探索以"维持经费"的形式实行由政府购买服务的公共卫生政策试点工作；2007年开始又将原有的每人10元管理费的标准提高一倍，达20元。此外，2009年，深圳市开始实行了公共卫生服务的运行成本由市区两级政府共同负担机制，并通过政府购买公共卫生形式实现对社康中心的扶持力度，其中社康中心的各种培训费用均由政府承担，解决了其培训费用筹措难的现实问题，大大提高了社区卫生医疗服务队伍的整体水平。

据不完全的统计，仅1996~2006年，深圳市级财政对全市社康中心共投入24277万元；另外，累计区级财政投入达36139万元。近年来，深圳市区两个财政对社康中心的财政投入呈现稳步增长的趋势，不仅有效地保障了社康中心的正常运行，同时还大大提升了社康中心的社会效益和经济效益。

3. 初步构建了流动人口医保政策，有效提高社康中心的利用率

众所周知，深圳市80%左右的人口是流动人口。为此，深圳市最早在全国建立了面对流动人口为主体的农民工医疗保险制度，目前已有581.361万农民工参加了医疗保险。为了充分鼓励农民工到社康中心看病就医，深圳市相关部门还制定了许多对参加医保农民工就诊的优惠政策，包括实行药品零差率、转诊到医院时免除门诊挂号费以及首诊医保报销等。从实际操作上看，上述政策对鼓励农民工到社康中心就诊及双向转诊发挥了导向性的重要作用。

据"2008年深圳市社康中心顾客满意度调研"的数据，深圳市居民对社康

中心知晓率较高,超过八成的社区居民了解本社区的社康中心。此外,超过五成的深圳常住人口曾经接受过社康中心的各种服务,这在全国一线城市社区卫生服务利用率方面是最高的,也从一个侧面反映了深圳居民对社康中心的认可程度。

4. 注重岗前培训,强化对全科医学人才培训力度

全科医学队伍建设是社康中心发展的基础和前提。为此,深圳市特别重视对社康中心到岗人员的岗前培训。从1996年起,深圳市就强调对社区健康服务的岗前培训工作,明确规定社康中心所有到岗人员必须参加岗前培训。与此同时,深圳市针对社康中心全科医学人才队伍比较薄弱的现实,多年来专门组织了全科医学岗位培训,明确了持证上岗的规章制度。截止到2008年3月底,累计3200多名社区医师参加了全科医学岗位培训,其中绝大多数获得上岗证书,大大提高了社康中心全科医生的技术水平。

近年来,为了适应社康中心对全科医学人才的迫切需要,深圳还与国内高等院校合作创建全科医师规范化培训基地,为社康中心全科医学发展提供持续的人才队伍。

5. 注重监督与考核,不断完善社康中心评估机制

在15年社康中心发展的历程中,《深圳市社区健康服务整体管理评估标准》的出台是其发展过程中里程碑式的文件,这一文件对规范深圳市社区健康服务质量管理和强化绩效考核评价起到了不可替代的作用。文件具体规定了对社区健康服务工作的评分细则,采取了兼顾上级业务主管部门、第三方评估、举办单位自评和居民满意度调查等客观的考评体系,并以考评结果进行分级,其中评估结果不仅成为经费核算的主要依据,同时还成为质量改进的决策依据及社会监督的风向标。

事实上,创新型的监督和考评体系不仅对于继续发挥社康中心的优势,主动解决存在的主要问题有着明显的作用,还对于提高社康中心的工作质量具有推动意义。

(三)现阶段深圳社康中心的定位与作用

随着深圳市经济建设的迅速发展,城市化进程的加快,深圳市流动人口的迅速增加,发展社区健康服务,使得深圳市的公共卫生体系的网底得到了及时的修补,基础得以夯实。深圳市的社区健康服务,15年来在城市公共卫生服务中发挥了无可替代的基础作用。

1. 社康中心是监测、预防和控制疫情的"前哨"

深圳市的社康服务机构遍布各个社区，以其点多面广、贴近群众的优势，为监测和控制疫情发挥了重要的作用。如在2003年抗击"非典"期间，各社康中心的服务人员战斗在预防"非典"第一线。他们通过办宣传专栏、印发宣传资料、举办讲座、开通咨询热线电话和深入到居民家中、学校、幼儿园、工厂宣传防"非典"的知识和指导预防工作，及时消除了群众的恐慌心理，并使他们懂得一些预防"非典"的知识和方法。同时，为防止"非典"病人在社区的误诊漏诊，各社康中心都对门诊发热病人进行登记追踪随访并做好"非典"病人和疑似病人接触者的健康监测、医学观察、消毒隔离等工作。

"非典"流行期间，群众不敢到医院看病，怕传染上"非典"，也不敢到私人诊所看病，感到不安全。他们认为社康中心最可靠，因此都到社康中心，使社康中心门诊量骤增。社康中心在防控"非典"中发挥了积极的作用，有效地遏制了"非典"疫情向社区扩散蔓延，保护了人民群众的安全。

2. 满足了社区群众的基本医疗卫生需求，缓解了"看病难、看病贵"的问题

在开办社康中心之前，人们无论大病小病，都到离住地很远的大医院去就诊，有的到个体诊所诊治，不但存在看病难和看病贵的问题，而且到个体无牌诊所看病还存在不少安全隐患。有了社康中心，群众有病不出社区，能得到社区健康服务方便、快捷、质优、价平的医疗服务。事实上，社康中心在缓解"看病难、看病贵"这一瓶颈问题方面发挥了不可或缺的作用，主要体现在社康中心不仅分流了大医院的门诊工作量，还发挥了基础健康促进的角色。

当然，我们还需要看到，相当部分已投入使用的社康中心吃不饱，效率不高，原因是多方面的，也从一个侧面表明，充分发挥社康中心为社区居民提供医疗卫生服务的潜力还非常大。

3. 全面改变了社区居民对健康教育的认识偏差

健康教育是社区卫生服务的一项基本公共服务，它在城市社区医疗卫生服务体系起着最为基础的作用。如何促进社区健康教育是目前许多城市社区卫生服务发展中面临的一个瓶颈问题。长期以来，许多社区居民是小病忍忍，忍不了的话先去药房买点药，实在忍不住了最后才去医院看病。为此，社区健康教育需要改变居民对健康的认识偏差，也就是通过健康教育有效提升社区居民的健康理念，大力普及健康保健知识，提升自我保健能力，形成自己健康负责的全新理念。

在开展健康教育的初期,社康中心重点通过生动形象的实例来传播科学预防疾病的各种知识,使广大社区居民充分了解疾病预防的重要性和迫切性。通过形式多样的社区健康教育,很多社区居民开始认识到疾病预防对个体健康的积极作用,逐渐改变以往的不良生活习惯,并逐步发挥每位居民的自身潜力,推动整个社区健康促进理念的改变和科学健康知识的普及。

4. 建立了新型的医患关系,改善了卫生部门的形象

开展社区健康服务,实现了基层卫生服务的五个根本性转变,即服务对象从病人个体向社区居民群体转变;服务内容从医疗服务向医疗加预防保健等"六位一体"综合服务转变;服务过程从断续的医院服务向连续性的终生卫生保健服务转变;服务方式从被动等待病人上门向主动走进社区、走进家庭转变;医学模式从生物医学模式向生物、心理、社会医学模式转变。

社区健康服务不只是看病,更是看人,关心的不只是病,更关心的是病人,以病人为中心。而且不只是关心已患病的人,还关心未患病的人,尤其是妇女、儿童、慢性病人、残疾人。因此,社区健康服务使医务人员与病人建立了新型的医患关系,与社区居民建立了朋友式亲密的互动关系。

开展社区健康服务,还促使医院与街道办、居委会频繁联系,更多沟通。医院还以社康中心为载体,经常组织医院的专家进社区服务,开展健康教育进社区、预防保健进社区、疾病普查进社区等一系列便民利民服务活动。不但使医院医务人员有服务社区的机会,而且增进人民群众的感情,从而在一定程度上改善了卫生部门的社会形象,使人民群众对卫生部门更有信任感、安全感。

5. 密切了党群、干群关系,促进了精神文明与和谐社会建设

发展社区健康服务是党中央、国务院最初提出的,各级党委、政府都高度重视,大力支持,认真贯彻落实。深圳市委、市政府把发展社区健康服务作为工作目标,列入为民办实事的项目,作为社区建设和社区服务的重要内容,人民群众看在眼里,喜在心上。人民群众在社康中心得到了实惠。社康中心成为联系党群关系、干群关系的桥梁,密切了党群、干群关系。这对维护社会稳定、巩固基层政权、促进国家长治久安具有深远的意义。

三 深圳社康中心发展的主要做法与成功要素分析

深圳市最初在1996年就在宝安区进行了社康中心的试点;1997年,便在宝安区开展了社康中心的普及和推广。2012年，已是社康中心发展的第16个年头。经过十几年的发展，如今，社康中心作为社康工作的基本单元，已经在全市铺成纵深点面，努力打造的"十五分钟就医服务圈"已经初具雏形，老百姓"看病贵、看病难"的问题，已因为社康中心的建设得到有效的解决。

在社康中心摸索和探寻的道路上，深圳作为中国改革开放的前沿阵地，责无旁贷。15年社康中心的发展，是一个逐步探索、逐步发现、逐步改进、逐步构建的循环反复的过程。经过15年的探索，深圳社康中心的发展已形成了一套具有深圳特色的做法且在全国具有示范的作用，并形成了成功的经验总结。所有这些做法是社区健康工作发展的更为重要的"深圳经验"。

（一）深圳社康中心发展的主要做法

1. 创新发展理念，领导重视、统一部署

如前面所述，随着工业化过程，生产的社会化带动医学也逐步走向社会化，卫生服务的发展呈现出新的趋势。这种趋势客观需要构建适合工业化、城市化进程的社区健康服务模式。同样，这样的趋势为深圳的卫生改革提供了方向，开展社区服务工作、建立社区健康服务中心的目标逐渐明晰。深圳市政府从一开始就创新医疗理念，将社康中心定位为——以预防医学为导向，以社区人群健康为目标，注重以门诊为主题的初级医疗保健模式，突出人性化、综合性、持续性、协调性和可及性服务。深圳市政府重视基础的社区医疗的建设，对社区健康服务进行统一部署，社康中心的创立就是孕育于最新医学理念与医疗改革的结合，在深圳政府提高基层公共卫生服务质量的探索过程中诞生。

正确的方向和切实的目标，为基层公共卫生服务的改革和发展提供了重要的保障。在朝着目标前进的过程中，各级政府的大力支持为社康中心的发展提供了绿色通道。1996年，深圳市政府制定和颁布了《深圳市社区健康服务工作实施方案》，这个方案首次从政策层面上明确了社区健康服务的思路和措施。之后，深圳市政府又颁布了《深圳市社区健康服务工作方案》，该方案在实践层面上为社区健康服务的构建制定了服务内容、方式和举措等，保障了社区健康服务理念和目标的落地。根据该方案的要求，各区政府结合自身实际情况，制订了本区的社区健康实施方案和工作计划，使得社区健康服务工作能够实事求是地、因地制宜地展开。

2. 部门合作配合，全方位支持发展

在政府制定了总体的发展目标和方案后，还需要政府相关职能部门的相互配合，为社康中心的发展提供全方位的支持。各级财政局，把发展社区健康服务的启动经费和补助（维持）经费列入每年的财政预算计划，确保政府对社区健康服务的资金支持落实到位；规划局和建设局等部门把社区健康服务机构的设置纳入区域卫生规划和经济社会发展总体规划；民政部门把社区健康服务作为社区建设和社区服务的重要内容；社保部门把社康中心纳入医疗保健定点医疗机构。

社康中心的建设得到了市、区两级政府的高度重视，也取得了突出的成绩。以宝安区为例，自2006年以来，按照每服务人口20元的标准划拨维持经费用于社康中心的发展，同时政府还承担了新建社康中心30万元的启动经费。截至2011年末，该区共建立社康中心168家，并成为了全国"社区卫生服务示范区"，该区社康中心承担了全区门诊量的60%。

3. 卫生部门搭台，重在扶持与监管

卫生行政部门，承担着社区健康服务组织、指导、监督和管理工作，承担着市委市政府、区委区政府的参谋职责。卫生行政部门将发展社区健康服务作为深化城市卫生服务体系的重要工作来对待，并根据上级有关文件精神，结合本地区实际情况，建立和健全社区健康服务的各项职能和制度，还适时组织对社康中心进行绩效评估。同时，卫生部门还承担着医务人员的培训工作。医务人员是社区健康服务的主力，各级卫生行政部门多次举办各类培训班，以加深医务人员对健康服务工作意义的认识。同时转变观念、明确社区健康服务的任务、要求和工作方法。卫生行政部门的培训工作为社区健康服务工作的开展和社康中心的运行，提供了必要的保障。

卫生行政部门作为政府和社康中心的桥梁，既为政府制定各项政策出谋献策，又为政策在社康中心的真正落实提供支持，减缓了政策落地时的差距。在卫生行政部门的扶持与监管下，深圳市以医院为依托发展社康中心，建立了举办医院与社区健康服务管理中心二级管理架构。举办社区健康服务中心数量在8家以上的医院必须组建"医院社区健康服务管理中心"，并按所辖社区健康服务中心的数量来配备相应的管理人员。该中心主任由区卫生行政部门会同相关部门公开选拔，原则上由举办医院分管副院长兼任，实行任期目标责任制。

4. 创新服务模式，突出功能定位

经过多年的探索和发展，深圳市已经形成了特色鲜明的社区健康服务模式。即以区级医疗防保机构为指导，以镇级医院为依托，以社康中心为主体，以六大功能服务为内容。

在纵向的社区健康服务网络的构建上，社康中心开展了三级预防保健服务的模式。具体内容包括：发病前期的一级预防服务，目的在于无病防病，主要进行健康教育与健康促进、实施控制传染病的有关措施、进行妇女儿童保健和建立居民档案；发病期的二级预防服务，目的在于有病早治，主要进行病例发现、定期筛查、周期性健康检查和对病症的及时治疗；发病后期的三级预防服务，目的是既病防残，主要进行限制残疾工作、开展康复服务。

在横向的社区健康服务功能的发挥中，社康中心遵照深圳市人民政府［1996］101号文件要求，并结合社康中心的定位等形成了六大功能的服务模式，并以此作为自身服务内容，即健康促进（含健康教育）、卫生防病（含计划免疫）、妇幼保健（含优生优育）、老年保健、慢性病防治和疾病诊疗。社康中心工作是要开展具有全科医学特征的、以人为本、以健康为中心、以家庭为单位、以社区为范围的综合的、连续的、协调的、人性化的卫生服务。

同时，为了更好地构建起居民健康信息档案、更好地为本社区居民提供持续性的健康服务，社康中心不断提升自身的信息化水平。在中心信息化的建设中，深圳市的社康中心逐渐实现了电脑管理，建立了覆盖全区的信息网络，并且建立了街道医院管理平台。深圳的社区健康服务信息化建设，为社区健康服务的标准化、规范化、科学化管理和提高工作效率、提高服务质量与水平、发挥社康功能、完善社康服务，起到了重要的促进作用。

5. 探索运作模式，强化绩效评估

在15年的发展中，深圳市已逐渐建立起了成熟的管理架构。具体而言，建立健全了以"院办院管"为主具有深圳特色的社康管理体制，初步构建了各自独立的社区健康服务管理机制，以及实行所在区卫生行政部门、举办医院、医院社区健康服务管理中心和社区健康服务中心的有效组织管理体系。

区卫生局是各区开展社区健康服务的行业主管部门，负责全区社康工作的组织、指导、监督和管理。各区卫生局根据政策指导和本区实际情况，制定了各项制度和规定，在实践中，不断摸索和规范社区健康服务的管理。同时，通过设置医院社管中心重点负责本医院举办的社区健康服务中心的综合协调和业务管理等工作，不仅专门组织实施社区健康服务各项工作，包括运行绩效的考核及服务人员的工资待遇等，还对具体工作进行监督、指导和人员的技术培训。

深圳发展社康中心的一大特色就是院办院管的模式。社区健康服务机构是提供社区健康服务的主体。深圳市政府规定，社区健康服务机构由公立医院举办和管理。这种模式既解决了发展初期社康中心难以组建的瓶颈问题，更有利于社康服务对医院的设备和人力资源实现共享。在社康中心的日常管理中，各医院对所属的社康中心实行院、中心一体化管理，即"五个统一"——统一领导、统一管理、统一规划、统一财务、统一调拨药品，以及目标责任制管理，即以目标为导向，以人为中心，以成果为标准的管理模式。

此后，深圳市又设立了社管中心，社管中心是社区卫生服务管理中心，是卫生局下设的预算制的独立法人全额事业单位。社管中心承担着辖区内社区卫生服务机构的财务管理制度、人才队伍建设、药品等的统一采购和集中配送、服务质量的监督管理、技术标准的采用和社区服务的推广等工作。中心由管理本部及其派驻各阶段管理分中心组成，管理本部对管理分中心实行垂直管理。

社康中心的发展离不开制度建设，深圳市一直努力推进完善社康"院办院管"管理体制，提出了落实"五个一工程"的建设方案：建立一个中心，在举办医院建立"医院社区健康服务管理中心"，明确医院社管中心的组织架构及其权责；规范一个制度，健全社区健康服务财务专账管理制度，设置财务专账，实行成本核算，加强监督管理；创新一个机制，改革社区健康服务运行机制，包括改革人事管理机制、改革绩效分配机制、改革物流管理机制；优化一个模式，完善以需求为导向的服务模式，包括完善双向转诊，推进联网运营，落实社区基本公共卫生服务，推行家庭医生服务等工作；加快一项建设，加强社区健康服务信息化建设，配合"市民健康卡"工程，建立全市社区健康服务信息平台。通过"五个一工程"的落实，推进社区健康服务机构实行属地一体化管理，从而提高社康体系的服务能力和水平，以满足居民基本医疗和基本公共卫生的服务需求。

在绩效评估方面，深圳市建立了社区健康服务中心绩效工资分配机制，并逐步改善社区健康服务中心工作人员的福利待遇和工作环境。深圳市制定《深圳市社区健康服务中心工作人员绩效考核指导意见》，探索实行以岗定薪的工资核算办法。绩效工资与机构的服务收入不直接挂钩，由服务完成的质量与数量、服务对象满意度等因素确定，有效保障社区健康服务的公益性。每个社康中心按照6~8人的编制配置，通过加大人力资源配置、完善激励机制，促进社康中心服务功能落实到位。以老、幼、病、残和青少年、育龄妇女为重点对象，适当增加了常见病防治等低成本、高产出的免费基本公共卫生服务项目。

6. 强化网络建设，提升品牌效应

社康中心从一开始发展就面临着激烈的市场竞争。面对这种挑战，各个社康中心的领导和工作人员认识到要依靠自身的力量获得经济效益才能在激烈的竞争环境中生存和发展下去。因此，社康中心的发展只有形成自身的品牌和文化，才能在百姓心中树立起形象、获得百姓对社康的认同，才能在竞争中获得一席之地、做到社会效益和经济效益的双赢。为此，社康中心采用了多种办法来提高自身的竞争力。例如，各社康中心想办法搬迁到地点较好、面积较大的地方，并对房屋进行装修、对设备进行更新，极力为百姓提供更加方便和舒适的就医环境；同时，招聘中级职称以上的卫生技术人员充实到社康中心，提升中心的诊疗水平。

在社康中心建立的过程中，深圳市不断扩大社康中心的覆盖圈，致力于构建"十五分钟就医服务圈"，方便群众就医。2005年，深圳市提出了把社区健康服务网点建设作为下一步工作的重点，要加快社区医疗网点建设步伐，在2006年前实现"一居委一社康中心"的目标。

值得一提的是，深圳市作为流动人口的大市，除了给深圳本地居民提供医疗保障外，深圳市政府还于2004年起开始推进劳务工统筹医疗合作制度，按每人每月12元的标准为劳工提供医疗保障。其中，企业负担8元、劳务工自付4元。不仅如此，政府还在工厂区增设社康中心，方便了劳务工就医的同时，也促进了社康网络的建设。

（二）深圳社康中心成功关键因素的探究

1. 倡导先进理念——社康中心发展的助推器

21世纪以来，人类疾病构成发生了重大的变化，总体而言，恶性肿瘤、心脏病、脑血管等"现代文明病"剧增，由不良的生活方式引起的疾病比例不断上升。这样的疾病结构对医学模式改革提出了更高的要求，传统的生物医学的模式正在向生物—心理—社会医学转变，而实现这个转变最好的方法就是通过社区进行综合性服务。同时，社会经济的全面发展使人民群众对健康水平和生命价值提出了更高的需求，人口老龄化的趋势也要求卫生医疗条件不断提高。还有，医疗条件的改善使得患病人群就诊逐渐基层化。

面对着这样的趋势和深圳市人口、卫生、医疗发展的实际情况，深圳市政府积极接受和倡导先进的理念，正视卫生发展的实际需要，在医疗改革中顺应时代的潮流和群众的需求，提出了发展社区健康服务的全新理念。在这样先进的理念助推下，才有了社康中心这一新生事物的诞生。

2. 政府支持与扶持——社康中心发展的重要保障

社康中心从无到有、从有到全，是个复杂的社会系统工程。在中心建立之初，卫生部门面临的是重重的困难。正是因为有了深圳市及各区政府在思想上的重视和在政策、经费（财政）上的支持，才使得社康中心的发展获得了有力的保障。

在思想上，深圳市和各级区政府坚定地认为，发展社区健康服务是建设和谐深圳、效益深圳的需要，是深圳走向国际化城市的重要基础。于是，各级政府对发展社区健康服务下达了"指令"性要求，指令的下达确保了政策在基层的执行；同时，政府还将发展社区健康服务列入政府工作目标，进一步保障了基层街道办、居委会将发展社区健康服务的政策在实际工作中落实。同时，卫生行政部门把发展社康服务作为深化卫生改革、夯实基层卫生基础的重要工作来抓，保证了社康服务在具体工作上能够稳步落实和推进。在措施上，政府想方设法，为社康中心的建设打下了扎实的基础。各区成立了由分管卫生工作的副区长任组长的社区健康服务工作领导小组，各镇、各街道也成立了相应的组织机构，层层加强对社区健康服务工作的领导。同时，政府把发展社区健康服务纳入经济社会发展规划、社区建设与社区服务计划和政府年度工作计划，在政策层面确保社区健康服务的落实。

总之，社区健康服务是非营利性的社会公益事业，是公共卫生体系的基础。政府担当起了责任，在发展社康中心建设中充分发挥了政府的主导作用，保障了社康中心从理念落实为扎扎实实的行动，从口号落实到真真切切的福利。

3. 创新体制机制——社康中心发展的动力所在

在社康服务的建设中,深圳市创立了"以区级医疗防保机构为指导、以街道医院为依托、以社康中心为主体、以六大功能为内容"和"院办院管、医院与中心一体化管理"的社区服务管理体制和运行机制。这样的机制有两方面的优越性:一方面确保了社康服务的公立为主的性质,获得了民众的信任和支持;另一方面,充分利用医疗资源,公立医院为社康中心提供了设备、人才、管理上的支持,减少了社康中心落地和发展的阻力。

同时,深圳市还独具创新地建立了医院社区健康服务管理中心制度,简称"医院社管中心"。创办社区健康服务中心数量在8家以上的医院必须组建相对独立的社管中心,并按所辖社区健康服务中心的数量来配备相应的管理人员。在现有"院办院管"体制下,创办医院为法人单位,医院社管中心为举办医院下属的分支机构。纵向上,形成了"区卫生行政部门—举办医院—医院社区健康服务管理中心—社区健康服务中心"的管理体系,使得社区健康服务管理中心能够自成体系、形成上下有效地沟通和交流,提高了工作的时效性。

4. 注重服务百姓——社康中心发展的生命力所在

不断健全网络、提高社康中心的覆盖面,构建"十五分钟的社区服务圈",便利群众就医。不断完善社康中心功能,构建六位一体的社康服务。

社康中心除了按照深圳市卫生行政部门的要求,开展六大功能工作以外,还根据国家最新的政策,不断扩充社康功能、拓展社康服务,最大限度地利用社康资源,保证社康中心满足群众需求、贴近群众生活、响应国家号召、落实国家政策,从而为社康中心的发展提供了源源不断的生命力。近年来,社康中心还不断增加为社区居民健康服务的内容,不仅扩大了社康中心的覆盖面,还提高了就医水平,尤其是增加了基层健康教育的内容。

5. 优化队伍建设——社康中心发展的前提条件

社区健康服务的人才队伍是社区健康服务的主要提供者。人才队伍的整体素质的高低,直接关系到社区健康服务的质量和水平,关系到社区健康服务的可持续发展。发展社区健康服务必须以人才队伍的建设为前提。

深圳市对人才队伍模式的明确是个逐渐探索的过程,从治疗小伤小病的医士到普通的全科医生再到临床技术优良的全科医生,在这个过程中,社康中心对人才的要求逐渐明晰——既要具备能提供"六位一体"服务的全科技能,又要掌握诊疗疾病，满足群众医疗需求的临床技术。在这样的标准下，社康中心采取了一系列措施改变社康服务队伍状况，加强社康中心人才队伍建设。例如，引进优秀人才充实社康队伍、抓紧原有人员培训、制定优惠政策吸引优秀人才等。经过多年的努力，深圳市已经拥有了一支力量雄厚的社康服务人才队伍，这支队伍不仅能够较好地完成社区基本医疗和基础公共卫生任务、满足群众医疗保健需求，深受群众的信赖，同时也为社康中心不断发展提供了前提条件。

6. 强化专业监督——社康中心发展的技术支撑

为了确保社康中心工作的落实，保障群众在社康中心的安全就医，深圳市通过决策、监督、评估和信息管理体系的构建，不断加强和改进对社区健康服务的行业监督和管理。在决策体系中，区、街道成立了社区健康服务工作领导小组，确保了实际工作中问题的解决和工作的推进；在监管方面，社康服务中心和区、街道两级医院社区健康服务科共同承担了对社康服务的管理，保证了对社康服务工作情况的及时了解、经验的及时交流和问题的及时解决；在评估方面，区、街道成立了社区健康服务技术指导小组，定期对社康中心进行业务指导，每年对社康中心进行两次考核评估；在信息管理上，绝大多数社康中心都配置了电脑、实现了站内局域联网、应用了服务管理软件，信息平台的建立，为工作的开展和监督提供了技术支持。

7. 引入竞争机制——社康中心发展的原动力

虽然社区健康服务的性质是非盈利的，但这并不意味着社康中心的发展不需要竞争机制。恰恰相反，适当地引入竞争机制，能更好地发挥社康服务的效能、让广大群众更充分地利用社康服务的资源。首先，通过大力宣传社康服务的意义和内容，提高了群众对社康服务的了解和参与积极性；其次，通过健康保健等相关知识的宣传，转变了群众的健康观念、引导群众健康消费；再次，竞争机制的引入，促使医务人员了解群众需求、以需求为基础拓展自身服务。注重群众的满意度、以群众满意为目标、开展自我提升和推销；此外，竞争机制还促使社康中心举办单位及其管理者注重社康服务文化建设，打造社康服务品牌。

（三）小结

深圳市在《深圳市社区健康服务改革实施方案》的指导下，通过发展和完善社区健康服务体系，按照"保基本、强基层、建机制"的总体要求，进行了社区健康服务机构属地一体化管理,建立了社区健康服务机构和医院分工协作、双向转诊的上下联动机制,形成"院办院管、双向转诊、联网运营"的服务模式,大大提高了社区健康服务能力和水平,基本满足了居民基本医疗和基本公共卫生的服务需求。这和深圳市从政府到卫生行政管理部门再到医院、社区的共同努力是分不开的。

在有了发展社区医疗作为发展基本理念的情况下,政府大力倡导和扶持,卫生管理部门积极沟通,再通过服务模式和体制的创新为社区医疗机构的发展铺平道路。深圳市正在通过政策倡导、优化人力资源配置、改革绩效评估体系、引入竞争机制等方式,不断地发展社区社康中心的运营模式,这也给其他城市社区卫生服务提供了有益的参考和模板。

四 深圳社康中心的绩效评估分析

客观综合评价深圳社康中心 15 年的工作,对于决策者和管理者具有重要的意义。根据调研的文献,目前不论是在实践还是理论上还没有针对一个城市社区健康服务体系的有效评估模型。已有的评估模型主要针对整个卫生系统[1][2],或者针对单个社康中心(社区卫生中心)的绩效考核。[3] Wong 等开发了一个用于初级卫生保健效果测量的中国社区健康服务逻辑模型。此模型包括输入、输出、直接结果、间接结果和最终结果 5 个部分。设计了 287 个详细指标,并将最终结果纳入整个卫生系统中,比较全面但也相对复杂,目前仍处于试验阶段。[4]

---

[1] Margaret Elizabeth Kruka, Lynn P. Freedman, "Assessing Health System Performance in Developing Countries: A Review of the Literature," *Health Policy*, 2008, 85 (3): 263-276.

[2] Hussey PS, de Vries H, Romley J, Wang MC, Chen SS, Shekelle PG, McGlynn EA, "A Systematic Review of Health Care Efficiency Measures," *Health Services Research*, 2009, 44 (3): 784-805.

[3] 中华人民共和国卫生部,卫办妇社发〔2011〕83 号,卫生部办公厅关于印发《社区卫生服务机构绩效考核办法(试行)》的通知,2011 年 6 月 30 日。http://www.moh.gov.cn/publicfiles/business/htmlfiles/mohfybjysqwss/s3578/201106/52203.htm。

[4] Sabrina T. Wong, Delu Yin, Onil Bhattacharyya, Bin Wang, Liqun Liu and Bowen Chen, "Developing a Performance Measurement Framework and Indicators for Community Health Service Facilities in Urban China," *BMC Family Practice*, 2010, 11 (1): 91.

我们在国际和国内相关绩效评估模型基础上，考虑深圳作为新兴现代化大城市的特殊情况，设计了深圳社区健康服务体系绩效评估模型，以对深圳社区健康服务体系进行绩效评估。

（一）评估对象

深圳社区健康服务体系是深圳市以区域医疗中心、基层医疗服务网络两级新型城市医疗服务体系的重要组成部分。深圳社区健康服务中心是在政府主导、社会参与、上级卫生机构指导下，采取医院举办、医院管理的院办院管模式；以人的健康为中心、家庭为单位、社区为范围、需求为导向；以妇女、儿童、老年人、慢性病人、残疾人等为重点；以解决社区主要卫生问题、满足基本卫生服务需求为目的，融预防、医疗、保健、康复、健康教育、计划生育技术等服务为一体的，有效、经济、方便、综合、连续的基层卫生服务。

截至2011年，深圳市社康中心611个。其中公立医院举办571个，民营医院举办22个，企业举办18个。医保定点601个，儿童医保466个，劳务工医保586个，未有任何医保定点8个。深圳市社区健康服务中心分布情况如图1所示。

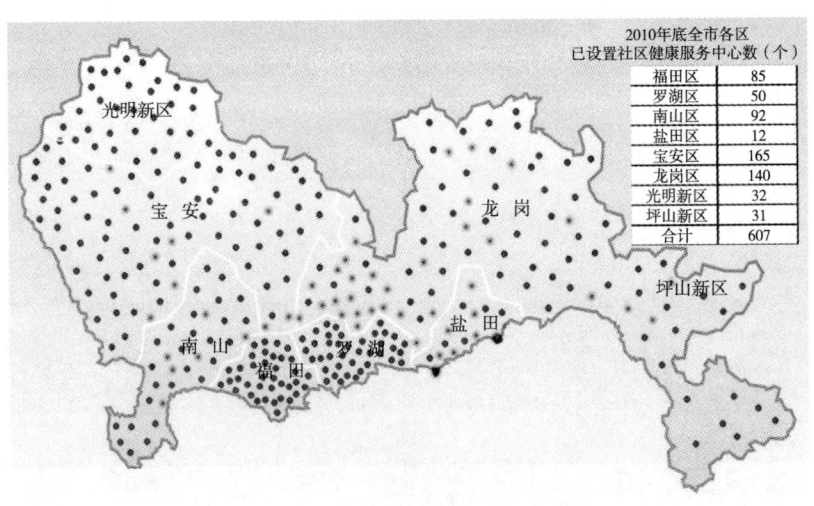

图1 深圳市社区健康服务中心地域分布情况

说明：至2010年底全市共有607家社区健康服务中心覆盖了1400多万人。

（二）评估方法

深圳社区健康服务体系绩效评估采用深圳社区健康服务逻辑模型。模型主要分为三部分：输入、输出和结果。其中输入主要从人、财、物和管理四个方面评估。输出主要从提供服务的数量和质量来评价。结果则从服务的公平性和满意度两个方面体现。由于卫生系统所采取的行动，一般在很多年后才能得出结果，因此目前使用的输入资源与目前取得的成果关系并不非常密切。鉴于此，评估模型未将效率纳入评估范畴。模型框架如图2所示，评价总体指标如表1所示。

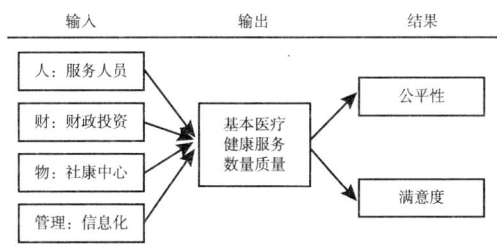

图2　深圳社区健康服务体系绩效评估模型

表1　深圳社区健康服务体系绩效评估指标

模型	类别	指标编号	指　标	含　义
输入	人	1	总达标率	卫办妇社发〔2011〕83号《社区卫生服务机构绩效考核指标体系》中有关人员情况的达标率
	财	2	公共卫生经费（亿元）	
		3	人均基本公共卫生服务经费	2011年不低于20元。卫妇社发〔2009〕70号《关于促进基本公共卫生服务逐步均等化的意见》
	物	4	社康中心数量	
		5	社区覆盖率（%）	满足"以街道办事处所辖范围设置，服务人口3万~5万人"的比例
		6	方便性	居民获得卫生保健的便利度，以使卫生保健更贴近人们
	管理	7	信息化建设	
		8	管理模式	

续表

模型	类别	指标编号	指标	含义
输出	服务内容	9	政府服务的达标率	以《国家基本公共卫生服务规范(2011年版)》为标准,检查每个站针对卫生部服务目标达标率
	服务数量	10	服务人次(万人次)	
		11	占全市门急诊量比例(%)	
		12	公共卫生服务量(万人次)	
		13	公共卫生服务量的增长率(%)	
		14	公共卫生服务量比例(%)	
		15	双向转诊(万人次)	
		16	劳务工诊疗人次(万人次)	
	服务费用	17	诊疗费用(元/人次)	
		18	劳务工次均费率(%)	
	健康档案	19	建档数(万)	
		20	服务人口数	
		21	建档率	
		22	信息完整性	是否记录了个人生命全程的信息
		23	信息转移	是否在转诊病人时将这些信息记录在各级保健机构间进行转移 是否在人们迁移时将他们的记录随之转移
	责任性	24	家庭医生责任制	初级保健提供者是否已被分配了承担某个指定人群所有成员(包括参加和未参加卫生服务的人)的健康问题的责任
	协调性	25	是否有专科服务、医院和社会服务的权利	协调性是指是否通过加强初级保健提供者的行政权和采购权而赋予了他们协调各种专科服务、医院和社会服务的权利,使初级保健小组作为协调中枢
结果	公平性	26	自费支付医疗费用	极不公平的方式:即在服务点由患者或其家属自费支付医疗费用
		27	全民健康保险覆盖广度	享受社会健康保障人口的比例
		28	空间分布	是否存在地域不平等
		29	知晓率	居民对社区健康服务中心的知晓率
		30	利用率	居民对社区健康服务中心的利用率 居民在自觉疾病不同程度时对社区健康服务中心的利用率
	满意度	31	服务对象综合满意度	

表 2 深圳社区健康服务中心绩效评估部分结果

编号	指 标	1996	1997	1998	1999	2000	2001	2002	2003	2004	2005	2006	2007	2008	2009	2010	2011
2	公共卫生经费(亿元)						0.21	0.25	0.28	0.37	0.47	1.5	2.44	2.77	2.82	2.84	4.8
4	社康中心数量	19	68	111	145	194	211	254	281	333	367	482	604	634	625	607	611
5	社区覆盖率(%)										57.1	74.6	93.9	100	100	100	
10	服务人次(万人次)			60.03	85.80	127.25	152.38	241.55	390.63	535.11	1023.55	1290.40	1575.80	2057.2	2560.31	2810.97	3230.34
11	占全市门急诊量比例(%)			4.33	5.65	7.49	7.97	11.72	17.01	20.88	25.24	24.96	26.47	30.07	33.91	35.52	37.50
12	公共卫生服务量(万人次)									165.25	213.36	252.25	271.45	356.80	473.52	677.44	1033.72
13	公共卫生服务量的增长率(%)										29.11	18.23	7.61	31.44	32.72	43.06	52.59
14	公共卫生服务量比例(%)									23.60	17.25	16.35	14.69	14.78	15.61	19.42	24.24
15	双向转诊(万人次)									9.01	14.35	18.78	23.63	24.25	33.52	48.80	69.20
16	劳务工诊疗人次									6.77	130.59	221.24	649.97	852.30	1052.76	1329.03	1049.59
17	诊疗费用(元/人次)				45.50	47.50	50.30	49.62	52.34	50.69	54.86	52.63	46.15	48.13	49.67	49.57	47.84
18	劳务工次均就诊率(%)									34.25	34.03	38.60	40.19	39.56	41.21	35.65	35.09
19	建档数(万)			68.47	113.36	181.46	210.52	251.14	320.69	431.27	567.55	749.36	1219.98	1421.70	1407.53	1409.61	1391.93
20	服务人口数(万)						863.25	901.33	1027.69	1109.93	1185.22	1265.71	1385.24	1409.65	1387.34	1421.48	1450.66
	统计公报数(万)						432.94	468.76	504.25	557.41	597.55	827.75	846.43	861.55	876.83	891.23	902.36
21	建档率(%)						21.02	23.36	24.44	28.89	36.39	44.84	54.10	86.54	102.43	99.02	97.17
29	居民知晓率(%)													84.58	85.07	85.74	85.98
30	居民利用率(%)													54.50	55.14	56.30	57.85
31	服务对象综合满意度(100分制)													81.70	82.71	83.08	83.36

说明：a. 部分指标（序号未显示）无法用单一数字表示，在下面以小节文字内容简述。

b. "统计公报数"非模型指标，但在后面的内容"建档率"的讨论中用到此数据，故放到此位置与"服务人口数"作对比。

（三）评估结果

1. 人力资源

表3　深圳社康中心人员配备标准与卫生部标准对照

序号	项目	卫生部标准	深圳标准
1	执业范围为全科医学专业的临床和中医等类别执业（助理）医师	3名	2名/万人口
2	公共卫生医师	1名	1名/万人口
3	注册护士	3名/万人口	医护比1:1
4	副高级以上任职资格的执业医师	至少具有1名	1名
5	中级以上任职资格的中医类别执业医师	至少有1名	1名
6	中级以上任职资格公共卫生执业医师	1名	—
7	中级以上任职资格的注册护士	1名	—
8	合格证书比例＝取得省级及以上全科医学培训合格证书的卫生技术人员数/卫生技术人员总数	无	—
9	继续教育达标率＝实际达标的卫生技术人员数/卫生技术人员总数×100%	无	—

2. 人均基本公共卫生服务经费

我国2009年人均基本公共卫生服务经费标准不低于15元，2011年不低于20元。1999年深圳出台了《经费分配方案及管理办法》，经费标准为10元/服务对象。从2001年起，社康中心实施基本公共卫生服务项目的补助经费，按每年、每服务对象20～30元的标准安排，2010年起，增加到40元。

社区公共卫生经费额度，2001年为0.21亿元，2006年为1.50亿元，2010年为2.84亿元，2011年社康的公共卫生经费预计将达到4.8亿元。2000年，深圳市出台了第一个社区卫生服务设置规划，并明确了启动经费30万元，2006年提高到60万元。

3. 方便性

深圳市各区社区健康服务中心平均服务半径（公里）如图3所示。

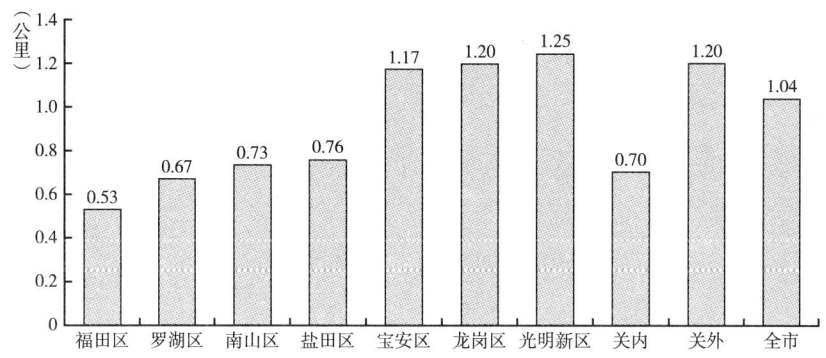

图3 深圳市各区社区健康服务中心平均服务半径

4. 信息化建设

深圳市于1998年开始推进社区健康服务信息化建设。其中社区健康服务管理信息系统高度整合六位一体的服务、考核、管理环节，促进社区健康服务功能的落实。基于一个中心和三大平台，社康中心可以与医院、妇幼保健院和疾病预防控制等机构进行数据交换与信息共享，实现健康档案共享、药品耗材调配、检验结果双向传输、双向转诊信息交换等功能，形成协同医疗。医院与社康中心的医务人员及社区居民对档案的建立情况均可以通过信息平台进行查看和管理。

2005~2011年，深圳市政府共投入2.3亿元用于卫生信息化建设，其中区域卫生信息化"139"工程1.2亿元，11家新建医院信息化9206万元。基本构建了区域卫生信息化框架，实现了全市医疗卫生机构的信息互联互通。"139"工程是指"一个中心、三大平台、九大系统"的信息化建设方案，其中：一个中心指：市卫生数据中心；三大平台指：卫生信息发布和服务平台、数据共享和交换平台、卫生决策信息支持平台；九大系统指：医院业务体系网络信息系统（数字化医院）、突发公共卫生事件处理系统、疾病控制体系网络信息系统、卫生监督执法体系信息系统、妇幼保健业务体系信息系统、医疗急救业务体系信息系统、基础卫生业务体系信息系统（社区健康服务管理信息系统）、健康教育业务体系信息系统及其他业务体系信息系统。目前除卫生决策支持平台、医疗质量管理的药品管理子系统两个项目尚处于建设中，其余的项目已基本完成。

5. 管理模式

深圳市一直坚持院办院管的管理体制，并以这一基本制度为核心，不断完善配套政策体系和管理制度，使医院与社康中心之间建立了良好的分工协作机制。2005年以劳务工医疗保险为突破口，利用院办院管这一体制，在全国率先建立起社区首诊制。

2011年，深圳市在宝安区试点改革基础上，通过完善"院办院管"的社康管理体制，构建相对独立的社区健康服务管理体系，实行区卫生行政部门—举办医院—医院社区健康服务管理中心—社区健康服务中心组织管理体系，开始推广宝安区"社区健康服务管理体制和运行机制改革"经验，推进社区卫生改革工作。

6. 服务内容（见表4）

表4 基本公共卫生服务规范对照

序号	卫生部标准	深圳标准
1	城乡居民健康档案管理	社区诊断服务（包含社区健康档案）
2	健康教育	健康教育与健康促进
3	预防接种	预防接种与传染病防治
4	传染病及突发公共卫生事件报告和处理	
5	0~6岁儿童健康管理	儿童保健
6	孕产妇健康管理	妇女保健（包含孕产妇）
7	老年人健康管理	老年保健
8	高血压患者健康管理	慢性病综合防治（包含高血压、糖尿病）
9	Ⅱ型糖尿病患者健康管理	
10	重性精神疾病患者管理	心理卫生
11	卫生监督协管服务	康复服务

7. 责任性

深圳市于2009年启动了"家庭医生责任"试点，至今已有1200多位居民进行了签约。扩大家庭医生责任制试点范围，以慢病管理为基础，以重点人群的健康管理为核心，完善市民健康管理模式。

8. 协调性

2005年，深圳市以农民工医疗保险为突破口，利用院办院管这一体制，在全国率先建立起社区首诊制。参保的服务对象首诊必须先到社区卫生服务机构，在第三方付费的引导下根据需要实行逐级转诊。这一政策赋予了社康中心协调各种专科服务、医院和社会服务的权力，使社康中心成为协调中枢。通过医院与社康中心的分工协作，形成了协调通畅的双向转诊机制，合理有效地分流病人，提高了卫生资源的利用率。对于医院就诊后的康复期病例、诊断明确且病情稳定的慢性非传染性疾病病例、一般常见病或多发病病例，则由医院转入社康中心负责跟踪、随访、康复治疗，或由社康中心安排家庭病床服务。为加快医院产科床位周转，医院平产分娩的产妇住院2天后下转至社区，由社康中心负责产后访视，覆盖率达98.37%。基本实现"小病在社区、大病到医院、康复回社区"的服务目标。见图6。

9. 全民健康保险覆盖和自费支付医疗费用

深圳市实行全民健康保险。2007年起，社保部门将所有社康中心纳入基本医疗保险定点机构，并出台"社康就诊七折优惠"政策。综合医疗保险参保人在定点社康中心就医产生的诊疗和药品费用，30%由医保统筹基金支付，个人账户支付70%。795种基本药物在社康中心面向本市参保人员实行"零加成"销售，使个人账户支付下降到60%。深圳市社康免挂号费。农民工医保门诊统筹基金从每人每月6元提高到8元，报销比例达78%。

10. 空间分布

8个区域发展水平不均衡：二级医院举办的社康中心优于一级医院举办的社康中心。宝安试点区域居民满意度较高，居民到社康的首诊意愿超过90%，社康诊疗量超过本院总诊疗量的50%。

11. 满意度调查

自2008年起，由深圳市卫生和人口计划生育委员会委托第三方调查公司（万人调查公司）按照《深圳市社区健康服务居民满意度调查方案》进行调查。调查时间为每年7月下旬到9月底。调查按各区社区数的10%调查了60个社区，每个社区调查100位居民。为保证公平公正，调查过程是在社区健康服务中心不知情的情况下进行的。

（四）结果分析

1. 人力资源

深圳市在人力资源投入方面个别指标未达到国家标准。例如，执业范围为全科医学专业的临床和中医等类别执业（助理）医师，国家标准为3名/万人口，而深圳为2名。这与深圳社康服务中心的模式有关。

在网络覆盖方面，全国基本采用"街道医院转型"模式，街道级社区卫生服务中心覆盖率为56.58%，社区级社区卫生服务站覆盖率为52.21%。深圳采用"医院下沉、小社区规划"模式，于2007年实现了社区全覆盖、人口全覆盖、服务全覆盖；在服务理念方面，全国采用"100名医生服务20万人"的服务模式服务（专科医学模式），深圳采用"4~8名医生服务1万~2万人"的服务模式服务（全科医学模式）。

除正式编制外，在院办院管体制下，深圳市建立了医院专家定期到社康中心服务的强制性制度：上级医院根据社区居民的需求和社康的业务，定期派出临床科室具有副主任医师职称以上的医师，到社康中心坐诊、巡诊、义诊、业务指导、举办讲座、授课演练、检查评估等。全市从2008年9月实施此项制度以来，到2010年底，共有11.1万人次的医院专家进入社康中心服务，平均每月每个社康中心7人次。

医院将对社康中心医务人员的培训项目纳入医院整体培训计划之中，定期为社康中心医务人员举办专题讲座，或者将其派至培训中心进行短期学习，或者将其交流至医院进修培训。社区医护人员的培训费用由其所在医院和市财政各支付一半。市区各专业公共卫生机构，针对社区医护人员定期开展计划免疫、妇幼保健、传染病防控、慢性病管理等专项培训。

2. 社康中心

深圳市不断以社区居民健康需求为导向，以服务人口和服务半径为依据，调整和优化现有社区卫生服务机构布局。截至2011年，深圳社康中心达611个。通过对1996年至今的社康中心数字分析可发现，2006年、2007年是社康中心数量增长最快的两个年份。

深圳市政府2006年印发了《关于发展社区健康服务的实施意见》以及相关配置方案，提出了一揽子解决社康中心规划设置，以及人员编制、举办经费、维持经费、工作用房等问题的具体办法。为加快推动网点建设，政府2006~2008年连续三年将这一工作纳入为民办实事工程，并于2008年完成这一系统工程；对于新建的社康中心，政府一次性给举办医院补助经费60万元，市、区财政各支付50%；对于租用业务用房的社康中心，由市、区财政安排专项资金回购租用的房屋。

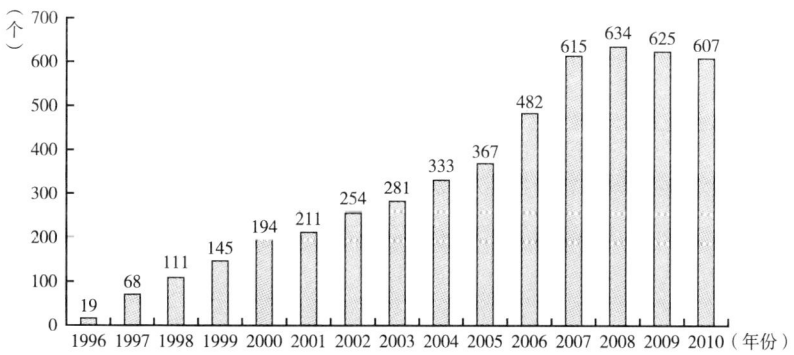

图 4　深圳市社康中心 15 年数量增长情况

3. 服务目标

世界卫生组织对社区卫生服务目标主要为两点：一是公平性，即人人享有基本医疗卫生服务。二是满足大众需求，即实现卫生保健以人为本，达到身与心、人与制度的和谐状态（世界卫生组织，2008）。国内 2011 年的具体目标是：在城乡基层医疗卫生机构普遍落实居民健康档案、健康教育、免疫规划、传染病防治、儿童保健、孕产妇保健、老年人保健、慢性病管理、重性精神疾病患者管理 9 类国家基本公共卫生服务项目；基本公共卫生服务按项目为城乡居民免费提供。人均基本公共卫生服务经费标准 2011 年不低于 20 元；城市居民健康档案规范化建档率达到 40% 以上，农村居民健康档案建档率达到 20%，并提高信息化水平（国办函［2010］67 号）。

深圳社康以"到深圳就是深圳人"，保证人人享有健康服务的同时，还实施了细分客户群的服务策略。服务策略包括：服务常住居民的价廉、便捷的基本诊疗；服务劳务工的社区首诊制；服务全人群的基本公共卫生服务；服务重点人群的家庭医生责任制。

空间因素影响卫生服务的可获得性。卫生资源需要解决的重点不是人均拥有量的问题，而是卫生资源空间配置合理布局的问题。尽管社康中心与一级医院、门诊部、诊所、医务室一起，平均服务半径约 1 千兆，构成"社区 15 分钟步行医疗服务圈"。但特区外教育、医疗等社会公共服务设施原本滞后，而地域相对较广阔，社会服务网络密度相对较低。随着生活困难人口外迁，必将导致特区外人口增加速度更快，对健康服务需求量进一步加大。

深圳社康中心不仅提供了9类国家基本公共卫生服务项目，还增加了康复服务。人均基本公共卫生服务经费达到40元，建档率远超过40%。1998~2010年全市社康服务量及所占全市医疗诊疗量的比例如图5所示。诊疗人次、公共卫生服务量均保持持续增长。

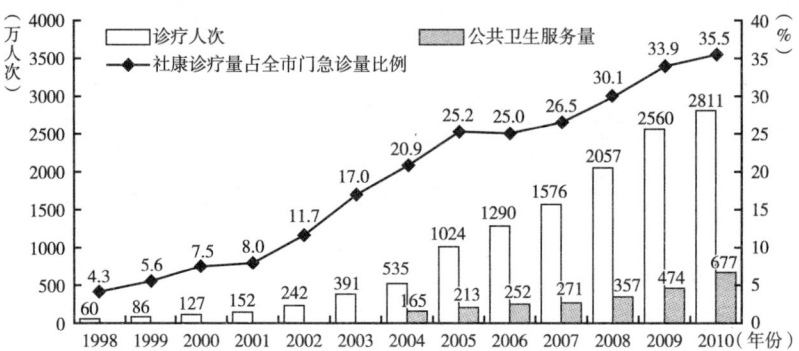

图5　1998~2010年深圳市社康服务量及所占全市医疗诊疗量的比例

通过2004~2010年社区—医院双向转诊人次变化情况统计（见图6）发现，劳务工诊疗人数在2005年和2007年增长率较高，并且保持持续增长。这主要是由深圳市在2005年以劳务工医疗保险为突破口，在全国率先建立起社区首诊制。通过医院与社康中心的分工协作，形成了协调通畅的双向转诊机制。

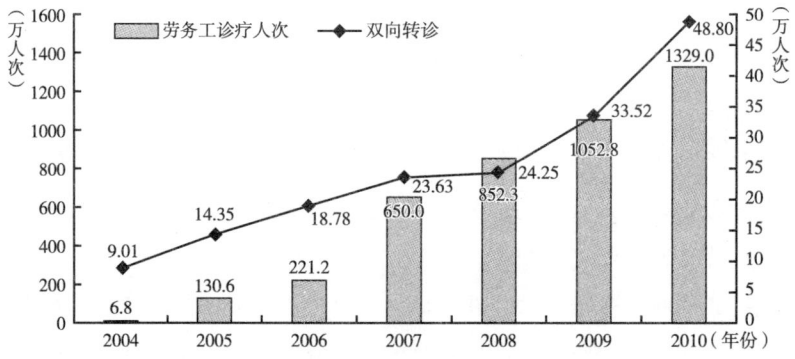

图6　2004~2010年社区—医院双向转诊人次变化情况统计

2000~2010年全市社康中心平均诊疗费用与劳务工诊疗费用统计图7可见，深圳市保持了较低的服务费率，体现了综合、便捷、经济的服务特点。

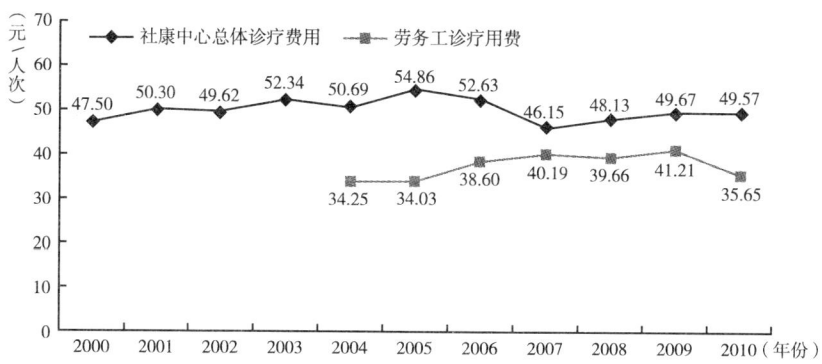

图 7　2000~2010 年深圳市社康中心平均诊疗费用与劳务工诊疗费用统计

4. 建档率

建档率有多种计算方法。卫办妇社发〔2011〕83 号，卫生部制定的《社区卫生服务机构绩效考核办法（试行）》中，健康档案建档率＝建档人数/辖区内常住居民数×100％。本评估结果中的建档率采用：建档率＝建档人数/服务人口数×100％。采用这一公式是由深圳市人口空间分布的特点和深圳市社区卫生服务机构在落实公共卫生服务时的服务对象所决定。

深圳是一个仅有 30 多年历史且人口年龄构成较轻的新型城市。深圳市人口空间分布在短短 30 多年里呈现了世界城市发展史上少见的以人口迁移和流动为主的人口高度聚集的特点。2001~2005 年，流动人口从不到 500 万增加到 900 多万，同期流动人口聚集指数从 0.82 增加到 1.03。

深圳市于 2007 年出台了《深圳市社区公共卫生服务包》，明确了深圳市社区卫生服务机构在落实公共卫生服务时的服务对象。以"到深圳就是深圳人"的理念，只要需要提供服务，社区卫生服务机构就公平地提供相应的服务。同时深圳市采取"一个到中心服务、建立全家健康档案"的方式建立健康档案。

深圳市的流动人口多而且每年流动率高的特点，使得 2008 年建档率为 102.43％。

5. 服务满意度

根据第三方满意度调查显示，深圳市社康服务体系连续四年稳步提升，居民对社康中心的综合满意度超过 84 分，有超过 60％的居民愿意推荐社康中心和再选择社康中心。社康中心的业务量占全市1/3以上,而有效投诉只占全市的0.006。

同时居民对社康中心的投诉转变,由"嫌弃式投诉"和"发泄式投诉"转变为"需求式"投诉。原来的投诉多数是对社康中心的不满意。现在转变为因为对社康中心的需求增加、社康中心不能满足需求而投诉。例如,医生少、服务时间太短、药物太少等成为投诉的重点。

(五) 主要结论

1. 快速完成网点布局,服务人员需要加强

自改革开放以来,深圳市由一个边陲小镇发展成为人口规模庞大的现代化大城市,其人口空间分布变化在短短30多年里呈现了人口高度聚集的特点。深圳市流动人口占常住人口的比例远大于户籍人口,其独特的"人口倒挂"现象本身就为社区健康服务带来了很大的难度。但深圳市通过采取医院举办、医院管理的院办院管模式,全面推行社康中心与医院间的双向转诊制度,建立了"分片负责、分类转诊"的片区责任制双向转诊体系,形成了网格化、全面覆盖的管理格局。在2007年即实现了社区全覆盖、人口全覆盖、服务全覆盖。

深圳社康中心前期主要是充分利用医院(特别是公立医院)成熟的管理团队和技术水平。但在执业范围为全科医学专业的临床和中医等类别执业(助理)医师等人员,特别是高级职称人员方面尚有所差距。而且随着社区居民健康服务需求的增加,家庭医生责任制的实施,服务人员的数量和质量亟待提高。

2. 服务数量基本达标,服务质量有待提升

在服务项目上,除突发公共卫生事件报告和处理、卫生监督协管服务两项服务未在《深圳市社区公共卫生服务》外,其他《国家基本公共卫生服务规范(2011年版)》中的服务均已开展。深圳市社康中心还增加深圳市社区康复服务包。服务对象为辖区内户籍残疾人及其监护人;服务项目包括协助或参与为服务对象的康复治疗、训练,康复知识宣传和普及,双向转介等服务。

在不断增加服务数量的同时,更加注重服务的质量。健康档案记录个人生命全程的信息。扩大家庭医生责任制试点范围，以慢病管理为基础，以重点人群的健康管理为核心，完善市民健康管理模式；以家庭医生责任制为基本制度架构，以本市基本公共卫生服务项目和社区慢病综合防治项目为基本服务内容，与基本公共卫生服务财政补助制度、社会医疗保障补偿机制有效衔接，制定不同层次的"深圳市民健康管理包"，为居民提供多层次的、按需服务的"套餐式"的健康管理服务；不断完善首诊、双向转诊等机制，加强社区健康服务中心的行政权和采购权而赋予他们协调各种专科服务、医院和社会服务的权力，使初级保健小组成为协调中枢。

3. 服务人口公平性高，区域公平亟待拟合

深圳社康中心在建设过程中切实保证服务人群的公平性，使深圳人不论其所属类群，不论其身份、角色、家庭收入、居住环境、来深圳时间、家庭背景或工作单位有多大的差异，均可以体面地、无差别地得到社区健康服务中心的综合性服务。深圳的这种做法，曾经受到 WHO 等国际组织的关注与赞赏。

由于受人口因素、经济因素、住房因素，公共基础设施因素、制度因素等影响，深圳社康服务空间分布不平衡。因此需要加强宏观层面的行政干预，以调节社康中心服务的空间分布。

五 深圳社康中心发展面临的瓶颈问题剖析

实事求是地讲，经过 15 年的经验积累和政策实践，深圳社康中心发展取得了显著的成绩，但是也面临明显的瓶颈问题，包括管理体制创新不够，管理水平整体亟待提高；服务功能定位不清，偏医疗轻预防问题突出；工作用房瓶颈凸显，业务发展面临场地制约；队伍规模整体不足，人员超负荷劳动很普遍；人才留不住引不来，人力资源素质尚待提升；标准化规范化不高，改善服务品质任务艰巨等。这些问题的主要成因包括社康中心未来发展的功能定位尚不清晰；相关政策体系相对滞后，包括财政投入人力投入、工作用房配套；社康中心管理机制弊端开始凸显；服务标准和技术规范制度缺位；职业化队伍建设相对滞后；顶层制度设计相对薄弱；品牌意识不强；社区居民健康观念尚没有完全转变等。

（一）现阶段社康中心面临的突出问题

总体而言，目前深圳社康中心面临六大突出问题。

1. 管理体制创新不够，管理水平整体难以提高

社康中心自创立以来都是参照"院办院管"的模式。数据显示，截至2011年，深圳全市已经建有社区健康服务中心611家，92%左右实行院办院管政策。尽管"院办院管"的社康管理体制在社康中心发展的初期发挥了积极的作用，但是目前其弊端逐渐显现出来。首先，"院办院管"模式容易导致社康中心的定位发生偏离，过于偏重医疗和轻预防，偏重经济效益而忽视公益性质，偏向专科而忽视全科。其次，随着社康中心网络的全覆盖，各主管医院下辖社康中心数量急剧增多，管理幅度过宽，管理力量明显不足，由此导致管理水平难以提高。社康中心的管理水平不高集中体现部分市民对社康中心服务水平满意度方面，由此导致一些社康中心受到市民的冷遇，难以发挥应有的"六位一体"的功能。

2. 服务功能定位偏离，偏医疗轻预防问题突出

如前面所述，社康中心定位于满足社区群众的基本医疗需求，承担公共卫生基本服务的功能，重点开展医疗、预防、保健、康复、健康教育和计划生育技术指导等综合性服务。不过，从现状来看，这些服务功能并没有完全落实到位，尤其是从全科医疗和社区健康服务的目标来看，社康中心的服务功能更是严重偏离，这主要表现为两点：一是偏重医疗而轻预防，健康预防功能严重缺位。社康中心过于注重经济效益，因此把主要精力放在疾病治疗上，而对疾病预防重视不够。社康中心的主要目的就是要通过对社区居民的健康管理和健康促进，提高社区居民整体健康水平和生活质量，而社区诊断是关键。社区诊断主要是通过对社区的人文情况、经济和卫生资源情况、疾病流行态势、疾病谱和死因谱等进行基线调查，对居民进行健康体检，然后对这些资料进行统计和综合分析，从而找出社区的主要健康问题、高危因素及高危人群，最后制定社区健康问题的干预计划和措施。但是，一些社康中心对社区诊断缺乏足够重视，从而导致社区诊断流于形式。此外，部分社康中心建立的社区居民健康档案也往往利用率极低，甚至成为死档案，不仅没有发挥其应有作用，而且浪费人力、物力和财力。二是偏向专科而忽视全科。目前社康中心的全科理念淡薄，一些社康中心并没有采用全科服务流程，还没有摆脱医院的专科思维。由此导致全科医疗的 SOAP 的病历记录资料不完整也不规范。

3. 工作用房瓶颈凸显，业务发展面临场地制约

工作用房问题是制约诸多社康中心发展壮大的主要瓶颈。许多社康中心往往是在万事俱备之时，因为场地无法落实而让发展计划受挫。当前工作房瓶颈问题表现为四个特征：一是规划缺位，无论是新居民住宅区还是旧城改造，都对社区健康服务机构的工作用房或者用地缺乏应有的规划。二是执行缺位，即使规划、建设、国土等相关部门文件有规定，但是依然找不到具体的落实和监督部门，因此导致有规划却得不到落实的尴尬局面。三是租金昂贵，许多社康中心不堪重负。比如宝安区社康中心的工作用房，只有 1/3 是由村委无偿提供的或者主管医院提供的，剩余的绝大部分是租用的房子，每年的租金几万元。这对绝大多数社康中心来说是一个沉重的负担，有些社康中心甚至濒临亏损的边缘。四是租来的场地不够用，与医疗保健业务的要求相差甚远。

4. 队伍规模整体不足，人员超负荷劳动很普遍

人手不足是多数社康中心发展面临的主要困境。目前深圳市社康中心队伍规模不足存在三大特征：总体数量不足、配套比例不足和编制不足。深圳市政府《关于发展社区健康服务的实施意见》（深府［2006］130 号）及市卫生局《深圳市社区健康服务中心编制管理及人员聘用（任）工作暂行规定》（深卫发［2007］16 号）明确规定，"根据社区规模，原则上社区健康服务机构每万居民相应配备 2 名全科医师（1 名副高级以上任职资格的执业医师，1 名中级以上任联资格的中医执业医师），1 名公共卫生执业医师。医师与护士比例按 1:1 的标准配备。"截至 2011 年，全市社康服务人员共 6732 名，其中卫生技术人员 6347 名占 594.3%，卫生技术人员中，临床医师 2692 名，全科医师 2360 名，公共卫生医师 388 名，护士 2327 名。按照相关比例要求，全科医师、公共卫生医师和护士还有不小的缺口。目前，深圳平均每个社区健康服务中心为 11.02 人。大的社康中心配备有 20 至 30 人，小的只有 2、3 人。人员总量的缺口直接导致一些社康中心存在"连班"和"顶班"现象，人员超负荷劳动问题严重。这不仅严重影响社区卫生服务质量和效果，而且从长远来看，也影响社康中心医务人员自身的生活和身体健康。

5. 人才留不住引不来，人力资源素质尚待提升

目前深圳市社康中心人员队伍存在"人才留不住引不来"的困境。由于多数社康中心财力有限，统计显示，目前深圳市有三分之一社康中心盈利、三分之一持平、三分之一亏损。人手越多财力越难以支付，因此很多社康中心为节省开支，尽量减少人员。人手不够又必然导致人员超负荷劳动，加上和主管医院相比较差的工作条件，这对优秀人才根本就缺乏吸引力。此外，主管医院往往会将业务能力较差的医务人员派往社康中心，而优秀的人才也会想办法向主管医院流动，由此导致一些社康中心成为一些医务人员进入大医院的跳板。正是因为如此，社康中心的医务人员的素质整体上难以提高。目前深圳市社康中心队伍大多是从临床专科医生、护士和赤脚医师转型而来的，绝大多数医生的业务素质距离正规医院存在较大差距。此外，从全科医生角度来看，素质上的差距更是明显。许多社康中心医务人员并没有全科的观念，不少人在业务素质方面缺乏社区健康服务必备的知识和技能，与全科医师资格的要求存在一定距离。

6. 标准化规范化不高，改善服务品质任务艰巨

数据显示，2011年全市只有60%的社区健康服务机构基本实现标准化。可见，尽管深圳社康中心在15年的历程中取得很大发展，但是在机构标准化和规范化上依然不高，具体表现为三个方面：一是社区卫生服务标准尚未真正得到落实。尽管2010年深圳市制定了社区卫生服务标准，印发了《深圳市社区健康服务机构实施国家基本公共卫生服务规范（2010年版）》，修订了社区健康服务绩效评估标准。但是目前绝大部分社康中心并没有完全达到这个标准。二是绝大部分社康中心的人员配置、设备配置、用房等方面的标准化尚未达标。不仅在人员配备上难以达到规定的比例要求，而且能够达到全市规定的基本设备标准的社康中心比例较低。数据显示，2011年深圳市每个社康中心拥有的基本诊疗设备和妇幼保健与计划免疫设备为28.62和0.33台/件。这与规定的设备配置标准差距还较大。另外，在用房上达标的社康中心的比例也很低，一些社康中心靠租房来维持，医务办公场所捉襟见肘。三是人才、财务等问题的管理规范化程度较低。一些社康中心并没有严格做到规范化的全科医生培训制度，而且在社区健康服务质量和水平上缺乏长期、科学的评估制度。

（二）问题形成的成因分析

当前深圳社康中心面临的上述六大瓶颈问题有些是单方面因素造成的，有些是多因素的综合后果；既有管理体制方面的因素，也有政策和制度方面的原因，大体而言，上述突出问题主要的成因可以归纳为八大方面。

1. 社康中心未来发展的功能定位尚不清晰

根据深圳市已有政策文件的规定，社区健康服务中心旨在提供社区基本公共卫生服务和基本医疗服务，包括向辖区内居民提供常见病、多发病和慢性病的诊疗服务以及健康促进、预防、保健、康复、计划生育技术服务等。提供综合性、连续性的就诊服务、家庭服务和双向转诊服务，原则上不设置其他二级专科。从未来发展方向来看，这个定位依然相对模糊，并没有凸显出社康中心作为疾病预防的前哨和健康促进的推手以及社区诊断的基地的地位和作用。此外，尽管各级政府都意识到发展社区健康服务的重要性，认识到社区健康服务是基本医疗与公共卫生网络的网底和基础，是解决群众"看病难、看病贵"问题的重要举措，但是，一些社区和医院的主管人员对社康中心的功能定位认识不清楚，更别说很多医务人员以及群众对社康中心的发展定位的认识了。正因为这样，多数社区把社康中心当成任务完成，而医院则把社康中心看成占领医疗市场的策略和工具，医务人员则把社康中心视为进入正规医院就业的跳板。一些群众不太相信社康中心的业务能力，依然涌向大医院，因此导致社康中心的作用没有得到充分的发挥。

2. 配套政策体系相对滞后

政策滞后是社康中心面临诸多问题的主要原因。目前社康中心出现的场地问题、人力投入问题以及财政投入问题等都是系统政策配套缺位的后果。配套政策滞后主要表现为三方面：一是相关服务支持政策缺位，比如不少社康中心担心医疗安全而对开设家庭病床心存顾虑。目前尚没有政策对家庭病床能否为病人输液、什么情况下可以输液、什么情况下不可以输液等情况做出具体说明。又如社区健康服务的价格目前也没有一套完整的指导体系，这不利于社区健康服务的开展。二是部门配套政策不到位，比如规划部门并没有关于新居民小区或者旧城改造等设立社康中心或者预留相应场地等相关政策。三是区级和街道级以及社区层面对设立社康中心缺乏相应政策支持，比如工作用房配套政策、人力和财力配套

政策等。

3. 社康中心管理机制弊端开始初显

当前深圳社康中心主流采取的是"院办院管"的管理模式,这种模式让实力相对较弱的社康中心依附于实力较强的医院,可以有效地促进社康中心的发展。不过,"院办院管"模式的弊端也日益明显。首先,"院办院管"模式制约社康中心向全科医疗的方向发展。主管医院往往不愿意将主要力量投放到社康中心,而是将社康中心看成是主管医院的一个分支或者分部,从而整体影响社康中心的发展和壮大。其次,"院办院管"模式影响社康中心的功能定位。主管医院通常和社康中心签订目标责任合约,并将经济指标放在突出位置,因此导致社康中心过分关注经济效益而忽视疾病治疗,这也是社康中心重医疗而轻健康预防的关键因素。此外,"院办院管"模式限制了社康中心的自主性。这种模式让社康中心完全受制于主管医院,这也导致社康中心在人才引进和职工待遇上缺乏自主性,从而形成"优秀人才往医院走",而"较次人才放到社康中心"的局面。这也整体制约社康中心的发展活力和动力,从而导致社康中心的管理水平难以提高。因此,当前亟须创新管理体制,打破社康中心的"院办院管"模式,探索社康中心多模式经营管理机制,实现社康中心管理水平的整体突破。

4. 服务标准和技术规范制度缺位

尽管深圳市目前颁布了诸多社康中心总体面上的技术和服务标准,而社康中心将落实国家要求的9项基本公共卫生服务,如健康档案服务、健康教育服务、0～36个月儿童健康管理服务、孕产妇健康管理服务、老年人健康管理服务、预防接种服务、传染病报告和处理服务、慢性病管理和重性精神病患者管理服务,目前针对各项具体的服务内容的技术标准尚未建立起来。比如家庭医生服务标准和技术规范、健康档案服务标准、老年人健康管理服务标准等都明显缺位。此外,社康中心还承担健康促进和疾病预防以及社区诊断等功能。目前关于健康促进、疾病预防以及社区诊断的相关服务标准和技术规范都尚未建立起来。这对社康中心功能的完善和内涵建设都是极为不利的。

5. 队伍职业化建设相对滞后

目前社康中心的医务人员队伍职业化建设滞后主要表现为五个方面:一是流动性很强,部分医务人员工作一段时间后被主管医院调走,部分医务人员觉得工作环境差和待遇不好而跳槽。二是临时聘用人员较多，比如罗湖区桂园社康中心 23 名员工中仅有 3 人在编，临聘人员比例大导致流动性大，有些社康中心每年流动的人员达到 30%～40%。三是超负荷工作。深圳市对社康中心工作人员的工资实行差额补助，而且聘用人员的工资还需要社康中心自筹。因此，在财政补助不足的情况下，要维持社康中心的运作，各社康中心只好减员，由此导致社康中心一人多岗、超负荷运作的局面。四是医务水平不高。很多医务人员是转岗或者从赤脚医生培训后上岗，这些医务人员的业务素质都不高，全科理念也相对淡薄。五是全科医生规范化培养制度尚未健全，目前很多医生都偏向专科而全科意识不强。这也是目前社康中心职业化队伍建设的重要外在因素。

6. 没有通过制度顶层设计形成各部门协调的发展环境

社康中心作为一个医疗卫生改革的有效尝试，必然涉及诸多政府部门以及不同级别的政府的利益关系。比如区级政府希望市层面政府给予更多财政支持，或者希望社区层面承担主要财政。而市级层面则希望区和街道以及社区层面在社康中心建设中发挥主导作用。至于社区层面则更多寄托上面各级政府的财力和政策支持。此外，不同部门在社康中心相关政策上也存在利益上的冲突，由此导致或扯皮或推诿，比如卫生部门希望规划和国土部门对社康中心给予工作用房上的政策支持，而规划以及国土部门希望卫生部门通过自身财力得到解决。另外，人力资源和社会保障部门在社区医务人员人才引进上也和卫生部门需要不断协调。总之，社康中心是一个需要从顶层设计来完善制度的工程。只有顶层制度设计才能解决部门协作，达到整体推进的工作局面。

7. 社会品牌建设滞后

社康中心作为一个新事物，被群众认可和接受需要一个过程。不过，社康中心经历了 15 年的发展，目前在群众中的知晓率和首选率以及满意度都不高。尽管这里有群众的健康观念尚未转变的因素，但是主要原因是社康中心缺乏整体品牌理念，对自我的宣传和包装以及推广不足，尤其是全科医生、护士与社区居民群众的互动技巧缺乏和服务意识不强。

8. 社区居民健康观念尚未转变

这主要体现在四方面：一是自我健康意识不足，很多居民对自我保健的意识不强，对社区健康服务的深层意义认识不到位，对社区健康服务工作也缺乏必要的配合，因此导致整体参与的积极性不高；二是综合健康理念淡薄，群众对自我的综合健康认识不清楚，尤其是对全科医学模式下的健康保健尚没有完全接受和认可；三是对健康档案配合不够，很多群众对建立健康档案的重要性不理解，而且缺乏耐心和可持续性，由此导致健康档案利用率不高，成为死档案；四是社区整体健康意识不强，很多社区居民对社区的公共卫生关注不够，这也是导致群众对社康中心的社区诊断关注不够的主要因素。

总之，上述八个成因可以分为来自三个行动主体：一是来自政府的原因，比如政策配套、管理体制、顶层制度设计等；二是来自社康中心本身的原因，比如职业化队伍和品牌建设滞后等；三是来自社区居民的健康需求的原因，比如社区居民健康观念尚未完全转变等。因此，当前和未来破解深圳市社康中心的瓶颈问题应该围绕三个行动主体八个方面进行。

六 国内外社区卫生健康服务中心的经验与借鉴

社区卫生服务是人口与健康发展的一个重要组成部分，不仅在整个卫生系统成为重要的基础支撑，同时还对维护居民健康发挥着不可替代的重要作用。社区卫生服务既是国内外学界关注的热点研究领域之一，同时也是政府决策者面临的重大现实问题。为此，国内外在社区卫生服务中心的建设方面做了许多实践的探索。深圳作为中国医疗体制改革的前沿基地，其未来的发展需要建立在总结自身改革实践的经验和教训基础上，借鉴国内外的成功经验，不断开拓和探索适合中国的医疗改革之路。

（一）国外社区卫生服务发展的经验

随着医疗需求的不断增长，医疗费用支出也在增长，如何在有限的卫生资源和不断增长的医疗需求之间取得一个平衡是各国政府都面临的巨大挑战。各国政府都希望建立一个高质量、持续、有效的医疗卫生服务体系。不过，从各国的实际操作看，每一个国家的医疗卫生服务体系都有着各自的特点，当然这与各自的国情紧密相关，特别是与其历史、文化背景，以及社会、经济及政治制度等相关。受各国医疗卫生服务体系的市场化程度和政府干预程度的影响，可根据卫生服务体系的资金来源、服务导向、机构性质、付费方式等方面的不同，将当前国外社区卫生服务体系大体分为三类：国家保障型，如英国；社会保险型，如德国；商业保险型，如美国。①

1. 澳大利亚

澳大利亚社区卫生事业的发展主要得益于"健康促进计划"，这对我国社区卫生服务的发展有重要借鉴作用，其内容主要包括以下几方面。

（1）充足的政府资金保障。澳大利亚联邦政府利用税收在社区卫生方面投入巨大，卫生费用占国内生产总值（GDP）的8%左右，充沛的资金支持是实施健康促进计划的先决条件。

（2）健全的公共卫生服务体制。澳大利亚的各个州政府都以联邦政府的健康促进计划为核心，建立起了各州差异化的完备公共卫生服务体制。

（3）社会各界的广泛参与。在澳大利亚健康促进计划的实施过程中，参与其中的不仅有医院的医护人员，更多的却是社会工作者。此外，还有包括妓女和同性恋者在内的其他社会成员的积极参加。

（4）善用"社会医学"模式。以社会医学模式为指导开展健康促进活动是澳大利亚社区卫生服务的重要特点之一，主要是利用一些针对特殊疾病的宣传和交流，如艾滋病的预防与控制、新移民和难民的文化交流活动、慢性病不良行为与膳食干预等活动开展。

（5）坚持长期、持续的关注。澳大利亚的健康促进计划将每一项健康促进工作都细化到工作人员的日常工作中，具有较好的连续性，便于长期执行。另外，就健康促进工作的内容本身而言，也都是需要一个相当长的过程才可以收到成效的。譬如澳大利亚的烟草控制，前后开展了20年，吸烟率终于从70%降到了20%。

2. 英国

作为现代社区卫生服务的发源地，英国社区卫生服务的模式和经验为大多数国家借鉴和模仿。其发展及成功的基本条件主要有以下几方面。

（1）制定完善的卫生制度和政策保障。从资金保障情况看，英国对社区保健及基层卫生服务投入的比例相当大，用于社区卫生服务的费用占到总卫生经费的40%以上。从服务人次看，社区卫生服务大约占90%，医院服务占10%。由

---

① 《美国及欧洲的医疗卫生服务体系现状分析》，《中华医院管理》2009年第9期。

此可见，在拥有制度和政策保障的英国社区卫生服务在满足居民健康需求方面发挥着极其重要的作用。

（2）构建完备的社区卫生服务网络。英国社区卫生服务网络健全，有其独特的系统。从内部看，主要是卫生部门内经营与管理的分离，另外是社区内部各部门间的协作。从外部看，主要是增进与医院的联系。

首先，卫生部门内坚持管理与经营分开。英国的社区卫生服务由国家卫生行政部门统一管理，坚持管理和经营分开，以此在各个部门和专业人员间形成良好的分工、协作网络。卫生行政部门负责制定服务标准、规范和经费的预算、核定。而实质性的社区卫生服务则由社区卫生组织经营，这不仅可以增强社区卫生服务机构费用意识，也能够提高服务效率。

其次，社区内部相关部门有效分工、紧密合作。社区卫生服务的开展需借助具体的卫生服务项目，如改善社区卫生服务工程，进而规定社区相关部门各自在卫生服务等方面的职责，从而构建社区各相关部门与卫生部门在社区卫生服务计划开展中卓有成效的协作关系。

再次，搭建社区卫生服务机构与医院的联络平台。利用社区卫生服务项目，使得全科医生有可能更多地接触医院服务，加强与专业医生的交流，并借此机会促进全科医生自身业务能力和社区卫生服务水平的提高。

（3）打造一支庞大、高素质的全科医生队伍。全科医生作为社区卫生服务提供的最直接主体，其素质的高低直接决定了社区卫生服务的水平。坚持培育和吸收高素质的全科医生融入是英国高水平社区卫生服务得以保持的重要支撑。英国对全科医生的专业化程度要求高，每位全科医生至少需要接受5～6年的医学院校教育。不仅如此，为保障社区卫生服务水平，英国还拥有一支规模庞大的全科医生队伍。根据英国卫生部的统计资料，1999年英国医生总数约9.4万人，全科医生约3万人，全科医生与专科医生之比约为1:2。[①]

（4）服务的综合性。社区卫生服务以健康中心为基地、以社区人群为对象，开展包括全科医疗、预防、康复、保健和社区服务等方面的综合性卫生服务。

3. 德国

德国是社会健康保险的发源地，其社会健康保险制度是德国卫生服务体系的

---

① 卢祖沟、姚岚、金建强：《英国社区卫生服务的特点与启迪》，《中华医院管理杂志》2001年第8期。

基础，也是形成德国模式，即"社会保险型"卫生服务体系的制度保障。在发达国家中德国的卫生服务体系独具特色，尤其注重基层公共卫生的体系建设。

（1）层级分化的管理机制和分工明确的卫生系统。德国实行以联邦、州和基层社区为主体的三级卫生管理体制，其卫生系统由政府机构、疾病基金会和医疗服务提供者构成。政府机构负责监督医疗保健服务、疾病的预防和控制、环境卫生、信息提供等。疾病基金会与医生协会签订医疗服务购买合同。医疗服务的提供者自主经营。

（2）以社会健康保险为基础。德国的卫生服务体系建立在健康保险制度的基础上，居民消费医疗服务，费用却是由第三方即疾病基金会支付。德国健康保险的人群覆盖率极高，因而此种第三方支付的服务供给模式使得很多病患和医师都缺乏费用意识。作为服务提供者的医疗机构，他们之间的竞争不是减少费用，而是主要集中在医疗服务的种类和质量。

（3）多元且相对独立的卫生服务体系。德国卫生服务体系内部分工明确，服务提供主体多元且具有相对独立性。全科和专科医生诊所负责处理常见病，医院负责接纳社区卫生机构转诊病人，而其他公共类医务服务如计划生育服务、新生儿检查等则由私人医师、医院和独立的医师协会负责。

4. 美国

美国居民健康管理计划中对人群疾病负担的风险评估技术，显示如何应用风险调整方法来评估整个人群的疾病负担以及区分特殊慢性疾病人群未来不同层次的健康服务需要。这些方法对我国在社区卫生服务中开展以人群为基础的健康管理具有重要的参考价值。

（1）医疗机构管理体制。美国医疗卫生管理机构分为联邦、州或市及县三级，联邦职能较弱，而地方部门权力较大。在医疗管理体制观念的形成中国家的干预较弱，而专业机构的角色所起的作用很强大，管理体制的观念是由下至上形成的。

（2）医疗服务体系。美国的医疗服务体系自成一体，主要特征是以市场化为主导，即所谓的"美国模式"。美国的医疗服务体系基本特征是私人医疗保险型，市场为主，政府为辅。另外，多元化也是美国医疗保险制度的重要特点，并且私人医疗保险占很大比例。

（3）医疗费用筹集制度。美国医疗费用主要是私人资金，医疗服务作为一种特殊商品，按市场原则自由经营。作为典型商业保险型医疗保险模式的美国，主要通过市场来筹资和提供服务。

（4）卫生服务提供情况。美国的医疗服务以私有制为主，因此私立医院相当发达。由政府办的公立医院仅占医院总数的27%左右，通常建在卫生服务资源缺乏的地方，主要为军人、老年人、贫穷者、少数民族等人群提供服务。

（二）国内社区卫生服务发展的经验

社区医疗卫生服务事业的发展一直是我国医药卫生体制改革的一个重要组成部分。我国新医改自2009年重新起航，推进至今，已进入第三个年头。医改的逐步深入推进加速了社区卫生服务事业的进一步发展和完善。深圳市作为改革开放的先驱城市，担负着引领国家和地区技术创新、探索和深化改革开放的重任。而完善的基层卫生服务体系是提升深圳人口健康水平、实现经济社会可持续发展的重要保证。作为一个拥有超过千万常住人口的特大城市，深圳社区医疗卫生事业的发展面临着人口密度高、流动性强、流动人口所占比重大、结构多样等诸多考验。社区医疗卫生资源的合理有效配置、社区卫生事业的可持续发展是当前深圳基层医疗卫生事业面临的主要挑战。鉴于此，我们希望借鉴国内其他城市社区卫生服务事业的先进经验，并结合深圳特区经济社会发展的实际情况，使深圳基层卫生服务事业取得长足进步，为全市人口健康发展铺平道路。

1. 东莞

东莞市自1998年开始实施社区卫生服务试点工作，至今已建立起覆盖全市人口的全方位健康服务体系，并初步形成了"政府支持、院办院管、服务为主、长远效益"的社区卫生服务模式。在社区卫生服务机构的组建形式、监督管理体制等方面具有借鉴意义。

（1）社区卫生服务机构组建形式。东莞市社区卫生服务体系覆盖全市人口，为居民提供了集健康教育、疾病防疫、老年及妇幼保健、慢性病防治和疾病诊治为一体的全方位健康服务。社区卫生服务中心主要由镇、区级医院承办，组建形式包括以下三种：一是在镇、区级医院原有延伸设置的门诊部和诊所基础上改造而成的区、镇级卫生服务站；二是对于管理相对完善规范的卫生站，通过吸纳优秀乡村医生到社区卫生服务中心工作的方式，对其所在卫生服务站进行整合，成立覆盖地区更广、规模更大的社区卫生服务中心；三是在东莞市卫生局和相关镇、区政府的组织下，依照社区卫生服务的功能和分工不同，建立多个社区卫生服务站管理下的社区卫生服务点，以协助完善相关社区的卫生服务工作。

（2）管理体系与监督保障机制。东莞市在建立和完善社区卫生服务中心的基础上，不断加强对社区卫生服务中心的规范化、制度化管理。首先，在各社区卫生服务中心和卫生服务站点实现档案、信息的电子化管理，科学化管理应用信息；其次，社区卫生服务中心、站点实行"院管院办"机制，在上级医院行政体系中设立社区卫生服务办公室，直接管理下属社区卫生服务中心的相关事宜；再次，在各社区卫生服务中心、站点推行主任或站长负责制，建立健全各类规章制度、明确不同医护人员的职责、建立成套的人员考核标准，实现对社区卫生服务人员的量化考评，考核结果直接与薪酬分配挂钩。这些举措实现了对社区卫生服务的制度化、规范化管理，同时能够有效监督相关服务人员的工作成效，保证了高质量、高效率的基层医疗卫生服务的提供。

（3）社区卫生服务的主要工作内容。社区卫生服务中心和站点主要负责为辖区内社区居民提供常规性医疗服务；与此同时，开展具有免费性、义务性的健康档案建立、健康普查、健康知识讲座、心理咨询等医疗卫生工作。而妇幼保健、疾病的计划免疫、慢性病诊疗等服务则收费适中，为社区居民提供了边界周到、实惠有效的医疗卫生服务。

（4）社区卫生服务人员及科室配置。人员配置方面，每个社区卫生服务中心及站点，至少配备一名女医生和一名熟悉当地社区医疗卫生基本情况、专业技能较高、热爱社区医疗卫生服务工作，且得到群众广泛认可的医护人员，以确保各项服务的准确提供和工作的顺利展开。科室配置方面，各社区卫生服务机构均开设了全科医疗室、治疗室、注射室、药房、妇幼保健室、老年保健室和健康教育室等功能科室，各科室的医疗设备配置也在不断完善之中。

2. 上海

作为我国社区卫生服务起步较早的城市，上海市自2005年起，开始了社区卫生服务综合改革，以创新资金管理方式为核心，对预算和收支全面实行收支两条线管理，确保了社区卫生服务中心的公益性和正常运行。自2011年起，上海市在长宁等区推行"四医联动"机制试点，社区卫生服务作为"四医"中基本医疗服务的重要内容，更好地帮助了低收入家庭和"支出型"贫困群体获得基本医疗保障和救助。而社区卫生服务中心部分项目外包和分级诊疗等举措的探索，同样对我们构建完善的基本医疗服务体系具有借鉴意义。

（1）资金和预算管理模式。上海市社区卫生服务中心在经费管理模式方面主要实行了以下两种机制：一是收支两条线管理。在这一机制下，上海各区县卫生局、财政局作为社区卫生服务中心的主管部门，均在辖区内建立了收支两条线财务专户；社区卫生服务中心每月将全部业务收入上缴辖区内收支两条线财务专户。政府财政负责保障其支出，在既定收入预算和支出标准下，以支出预算缺口确定政府补助额度；实行严格的收支预算管理，设立预算调整机制和预决算审核制度。超出预算的合理部分由财政拨付，结余部分纳入社区卫生服务中心事业基金。实行分层考核机制，行政管理部门对社区卫生服务机构，机构对医务人员分层分别实行绩效考核，突出服务数量、质量和满意度考评，考核结果与医务人员收入挂钩。二是多渠道补偿机制。社区公共卫生服务经费以政府投入为主，基本医疗服务经费主要依靠社会保障体系解决，部门购买服务和市场化机制为补充。各级政府不断加大对社区卫生服务中心的建设经费投入。同时，充分发挥医保基金作用。以长宁区为例，区政府对社区预防保健经费投入，由2004年的每万人口20万元，逐年增加到2011年的每万人口65万元，并且服务对象由户籍人口扩大到常住人口。2010年全区医保预付总额达2.48亿元，占社区卫生总收入的74%。[①]

（2）"四医联动"机制。上海市在长宁等区试点出台了"基本医疗保险+基本医疗服务+政府医疗救助+社会组织医疗帮扶"的"四医联动"基本医疗保障模式。该模式的保障群体涵盖了民政特殊救济对象、低保人员、低收入大重病人员、65周岁以上无业老人和因病致贫人员五类困难群体。不分疾病类型和就医形式，对各种疾病的门急诊、家庭病床、住院治疗一揽子保障。医保支付范围内由个人自负的部分，享受90%（区属二级医院就医）或95%（社区卫生服务中心就医）的保障，从而实现救助覆盖面扩大，救助水平提高。

---

① 葛敏、江萍、胡越、凌妍、肖峰：《长宁区社区卫生服务改革及成效》，《中华医院管理杂志》，2011年7月。

（3）医疗资源管理模式。在社区卫生服务中心的服务项目和医疗卫生资源管理方面，推行服务外包和分级诊疗模式。首先，社区临床检验服务外包、远程心电服务等项目的外包，节约了运营成本，拓宽了医疗资源提供渠道，同时使社区居民得到了更加高质量、便捷的医疗卫生服务。其次，社区卫生服务中心与区内二、三级医院协同提供服务，共享技术支撑平台，初步建立起分级诊疗和逐级转诊的新模式，实现了区域性优势资源的统筹整合、优化配置。

3. 北京

北京作为技术创新、人才建设的首善之区，高等院校众多，同时也汇集了大批优质的医疗卫生资源。因此，北京市充分利用自身的专业人才、领先技术优势、合理整合配置公共医疗卫生资源，建立起依托不同医疗机构的社区卫生服务模式，分层次提供社区医疗卫生服务。与此同时，不断完善相关社区卫生法规，从制度上保障基层医疗卫生事业的平稳发展。

（1）不同依托下的社区卫生服务模式。按照所依托的医疗卫生机构不同，北京的社区卫生服务有如下四类运作方式：一是以社区医院为依托的社区卫生服务。社区医院向社区居民提供综合、廉价、质优的社区卫生服务。服务内容包括全科家庭医疗服务、老年病防治和临终关怀等方面，集医疗、预防、保健和综合治疗于一体。二是以企业医院为依托的社区卫生服务模式。诸如首钢等大型企业医院建立了覆盖其职工家属区及周边居民区的社区医疗管理集团。主要负责为企业职工、家属及周边地区居民提供医疗卫生保健服务。三是以高校医院为依托的社区卫生服务模式。北京市一级医院以上的高校医疗机构已转建为社区卫生服务中心。如清华大学、北京大学、北京外国语大学等高校医院已经成为所在地区的社区卫生服务中心。四是以大型综合性医院为依托的社区卫生服务。建立由同一区域内3~5家较大型的医疗机构组成的医疗集团，以其中1~2家医院为医疗中心，以技术互补、双向转诊、面向社区为特色，社区卫生服务中心与区域医疗中心形成定点协作关系，最大限度地满足了区域内群众的医疗卫生服务需求。

（2）健康规划。在2009年推出全民健康促进行动规划的基础上，为了进一步践行行动规划，落实健康战略，北京市在2011年进一步出台了社区卫生健康档案建立工作的试行办法。该办法将指导各社区卫生服务中心建立起覆盖全体居民生命周期各阶段健康状况、相关信息的电子档案。区、县社区卫生服务管理部门是档案管理工作的主体，负责相关人员、经费和配套设施的保障工作。档案以

家庭和个人为单位,做到一户一档、一人一档,强调及时性。各社区卫生服务机构随时通过门诊、疾病筛查、健康体检等方式建立、更新个性化的居民健康档案。全民健康档案的建立为北京市健康规划的深入推进提供了保障。

(三)借鉴与启示

1. 主要借鉴

一是完善基本医疗保障制度。完善的医疗保障制度是保证公民健康权利的制度基础。建立健全社区医疗服务体系,需要转变社区医疗服务运行模式,完善医疗保障体系,采取增强服务能力、降低收费标准、增加医疗保险报销比例等综合措施变革医患关系,提高健康服务质量。

二是完善公共卫生政策,突出政府的主导地位。当前发达国家的社区卫生服务体系主要是政府负责资金投入、卫生局负责管理、公共卫生机构负责执行。针对全体社区居民的福利性的卫生服务立足于社区和家庭,且不同于医院的专科服务和家庭医生的全科服务,也无须纳入医疗或健康保险。发达国家的社区卫生服务旨在让社区居民积极参与并享受免费的基础医疗服务。

三是普及健康教育,扩大居民参与。开展针对性的健康宣教,贯彻预防为主,防治结合的理念。特别是需要通过持久性开展工作,提高群众卫生知识水平和健康意识,改变不良生活习惯和生活方式,引导群众进行合理健康消费,促进社区居民对疾病预防和保健的参与。

四是加强医院与社区卫生服务机构的分工合作。要形成完整、平衡、高效的卫生服务体系,必须在专科医生与全科医生之间达成一种平衡,专科医生与全科医生的比例最好接近1∶1,然后实行分工合作的机制,"织成一张完整、有效的网",建立有效的双向转诊机制。健康保险体系中,全科医生是最佳"守门人",而专科医生则是保障人民健康的坚强后盾。世界卫生组织(WTO)和世界家庭医生组织(WONCA)在1994~1995年的一份文件中特别明确指出:"任何国家的医疗保健系统若不以受过良好训练、采用现代方法的全科医生为基础,便注定要付出高昂的失败代价。"[1]

---

[1] 吴春容:《全科医生与专科医生的合作》,《中华全科医师杂志》2003年第2期。

2. 主要启示

一是建立和完善多元筹资机制，让社区卫生服务自成独立体系。社区卫生服务的"院管院办"发展模式是基于国家财政投入不足，发展资金不足的情况。当资金比较充足时，社区卫生服务应该自成独立体系。借鉴国外成功经验，深圳社康中心的发展需要完善管理体系，建立多元筹资机制，积极构建独立的社区卫生服务体系，提高基层健康服务在卫生服务体系中的战略地位，并加快形成更加透明公开和灵活有效的纵向监管机制，增强群众对社区卫生服务机构的信任和支持。

二是积极变革内部治理机制和组织模式，健全激励考核机制。目前深圳的社区健康服务中心的服务人口比例占总体就诊人口的60%以上，群众对社康中心的服务需求呈现出增长的趋势。为病人提供更多的选择权，如选择医生和医院的权利，可以激励社区卫生服务提供者提高服务质量和效率。而针对以往社会保障结余，主要是社康中心的重要服务人群——农民工社会保障结余流向医院的情况，相关政策的调整和完善应转向为社康中心作出的贡献制定合理的利益补偿机制，增强社康中心提高服务质量、拓展服务人群和范围的积极性，从而最大限度地发挥社区卫生服务在人口健康服务体系中的守门人作用。

三是发挥网络作用，多部门协作，综合治理以提高工作质量。社区卫生服务的发展非一部门之力可以胜任，还需加强与社区相关部门的合作。如英国各部门间主要通过具体的卫生服务计划和项目，规定社区相关部门在卫生保健方面的职责，使之与卫生部门形成实质性的协调合作。深圳社区卫生服务事业的发展需要建立市级统筹，各部门（包括发改委、卫人委、财政局、人力社保局）参与的网络，将社区卫生服务中心的发展和建设置于医疗改革的体制建设、机制建设、试点建设和医疗保障体系的框架中。

四是注重全科医生的培养和引进，积极留住人才。我国目前把发展社区卫生服务作为卫生工作改革的重点，借鉴发达国家的经验，我们应该提高社区卫生服务在健康服务体系中的战略地位，加大对社区卫生服务体系的资金投入和全科人才培养。我国目前基层卫生保健经费仅占总卫生经费的20%，尤其是全科医生的数量和质量有非常大的差距，要真正做到"小病在社区，大病进医院"，还需要长期不懈的努力。社区卫生服务中心的发展需要重视健康教育专业人才的培养和引进，如建立技术职业培训中心，尤其是全科中心，提高服务质量。建立规范

的社康工作人员选聘制度,特别是需要针对社区健康服务中心人才流失的情况,逐步改善工作人员的待遇和工作环境,提高社康医护人员的社会地位,尽可能吸引和留住人才。

五是构建多元的社区卫生服务体系。一方面,促进服务提供主体的多元化,使公立与私立力量并举,形成多元化办医格局。社区卫生服务提供主体可以,也必须实现多元化。多元化的服务提供主体不仅有助于拓宽融资渠道,也有助于促进竞争机制的形成,提高服务水平。另一方面,丰富服务内容,使服务形式多样化。譬如,考虑当前的人口老龄化趋势,以老年人的保健等需求为切入点,促进社区卫生服务的发展;让社康中心承担更多私人医生的角色,推进家庭保健服务;专科门诊(中医、针灸)的构建,着眼于长期发展。

七 进一步完善深圳社康中心的政策框架

截至2011年底,深圳全市已有611家社康中心,初步实现了社区卫生服务"人口全覆盖、社区全覆盖、服务全覆盖"的目标,基层医疗机构网络基本形成了"社区15分钟就医服务圈",有效地提高了深圳全市的基层公共卫生服务能力,为居民健康促进提供了重要的基础。着眼未来,深圳社康中心的发展既面临良好的机遇,也面临诸多挑战。未来深圳社康中心应以科学发展观为指导,进一步创新社康中心的管理体制,完善社康中心相关政策配套体系,力争在社康中心上取得新的成就,为全国大城市社区卫生服务继续发挥示范、引领的标兵作用。

(一)发展目标

未来社康中心作为一项重要的民生基础工程,应该发展成为综合(门类相对齐全)、便捷化(便捷惠民)、(服务)标准化、(技术)规范化的社区医疗服务机构、平台、窗口,主要传染病和慢性病疾病预防的前哨;成为完善基本医疗保障制度、落实国家基本药物制度、促进基本公共服务均等化的基础性工作平台;建设成为健康的守门人,不断完善社区卫生服务体系。具体而言,未来5年内,全市社康中心不断完善"院办院管"的社康管理体制,构建相对独立的社区健康服务管理体系,朝着综合化、品牌化、自主化、标准化、规范化不断完善,力争全市社康中心2/3盈利,1/3持平,实现社康中心零亏损;全市社康中心突破800家，社康中心门诊量达到全市医院门急诊量的70%以上，标准化接近100%，满意度达到90%以上；家庭医生服务制度基本健全，上门率达到70%以上，满意度达到90%以上。

（二）发展方向

未来社康中心应该朝着综合化、品牌化、自主化、标准化方向发展。

1. 综合化

综合化是指服务的整体化和全科化，即医疗服务的全科化，主要体现在医务人员要树立和培养全科理念。服务内容综合化和体系化，即打包服务，家庭式全方位医疗健康服务。这要求社康中心科类相对齐全，注重中医的综合治疗和长期性治疗。

2. 品牌化

所谓品牌化主要是服务品牌化，即将社康中心打造成为深圳医疗服务改革的精品品牌之一；此外，注意社康中心的品牌化发展模式和策略，将社康中心按照商业化品牌模式来运作和管理，促使社康中心成为名副其实的深圳品牌。

3. 自主化

所谓自主化主要是社康中心的管理自主化。未来3~5年内，建立和完善医院社区健康服务管理中心（社管中心），逐步使社康中心脱离院管院办模式，成为自主的独立法人机构。

4. 标准化

所谓标准化既指人员配置、场地配置等硬件条件的标准化，也包括服务内容和服务标准以及技术方面的标准化和规范化。标准化是未来社康中心发展的必然要求和基本方向。

（三）发展机遇

经过15年的发展和积淀，当前乃至未来深圳市社康中心面临千载难逢的发展机遇。

1. 各级政府的重视和支持，为社康中心的深化发展提供有力保障

解决群众看病难和看病贵，保障群众的基本健康已经成为当前我国各级政府的主要工作和基本职责。在以人为本执政理念日益深入人心的背景下，深圳市各级政府对发展社区健康服务的重要性、必要性和紧迫性的认识日益清楚。15年来，深圳市各级政府对社康中心的发展投入了大量人力、物力和财力，而且在政策上给予大力支持。这成为社康中心发展壮大的有力保证。如今，社康中心已经成为深圳社区卫生服务的一个亮丽品牌。深圳市各级政府正在谋求将社康中心作为重要的品牌战略来推动和发展。这为未来社康中心的进一步发展提供有力保证。各级政府的政策支持，包括成立机构、加强领导、政策配套和经费支持。

2. 医疗改革的大背景为社康中心提供新的发展契机

2012年3月，国务院发布《关于印发"十二五"期间深化医药卫生体制改革规划暨实施方案的通知》，这个规划明确2012~2015年医药卫生体制改革的阶段目标、改革重点和主要任务，是未来深化医药卫生体制改革的指导性文件。根据该方案，前三年改革的重点在于基层，到了"十二五"时期，改革的重心逐步从基层上移到公立医院。因此，"十二五"时期是建立基本医疗卫生制度的关键时期，是深化医改的攻坚阶段，而社康中心成为深化医疗改革的新的尝试和创举，这对社康中心的发展壮大提供新的发展契机。

3. 15年的经验积累，为社康中心的进一步发展奠定良好的基石

如前面所述，经过15年的积淀，深圳社康中心积累了丰富的成功经验：不仅具备一定的人力、物力和财力基础，而且建立了一批行之有效的规章制度；不仅建立了相对完备的服务网络，而且形成了比较成熟的管理模式。此外，15年的发展历程也暴露出了社康中心在管理体制和政策配套等方面存在的主要问题，这为下一步社康中心政策的完善奠定了重要基础。

4. "勇于探索、敢为人先"的政策氛围为社康中心的发展提供良好的环境

深圳作为中国改革的最前沿一直在探寻发展的新路，并逐渐形成"勇于探索、敢为人先"的政策氛围。深圳市宝安区在1995年开始酝酿和准备开展社区健康服务，1996年开始搞试点，并于1997年在全区铺开，成为广东省乃至全国发展社区健康服务的领头羊。这正是"勇于探索、敢为人先的拓荒牛"的具体体现。1996年，深圳市政府出台《社区健康服务工作方案》，内容涉及社区卫生服务的基本标准、经费补助、管理办法和绩效管理评估标准等，开始了社区卫生服务的探索工作。社区健康服务被纳入医疗卫生的重要体系和医疗体制改革的重要方向。深圳也成为全国首批社区卫生服务试点城市、首批社区卫生服务示范区城市和全国社区卫生服务体系建设的重点联系城市。

5. 持续快速的经济增长，为深圳市社康中心的进一步发展奠定坚实的物质基础

改革开放以来，深圳市经济一直保持持续快速发展态势。从1980~2010年的30年间，深圳实现了GDP年均25.8%的增长奇迹，2009年全市GDP总量达到8201亿元，在中国大陆70多个大中型城市中成为仅次于上海、北京、广州等之后的第四大城市经济体。不仅如此，从人均GDP来看，2009年深圳的人均GDP达到9.3万元，人均可支配收入达到2.92万元，均位列中国大陆城市榜首；2011年深圳的人均GDP更超过了10万元。2011年深圳GDP总量首次突破万亿元，增幅超10%，而且2011年深圳全口径财政收入超过4000亿元，其中地方财政一般预算收入1339亿元，增长21%。固定资产投资2140亿元，增长10%。社会消费品零售总额3528亿元，增长18%。出口总额2440亿美元，增长19.5%，实现十九连冠。持续快速的经济增长势头为深圳市社康中心的快速发展奠定了坚实的物质基础。

6. 群众对健康服务的需求与期盼，成为社康中心发展的强大动力

社康中心具有就医方便、惠民和人性化以及综合化特征。而且经过15年的持续发展，深圳市医疗机构形成了"社区15分钟医疗服务圈"，初步实现居民"小病不出社区"。社康中心日益成为社区居民就医的首选。根据第三方机构进行的2011年深圳市社区健康服务居民满意度调查报告，2011年深圳市社区健康服务中心顾客总体满意度得分为83.36分。另外，根据政府规划，到2015年达到50%左右，逐步形成"小病到社区、大病到医院、康复回社区"的医疗服务模式。这意味着到2015年，市民看病一半要在社康中心。群众对社康中心的需求与期盼以及政府部门的规划，将成为社康中心未来发展的强大动力。

（四）主要政策建议

根据上述发展目标、发展方向和发展机遇，针对当前和未来深圳社康中心的发展提出如下政策建议。

1. 规划先行，制定社康中心发展中长期规划

根据循序渐进和合理规划的原则，制定未来5年、10年和15年以及30年发展纲要：建议2011~2015年实现标准化100%，满意度达到90%以上；2015~

2020年实现全部盈利;2021~2030年社康中心将承担80%的门诊量,家庭医生服务率达到50%以上,满意度超过90%。

2. 全面推进社康中心标准化建设

在示范的基础上全面推进全市社康中心标准化进程。首先在基本硬件标准化基础上逐步完善服务软件的标准化建设,优先完善"家庭医生责任制"、"家庭病床"标准化和规范化制度,重点完善以六项基本功能为内容的标准化制度建设,加强对全科医生培训和上岗的标准化体系建设。其次,探索建立社康中心服务标准的相关质量认证和评估以及管理体系,并以此为契机大力推广社康中心质量认证和评估以及管理体系,实现社康中心服务科学化和标准化以及规范化。

3. 加强全科医生职业化培训,提高全科医生的待遇

社康中心的主要特色就是综合化,重点是疾病预防和社区诊断。因此,全科医生在社康中心发挥关键作用,也是社康中心的主要力量。加强全科医生的职业化培训成为社康中心发挥功能的关键环节。首先要建立若干全科医生临床培训基地,其次要建立标准化的全科医生培训认证体系,此外还要建立带薪带编的全科医生定期培训班和考核制度。在加强全科医生职业化培训的同时要改善全科医生的待遇,完善相关配套优惠政策,吸引更多的医务人员加入到全科医生队伍中来。

4. 强化公共卫生职能,保健预防和疾病治疗并重

强化社区诊断,建立和完善科学、合理、标准化、规范化的技术方法,形成社区诊断的定期分析和公报以及预警制度,尤其加强对特殊病种和特殊人群的诊断。比如摸清本社区的慢性非传染性疾病的分布情况,找出影响本社区人群的主要健康问题。同时,了解社区环境支持、卫生资源和服务的提供与利用情况,为社区综合防治方案的制订提供科学依据。

5. 加强精品品牌建设

首先树立品牌建设理念,将社康中心进行品牌定位、品牌规划、品牌形象设计以及品牌推广等。提高社康中心在社区居民中的知晓率、认可度和满意度。定期进行满意度评估,以优质的服务获得社区居民的认可。其次,建立全市社康中心在品牌建设上的评比制度,树立和宣传以及推广典型,通过典型来塑造品牌。此外,构建服务品牌,建议通过建立家庭医生责任制为代表的全科医学服务体系开展家庭病床服务，构建以人为中心、家庭为单位，社区为依托的"一体化"全科医学服务模式。

6. 加强对社康中心新的管理模式和运行机制的探索

探索突破"院办院管"模式，组建医院社区健康服务管理中心（社管中心），逐步将社康中心从医院管理体制中解脱出来成为独立的法人；探索社康中心运营机制改革，在保持社康中心公益化的基础上，逐步探索多渠道融资和多主体经营的运行机制及工作机制；探索社康中心人事管理制度改革，实行"员额管理，全员聘任"的人事制度改革，探索实行以岗定薪的工资核算办法，在编人员与聘用人员的绩效工资与福利实现同工同酬。

7. 完善社康中心的办公用房和人力以及财力等相关配套政策

首先建立和完善社康中心的办公用房和人才引进优惠政策，调整社康中心购房的补助政策，出台《关于加强社康中心医务队伍建设的意见》，颁布配套人才引进优惠政策；其次，在加大各级政府对社康中心的财力支持的同时，鼓励社会力量对社康中心进行财力资助，并出台相关优惠政策；此外，拓宽解决社康中心办公用房的工作方式，比如强制性要求在新建社区、旧城旧村改造的规划设置；梳理市、区政府或部门的各类物业，特别是近年来购置的固本强基项目，将适合社康中心使用的物业调剂出来；建立"以租代购"的方式，租赁部分权益清楚而没有独立房产证的物业供社康中心使用；在一些原自然村红线地内申请规划设置社康中心等。

参考文献

Margaret Elizabeth Kruka, Lynn P Freedman, "Assessing Health System Performance in Developing Countries: A Review of the Literature," *Health Policy*, 2008, 85 (3): 263 -276.

Hussey PS, de Vries H, Romley J, Wang MC, Chen SS, Shekelle PG, McGlynn EA, "A Systematic Review of Health Care Efficiency Measures," *Health Services Research*, 2009, 44 (3): 784 -805.

Sabrina T. Wong, Delu Yin, Onil Bhattacharyya, Bin Wang, Liqun Liu and Bowen Chen, "Developing a Performance Measurement Framework and Indicators for Community Health Service Facilities in Urban China," *BMC Family Practice*, 2010, 11 (1): 91.

中华人民共和国卫生部，卫办妇社发［2011］83号《卫生部办公厅关于印发社区卫生服务机构绩效考核办法（试行）的通知》，2011年6月30日．http：//www.moh.gov.cn/publicfiles/business/htmlfiles/mohfybjysqwss/s3578/201106/52203.htm。

《中华人民共和国卫生部、关于印发国家基本公共卫生服务规范（2011年版）的通知》，2011年5月24日。http：//www.moh.gov.cn/publicfiles/business/htmlfiles/mohfybjysqwss/s3577/201105/51780.htm。

中华人民共和国卫生部，卫妇社发［2009］70号《关于促进基本公共卫生服务逐步均等化的意见》，2010年7月22日，http：//www.gov.cn/ztzl/ygzt/content_1661065.htm。

世界卫生组织：《2008年世界卫生报告——初级卫生保健》。

国务院办公厅，国办函［2010］67号《国务院办公厅关于印发医药卫生体制五项重点改革2010年度主要工作安排的通知》。

B.8 福田区卫生计生服务体系建设的改革创新和经验总结

尹德挺 陆杰华 曾序春 卓 杰 黄文香

摘 要： ①福田区卫生计生服务体系建设有三种探索模式："服务平移型"基层整合模式、"服务外移型"购买付费模式及"服务上移型"区街一体化模式，因地制宜地采用某种模式能显著带来基层卫生计生技术服务的增效。

②福田区卫生计生服务体系的改革需要卫生和计生行政管理部门的通力合作，这在其他地方暂时没有推广条件，但其回归公益、多元办医、社区首诊等做法值得推广。

关键词： 卫生计生服务体系 改革模式创新 福田区

一 宏观背景

人口健康既是重要的民生问题，也是区域经济与社会发展的终极目标。影响人口健康的因素众多，其中卫生和计生（以下简称"卫计"）服务是促进全民健康，实现区域协调持续发展的关键条件。建立完善的卫计服务体系，事关福田区未来经济和社会发展大局。

近年来，福田区面临着快速增长的人口规模、复杂多变的人口结构和多样化的个性需求，如何在新时期与时俱进地推进福田区卫计服务工作，创新工作机制，整合现有资源，构建一个适应福田区经济社会发展战略的卫计服务体系，是福田区"十一五"期间一直在探索的重要议题，现已取得不少成就。"十二五"时期是福田区卫计服务体系改革进入基层整合的关键时期，也是统筹解决人口健康与发展问题的重要节点。"十二五"期间将出现不同以往的新形势,如何贯彻中央省市关于卫计服务体系改革的精神,加强福田区卫计服务体系的建设,不仅具有重要的现实意义,也具有深远的战略意义。

(一)社会建设背景下加强福田卫计服务体系建设的必要性

胡锦涛在党的十七大报告中指出,社会建设与人民幸福安康息息相关。必须在经济发展的基础上,更加注重社会建设,着力保障和改善民生,推进社会体制改革,扩大公共服务,完善社会管理,促进社会公平正义。深圳市及福田区加强卫计服务体系建设,是顺应社会建设大趋势的重要措施。

首先,卫计服务体系是推进社会建设、改善民生的题中之意。完善的卫生服务体系是改善民生,促进和谐社会建设的重要助力,有利于加强党和民众的血肉联系。福田区卫计服务体系建设目前仍处于区级管理机构整合阶段,体系的服务功能有待提升。如何进一步实现基层资源与机构的整合,改进服务种类和质量,成为福田区在新时期响应党中央推进社会建设、改善民生的号召,贯彻执政为民、以人为本理念的重要工作。

其次,整合卫计服务体系是完善社会管理格局,创新社会管理机制的重要举措。社会建设工作的创新,重在社会管理和服务机制的创新。国家"十二五"规划提出,要坚持"多方参与、共同治理,统筹兼顾、动态协调"的原则,完善社会管理格局,创新社会管理机制,形成社会管理和服务动力。2009年,深圳市启动部门机制改革,原市卫生局和市人口计生局合并为"深圳市卫生和人口计划生育委员会",福田区也随后进行了相应改革。卫生、人口计生系统的整合,是福田区贯彻"十二五"规划纲要,完善社会管理格局和创新社会管理机制的具体实践。在新时期,福田区要进一步推进卫计体系改革,从区级机构到基层服务站真正实现一体化运作,提升服务能力。

再次,促进全民健康是推进社会建设的重要抓手。社会建设的议题涵盖甚广,应有的放矢。人口健康不仅是一个地区核心竞争力的重要基础,也是社会经济发展的终极目标,同时与居民的利益息息相关。完善的卫计服务体系既是实现由疾病治疗转向疾病预防和疾病控制的关键力量,也是宣传健康知识、倡导健康生活方式的客观要求。因此,福田区社会建设工作应着力于完善卫计服务体系,促进全民健康。

（二）大部制背景下福田卫计服务机构与资源整合的可行性

党的十七大报告指出，要"加大机构整合力度，探索实行职能有机统一的大部门体制，健全部门间协调配合机制。"大部制改革是行政管理体制改革的一项重要任务，是提高政府施政能力的迫切要求，是建设精简、高效服务型政府的重要举措。大部制改革的宏观背景为深圳市和福田区继续深化整合卫计机构与资源提供了新的机遇。

首先，中央的决心与举措为福田卫计机构和服务资源整合提供了实践典范。2008年国务院通过了机构改革方案，旨在促进政府职能转变、合理配置职权、优化组织结构，是基层改革的典范。深圳在2009年启动大部制改革，卫计服务机构的整合充分体现了大部制改革的内涵，也是符合民心民意的现实选择。福田区在卫计体制改革中承担着重要的任务，因为基层社区的改革才是真正发挥服务体系功能和效用的关键环节。中央部委、广东省乃至深圳市的决心和举措，为福田区营造了改革氛围，福田区应审时度势，抓住机遇，在卫计机构整合取得重要进展的前提下，加强基层社区人财物的整合，将改革推向更深层次。

其次，原有卫计系统的阶段性特点和资源优势为人口健康领域的全方位整合提供了重要支撑。卫生和人口计划生育工作有着截然不同的阶段性特点和资源优势。一方面，深圳社区卫生服务体系的建设取得了长足进展，卫生资源相对丰富，但在生殖健康、先天疾病筛查等领域略显薄弱；另一方面，在人口计生工作进入稳定低生育水平、统筹解决人口问题、促进人的全面发展的新阶段，人口计生部门的管理控制职能逐渐弱化，服务职能日益凸显，所积累的人口信息平台、妇幼保健、生殖健康、先天疾病筛查等资源和技术也可为卫生服务体系建设提供助力。这些特点和资源优势都为福田区实现卫计机构和资源的全方位整合提供了前提条件。

再次，新形势下日益增长且变化的居民卫计需求为人口公共服务转型提供了根本动力。人口公共服务是保障居民基本生存权和发展权的公共产品，无法完全通过市场机制解决。因此，构建人口公共服务体系是政府部门不可推卸的责任。原先各个职能单一的政府机构，无法完成面向人的生命周期全过程的公共服务工程，而职能整合后的政府部门，能从战略规划、行政管理、资源配置、监督监管等方面形成合力，改变原先单打独斗的局面。福田区深化卫计服务体系改革，顺应了人口公共服务转型的需要，有利于解决人们日益增长的个性化需求。

（三）福田区基本功能定位与卫计服务体系建设的关联性

《深圳市城市总体规划（2010-2020）》中明确了福田区的功能定位："福田区在承担全市行政中心、文化中心功能的基础上，未来发展成为国内重要的金融中心和商贸中心，国际著名的电子产品交易中心和国际知名的会展中心。"卫计服务体系的完善程度以及卫计服务的种类和质量，将从以下几个方面影响福田区的功能发挥。

首先，卫计服务体系是评价福田区宜居程度的重要指标。建设宜居城市已经成为目前城市建设的主流。宜居程度不仅包含自然环境的宜居，也包含人文环境的宜居，最终评价标准为"是否有利于人的健康和全面发展"。卫计服务体系不仅预防和治疗疾病，更重要的是提供健康管理和健康理念，宣扬健康生活方式，真正体现宜居城市的内涵。福田区作为深圳市的行政中心和文化中心，是深圳精神文化风貌的窗口，卫计服务体系完善与否势必影响福田区功能的发挥。因此，要建设"宜居福田"必须要加强卫计服务体系的建设。

其次，卫计服务体系是吸引高层次人才居留的重要方法。福田区未来要发展成为国内重要的金融中心和商贸中心，成败关键在于能否吸引高层次人才长期居留。然而，吸引人才居留的因素很多，其中一个重要因素就是区域的综合实力以及能够为高层次人才创造良好的生活、文化和社会环境。卫计服务体系从软、硬两个方面展现福田实力：不仅可以满足"硬性"需求——切实解决居民的医疗卫生和人口计生服务需求，而且可以展现"软"实力——创造健康和谐的社区文化氛围，反映政府以人为本的执政理念和改善民生的决心。福田区卫计服务体系建设，有利于吸引高层次人才进驻福田，必须将其纳入人才战略规划。

再次，卫计服务体系是提升福田区国际声誉和形象的关键因素。福田区未来要发展成为国际著名的电子产品交易中心和国际知名的会展中心，关键在于树立良好的国际形象，培养良好的国际声誉。建立健全卫计服务体系是展示福田区社会发展水平和政府理念的重要窗口。福田区要赢得国际声誉，必须要借鉴和学习发达国家的经验，结合中国国情和福田区情，大力推进卫计服务体系建设。因此，福田区卫计服务体系的建设对提升福田区的国际形象具有重要作用。

二 新时期福田区人口主要特征与卫计服务需求分析

(一) 福田区人口主要特征分析

1. 人口总量变化

自改革开放以来,深圳已经从一个边陲小渔村迅速发展成为在中国高新技术产业、外贸出口以及海洋运输等多方面占有重要地位的城市,取得了举世瞩目的成绩。由于经济建设的高速发展和积极开放的特区政策带动,深圳人口也在以惊人的速度增加。

福田区作为深圳的中心城区,在经济、政治、文化等方面都具有得天独厚的优势,福田区人口也在快速增长。2010年最新人口普查数据显示,全区常住人口[①]1317511人,与第五次全国人口普查2000年11月1日零时的909571人相比,十年共增加407940人,增长44.85%。总的来看,福田区人口发展特点是常住人口规模持续扩大,但是增幅有所减缓;流动人口与户籍人口比例倒挂现象有所改善。

图1反映了福田区1985年[②]至2010年末常住人口增长趋势,图2反映了1985~2010年户籍人口与流动人口的比例变化,图3则反映了福田区1985~2010年人口增长率变化。基于此,我们可将福田区人口的历史发展分成以下三个阶段。

(1) 第一阶段为1985~1990年人口增长不稳定阶段。

此阶段总人口增加,但年增率不稳定,增速很快。福田区1985年常住人口为15.57万,至1990年常住人口已经达到了27.62万,此期间人口增加了约12.05万人,年平均增加2.41万人。这个时期总人口的增长主要来源于流动人口的快速增长。期间,由于改革开放政策的带动以及毗邻香港的地理优势,各种产业经济不断涌入深圳,经济发展导致流动人口增加了6.89万,年平均增长1.38万。同时,总人口又在1986年和1990年出现过负增长的情况,主要是由于政策的不稳定性影响到流动人口的迁入,从而影响到人口增长率的稳定性,在增长率上出现了较大波动。

[①] 常住人口包括:居住在本乡镇街道、户口在本乡镇街道或户口待定的人;居住在本乡镇街道、离开户口所在的乡镇街道半年以上的人;户口在本乡镇街道、外出不满半年或在境外工作学习的人。常住人口不含港澳台及外籍人员。

[②] 只能找到1985年以后的数据,故从1985年开始分析。

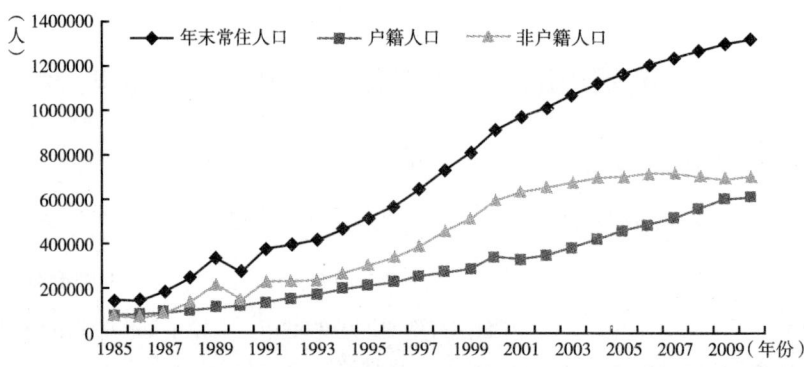

图1　福田区历年常住人口增长趋势图（1985～2010年）

说明：按照深圳市统一规定，从2006年起，常住人口中的户籍人口不包含离开深圳半年以上的户籍人口，常住人口中的流动人口指没有深圳红印户口，在深圳居住半年以上的人口。此图中，1985～1990年数据来源于《深圳市福田区统计年鉴2006》，1991～2010年数据来源于《深圳市福田区统计年鉴2010》。

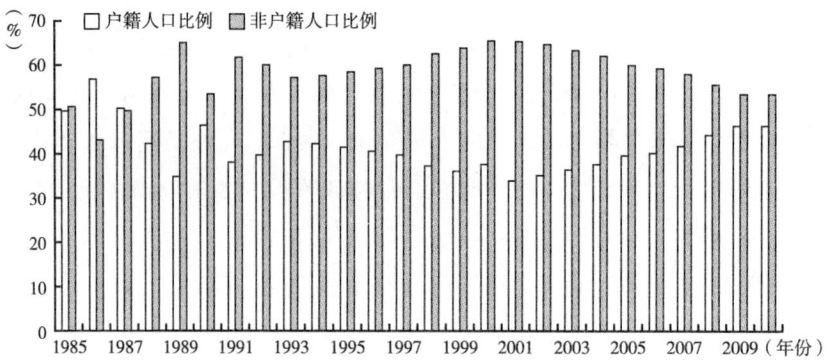

图2　福田区历年户籍人口与流动人口比例变化（1985～2010年）

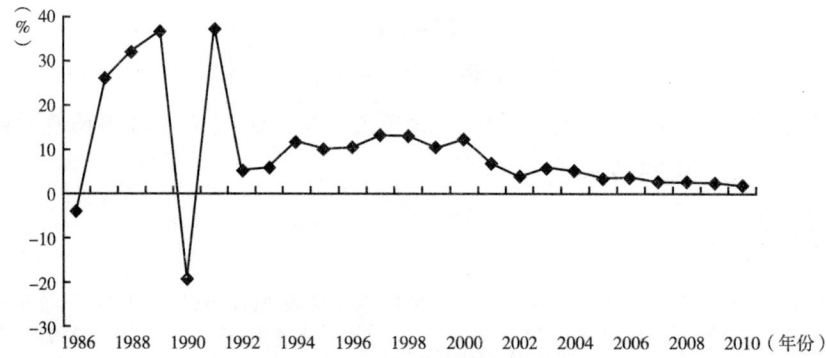

图3　福田区1985～2010年常住人口增长率

在此阶段，户籍人口平缓增加，1985年常住人口中户籍人口为7.69万，1990年为12.85万，这期间户籍人口增加了约5.16万，平均每年增长1.03万。不过，在这个阶段开始出现流动人口与户籍人口比例倒挂的现象。在1989年流动人口已远远超过了户籍人口，但从总体来看，比例倒挂的现象还不算严重。

（2）第二阶段为1991~2000年人口快速且稳定增长时期。

十年间，福田区的常住人口由1991年37.82万，增加到2000年的91万，增加了53.18万，年平均增长了5.91万人。1994年后，常住人口以10%以上的增速增加。

十年间，户籍人口增加20.07万，流动人口增加36.11万，户籍人口与流动人口的差距在1996年后快速拉大，流动人口与户籍人口比例倒挂现象加剧。这十年的快速发展与邓小平南方谈话有着密切联系。市场经济体制逐渐的健全，为企业发展创造了良好的投资环境，各种新兴产业不断进驻福田，社会和经济的快速发展，带动了人口的快速增长。

（3）第三阶段为2001~2010年人口规模持续扩大但增速放慢阶段。

此阶段人口增长速度有所放慢，人口增长率在逐年下降，2001~2010年，总人口数增加了34.87万，低于1990~2000年的增长水平。

这十年之间，户籍人口快速增加，2001年户籍人口数约为33.27万，2010年约为61.34万，增加了28.07万，年平均增长3.12万人，是自1985年以来户籍人口增长最快的时期。原因主要有二：一是福田落户门槛降低，积极吸引优秀人才；二是由于户籍人口中育龄妇女快速增加，出生率较高，导致户籍人口较快增加。

这十年期间，流动人口增加相对缓慢，十年增加了6.82万人，平均增长速度较低，甚至在2008年和2009年出现了负增长，并在2009年和2010年，户籍人口和流动人口数逐步接近。流动人口增长缓慢的原因有二：一是由于2008年全球金融危机，大量工人失业并返乡，造成了2008年、2009年流动人口的负增长；二是由于福田产业转型，注重提高流动人口的素质，同时将流动人口中优秀人才纳入到户籍人口当中，因此，一定程度上减缓了流动人口的增加。

2. 人口结构变化

人口结构是反映人口现状的重要指标，人口的性别结构、年龄结构以及文化结构等都与人口总体健康状况密切相关。2010年第六次全国人口普查数据显示，福田区常住人口中男性人口680575人，占51.66%；女性人口636936人，占

48.34%。总人口性别比（以女性为100，男性对女性的比例）由2000年第五次全国人口普查的111.72下降至106.85。

福田区常住人口中，0～14岁人口156580人，占11.88%；15～64岁人口1116673人，占84.76%；65岁及以上人口44258人，占3.36%。与2000年第五次全国人口普查相比，0～14岁人口的比重上升0.2个百分点，15～64岁人口的比重下降2.01个百分点，65岁及以上人口的比重上升1.81个百分点。"六普"福田区常住人口的年龄金字塔显示，20岁至39岁的人口数占到常住人口总数的52.97%，超过了人口的一半。在5岁一组的年龄组中，25岁至29岁年龄组的人口最多且男女性比基本持平，但在老龄人口中，女性人口多于男性人口。总之，目前福田区人口还属于成年型人口，劳动力供给充足，但近十年老年人口在以缓慢速度增加。

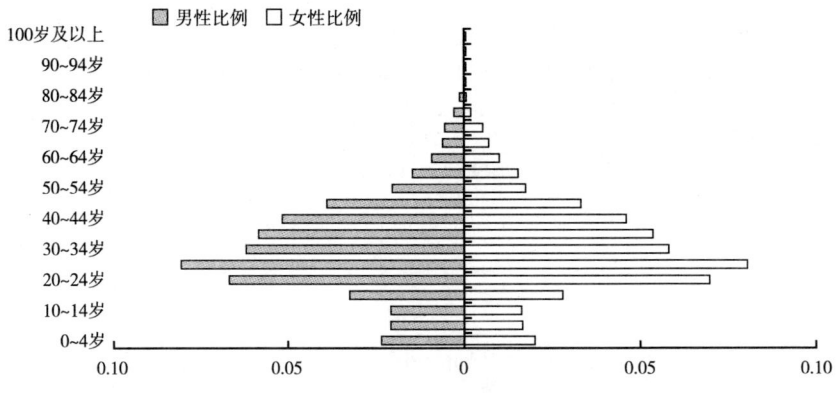

图4 福田区常住人口年龄金字塔

说明：横轴表示人口比例，所占比例为显示的数值乘以100%。

受教育程度构成是反映人口素质的一个重要指标。随着福田区产业结构的转型、引进人才措施的实施以及对于教育的重视，福田区人口在文化素质上有了很大提高。根据"六普"数据，福田区6岁以上的常住人口中具有大学（大专及以上）程度的人口462872人，占到6岁以上人口的37.04%，所占比例最高；具有高中程度的人口344269人，占27.55%；具有初中程度的人口319728人，占25.59%；具有小学程度的人口114153人，占9.14%。与2000年第五次全国人口普查相比，每10万人中具有大学程度的由21083人上升至35129人，增长

66.62%；具有高中程度的由29850人下降至26130人，减少12.46%；具有初中程度的由32383人下降至24276人，减少25.03%；具有小学程度的由10659人下降至8664人，减少18.72%。

3. 生育状况

在"六普"数据中，福田区育龄妇女总和生育率为1.8左右，低于更替水平。长期以来，福田区人口计划生育工作成效明显，生育率已降到很低水平，未来将会把工作重点从生育控制转到提供优生优育服务上来。图5反映了福田区年龄别生育率状况：福田区妇女平均生育年龄较晚，30岁以后生育的情况较为普遍。从分年龄段的生育情况来看，福田区育龄妇女有少数早育的情况；20到24岁生育率迅速增加，达到20‰；25岁到29岁迎来生育高峰期，达到65‰；30到34岁还维持着较高的生育率水平，约为53‰；35岁之后迅速下降。

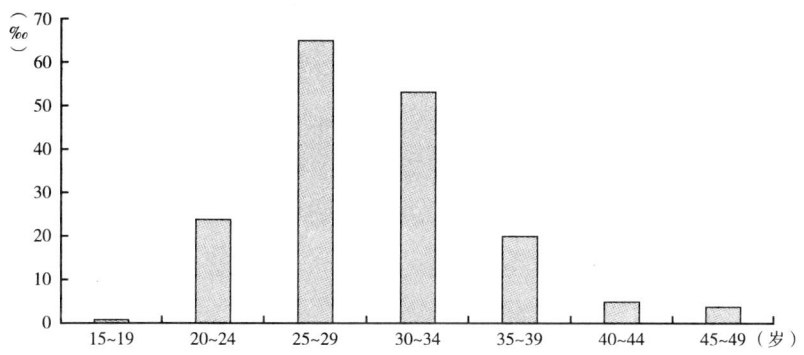

图5 福田区年龄生育率状况

近几年，福田户籍人口自然增长率呈现增长态势的同时，流动人口的自然增长率整体下降，尤其是在2010年达到了最低值5.29‰。

表1 2006~2010年福田区年末常住人口自然增长率变化

自然增长率(‰)	2006年	2007年	2008年	2009年	2010年
户籍人口	9.17	12.06	11.8	11.43	11.83
流动人口	8.61	9.30	9.2	5.50	5.29
总 体	8.81	11.80	10.25	7.80	8.05

资料来源：《深圳市福田区统计年鉴》(2006~2010年)。

4. 流动人口的基本特点

第六次人口普查数据显示,在年龄结构上,主要以年轻人口为主,其中20岁至34岁的人口比例超过流动人口总量的一半,为50.32%。如果按照代际分,15岁至29岁的人口算是新生代流动人口,在全部的流动人口中占到了44.68%,30岁至64岁人口占到流动人口总量的44.62%,65岁以上的流动人口为21469人,占到了流动人口的2.55%,因此,目前福田区流动人口是以年轻劳动力为主体。

表2反映了福田区6岁以上的流动人口受教育水平结构。在六岁以上的流动人口(814987)中,受教育水平为初中的人口最多,占到流动人口总数的33.28%,受教育水平为高中的人数占到了29.74%,受过高等教育(专科以上)的人数也占到了较大比例27.36%,说明目前福田区流动人口受教育水平相对较高。

表2 福田区6岁以上的流动人口与户籍人口受教育水平结构

单位:%

受教育水平	流动人口	户籍人口	受教育水平	流动人口	户籍人口
未上过学	0.75	0.56	大学专科	14.66	22.26
小学	8.86	9.64	大学本科	11.11	27.36
初中	33.28	11.16	研究生	1.59	5.56
高中	29.74	23.44			

资料来源:第六次全国人口普查。

通过与户籍人口的受教育状况对比,可以看出两大差别:一是户籍人口中受过高等教育的比例比流动人口中受过高等教育的比例高,户籍人口在大学专科以上的人数占到了55.18%,流动人口中受教育程度在大专以上的只占到了27.36%;二是流动人口中受教育程度为初中、高中的比例远远高于户籍人口中的比例,在流动人口中,有33.28%的人受教育程度为初中,而这一比例在户籍人口中仅为11.16%。尽管在高等教育上,流动人口与户籍人口之间存在很大的差异,但是在受教育水平为小学以下的比例上,流动人口与户籍人口并没有很大的差异。

常住流动人口职业分布主要是以商业、服务业为主,占到流动人口的

51.82%；其次是专业技术人员，占15.44%，生产、运输设备操作人员及有关人员占14.12%，国家机关、党群组织、企业、事业单位负责人仅占5.96%。流动人口在职业分布上与户籍人口存在较大的差别：流动人口从事商业、服务业的人员较高，占51.82%，远高于户籍人口；生产、运输设备操作人员及有关人员在流动人口中所占比例为14.12%，比户籍人口高出近10个百分点；而户籍人口最多的是专业技术人员，占到了户籍人口的36.63%；国家机关、党群组织、企业、事业单位负责人占13.69%，高于流动人口。

表3 福田区流动人口与户籍人口职业分布百分比对比

单位：%

职业	流动人口	户籍人口
国家机关、党群组织、企业、事业单位负责人	5.96	13.69
专业技术人员	15.44	36.63
办事人员和有关人员	12.33	26.57
商业、服务业人员	51.82	17.90
农、林、牧、渔、水利产业生产人员	0.15	0.12
生产、运输设备操作人员及有关人员	14.12	4.89
不便分类的其他产业人员	0.17	0.2

资料来源：第六次全国人口普查。

5. 小结

总体来看，福田区人口在早期经历了快速增长、人口大量迁入之后，进入到了一个平稳增长阶段，尤其是进入到21世纪，虽然人口持续保持增长，但增速有所减缓，且户籍人口与流动人口倒挂现象有所改善。然而，流动人口依然超过了户籍人口，流动人口是人口构成的重要部分。

在福田区常住人口性别结构上，男女比例平衡；在常住人口年龄结构上，目前无论是福田区还是成年型人口，年龄结构相对较轻；人口密度大，人口空间分布不均；从常住人口就业结构来看，就业人口主要集中于商业、服务业。常住流动人口中以年轻人口为主，受教育水平以初中、高中学历人口为主体，但受教育水平在大专以上的比例也较大，超过了1/4，高素质人口流入趋势加大。

在大致了解了福田区人口结构特征之后，可以通过更详细了解亚人群的内部结构，深入分析福田区居民卫计的需求，即妇女、儿童、老人、流动人口等方面的日常卫计需求，为福田区下一步基层卫计服务体系建设提供重要导向。

（二）人群细分与卫计需求的关联分析

1. 妇女保健及生殖健康需求

随着总人口规模的扩大，育龄妇女数的规模也在扩大。育龄妇女数为486643人，占到常住人口总数的36.94%。表4显示了2005~2010年已婚育龄妇女数的情况。2010年，在户籍人口中已婚妇女的规模也较大，有15.7万人，绝对规模达到了这几年以来的最高水平；在流动人口中，已婚育龄妇女有18.4万人，人数略有下降，但依然保持较大规模。如此庞大的女性群体，对妇女保健提出更多需求。

表4 已婚育龄妇女人口数

单位：万人

已婚育龄妇女	2005年	2006年	2007年	2008年	2009年	2010年
户籍人口	12.8	13.6	15.2	14.4	15.6	15.7
流动人口	14.2	17.9	22.9	19.9	18.8	18.4

资料来源：《深圳市福田区统计年鉴2010》。

"十一五"期间，辖区各级人口计生服务机构贯彻落实"出生缺陷干预工程"、"生殖道感染干预工程"、"避孕节育知情选择"计划生育三大工程，为辖区育龄妇女提供免费查环查孕、生殖健康普查、避孕节育手术、出生缺陷筛查，以及避孕药具发放、计划生育科普宣传等，共实施手术5452例、生殖健康普查45890例、出生缺陷筛查53928例、查环查孕564497例。

根据女性的生理特征，女性会经历青春期、新婚期、孕期、产褥期及围绝经期，而这五个时期都需要相关的保健指导。"十二五"期间，福田区卫计部门可以进一步针对辖区12岁至60岁的常住女性开展以下服务：保健指导和健康教育工作、以"知情选择"为主的避孕节育技术指导和服务、避孕药具的发放工作，早孕建卡、孕期访视、产后访视、计划生育咨询指导、协助或参与育龄妇女常见疾病的社区普查普治、开展社区妇女的常见病、多发病的诊治、双向转诊等。

福田区卫生计生服务体系建设的改革创新和经验总结

表5　2005～2010年福田区人口出生率和出生人数

单位：‰，人

出生率	2005年	2006年	2007年	2008年	2009年	2010年
户籍人口	10.09	9.74	12.51	12.39	11.93	12.29
流动人口	8.94	8.86	9.37	9.28	5.57	5.38
出生人数						
户籍人口	5624	5836	8343	7926	8193	8415
流动人口	9190	9672	11873	11089	6029	5080

资料来源：《深圳市福田区统计年鉴2010》。

2. 青少年及儿童的健康需求

计划生育政策在福田区取得了显著的成果，独生子女家庭越来越多，而独生子女的成长，尤其是心理健康一直是社会关注的一个重要问题。在保障身体健康的情况下，还需要努力为独生子女家庭提供相关的培养教育，注重从人格和心理层面关注青少年的成长。

表6显示了第六次全国人口普查中福田区未成年人口结构。0～18岁人口有21万多人，占到常住人口总数的16.2%，其中0～5岁的人口有6万多人，占总人口的5.15%。0～14岁的人口有15万多，占到常住人口总数的11.88%，可见，大规模的儿童成长必然在卫计方面有着很大需求。儿童早期是儿童体格和心理快速发展的时期，也是十分脆弱的时期，容易发生各种营养性疾病、感染性疾病。因此，做好儿童身体和心理的保健是十分重要的。为了更好地实施提高出生人口质量，同时保障儿童的正常健康成长，有必要做好出生缺陷免费筛查工作。在区政府的人力支持下，实现资源共享，区计生中心与区妇幼保健院一道共同为居住在辖区的户籍已婚待孕、已孕夫妇做地中海贫血、G-6PD缺乏症、风疹、神

表6　福田区常住人口中未成年人口结构

未成年人口结构	0～18岁		
	合计	其中	
		0～5岁	0～14岁
男性人数(人)	116934	36587	85911
女性人数(人)	96500	31321	70669
合计(人)	213434	67908	156580
所占比例(%)	16.2	5.15	11.88

资料来源：第六次全国人口普查。

经血管畸形、先天愚型等六项免费筛查。通过筛查，有效减少非健康婴儿出生，提高出生人口素质。儿童在成长过程中各种有关身体健康的需求，将来都有可能依赖于基层社康中心提供服务。

3. 老年人口康复理疗需求

近年来，随着中国人口老龄化进程加快，有关老年健康的问题越来越引起关注。第六次全国人口普查数据中，福田区 65 岁以上的人口为 44258 人，占总人口的 3.36%，老年抚养比为 3.96。尽管老年人口所占比重比较低，福田区的发展负担较轻，但老年人口健康需求依然是福田卫计体系需要做的一个重要方面，尤其是对老年人身体健康的照顾。图 6 与图 7 分别反映了福田区常住人口中 60 岁以上人口的身体状况和 80 岁以上人口的身体状况，数据来源于第六次全国人口普查的长表。可以看到，在 60 岁以上的人口中，不健康的人口占到 2.9%，生活不能自理的人口占到了 1.26%，但是在 80 岁以上的人口中，有 8.65% 人身体是不健康的，有 8.17% 的人生活不能自理。

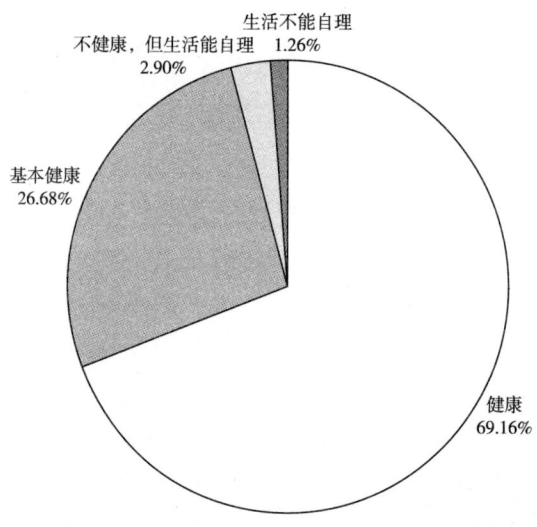

图 6　福田区常住人口中 60 岁以上人口健康状况

随着年龄的增长，各项机能的减退，老年人患慢性病的几率在增加；躯体功能下降，需要依赖人的照顾；出现残疾的可能性增大，比如肌体残疾、视力残疾、听力残疾等。因此，需要社康中心承担起对老年人康复理疗的工作，这既可

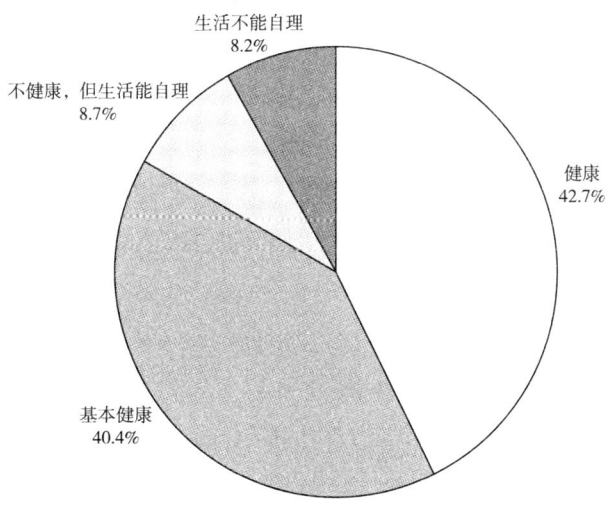

图7 福田区常住人口中80岁以上人口健康状况

以减轻大医院的负担，同时也可方便社区老人。

4. 流动人口服务需求

如今，福田区户籍人口和流动人口比例倒挂的现象已经有所缓解，但流动人口依然多于户籍人口。流动人口由于其不稳定性特点，在人口服务管理上存在一定难度，一般很难适时获取到流动人口的信息。流动人口作为一个社会较为弱势的群体，由于各种条件的限制，他们通常不能享受到本地居民所享有的福利。由于流动人口规模在扩大且家庭结构也发生了明显变化，人口流动逐渐由分散、单身外出式流动向家庭型、举家迁移式流动，因此，流动人口中妇女、儿童的比例也在增加。福田区常住流动人口主要有以下几个特征：一是常住流动人口中，育龄妇女的人数规模较大，在"六普"数据中，常住流动人口中，育龄妇女数为334487人，占到了总常住流动人口的39.76%；二是常住流动人口中，0~14岁的人口数也较大，有68559人，占到了总常住流动人口的8.15%，其中5岁以下的有26305人，占到了3.13%；三是常住流动人口中，65岁以上的老年人有21469人，占到了总常住流动人口的2.55%。大规模的育龄妇女、儿童和老人的迁入，增加了在妇幼保健和老人健康照顾方面的需求。为了保证流动人口也能享受到各种卫计服务，福田区一直在不断降低人口接受妇幼保健服务的门槛，在福田区居住一年以上的流动人口政策内待孕、已孕夫妇，即可免费进行出生缺陷筛查。

同时,作为流动人口的主力军,20~35岁的人群,正处于生理成熟时期,如何为他们营造健康的性文化环境,确保他们的生殖健康,也需要卫计部门思考的问题。

5. 其他常规需求

第一,看病是关系到居民切身利益的事情。大医院人满为患,并且由于涉及社保相关的规定,住院时间的长短是有限制的,这无疑给居民看病带来不便。有很多身体疾病其实并非一定要到大医院或者是看专家门诊,在社康中心就能够获取到相应的服务。但目前由于群众对于社康中心的信心不足,导致了有些社康中心资源的闲置。经过相关部门的支持,目前社康中心的条件有了较大改善,药品零加成,并且户籍人口可以享受七折的优惠,较大地吸引了居民前往社康中心看病。此外,有些居民也提出了病后护理、康复等方面的需求。如果社康中心可以提供相关服务,将大大方便居民,提高居民对社康中心的信任。对于贫困家庭也需要给予更多的医疗和计生服务,需要通过政策来降低这部分人享受服务的经济门槛。

第二,福田区常住人口精神卫生需求亟待关注。比如,儿童时期是心理形成期,可能出现精神发育迟滞、儿童多动综合征;青少年时期进入到心理活动活跃而波动的阶段,这个时期易受家庭、学校和社会不良环境的影响,可出现放荡、出走、流浪、饮酒、吸烟、斗殴、行凶、欺骗和色情行为等问题。如何保证流动儿童健康成长,需要社会关爱,更需要社康中心能够为儿童成长提供相关的心理指导;中年期在家庭、夫妻、子女、父母、工作、学习、经济和人际关系诸问题上,易发生矛盾和冲击,这时在心理上或思想上可能出现紧张或焦虑、抑郁、恐惧、兴奋等状态,可诱发抑郁症、心身疾病、神经症、妇女更年期综合征和其他精神病等;在老年人群中,老年人则容易产生老年精神障碍,如老年性偏执症、老年期忧郁症、脑动脉硬化症精神障碍等。总之,常住人口精神卫生保健措施需要加强。

此外,由于在政治、经济和文化等各方面的优势,福田区集聚了许多高端人才。近年来,白领亚健康状况越来越严重,甚至出现过劳死的现象,因此,高端人才的亚健康问题应引起社会的广泛关注。

6. 小结

总体来讲,福田区人口规模较大,人口内部结构比较复杂,因而针对不同的群体需要提供不同的卫计服务:

第一,针对妇女,主要关注育龄妇女,特别是已婚育龄妇女的相关计生服务问题,通过普查、普治等措施,保障妇女的生殖健康。在这一方面,要关注流动妇女的需求,扩大宣传,让更多的妇女能够享受到应有的福利。

第二,针对婴幼儿、儿童群体,主要关注儿童的身体和心理健康问题,通过出生缺陷筛查,保证优生。还应注重对独生子女心理健康的构建,儿童的整个成长过程更需要卫计体系提供医疗保障。

第三,针对老人,主要关注康复治疗和生活照顾问题,特别是高龄老人的日常照料。

第四,针对流动人口,由于其规模较大且管理难度大,所以首先需要关注身体层面,其次要注重培育以"生殖健康"为基础的健康性文化氛围。

第五,在居民日常生活中,更需要切实地解决好居民看病的问题,让居民看得起病,并且尽量给予居民便利,降低困难家庭就医的经济门槛。此外,精神卫生需求不能忽视。同时,高端人才群体隐藏着较为严重的亚健康问题。

目前,福田区卫计局在不断转变理念,整合资源,适时推出了符合居民需求的服务。不过,也存在着一些亟待解决的问题。认清这些问题,需要对目前卫计服务体系建设的现状有一个全面认识与分析,才能有助于加快卫计体系的建设,为居民提供更全面的服务。

三 福田区卫计服务体系建设现状分析

(一)现有卫计服务体制现状

深圳作为我国的第一个经济特区,在经济建设、行政体制、社会文化等方面一直起着试验田的作用。自大部制改革推行以来,深圳经过六年的积极探索,于2009年提出以行政体制改革作为新一轮改革的突破口。根据市总体部署,福田区对区级党政机构进行了"大部制"改革,分别将工作部门削减至22个。其中,将原卫生局、人口和计划生育局的职责整合划入卫生和人口计划生育局,组建卫生和人口计划生育局,不再保留卫生局、人口和计划生育局。

2011年3月,福田区卫生和人口计划生育局正式挂牌运作,并且逐步尝试推进计生和卫生体系资源、人员的合并,促进各项职能清晰化。这是大部制改革中有关计生卫生整合的一个重要举措,旨在整合两个体系的资源,发挥各自的优

势,为辖区居民提供更优质便捷的计生和卫生服务。目前,两个体系合并情况主要有以下几个特点:

第一,两个体系的整合在区一级层面上取得了较大的进展,区妇幼保健院与区计生服务中心两个机构开始尝试资源和人员的共享,妇幼保健院开始依靠自身的医疗技术条件,开展相关的计生服务。

第二,在社区层面主要措施是强化基层卫计一体化服务职能。整合社区卫计资源,将卫生资源的技术优势与计生资源的行政优势有机结合,实行一体化建设,强化职能,突出服务。分别依托八卦岭、中航社区健康服务中心,承接园岭、华强北街道计生服务站职能,进一步完善社康中心计生技术服务功能。

第三,加大对社康中心建设的支持力度,提高社康中心的医疗水平。一是着手解决社康在"安家"上面的难题,社康中心业务用房逐步得到了政府部门在财政上的支持。这不仅有利于降低成本,同时也从行政上解决了社康中心用房问题。二是增加编制,以吸纳优秀人才进社康,福田区计划每个社康中心按12至14人配置,其中8名为职员编制,其余采取聘用退休医务人员和购买服务的形式补充解决。规定医院专家每周至少有3个半天要到社康中心坐诊。人事部门单独下达专业技术职务职数,凡需申报副高以上职称的人员,须到社康中心服务3个月以上。三是积极改善社康中心的医疗硬件设备,出台了福田区社康中心基本设置与设备配置标准。为社康中心引进了诸多先进设备,提高了社康中心的医疗水平。四是开展示范社康中心创建活动。计划3年内在全区范围内创建一批机构管理规范、运行机制科学、服务功能完善、社会效果显著、人民群众满意的示范社区健康服务中心,打造优质社区卫生服务资源。2011年,八卦岭社康中心、中航社康中心争取率先创建成为省级示范社区健康服务中心。五是积极推出各项惠民政策,吸引人民群众到社康中心看病。社康中心的药物零加成,大大降低了药品的价格,同时,只要办理了社保的人员都可以享受在社康中心看病七折的优惠。这些利民政策吸引了居民到社康中心看病,提高了社康中心的使用率,也增加了居民对社康中心的信心。

卫计体系的整合,减少了两个体系之间的资源重叠,避免资源不必要的浪费。同时,社康中心的卫生资源优势,有利于提供更好的计生服务,社康中心开始为社区居民提供查环查孕、妇科病的普查普治、生殖健康普查等服务。人口和计生服务体系的行政优势,更有利于收集居民的信息,适时掌握目前的人口状况和居民卫计需求。社康中心可以根据相关人口的信息，推出符合居民需求的服务。

（二）现有卫计服务资源现状

1. 卫计服务硬件设施状况

在卫计服务硬件设备上，计生服务站的设备相对落后，虽然在个别街道也添置了彩超等先进设备，但这些设备存在利用率低的问题。为了完善卫计体系资源的合并，社康中心的建设趋于规范化，在设备配置上主要有以下几类：①诊疗设备。诊断床、听诊器、血压计、体温计、观片灯、体重身高计、出诊箱、治疗推车、供氧设备、电动吸引器、简易手术设备、可调式输液椅、手推式抢救车及抢救设备、脉枕、针灸器具、火罐。②辅助检查设备。心电图机、B超、显微镜、离心机、血球计数仪、尿常规分析仪、生化分析仪、血糖仪、电冰箱、恒温箱、药品柜、中药饮片调剂设备、高压蒸汽消毒器等必要的消毒灭菌设施。③预防保健设备。妇科检查床、妇科常规检查设备、身长（高）和体重测查设备、听（视）力测查工具、电冰箱、疫苗标牌、紫外线灯、冷藏包、运动治疗和功能测评类等基本康复训练和理疗设备。④健康教育及其他设备。健康教育影像设备、计算机及打印设备、电话等通信设备、健康档案、医疗保险信息管理与费用结算有关设备等。

2. 专业技术人才储备状况

全系统卫生人才总量稳步增加，人才结构不断改善。目前，卫生人才总数2709名，其中正高职称129名，副高职称344名，博士40名，硕士223名。[①]

目前，福田区设区级计生服务中心1个，在职人员24人，大专以上学历17人，具有卫生专业技术职称15人，其中，卫生专业技术人员高级职称2人，中级职称7人；街道人口计生服务站现有在职人员28人（其中在编14人），大专以上学历16人。具有卫生专业技术职称22人，其中高级职称1人，中级职称8人。

总而言之，经过福田卫计部门的努力，二者在资源整合上取得较大的进步，减少了资源的浪费，服务理念正在逐步转变，同时也加大了对社康建设的支持力

---

① 《福田区卫生局2010年上半年工作总结》，http：//www.szftws.com/bencandy.php?fid=58&id=1606。

度,以编制来吸引优秀人才进入到卫计基层组织。在卫计体系建设上,福田区不断探索,并且取得了一定的成功经验,为深化两个部门的合并提供了重要基础。当然,在目前机构整合的过程中也存在着一些问题,比如人员缺失、设备闲置以及两套管理体系的差异等,这都需要加深认识,改革探索,以推进两个体系实现真正意义上的整合。

四 福田区卫计服务体系建设的改革探索与主要经验

2011年3月,新组建的福田区卫生和人口计划生育局正式挂牌运作。如何发挥大部制改革后的资源优势,更好地为辖区居民提供优质便捷的卫计技术服务,福田区卫生和人口计生局以"整合资源、强化职能、突出服务"为目标,着力从优化资源配置、提升服务质量、便捷服务流程等环节入手,发挥现有社区卫生、计生资源效能,通过提供卫计一体化服务,不断促进居民家庭幸福和居民健康水平的提高。

(一)福田模式:改革思路与特色

为提高社区卫生资源利用率,解决计生资源不足、技术力量薄弱的问题,福田不同街道、社区针对卫计资源分散、职能交叉、效能不高等客观实际,提出了以"设备配套、功能完善、服务优质"为目标,推进社区卫计一体化建设的"三种模式"。

1. 八卦岭社区:"服务平移型"基层整合模式

这种模式是依托社康中心,实现卫计服务的"六位一体"。在机构、人员、标准不变的前提下,整合服务重叠部分,从科室设置与用房调整、人员物资整合与管理、业务功能整合与服务三方面进行资源整合,完善卫生、计生服务项目。

服务机构整合。计划依托八卦岭社区健康服务中心优势,整合园岭街道计生服务站和上林、华林社区生育文化中心,使八卦岭社康中心建设成为设施最完善、功能最齐全的社区卫生、计生服务平台。

业务职能整合。按照区域性社康中心和街道级计生服务站的建设标准,对业务用房进行整体调整与改造。改造及资源整合后的社康中心能够同时满足基本诊疗服务、公共卫生服务和计划生育技术服务三大服务需求,提供社区卫生、计生一体化服务,即开展社区基本诊疗服务项目,实施国家九项基本公共卫生服务、职业健康体检和药物维持治疗、计划生育宣传教育、药具发放、咨询随访和业务培训指导项目,同时开展计划生育技术服务和生殖保健服务项目:避孕节育技术服务:放置和取出宫内节育器;输卵(精)管结扎手术;早期人工终止妊娠;孕情医学检测:查环查孕;已婚育龄妇女生殖健康普查、男性生殖保健咨询服务;宫颈癌乳腺癌筛查,孕期检查,真正形成融合"预防、保健、医疗、康复、健康教育和计划生育"六位一体的基层卫生服务机构。

人员物资整合。社康中心、街道计生服务站和社区生育文化中心人员统一安排,统一使用。街道计生服务站站长担任社康中心副主任。日常管理与考勤考核由社康中心主任负责,街道计生服务站和社区生育文化中心原有人员的年度考核由街道办事处计生科负责。按照统一使用原则,对街道计生服务站和社区生育文化中心所有物资进行造册登记,办理转移手续,与社康中心现有设备设施统筹调配使用。

2. 中航社区:"服务外移型"购买付费模式

这种模式主要是依托社会力量,通过政府购买服务方式,由社会力量举办的社康中心提供街道计生技术服务,按照服务量情况施行后付制,实现政府、社区医疗机构和育龄群众三方受益的"三赢"格局。

服务机构设置。依托中航社康中心,在该社康增设"中航社区健康服务中心计划生育技术服务站",负责提供华强北街道的计划生育技术服务。按照街道级计生服务站的建设标准,统一科室名称、统一站点形象标识、标牌、统一科室物品摆放;规范设置站内外引导性、指导性、警示性标志、标线、路牌及其他安全设施;统一站内工作流程。建立"中航社区健康服务中心生育文化中心",设置独立场所,提供环境温馨、形象统一的个性化计划生育服务。

人员设备设置。在人员方面,按照项目设置和服务需要,配备妇产科临床医生2人,护士1人,检验人员1人,影像人员1人,并取得相应的执业资格;由社康中心安排2名人员担任服务站计生专干和兼干,专门负责计生技术服务的有关事项;安排2名具备优生优育、生殖健康等专业需要的工作人员(A、B角),负责"生育文化中心"的工作开展。在设备方面,配置可视人流机、B超、血液分析仪、尿液分析仪、显微镜、负压吸引器、乳腺诊断仪,按照规范建设门诊手术室,以满足早期人工终止妊娠手术等需要。

服务项目设置。实施计划生育宣传教育（开展生育文化中心活动）、药具发放、咨询随访和业务培训指导项目，开展以下计划生育技术服务和生殖保健服务项目：避孕节育技术服务、放置和取出宫内节育器、早期人工终止妊娠、孕情医学检测、配合街道到社区开展查环查孕、已婚育龄妇女生殖健康普查以及男性生殖保健咨询服务。

经费结算方式。采取先服务、后结算的方式，由华强北街道计生科定期到社康中心核收由社区工作站发出的《福田区计划生育优质服务生殖健康免费普查卡》《深圳市福田区计划生育技术服务免费凭证》，按服务量与中航社康中心进行结算，结算标准按全省统一的计划生育收费标准结算；生殖健康普查费20%由街道计生科在计生经费中直接支付，80%由区卫人局支付（街道计生科负责结账并将发票送区卫人局报销）；"四术"、查环查孕费用由街道计生科在计生经费中直接支付；华强北街道每月发放中心2名计划生育专干和兼干的计划生育岗位津贴，同时视工作完成情况给予适当奖励。

3. 福保街道："服务上移型"区街一体化模式

这种模式是实行区级、街道级计生服务机构职能上的融合，充分发挥公共资源的效能。赋予福田区计生机构具有两位一体的功能，既负责全区计生技术服务的工作任务，又承担所在街道计生技术服务的工作职能。区计生中心在涵盖全区计生服务业务的基础上，承担福保街道计生技术服务任务，解决福保片区居民的计生服务需求。

科室设置。按照街道计生服务站的建设标准，现福田区计生服务中心完全具备为福保街道开展计生技术服务的条件，有利于节约资源，并能即时开展相关计生服务。

人员配备。在中心现有技术人员基础上，配备妇科医生4名、男科医生1名、影像医生1名和护士1名。

业务开展。按照街道级计生技术服务机构的职责，实施计划生育宣传教育、药具发放、咨询随访和业务培训指导项目，开展以下计划生育技术服务和生殖保健服务项目：节育技术服务：放置和取出宫内节育器；输卵（精）管结扎手术；人工终止妊娠；孕情医学检测；查环查孕，同时定期派遣专业人员进社区，开展查环查孕工作；生殖保健服务项目：已婚育龄妇女生殖健康普查，男性生殖保健咨询服务；优生优育项目：风疹病毒、地中海贫血和G-6PD缺乏症、唐氏综合征和神经管畸形。

（二）改革绩效预估

当前，是深化福田区卫计服务体系建设的重要时期，也是实施"十二五"规划起步与开展的衔接时期，对于探索福田区卫生与计生的资源整合十分关键。按照"保民生、建机制、强基层"的原则，福田区卫生和人口计划生育局（以下简称"福田卫人局"）在健全基层卫计服务体系、促进基本公共服务均等化的同时，加快卫计资源整合力度，改革攻坚卫计服务体系建设中的重点难点问题，走出了一条具有福田特色的整合之路。尽管目前福田区基层卫生服务体系的改革探索尚处于起步阶段，但我们依然可以从改革目标、改革路径及改革手段等多个角度，对福田区卫计领域体制改革的成效进行预判。

1. 因地制宜地创新思路清晰，符合国家行政体制改革方向

目前，在我国行政体制中存在着机构重叠、分工过细、人浮于事、效能低下等主要问题，深圳及各区的行政体制改革旨在盘活行政资源，提高政府部门办事效率，打造高效的服务型政府。福田卫人局根据各个街道的实际特点和优势，尝试不同模式推进卫计服务体系改革，因地制宜地调整职能，整合人财物资源，流程再造，不断推进和完善卫计服务体系改革的广度、深度及其适应性。例如，针对社康中心力量较强的八卦岭社区，建立"服务平移型"基层整合模式；针对社康中心由企业创办的中航社区，引入"服务外移型"购买付费模式；针对2009年新增设的福保街道，创建"服务上移型"区街一体化模式。这样的组织设计，建立在卫计公共服务及其基本属性之上，行政体制改革思路和改革目标十分明确。由此可见，基层政府卫计系统大部制改革，既要贯彻业务同类合并和事权集中统一等共同性原则，又要兼顾不同地区面临的不同形势和不同差异；遵循因地制宜的原则，既保持了基本原则的统一贯彻，又要体现具体规划的灵活多样。

2. "公民本位"的改革目标明确，居民幸福感稳步提升

福田卫人局实行的基层卫计服务体系改革以便民、惠民、公益为导向，在基层机构改革中不盲目追求机构的减少，坚持"不撤不并"的基本原则，把密切相关的公共卫生、医疗服务、医疗保险、药品供应和监督、计划生育、人口服务与管理等多项职能集中起来统一行使，把与老百姓息息相关的卫计服务项目整合起来统一供给，积极创建了"小而有效"的基层卫计模式。这样的改革试点能够更好地解决市民基本医疗服务问题、基本卫生保健问题以及计划生育服务需求问题，保障市民享受到质优价廉的卫计服务。因此，在可以预见的将来，伴随着基层社区办事效能的逐步提高，市民对卫计服务的满意程度也将随之增加，从而极大地提升每一个市民的幸福感，这是加快社会管理创新的重要举措。

3. 公共服务的政府职能凸显，卫计资源配置效率提升

长期以来，政府部门过于注重经济管理职能，而忽视了社会管理和公共服务职能。实行大部制并不仅仅是原有几个部门的简单拼凑，而是进行有机地整合与重建，这样有利于进一步转变政府职能。福田卫人局在改革试点中，坚持公共医疗卫生、计划生育服务的公益性质，充分发挥政府公共财政的职能，减少用行政手段来直接干预市场，减少政府对资源、企业、经济社会文化活动的直接控制、组织，成为真正意义的公共管理者和监管者，即定位于提供公共产品和公共服务的服务型政府，从而在一定程度上解决了卫计行政管理多头、资源分散以及协调困难的问题，基层政府配置卫计资源更经济、更有效、更合理。

4. 扁平化管理的组织设计合理，彰显基层"精干效能"精神

在福田区卫计系统的三种现行改革模式中，"服务平移型"基层整合模式优势明显。随着科学技术和市场经济的发展，政府组织设计中的纵向结构必须随之改变和优化，而扁平化管理则是当代政府组织层级结构发展的基本趋势。"服务平移型"基层整合模式属于典型的扁平化管理，它将卫计系统的政府职能下沉到社区，将基本诊疗服务、公共卫生服务以及计划生育技术服务全部整合在八卦岭社区社康中心，建立了基层基本公共服务综合平台的雏形，实现了政府服务职能的延伸和管理职能的集中，为市民提供了更方便、更快捷、更贴心的一体化服务。

从行政管理体制改革角度考虑，"服务平移型"基层整合模式具有三大优势：第一，在机构设置上，不突破规定限额，不涉及新机构设立，具有较强的现实性和可操作性；第二，在政府职能上，强调管理和服务并重，对以前分属于卫生系统及人口计生系统的人口服务职责在社康中心进行统筹协调，既理顺了工作关系，优化了结构，又整合了职能，减少了部门间的扯皮推诿，有利于提高工作效能；第三，在改革手段上，充分利用社康中心、街道计生服务站和社区生育文化中心人员,相互形成合力,体制改革的成本相对较低。因此,"服务平移型"基层整合模式有利于服务型政府的建立,可以考虑在同等条件的社区进行推广借鉴。

5. 卫计公共服务手段多元,社会力量培育初见成效

深圳市主要领导就深圳机构改革问题时谈道,"凡不该政府做的,政府要坚决退出,即使市场暂时做不好,政府也要充分放手,积极创造条件支持社会组织和企业去做"。政府购买服务就是培育社会力量的重要手段。政府购买公共服务是指政府将原来由政府直接举办的、为社会发展和人民生活提供服务的事项交给有资质的市场组织或社会机构来完成,并根据其提供服务的数量和质量,按照一定的标准进行评估后支付费用,是一种"政府承担、定项委托、合同管理、评估兑现"的新型公共服务提供方式。福田华强北街道的"服务外移型"购买付费模式,创造了各类市场主体公平竞争的环境,激发了市场和社会参与解决公共问题的积极性,确立了社会组织作为服务主体的合法地位,通过政府职能转移和民间组织承接的双向互动,实现了政府职能转变和民间组织壮大。

(三)启示与借鉴

推进卫计服务体系建设的过程,是一个解决复杂问题的过程,也是一个深化认识规律的过程。福田区卫计系统在基层的探索实践中,坚定了改革的方向,明确了改革的思路,积累了一些经验做法,从中能够得到以下几点启示与借鉴。

1. 改革的基本原则是回归公益,促进由治疗向预防的全民健康转型

不管是福田哪种卫计服务体系建设模式,都坚持了以预防保健为重点,以落实预防、医疗、保健、康复、健康教育和计划生育技术服务"六位一体"功能为主要内容的改革方向,在社区层面建构和完善了妇幼保健网络、计划免疫网络、慢性病综合防治网络、计划生育服务网站、健康教育网络、老年保健服务网络和全科医疗诊疗网络等多重服务网,这是加强疾病预防和控制,实现健康管理和健康促进的重要手段,也体现出全民健康促进工程由疾病治疗向疾病预防的转型。面向全体市民的公共卫生、基本医疗及计划生育服务,具有鲜明的公益性质,必须着眼于保障市民的基本健康需求,坚持公共医疗卫生和计划生育服务的公益性质,坚持预防为主的方针,强化政府责任和投入,创新体制机制,在基层

社区建立健全覆盖全体市民的卫计基本公共服务制度和体制。

2. 改革的体制保障是机构建设，健全基层卫计服务网络

卫计服务体系建设可以将广大居民的多数基本健康问题解决在基层，尤其是疾病预防工作。在福田，卫计系统在区级行政管理层面已经实现了整合，并正在积极整合社区卫生、计生服务，增强基层卫计机构服务能力，健全基本卫生服务网络。做强基层，必须做到工作重心下沉，把更多的财力、物力投向基层，把更多的人才、技术引向基层。同时，还要明确基层卫计机构的功能定位和服务模式，引导基层机构与居民建立相对稳定的服务关系，在健康管理、常见病和多发病诊疗、计划生育服务中发挥主体作用，切实解决人民群众最关心、最直接、最现实的利益问题，使基层机构成为群众就医的首选之处。

3. 改革的核心动力是职能转变，建立以公众需求为导向的服务型卫计部门

福田基层卫计服务体系改革实践证明，卫生与计生的资源整合，不仅充分利用了各自的服务资源和服务优势，而且还进一步挖掘了服务潜力，确保服务质量的提升。福田区社区健康服务中心在社区基本医疗、妇幼保健、健康教育和咨询等方面有着丰富的技术和经验，计划生育服务中心及下属计生服务站在优生优育、生殖保健、计生手术、先天性疾病筛查等方面有自身的优势，两者相互借鉴、相互配合，能够更好地服务于社区居民。同时，与市属、区属医院等大中型医疗机构相比，卫计服务体系深入社区，贴近居民日常生活，对居民的需求变化更加敏感，能够更好地满足居民日益增长的多样化的服务需求。因此，从福田区基层卫计改革实践中我们可以发现，大部制改革的核心问题在于转变政府职能，改革需要体现党的民生理念，强化社会服务、强化社会管理、强化公平，更好地为公民提供公共产品和服务，不断创新社会管理体制机制。

4. 改革的基本方向是多元办医，构建卫计联手新格局

华强北街道"服务外移型"购买付费模式的改革探索，为我们证明了引入社会组织和社会力量参与卫计服务供给体系，是政府主导下卫计服务体系建设的有益补充，有利于促进非公立医疗机构与公立医疗机构的相互补充、相互促进，以弥补体制内资源的不足。与此同时，未来的卫计服务体系建设应以改革试点为突破口，构建多元办医格局，建立良性竞争机制，确保卫计服务质量和监管，保障多元办医健康发展。

（四）小结

总之，福田区卫计服务体系改革的三种模式创新是在建立服务型政府的理念指导下，政府部门对基层卫计服务管理工作所做出的一次全新尝试。三种模式各有特点和优势，适用的领域也各不相同。

首先，八卦岭社区"服务平移型"基层整合模式的特点是社康中心较强，具有整合人口计生服务职能的场所和能力。此模式可以成为近期福田区基层卫计大部制的主流模式，但从中长期来看，这种模式在人员、编制、职能上还有待充分整合。

其次，中航社区"服务外移型"购买付费模式的特点是从社会力量举办的社康中心购买服务，这个社康中心具有一定的卫计实力，达到一定的服务标准且具有长期经营的可能性。此模式可以成为主流卫计整合模式的有益补充。

再次，福保街道"服务上移型"区街一体化模式特点是新成立的福保街道计生技术服务站力量相对较弱，因此，依托区计生中心承担福保街道计划生育技术服务任务。此模式应是现实情况下基层卫计服务的过渡类型。

总体来看，这三种新模式在很大程度上克服了卫计工作中"管理主体不清、工作效率不高、人口信息不明、基层队伍不足"的难题，有力地证明了以科学发展观为指导，以基本公共服务均等化为先导，以多元办医为特色的卫计服务体系建设有助于每一位市民分享改革发展的成果，享有便捷、安全、价廉质优的健康服务。

五 福田区卫计服务体系建设的难点和挑战分析

目前，福田区卫计服务体系建设仍处于改革探索阶段，任务艰巨，难度不小。放眼未来，随着卫计服务体系建设不断铺开推进，不可避免地会面临一些来自于各个方面的重大挑战，这些挑战都需要在未来的改革设计中给予重视并加以解决。概括起来，主要表现在以下几方面。

（一）服务质量评估和监管机制有待完善

从整体上来看，卫计服务体系的质量评估和监管机制尚不健全。

首先，区级层面跨部门的监管机制有待完善。计生卫生服务的发展，必须有赖于卫生人口部门与发改委、民政、公安、财政等各个相关部门的协同行动,各司其职,互相配合。实际运作中,跨部门的监管机制尚不健全,各个部门和机构之间存在着各自为政的局面,沟通协调困难,不仅增加了行政管理成本,而且难以形成合力,共同推进服务体系的建设。

其次,社区层面不同的服务机构质量评估标准和监管制度差别较大。社区健康服务中心、计划生育服务站、社区生育文化中心等原属于不同的管理体系,社康中心隶属于医院,而计生服务站和生育文化中心则隶属于计生行政系统,这三类机构的评估和监管并未统一到共同的标准中,对于服务水准、活动的执行、服务种类和数量、成本和效果等的评价,不同机构之间存在着较大的差别,导致难以实现协同发展。

再次,对卫计服务的质量评估没有完全做到以居民的满意度为本。现有的卫计服务体系的考核评价制度无法对服务的质量和效用进行更合理的评价。基层实践中已经把辖区居民的满意度作为考核社区卫生服务机构和工作人员业绩的重要标准,但是解决力度不足。

(二) 卫计服务体系的功能定位有待明确

福田区卫计服务体系还存在着功能定位不明确的问题,具体表现在:

首先,超前理念尚未形成。卫计服务体系在基层仍然是以疾病治疗为主的模式,倡导健康管理和疾病预防的超前理念还很薄弱,很大程度上限制了基层服务体系的发展。

其次,社区计生机构服务管理特色有待强化。很多计生机构和工作人员还存在惯性思维,在真正体现计生服务水平和质量的避孕、节育手术、人流、生殖健康普查等服务项目上供给相对不足。

再次,卫计机构的公益性不突出。福田区部分社康中心受医院自收自支的管理体制的影响,带有一定的营利性,没有发挥出原本的公益性作用。社区卫计服务体系承担着公共卫生、基本医疗、保健、教育等任务,不以盈利为目的,必须由政府支持其运行成本,工作人员的收入不得与服务收入直接挂钩。

最后,政府的主导作用不明显。福田区相关政府部门对社区服务机构的投入还不足。卫计服务体系必须坚持政府主导,政府引导服务的发展方向,制定战略规划并把握其关键环节,这方面还需改进。

(三) 卫计服务机构的人才保障机制有待健全

完善人才保障机制，建设一支以全科医生、护士为骨干的高素质服务队伍，是卫计服务体系可持续发展的重要保证。福田区现有的人才机制还存在着诸多问题：

首先，社区计生服务机构的技术人员总量少，一些技术人员专业知识和技能水平不高，缺乏基层工作的思维和心理素质，不能赢得居民的信赖。一些街道引进了先进设备如彩超等，由于工作人员无法操作导致设备处于闲置的状态。福田区社康中心也由于缺乏专业技术人员，诸多职能，如提供计生技术服务，尚不能有效开展，缺乏经验丰富的全科医生，居民部分看病的需求满足不了，影响居民对社康中心的信心。计生服务站大部分仅配备2~3名技术人员，人员结构也不合理，缺乏专业检验、影像人才，个别服务站连专业医务人员都尚未配备到位。社区生育文化中心无定员、定岗、定编，缺乏医学知识专业人员，由计生专干兼顾开展相关业务，难以完全满足群众生殖健康的服务需求。

其次，各项人才保障机制还很不健全。专家轮岗制度未完善，社区医疗缺乏高水平人才的支持，全科医师规范化培训还不足，难以满足社区人才需求。

最后，社区卫计工作对人才的吸引力较低。社区卫计机构设施简陋、任务繁重，同时待遇较低，社区计生工作还容易引起矛盾冲突，这都导致人才队伍难以稳定，也难以吸引人才。

(四) 信息采集及其共享程度有待提高

信息化建设面临的挑战主要表现在以下几点。

首先，特定人群的信息采集难度较大。福田区卫计工作采集核实信息仍然以上户登记为主，高层楼宇人口和流动人口的信息采集不易。高层楼宇人口的信息采集存在着"三难"：一是门难进，人难见；二是人户分离多，户籍、工作和居住地不在同一地区，管理难；三是物业公司强调其企业性质，没有实行计划生育管理与服务的职责，与计生部门的配合难。这"三难"是造成福田区卫计信息化建设还存在薄弱环节的主要原因。福田区流动人口比例较高，居住、从业场所变动频繁，所居住的房屋多为私下出租，缺乏有效的法律手段监管，这导致信息采集的难度较大，准确度较低。

其次，负责信息采集任务的基层人员不足。福田区每个社区都配有协管员，

负责采集信息,每人负责200个出租屋的信息统计,但实际操作中工作量是成倍增长,繁重的工作量导致协管员队伍不稳定。

最后,人口信息采集和管理系统过于复杂和重叠。不同的系统统计口径有差别,但内容相似度很高,这些系统都要求工作人员上门采集,不仅造成社区工作人员的任务繁重,采集者和提供者都疲于应付,而且容易导致社区居民与工作者之间的矛盾。不同系统之间的信息共享和兼容程度较低,极大地制约信息化水平的提升。准确、全面的人口信息是分配卫计资源的决策基础,是开展各项服务的前提,福田区在信息采集和管理方面还有待改善。

(五)基层卫计服务机构的居民信任度尚待提升

居民对福田社区健康服务中心的信任度不够。原因有几个方面:

首先,社区健康服务中心部分存在着设备简陋、空间狭小、水平较高的全科医生短缺等问题,使得居民对社康中心医疗条件的信任度不高。

其次,社康中心的宣传力度不足,居民对社康中心缺乏足够的了解,其服务宗旨和职能没有完全得到人们的认同,其预防疾病、保健功能未得到充分开发。

最后,居民自身的预防意识和健康意识还不高,仍然把治疗疾病作为维护健康的主要手段,并没有充分开发社区健康服务中心的功能。

最后,居民对基层计划生育机构也存在一定程度的信任危机。这一方面是由于计生部门的工作重心仍然在人口监管和控制上,其服务职能仍然十分薄弱;另一方面,长期以来刚性的计划生育政策和严厉的执行措施使得居民对计划生育机构不完全信任,对计划生育机构所提供的资源和服务抱有疑虑心理,不会主动去服务站享受优惠服务;基层计生机构的专业技术人员和设备也较缺乏,不能为居民提供高质量的服务,这些均制约了基层计生服务机构功能的发挥。

(六)市区街卫计资源整合与服务网络体系有待优化

市区街的网格化服务网络是以街道、社区为基础,在管理辖区内,以若干个居委会基准划分单元网格,市、区卫计行政机构、医院和服务站为依托,利用卫计信息化平台,实现市、区、街道三级联动的服务网络和管理模式。福田区构建网格化服务体系,还存在着一定程度的不足:

首先,没有实现与市级服务体系的衔接合作。福田区卫计服务体系必须将其服务网络嵌入市级的服务网络之下,实现市区街三级资源的良性挥动,构建网格化模式。

其次,没有充分利用市一级卫计资源的辐射作用。市区级行政机构可以为福田区社区服务体系整合资源、提供人财物的支持,并强化监督监管,保证其高效有序运转;市属、区属医院和服务机构可以为社区卫计机构提供全科人才、技术指导和管理经验。

最后,网格化信息服务平台尚未形成。网格化信息服务平台对居民进行健康管理,协调市区街三级服务机构,紧急状况时可称为应急指挥中心对全市的资源和团队进行调度。构建市区街三级服务网络,必须以高效的、健全的网格化信息服务平台为基础。

六 福田区卫计服务体系建设的努力方向和改革思路

(一) 卫计服务体系构建的基本原则

提升卫计服务水平是一项复杂的社会系统工程,科学调整福田区人口健康的干预策略和路径,促进社区不同职业、收入、性别、年龄的人群获得公平的健康资源,实现中长期人口健康的目标,必须了解和掌握福田区人口健康发展规律,在实践中不断探索与福田区经济社会发展水平相适应的人口健康服务体系和手段。总的来看,建设福田区卫计服务体系应遵循以下基本原则。

1. "整体平衡、因地制宜"原则

福田区的行政机构改革是为了提高行政效率,更好地服务社会、服务市民。现阶段,既要注意改革进程中的整体平衡,减少机构改革的盲目性和随意性,在卫计服务体系改革中做到"不撤不并",又要因地制宜,循序渐进,根据各街道、各社区的实际情况,整合体制内外的各项资源,最大限度地节省行政资源,并在广泛征求基层各方意见的基础上,确保改革最大限度地体现福田当地人民群众的意志和现实需求。

2. "以人为本、公益为民"原则

人口健康关系着人类生存和发展的基础,是人的基本权利。经济社会的可持续发展有赖于人口健康的可持续发展,坚持以人为本,执政为民,民需我为,全面、协调、可持续的发展观,必须将人口健康与经济增长视为同等重要的发展目标。福田区卫计服务体系建设作为一项公益性的民生工程,一方面是解决重大民生问题,维护社会安定,是社会建设和政府职能转变的主要落脚点之一;另一方面为经济增长提供健康人力资源支撑和储备,是转变经济增长方式重要前提条件之一。所以,福田区卫计服务体系建设必须坚持"以人为本、公益民生"的原则,做好人口健康的"守门人"。

3. "权责明确、系统整合"原则

按照系统整合原则,探索卫计大系统服务管理模式。一是整合职能。通过有机合并相近职能,以避免职能交叉,相互扯皮;二是整合权责。通过健全政府权责体系,以形成层级之间和部门内部卫生与计生系统之间合理的权责构成,实现卫计服务体系职能统一、权责明确、关系协调;三是整合机构。通过对部门内部机构的整合,减少管理环节和层次;四是整合机制。通过整合大部门内部的运行机制,以降低协调成本,提高行政效能。

4. "政府主导、制约协调"原则

福田区卫计服务体系改革必须明确政府在卫计服务提供中起到主导作用,在明确医疗卫生服务和人口计划生育服务公共产品属性的前提下,整合福田区的卫计资源。此外,随着卫计服务体系改革的逐步深入,未来应尝试将行政决策、行政执行和行政监督适度分离,建立相互制衡的基层行政体制。

5. "抓住重点、以点促面"原则

卫计服务体系建设是一项长期的、复杂的系统工程,难度不小,困难不少。现阶段,福田区卫计服务体系建设必须坚持"抓住重点、以点促面"的原则,在已有改革探索中不断摸索经验,逐步推开。例如,可以以"服务平移型"基层整合模式为重点,以点促面,逐步探索改进这种卫计整合模式的思路、手段、效果及其监管,并在条件成熟的社区进行推开试点。

(二)卫计服务体系构建的未来改革设想

在福田区经济发展不断取得成就的时代背景下,经济建设与社会建设并行,积极开展社会领域内的民生工程,势必成为将来福田区重点工作内容之一。人口健康和卫计服务作为社会建设与民生工程的主要内容之一,在未来一段时期内必须实现与经济发展同步运行的格局。客观上要求政府部门需要以"大卫生"和"大健康"的理念来指导人口健康和卫计事业发展。所谓的"大卫生"和"大健康"的理念,就是在社会发展相对滞后的大背景下,要把卫计事业和人口健康紧密联系起来,放在经济社会发展的首要位置。只有这样,才能在全社会范围内实现经济发展与社会发展相协调、民生工程与城市建设同行、卫生事业与人口健康共发展的新格局。为此,本研究分阶段地提出以下政策建议。

1. 近期改革设想

(1) 以社康中心为平台,落实大部制后基层卫计服务职能和资源的整合。

"十二五"初期,在确保卫计服务体系改革"不撤不并"、因地制宜、循序渐进、以点促面的基本原则下,福田区可以在条件成熟的社区重点推行八卦岭社区"服务平移型"基层整合模式。

第一,定机构。探索建立以社康中心为平台的基层"扁平化"卫计服务体系,优化配置社康中心与社区生育文化中心、妇幼保健机构与计生技术服务机构之间的服务资源。争取将社区卫计服务纳入国民经济和社会发展总体规划,切实解决社康中心必需的业务用房和工作中遇到的困难。

第二,定职能。以预防为主、防治结合作为卫计服务的基本方向,落实集基本公共卫生服务、妇幼保健与计划生育技术服务、生殖健康防治于一体化的基层公共服务职能,在健康教育、预防接种、妇幼保健、中老年人保健、慢性病病例管理和人群防治指导、结核病病例管理、重性精神疾病病例管理等服务领域发挥重要作用。以网格化分片包干的形式将基本公共卫计服务项目落实到社康中心,扩大基本公共卫计服务覆盖面。不过,可以考虑将妇幼保健、计生技术服务以及生殖健康防治的临床业务合并入区级妇幼保健院。

第三,定编制。结合基层卫计服务的职能定位,社康中心及社区工作站的人口计生工作人员做到定编定岗且竞聘上岗。近期,可以保持社康中心和社区工作站中的人口计生人员编制、待遇不变,两类人群在社康中心合署办公,以达到便民的目的。

第四,确保区属大医院、疾控中心与社康中心沟通顺畅。明确大医院、疾控中心对社康中心的业务指导、培训、监督和考核,大力提高社康人员的工作积极性,为解决基层医疗机构的人力资源配置、技术支持问题奠定基础。

第五,完善社区工作站与社康中心的沟通协作。在卫计信息资料充分交流的

基础上,强调社区工作站对人口计生工作的考核评估,最终促进各项公共卫计服务项目在社区的全面实施。

(2) 以居民需求变化为导向,优化卫计系统的空间布局及服务标准。

着重做好"十二五"期间福田区分区域、分人群的人口需求预测工作,并针对具有福田特色的主体人群,例如,少年儿童、育龄妇女、流动人口、老年人口、慢性病患者等,开展基层卫生、计生需求重点调查,并以此为依据,对"十二五"期间,福田区基层卫计服务体系提供的各项内容进行规划和调整,以最大限度地贴近市民、贴近生活。福田区人口卫计需求预测主要侧重以下几大工作。

第一,预测影响福田区居民健康的主要慢性病发病率及其分布状况,加强"病情图"与基层卫计服务资源的结合。

第二,预测"十二五"福田区居民计划免疫等公共卫生服务需求的规模及其分布变化。

第三,预测重大疾病,尤其是传染病(如结核病、艾滋病、SARS 等)的发病率,并编制基层社区的应急预案。

第四,预测人口计划生育服务需求的规模和分布变化,确保辖区居民计划生育及生殖健康需求的有效满足。

在综合考虑福田区人口分布特点和需求变化、卫计资源有效配置和医疗卫生服务可及性的基础上,以区域规划为指导,进一步完善福田区社区卫计服务机构设置规划。

第一,体系化:合理确定福田区社康中心的配置数量和布局,形成"15 分钟医疗服务圈",建立与服务需求相适应的卫计服务体系。

第二,标准化:建立社康中心卫计服务标准体系。对社康中心进行标准化建设,即健全的设施设备、统一的服务标准、完善的人员配备机制、充足的用药品种、便宜的药品价格、合理的经费保障、有效的培训和考核、全科医生实行上门服务和"包户到人"等。

第三,制度化:建立严格的社康中心卫计服务准入机制和退出机制。完善社区卫计服务机构、从业人员和技术的准入制度,有意加入基层公共服务平台的初级卫生保健机构必须满足下述标准:遵守循证的临床指南;必须参加改善与患者沟通、疾病防治的培训;在实际工作中,实施内部质量管理计划;严禁不符合资质要求的单位和个人从事基层卫生服务活动,对违反规定的依法取消其执业资格。

(3) 以社区卫计服务能力建设为核心,推进"社区首诊"和"双向转诊"的新型卫计工作流程。

福田区卫生计生服务体系建设的核心在于夯实社区卫计服务能力,加强社区卫计服务人才队伍建设。在基层卫计人才引进、培养和激励等方面,可以采取以下措施。

第一,职业化培训:充分利用医学院校现有教育资源,近期完成全科医师、公共卫生医师、社区护士的岗位培训和中医药知识与技能培训,不断提高基层卫计服务机构人员的综合素质、服务能力和岗位技能。

第二,基地化建设:建立二、三级医院与社康中心之间的合作、培训机制。采取多种形式鼓励和组织二、三级医院、预防保健机构、计划生育技术服务机构的高中级卫计技术人员定期到社康中心提供技术指导和服务。遴选并着力培养一批全科医师骨干作为社区卫计人才培养的核心师资,培育区社康中心成为全科医师培训基地。积极推广社区卫计适宜技术,注重实用技能的社区实践。

第三,市场化用人:建立充满生机活力的社康中心用人机制和分配激励机制。鼓励和吸引优秀卫计技术人才到社区社康中心工作,采取有效措施安排高等医学院校本科毕业生到综合公立医院进行3年的住院医师规范化培训,培训考核合格后到社区卫计服务机构工作,在定向培养、福利待遇方面给予优惠政策。以充分调动人员的积极性和主动性为目标,建立岗位聘用、竞聘上岗、合同管理、能进能出的用人机制。实行岗位绩效工资制度,绩效工资分配要坚持多劳多得、优绩优酬、重点向关键岗位倾斜原则,并根据考核结果发放。

在加强人才队伍建设的基础之上,创造各种条件推进在社康中心的"社区首诊"和"双向转诊"机制。

第一,引导"社区首诊"。着力提高社康中心对一般常见病和诊断明确的慢性病诊疗水平,进一步发挥服务价格、基本医疗保障等政策在促进"社区首诊"中的引导和调控作用,进一步引导市民到社康中心首诊。通过降低在社区社康中心就医起付线、提高报销比例以及经社区转诊病人医疗保险起付线可连续计算等方式,引导居民到社区卫生服务机构首诊。探索把健康体检、社区慢性病病例管理、家庭病床等服务纳入医疗保险基金支付范围。有条件的地区可以实行医疗保险对社区社康中心按人头付费、总额预付等付费制度。

第二，完善"双向转诊"。建立社区卫计服务机构与医院的双向转诊机制，推动"分片转诊"，做到居民"小病在社区、大病到医院、康复回社区"。有条件的社康中心，可逐步建立远程诊疗系统，配置转诊车辆，为病人提供转诊接送服务。

（4）以公益性卫计服务为宗旨，建立科学规范的基层卫计投入和运转机制。

积极探索建立科学合理的基层卫计服务收支运行管理机制，规范收支管理。实行收支两条线管理，着力凸显基层卫计服务的公益性。

第一，建立基层医疗服务收入核定机制。由福田区政府创办的基层卫计服务机构，其医疗和药品收入要纳入同级财政。对于基层卫计常用药品，实行政府集中采购，统一配送，零差率销售，彻底切断基层卫计服务机构的趋利行为。

第二，建立稳定的基层卫计服务财政投入保障机制。按照国家规定核定的基本建设、设备购置、人员经费及所承担公共卫生服务项目和数量，福田区政府负责其创办的社区卫计服务机构的业务经费，确保社区卫生服务机构正常运行。

第三，近期，可探索建立对社会资本举办的社区卫计服务机构的补偿机制。

（5）以信息化为技术支撑，建立基层实有人口卫计服务管理协作机制。

"十二五"期间，福田区基层社区卫计信息平台应该抓好以下几项工作。

第一，以重点人群和就诊服务对象为重点，建立统一、规范的社区居民健康档案。充分利用现代化技术手段，加强对健康档案的管理，使健康档案真正成为综合、连续的居民健康管理工具。建立健全健康教育、预防接种、0~3岁儿童保健、孕产妇保健、老年人保健以及高血压、糖尿病等慢性病病例管理和人群防治指导等公共卫生服务规范与管理制度，注重对基本公共卫生服务效果的评估，切实使社区居民受益。

第二，在社区卫计服务供给层面，积极开发电子病历系统，加强慢性病及生殖健康疾病的管理。在社区电子病历系统信息化建设中，务必确保不同层次的服务提供方可以及时获得必要的患者信息，缓解因缺乏训练有素的临床人员而导致的服务供给不足或服务质量低下问题，跟踪并监测患者病情，向患者发布维持健康的提示，记录不同服务提供方的表现，减少手工操作带来的临床数据错误等。

近期，可为高血压、糖尿病、脑卒中、冠心病、肿瘤5种慢性病患者和老年人、残疾人、儿童、低保人员发放居民健康卡，该卡具备电子凭证、信息存储、查询、支付交易功能，群众持卡在福田区社区社康中心就诊，可以通过读卡器了解自己的病情及有关情况，在社区卫生服务机构可享受药价低于医院10%~20%、免收挂号费和诊疗费的优惠。

（6）以居民满意度为重要指标，完善绩效评估和考核办法。

建立以服务数量、服务质量和居民满意度为主要指标的社区卫计服务机构绩效考核办法。把免疫接种、妇幼保健、慢性病病例管理和人群防治指导等公共卫生服务项目完成情况、社区门急诊数量占区域门急诊总量的比例以及次均门诊费用等列入重要的考核指标。

在绩效考核过程中，引入第三方调查机制，就居民对社区卫生服务的满意度、利用率等情况进行调查评价。广泛听取街道办事处、居民委员会、居民代表的意见和建议。把绩效考核结果作为核定经费分配、评优表彰的重要依据，作为提高工作效能和效率的重要手段。不断探索创新绩效考核办法，建立以考核结果为基础的激励制度，鼓励"多劳多得、优绩优得"，避免效率低。

（7）以有效监管、大力宣传为手段，提升基层社区卫计服务信任度。

信息的公开透明是实现有效监管的基础。因此，"十二五"期间，福田区应着重从以下几个方面加强卫计系统的监督管理，从而最大限度地提升居民对基层卫计服务的信任度和满意度。

第一，资格审查。事先对卫计服务供给方的基本信息进行资格前审，挑选潜在的卫计服务供给方。供给方若想加入基层社区卫计服务，就必须事先满足结构与设备方面的基本要求，提供临床服务时应保证使用标准的临床管理指南和方案，并履行数据采集和上报职责等。

第二，定期公示。公立社康中心应当主动将药品和服务价格、医疗收费项目等与患者利益直接相关的事项向患者及家属公示，将社康中心的基本运行状况向全社会公示。

第三，综合评估。由于医疗卫生和计生服务的复杂性与综合性，政府部门应当通过专业性的评估来发布社康中心及计生服务站的相关信息。如政府部门或其委托有关专业机构定期监测社康中心及计生服务站的执业情况，如医疗质量、服务费用、服务态度、投诉情况等，并向社会公布。

第四，信息对称。为避免医疗机构和医生向患者提供虚假信息，诱导和欺诈患者，侵犯患者的合法利益，福田区卫人局还应对医疗机构和医生向市场传递信

息的行为进行管制,例如信息发布制度、对广告的监管等,最大限度地提升社区居民对社康中心、计生服务站的信任程度。

第五,宣传推动。加大社康中心卫计服务的宣传力度,可通过典型人物、典型病例的宣传,逐步提升居民对社康中心的信任程度。

(8)以居住证制度为抓手,逐步解决流动人口的民生性卫计需求。

尝试在财政允许的前提条件下,把流动人口的需求进行分解,然后使之与不同阶段的居住证相挂钩,建立"服务梯度供给"的流动人口卫计服务供给思路。对于关系国计民生、最基础性的卫计需求,如预防保健、出生缺陷筛查、计划生育指导等,在居住证的初期就给予,而关于福利性的卫计需求,如两癌筛查等,可在居住证的最高阶段再给予,以杜绝"福利旅游"现象的出现。

近期,福田区要配合市社保部门进一步完善本市基本医疗保险政策,提高流动人口参保率,扩大全民医疗保障覆盖面,逐步缩小各类参保群体的医疗保障水平差距,减轻居民大病医疗负担。

2. 中长期改革设想

在"十二五"之后,通过更长时间的改革探索,最终在全区范围内建成配套政策完善、服务网络健全、监督管理规范、适应人民健康需求的社区卫计服务体系。可从服务理念、管理制度、信息建设、监督管理等方面确保目标的实现。

(1)强化人口健康跨部门合作,将健康融入所有政策。

人口卫生医疗及计划生育事业是社会建设的重要内容,因而决定了必须在社会建设的统领之下,推进政府部门、企业单位、社会组织、社区之间的互动合作,力图引导政府各部门广泛地采用世界银行提出的"将健康融入所有政策"理念。人口健康的复杂性也决定了解决人口健康问题必须依靠"大卫生"格局,即以社会建设统领人口健康的跨部门合作,尤其是在政策设计、制定和出台的过程中,避免利益部门化的不良倾向,政策工具的选用要科学化,保证政策效能得以最大化的同时,还要保证人口健康资源的可控使用,慎防政策制定过程中的部门利益驱动而导致政策短板。

第一,推进多部门参与的福田健康促进中长期规划和行动计划。明确具体目标及成本测算,制定健康促进所需的法律法规及实施措施,落实各部门的具体责任划分和问责。

第二,落实有效的跨部门协调机制,提升对健康、疾病相关行动的关注度,财政、环境、交通、农业、教育、社保、司法等有关部门及新闻媒体、私营部门等其他利益相关者代表应参与进来。

第三，尝试创造新的财政空间，为慢性病防控筹资。可以考虑征收香烟、酒等商品的"健康损害税"，来支持相关卫生项目和健康保险。还可以通过实施"将健康融入所有政策"的活动，开发利用其他部门的资源，用于支持部门间的合作，开展健康干预。

第四，强化基层卫计部门行动，引入新的筹资和服务模式。参考福田区目前进行三种卫计服务体系改革模式，着重改进初级卫生保健系统，提供明确界定的、综合性的健康服务，同时营造有利环境，促进人们进行知情的健康选择，对自身健康承担起更大的责任。

（2）建立区属医院、疾控中心、社区健康服务"三位一体"的卫计服务体系。

第一，建立两级的医疗卫计服务体系。将社康中心从现有"院办院管"的体制中分离出来，建立相对独立的社区健康服务体系。通过建立全科医生培训及职称晋升机制、社区基本医疗补贴制度、区域性社康药物配送中心等多种办法，加大对社康中心人、财、物的投入，确保社康中心的正常、高效运转。新成立的社区健康服务体系，既要承担基层居民的基本医疗和公共卫生职能，又要通过"双向转诊"制度，促进公立医院之间的公平竞争，更好地推进公立医院的改革。

第二，从中长期来看，可以考虑将社区人口计生人员及编制整合到社康中心，从而真正实现卫计部门的大部制整合。

（3）建立独立的医院系统管理机构，实行卫计系统的"管办分开"。

在"大卫生"的框架下，由一个相对独立的事业型机构行使政府出资人的责任，管理医院的人事、财务和资产。通过政府规章或地方法规明确医管中心的职能及其与政府各个部门和公立医院的关系，医管中心接受卫计行政部门行业监督和业务指导，资源配置通过卫计部门下达，党组织关系由卫生党工委领导。福田区政府应率先理顺公立医院所有者与管理者的权责，如公立医院基础设施建设、大型仪器设备配置、人事权、内部绩效考评和学科的发展等应该逐步下放到基层。

（4）建立跨区域基本公共服务互认和流转机制，促进各资源要素自由流动。

福田区可率先促进在珠三角区域内实现基本公共服务待遇互相承认和流转顺畅，允许人们享受的基本公共服务水平不因异地流动而改变，为各资源要素自由流动提供条件。

第一，逐步推进区域公共医疗卫生待遇互认。除职业病防治机构、精神病专科医院、眼科医院、口腔医院、结核病防治机构等专科特色明显、病历流通性不大、不宜使用通用病历的医疗机构外，珠三角其他各级各类医疗机构推行使用统一门、急诊"病历一本通"。

第二，逐步推进区域医疗保障待遇互认。同珠三角地区努力建立基本医疗保险异地就医结算平台，与医疗保险信息系统实现联网，定点医院与异地医疗保险经办机构实现联网。

(5) 建立中长期卫计信息化体系建设，促进卫计工作的区域协作。

在建立好社区卫计信息平台以及医院电子病历的基础上，在中长期规划中，卫计系统信息化建设需要做好以下两件事情。

第一，建立区域卫生信息平台。加快福田区与深圳市其他区之间、深圳市与珠三角其他城市以及深圳市与国家之间建立卫计信息化系统。

第二，在卫计系统建立强大的基层实证研究和调查系统，建立疾病监测系统和数据收集机制，以便获得有效、可靠、及时的数据资料，推进福田慢性病和生殖健康疾病的防治工作。

(6) 全面构建"行政权力三分"格局，提升居民卫计服务满意度。

将卫计行政权力分解成决策、执行、监督三个部分，通过科学化、程序化的顶层制度设计，确保行政权、决策权、监督权之间既相互制约，又相互协调。从长期来看，建立真正的卫计"大部制"，必须建立政府绩效评估指标体系和推行问责制度。

在监督方面，建立多部门协同的监管评价、专业评价、社区评价和社会监督评价机制。在评价主体上，由卫计部门独自评价变为社区居民评价为主、卫生部门评价为辅；在评价导向上，由以经济效益为主要评价指标变为以群众满意度为核心；在评价结果生成方式上，由卫生部门主观打分变为系统自动生成，减少人为因素。在逐步建立科学、规范绩效考核体系的基础上，严格社区卫计服务的财务管理，加强资金绩效评估，逐步建立健全内部监督、财政监督、审计监督以及社会监督有机配合的社区卫生服务监管体系。

(7) 建立多元化办医格局,鼓励社会力量办医。

完善加快民营卫计机构发展的优惠政策。严格控制政府办医疗机构数量和规模,为民营医院的发展预留空间。稳步推进国有企业、事业单位举办公立医院的转制与管理,探索社会资本、商业保险机构参与公立医院发展的形式。着力引导民营医疗机构发展个性化、高端医疗服务。按照平等、竞争、择优的原则,打破部门、所有制界限,采用公开招标等多种有效形式,吸引社会力量举办社区卫生服务机构,充分发挥社会力量的作用。

总之,福田区卫计服务体系的改革应以改善民生为导向,以建设法治化、智慧型、高品质的国际化先导城区为目标,以建设首善之区、幸福福田为美好愿景,强化顶层设计的引领作用,优化配置卫生计生资源,争取在福田率先建立起与经济社会发展水平相适应、与现代化国际化中心城区定位相适应、与辖区居民群众卫生保健需求相适应的质量型发展卫计服务体系。

B.9
质量型发展角度的福田区人口与经济社会和谐发展评价

王金营 程琰 石贝贝 王佳妮 程远顺 戈艳霞

摘 要：①福田是深圳人幸福之田，相关和谐发展指标在深圳名列前茅，在深圳率先实现质量型发展条件最好。

②福田区应继续加强社会建设；保持教育、卫生和健康三个方面的优势；加强社区建设及加快构建合理的社会保障体系，并争取在相关体制机制上创新。

③福田的经济建设相对问题更多：与国内部分城市中心城区相比，虽然福田区 GDP、税收总额、社销零等指标暂时领先，但 GDP 地均集约度、人均 GDP 仍然落后，且在发展总部经济、现代服务业和新兴产业方面，面临着深圳市其他区域的强力竞争。

关键词：福田 人口与经济社会 和谐发展 多层次分析

一 福田区人口发展与经济社会发展的历史背景和现状

自改革开放以来，深圳由一个边陲小镇迅速发展成为在中国高新技术产业、外贸出口、海洋运输等多方面占重要地位的特大型城市，取得了举世震惊的成就。福田区作为深圳市委、市政府所在地，是深圳市重点开发和建设的中心城区，其人口发展除了随着经济的发展快速增长，还有其自身的特点。

（一）人口发展的轨迹和现状

1. 人口规模超常增长和人口年龄结构的细微变动

自 20 世纪 90 年代以来，福田区人口规模处于一个超常增长态势，如图 1 所示,从 1991~2010 年的 20 年间常住人口数量的变化的曲线可以看出,福田区常住人口的数量一直保持快速上升的状态。由 1991 年的 378198 人增长到 2010 年的 1319587 人,[①] 20 年时间增加了 941389 人。另外,由曲线变动可以看出,以 1997 年为分界线,1997 年之后常住人口的增长速度与 1997 年之前相比,有加快的趋势。1991~1997 年,常住人口年平均增长率为 6.95%,而 1997~2010 年为 7.95%。这样的增长速度大大超出了人口自然增长的状态,因此福田区人口处于一个超常发展态势。

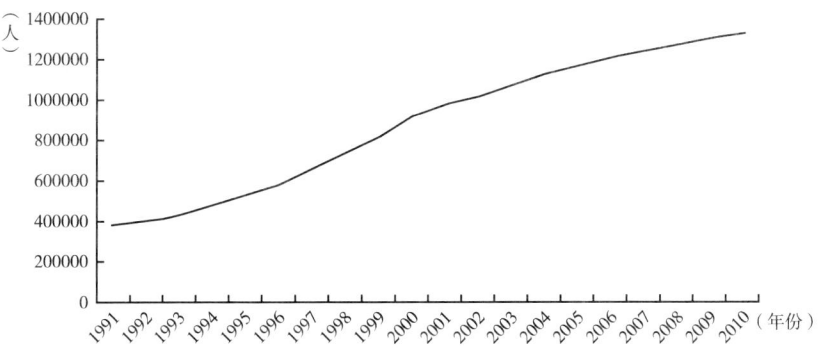

图 1 深圳市福田区各年年末常住人口变化曲线

人口性别结构的变动保持相对稳定,如图 2 所示,各年户籍人口的男性人口数量和女性人口数量的增长速度几乎保持一致,男性人口数量略高于女性人口数量,也就是说,近二十年来,福田区按性别划分的人口结构保持着稳定的状态。

人口年龄结构变动较小,劳动力一直处于高比重状态。从表 1 中可以看出,2005 年在福田区常住人口中,0~14 岁的人口为 12.34 万人,占总人口的 10.64%;15~64 岁的人口为 100.58 万人,占总人口的 86.72%;65 岁及以上的人口为 3.06 万人,占总人口的 2.64%。与 2000 年相比,0~14 岁人口的比重下降了 1.04 个百分点,65 岁及以上人口的比重上升了 1.09 个百分点。劳动年龄人口,也就是 15~64 岁人口,大致持平,略有下降了 0.05 个百分点,减少了 0.06 万人。

---

① 资料来源于《深圳市福田区统计年鉴 2011》。

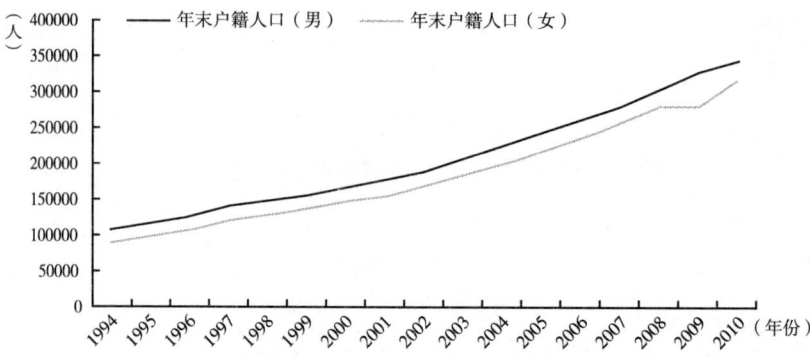

图2 深圳市福田区各年年末常住人口分性别变化曲线

表1 福田区各年年龄结构情况

单位：万人，%

年 份	0~14岁		15~64岁		65岁及以上	
	人口数	占总人口的比例	人口数	占总人口的比例	人口数	占总人口的比例
2000	13.55	11.68	100.64	86.77	1.80	1.55
2005	12.34	10.64	100.58	86.72	3.06	2.64
2010	15.58	11.82	111.84	84.85	4.38	3.33

2010年在全区常住人口中0~14岁人口15.58万人，占11.82%；15~64岁人口111.84万人，占84.85%；65岁及以上人口4.38万人，占3.33%。与2000年相比，0~14岁人口占总人口的比重上升0.14个百分点，15~64岁人口比重下降2.05个百分点，65岁及以上人口比重上升1.91个百分点。

福田区的人口年龄结构是一个非常态的，由于人口迁移和流动的作用，劳动年龄人口比重奇高，而少年人口比重较小，老年人口比重虽然上升，却处于年轻型到成年型转变的临界状态。这说明福田区是一个年轻型劳动力丰富的人口结构。

2. 人口文化素质不断提高

福田区人口文化素质10年来有了较大幅度的提高，如表2所示。由此可见，2005年时福田区常住人口中，具有大学及以上程度的人口为30.54万人，比2000年增加11.37万人；高中程度的人口为33.06万人，比2000年增加5.91万人；初中程度的人口为33.72万人，比2000年增加4.26万人。

表2 福田区人口受教育情况

单位：万人

年份	大学及以上	高中程度	初中程度	小学程度
2000	19.17	27.15	29.46	9.70
2005	30.54	33.06	33.72	12.26
2010	45.26	34.43	31.97	11.42

到2010年全区常住人口中具有大学程度的人口达到45.26万人，占35.13%；具有高中程度的人口34.82万人，占26.11%；具有初中程度的人口31.97万人，占24.26%；具有小学程度的人口11.36万人，占8.66%。与2000年相比，每10万人中具有大学及以上程度的由2.11万人上升至3.43万人，增长65.56%；具有高中程度的由2.97万人下降至2.64万人，减少11.20%；具有初中程度的由3.25万人下降至2.43万人，减少25.35%；具有小学程度的由1.06万人下降至0.86万人，减少18.87%。

另外，全区常住人口中文盲人口（15岁及以上不识字的人）5263人，与2000年相比，文盲人口减少1903人，文盲率由0.91%下降至0.40%，下降0.51个百分点。

由此可见，福田区高素质人才快速增长，而较低素质（初中及以下）人口的比重不断下降，整体人口素质大幅度提高，人才结构得到优化。

同为市委市政府所在地的上海市黄浦区在2010年时，全区具有大学（指大专以上）程度的人口占总人口的25.91%；具有高中（含中专）程度的人口占总人口的27.83%；具有初中程度的人口占总人口的31.91%；具有小学程度的人口占总人口的9.66%（以上各种受教育程度的人包括各类学校的毕业生、肄业生和在校生）。①

2010年，在广东省常住人口中，具有大学（指大专以上）程度的人口占总人口的8.21%；具有高中（含中专）程度的人口占总人口的17.07%；具有初中程度的人口占总人口的42.91%；具有小学程度的人口占总人口的22.96%（以上各种受教育程度的人包括各类学校的毕业生、肄业生和在校生）。②

---

① 数据来源于《上海市黄浦区第六次全国人口普查主要数据公报》。
② 数据来源于《广东省2010年第六次全国人口普查主要数据公报》。

从上面的数据可以看出,福田区人口的文化素质非常高。因为福田区具有大学(指大专以上)程度的人口占总人口的比重,既高于同为市委市政府所在地的上海市黄浦区 8.43 个百分点,更是广东省平均水平的 4.18 倍;具有高中(含中专)程度的人口占总人口的比重,福田区仅低于黄浦区 1.41 个百分点,但仍然是广东省平均水平的 1.55 倍。

由此可见,福田区的人口文化素质在全省,乃至全国都处于高水平状态。

3. 户籍人口和流动人口明显倒转

如图 3 所示,从 1991~2010 年福田区的户籍人口与非户籍人口数量变化的曲线显示,非户籍人口总是多于户籍人口,而从其增长过程来看,户籍人口增长相对平稳,其速度是呈稳步上升态势。而非户籍人口却变化明显。两者从 1997 年开始,非户籍人口增长迅猛,与户籍人口之间的差距逐渐拉大,到 2004 年以后,非户籍人口增长开始放缓,并趋于稳定,与不断增加的户籍人口之间的差距又逐渐缩小。非户籍人口占常住人口的比重在 2001 年达到 65.5%,其后逐步缩小,但仍然超过 53%。

4. 常住人口增长快

常住人口是指户籍人口(但不包括本地户籍长期在外地的人口),以及在本地居住半年以上的人口。如表 3 所示的是 2000 年、2005 年以及 2010 年深圳市和福田区常住人口的情况。

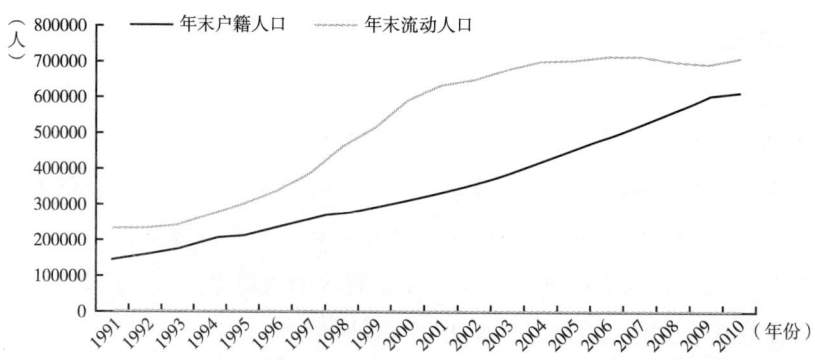

图 3　深圳市福田区各年年末户籍人口与流动人口变化曲线

表3 深圳市及常住人口情况

单位：万人，%

年份	深圳市		福田区	
	常住人口数	年平均增长率	常住人口数	年平均增长率
2000	700.88	6.34	91.00	1.41
2005	826.94	3.36	115.98	4.98
2010	1035.79	3.98	131.81	3.78

通过表3可见，深圳市以及福田区常住人口的数量和增长率。与深圳市相比，2000年，福田区常住人口年平均增长率大幅度小于深圳市的平均水平；到了2005年，这一数据超过了深圳市平均水平1.65个百分点；2010年时，两者几乎持平，只相差0.2个百分点。福田区常住人口占深圳市人口的比重由2000年的12.9%缓慢下降为12.7%。

5. 人口聚集度高

从表4我们可以看出，深圳市2005年的人口密度与2000年的3596人/平方公里相比增加了643人/平方公里，到2010年全市人口密度为5201人/平方公里，同2005年的4239人/平方公里相比，增加了962人/平方公里。而福田区2005年的人口密度与2000年的11652人相比增加了3225人，到2010年全市人口密度为16756人/平方公里，同2005年的14877人/平方公里相比，增加了1879人/平方公里。

表4 深圳市与福田区人口密度情况

单位：人/平方公里

年份	福田区	深圳市	年份	福田区	深圳市
2000	11652	3596	2010	16756	5201
2005	14877	4239			

从上述数据我们可以看出，福田区的人口密度远远超过深圳市的人口密度水平，2000年时福田区是深圳市的3.24倍，到了2005年为3.51倍，两者的差距有继续扩大的趋势，但是到了2010年，这一倍数成为3.22，相比2000年和2005年略有回落。这表明福田区是一个人口高度聚集的区域。

（二）经济发展背景和现状

福田区是深圳市委、市政府所在地，深圳市的中心区和中央商务区（CBD）均坐落在福田辖区。福田是深圳的"会展之区"，著名的深圳会展中心位于该区。因此，福田区的会展经济相对于深圳市其他地区，有着无可匹敌的优势。除此之外，福田区还具有优越的交通条件，是深圳的交通枢纽。市内东西向北环大道、深南大道、滨海—滨河大道3条主干道贯穿福田全区，与福田、新洲、彩田、梅林等10多座大型立交桥相连并与深圳地铁组成立体交通网络，深圳市地铁中心枢纽站坐落于辖区。与市外连接，辖区内有梅观高速公路和广深高速公路起点站、全国最大的集地铁、长途、公交、出租车和社会车辆为一体的综合大型交通枢纽——深圳福田交通综合枢纽换乘中心，共同构成了深圳市的公路、铁路交通枢纽。深圳市最新投资建设的福田口岸和亚洲最大、国内唯一全天候通关的陆路口岸——皇岗口岸也位于福田区，其地理位置得天独厚。因此，福田区的口岸经济也势不可当。

1. 经济增长与经济结构

根据深圳市福田区统计年鉴中的相关数据，绘制福田区地区生产总值以及第一、第二、第三次产业生产总值的变化曲线图，如图4所示。

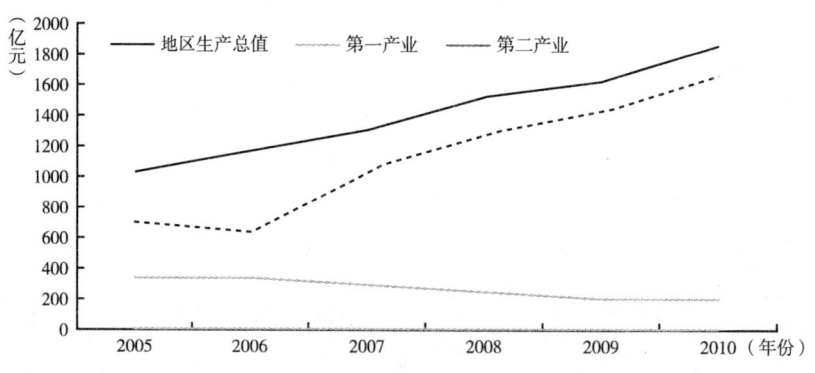

图4 福田区各年地区生产总值及分产业生产总值变化曲线

根据相关数据及图4可以看出，福田区地区生产总值保持年增长率10%以上的速度稳步增长。从产业结构看，第一产业在地区生产总值中所占比重很小，第二产业随着时间的变化，总产值趋于稳定并有不断减小的趋势。这意味着第二产业的产值在福田区生产总值的比重保持稳定并有不断下降的趋势，而第三产业，在2006年以后，开始不断增加，并成为拉动地区总产值上升的主要产业，这也意味着第三产业在地区总产值中的比重在不断增加。深圳市产业结构比重及增长率见表5，福田区三次产业占地区总产值的比重变化见表6。

表5 深圳市产业结构比重及增长率

单位：%

年份	第一产业		第二产业		第三产业		GDP 增长率
	产值比重	增长率	产值比重	增长率	产值比重	增长率	
2001	0.90	7.20	54.10	13.30	45.00	13.20	13.20
2002	0.80	6.80	55.20	18.00	44.00	11.50	15.00
2003	0.60	-6.00	58.90	22.40	40.50	10.70	17.30
2004	0.40	-19.80	61.60	21.30	38.00	11.30	17.30
2005	0.20	-9.30	52.40	19.10	47.00	13.20	15.00
2006	0.10	-24.40	53.20	16.80	46.70	13.10	15.00
2007	0.10	-17.30	50.90	14.50	49.00	15.00	14.70
2008	0.10	-13.40	48.90	11.90	51.00	12.50	12.10
2009	0.10	-18.90	46.70	9.30	53.20	12.50	10.70
2010	0.10	-14.30	47.50	14.10	52.40	9.90	12.00

表6 福田区产业结构比重及增长率

单位：%

年份	第一产业		第二产业		第三产业		GDP 增长率
	产值比重	增长率	产值比重	增长率	产值比重	增长率	
2002	0.01	-3.90	43.09	18.00	56.90	10.10	14.00
2003	0.01	4.20	45.80	19.50	54.19	12.20	16.30
2004	0.01	-25.00	40.70	15.80	59.29	12.50	13.50
2005	0.01	-52.10	31.77	9.00	68.22	11.70	10.80
2006	0.01	13.50	32.39	6.50	67.60	12.20	10.40
2007	0.01	-9.90	21.74	3.00	78.25	16.30	12.30
2008	0.04	2960.00	15.88	-5.70	84.08	14.80	10.20
2009	0.04	-40.10	12.27	-8.40	87.69	14.20	10.10
2010	0.04	1.70	10.69	16.00	89.27	9.60	10.60

由表5和表6可以看出，从2001年起深圳市第一产业的比重在不断地下降，而福田区第一产业的比重略微上升。但总体来说，第一产业在GDP总的比重仍然保持一个很低的比例；深圳市第二产业在GDP中的比重从2001~2004年间，保持平稳并有所提高，2004年以后开始缓慢下降，而福田区的第二产业在GDP中的比重，从2002年起除了2003年外，一直保持下降的趋势，从2002年的43.09到2010年下降到了10.69。

总体来说，深圳市的第二产业在GDP中的比重都在减小。深圳市第三产业在GDP的比重也经历了一个先下降后上升的过程，这个先下降后上升的过程的拐点是2004年；而福田区第三产业在GDP中的比重呈现出在调整中不断增加的状态。从2002年占56.90%到2010年占89.27%。这说明经济发展已处于一个相对发达的水平。

2. 人均可支配收入比较情况

个人可支配收入被认为是消费开支的最重要的决定性因素，因而，它常被用来衡量一国或一个地区生活水平的变化情况。在这里我们通过比较福田区、深圳市以及全国的城镇居民人均可支配收入，来评价福田区从2001~2010年10年间居民生活水平的变化情况。具体数据见表7所示。

表7 城镇居民人均可支配收入比较情况

单位：元，%

年份	福田区		深圳市		全国	
	收入	实际增长率	收入	实际增长率	收入	实际增长率
2001	—	—	23544	11.30	6860	8.50
2002	26743	7.80	24940	8.30	7703	13.40
2003	28581	6.80	25935	3.30	8472	9.00
2004	30582	5.60	27596	5.00	9422	7.70
2005	23805	9.90	21494	7.00	10493	9.60
2006	26356	8.30	22567	2.70	11759	10.40
2007	28871	5.20	24870	5.90	13786	12.20
2008	31740	3.80	26729	3.90	15781	8.40
2009	35241	12.50	29244	10.80	17175	9.80
2010	39316	7.80	32380	7.00	19109	7.80

从表7中可以看出，福田区每年的城镇居民人均可支配收入既高于深圳市的水平，也高于全国水平，高于深圳市水平10%~20%；2002~2004年，其收入额是全国水平的3倍以上，2004年以后距离慢慢拉近，但仍是全国水平的1倍多。而福田区每年的城镇居民人均可支配收入增长率，从2001年起，只有2002年、2007年和2008年低于深圳市的城镇居民人均可支配收入增长率，而只有2005年高于全国的城镇居民人均可支配收入增长率。通过上面的分析，可以得出结论：福田区人均可支配收入水平较高，但是近年来收入增长速度有减缓的趋势。

3. 资源与环境

表8列出了2006~2010年，5年间的万元GDP资源消耗情况，包括万元GDP电耗、水耗、能耗以及建设用地。可以看出，每万元GDP所消耗的资源量在不断地减少。

表8 深圳市福田区各年资源消耗情况

年 份	万元GDP电耗（千瓦时）	万元GDP水耗（吨）	万元GDP能耗（吨标准煤）	万元GDP建设用地（平方米）
2006	468	14.43	0.4892	4.60
2007	433	12.94	0.4758	4.15
2008	486	11.08	0.4616	3.67
2009	369	10.41	0.4490	3.49
2010	336	9.02	0.4360	3.05

通过表8可以计算出从2006~2010年资源消耗下降率，列于表9中。从表9中我们可以看出，万元GDP能耗年平均下降率都在2.8%左右。"十一五"规划提出，到2010年万元GDP能耗水平要比2006年下降10.87%，而且是为数不多的约束性指标之一。也就是说，2010年万元GDP能耗水平要下降到0.98吨标准煤（2005年价格水平）。由于无法查到2005年时福田区资源消耗的情况，因此我们以2006年为基年进行计算。2010年与2006年相比，万元GDP电耗（千瓦时）下降28.2%；万元GDP水耗（吨）下降37.5%，不仅已经达到国家要求的下降20%的标准，而且福田区2010年能耗值已经降低到0.4360吨标准煤，这也远远低于国家计划的水平0.98吨标准煤。

表9　深圳市福田区各年资源消耗情况

单位：%

年份	电耗下降率	水耗下降率	能耗下降率	建设用地下降率
2007	7.48	13.44	2.74	9.78
2008	10.85	11.29	2.98	11.57
2009	4.40	6.05	2.73	4.90
2010	8.94	13.35	2.90	12.61

（三）社会发展背景和现状

1. 医疗卫生与健康

（1）机构情况。

福田区原卫生局机关内设5个科室，区卫生局直属法人机构有11个；其中主要承担公共卫生和管理职能的机构有7个，分别是区卫生监督所（区食品卫生管理中心）、区疾病预防控制中心、区妇幼保健院、区慢性病防治院、区公共卫生服务中心、区健康教育所和区卫生系统财务管理中心；主要承担基本医疗服务的机构有5个，分别是区人民医院、区中医院、区第二人民医院、区妇幼保健院和区慢性病防治院。

（2）床位情况。

全系统病床数达849张，其中区人民医院515张，区中医院133张，区妇保院101张，区二院100张。区属3家医院计划扩增病床数共469张（其中，区人民医院拟增病床数300张；区中医院拟增病床数70张；区妇幼保健院拟增病床数99张）。扩增后全系统病床数可达1318张。

（3）设备情况。

目前，全系统专用设备9485台（件），总价值4.22亿元。其中价值百万元以上的设备60台（件），总价值1.6亿元，拥有64排CT、核磁共振（MRI）、数字减影成像系统（DSA）、彩色B超等一大批高精尖医疗设备。

（4）社区卫生服务。

目前，福田区社康中心总数达92家，覆盖人口达160万人。100%的社康中心可开展妇幼保健服务，50%的社康中心可提供中医中药和心理卫生服务。设立预防接种门诊75家，社康预防接种率达97.53%。

（5）基本医疗服务。

福田区现有2个市级医学重点学科、2个市级特色专科、10个区级医学重点专科和6个区级医学特色专科。2009年上半年总诊疗量达到197万人次，同比增长21.1%；出院病人治愈好转率达90.16%；入院病人三日确诊率为99.15%；危重病人抢救成功率达92.3%。①

2. 社会保障发展

图5表现的是深圳市福田区从2002～2010年间，养老保险、医疗保险、工伤保险以及失业保险的参保人数变化情况，从图5中可以看出，福田区各类保险的参保人数稳中有升。福田区社会保险覆盖范围在不断扩大，新型城镇居民社会养老保险实现制度向着全覆盖的目标前进，城镇职工和居民参加基本养老保险人数达到46.48万人；城镇职工基本医疗保险参保人数达到65.45万人；失业保险参保人数达到31.42万人；工伤保险参保人数达到35.22万人。这说明福田区的社会保障事业在快速发展，社会保障水平得到稳步提高，社会保障体系框架初步形成，社会保障工作实现重大突破，社会保险待遇水平大幅提高。也可以从侧面反映出福田区在社会保障方面的宣传及工作正在有力地推进。

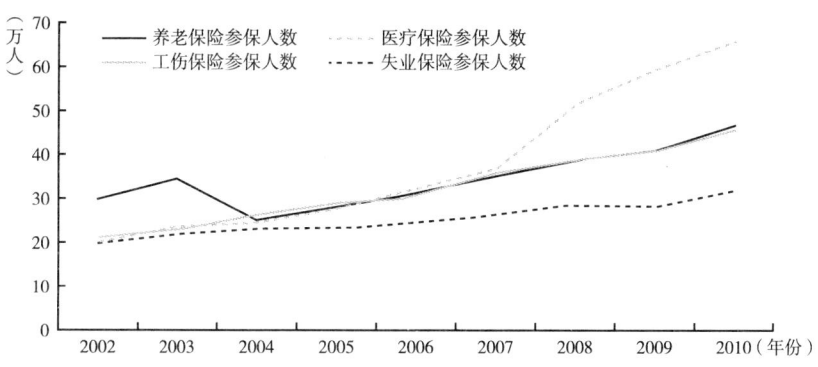

图5 深圳市福田区社会保障参保人数情况

3. 家庭户规模

由图6我们可以看到从1991～2010年间，福田区辖区内户籍数的变动情况。图6显示，辖区内的户籍数以近似于一条直线的趋势增长。通过计算，可以得出户籍数的年增长率为19.26%。

---

① 数据来源于福田政府在线。

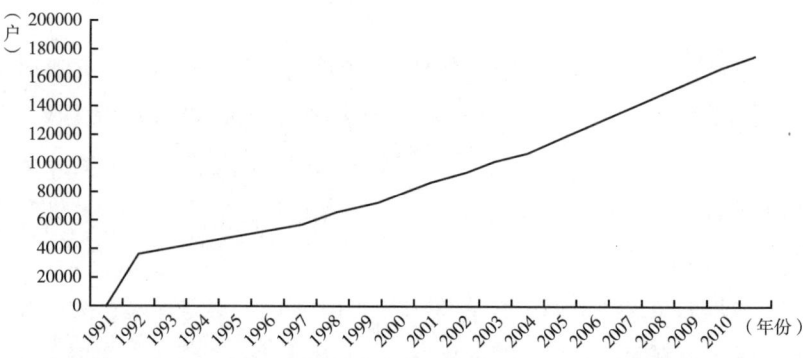

图6 1991～2010年深圳市福田区辖区内户籍数变动情况

4. 社区建设

福田区下辖福田、园岭、南园、沙头、梅林、香蜜湖、华富、华强北、莲花、福保10个街道办事处、94个社区工作站和114个社区居委会。具体数据见表10。通过对表10中的数据计算和比较，我们可以看到，福田区一共有10个街道办事处，96个社区工作站，其中面积最大的福田、沙头、梅林和莲花四条街道的居住人口也最多，所拥有的社区工作站数目也最多，而面积相对较小的华强北和福保工作站的数目也相对较小。相比而言，南园街道的辖区面积较小，居住的人口也相对较少，工作站数目有11个，多于整个福田区的平均水平。但是就整体来看，福田区的工作站设置基本与辖区面积的大小和居住人口的多少成比例，所以福田区工作站的设置基本合理。

表10 福田区社区建设情况一览表

街道	社区工作站(个)	辖区面积(平方公里)	居住人口(万人)
园 岭	7	3.80	12.00
南 园	11	3.00	16.40
福 田	13	11.80	35.70
沙 头	12	17.35	26.00
梅 林	13	21.18	25.00
华 富	8	5.75	9.55
香蜜湖	8	9.98	13.00
莲 花	12	9.60	21.90
华强北	5	2.90	16.00
福 保	5	5.01	24.00
总 计	94	90.37	199.55

(四) 小结

福田区发展到当前面临着提升品质和构建和谐的关键时刻。

人口方面,福田区正处于人口规模超常发展,人口高度集中,流动人口规模较大,劳动力丰富,人口素质高,由年轻型到成年型转变的临界状态。福田区经济发展已处于一个相对发达的水平:地区生产总值保持稳步增长,产业结构趋于优化,人均可支配收入水平较高,口岸经济也势不可当。资源环境方面,福田区每万元 GDP 的电耗、水耗、能耗远低于国家平均水平。社会发展方面,公共卫生和基本医疗服务体系不断完善,人口健康服务全面改善;社会保障建设不断推进,社会保障体系初步形成,社区建设基本合理。福田区应在所取得成就的基础上,再接再厉,努力构建人口、经济、资源和环境以及社会五方面更加和谐的新福田。

二 人口与经济、社会和谐发展的一般理论及城市区位发展理论

古往今来,许多学者对人口与经济、社会发展的关系以及城市区位发展理论进行了深入细致的研究和探讨,形成了一系列相关的理论体系。详细了解这些理论及其发展演变过程,有利于我们对深圳市福田区人口与经济、社会和谐发展作出较为客观公正的评价,指出其目前存在的问题,并提出相关对策建议。

(一) 人口与经济、社会和谐发展的一般理论

1. 人口与经济发展

人口与经济发展具有十分复杂的关系,人口因素对经济发展具有长期的影响。影响经济发展的因素有很多,但在不同的发展阶段,各种因素对经济发展的作用和贡献是不同的。从人口的因素看,在生产力不发达时期,生产资料和劳动力是促进经济增长的最重要的因素,人口规模是影响经济发展的基本因素;在工业化时期,资本积累和技术进步对经济发展的作用和贡献越来越大,人口结构对经济发展的影响大于人口数量的影响;而在现代社会,人力资本带来的技术、知

识、制度创新是经济增长和发展的主导力量,人力资本是决定经济增长和发展的决定性因素。① 因此,分析人口与经济发展的关系,需要从人口规模、人口流动、人口结构和人力资本等四个方面展开。

(1) 人口规模与经济发展。

关于人口规模与经济发展的关系很早就受到人们的极大关注。在这个问题上,论述很多,争论也非常激烈。马尔萨斯(Malthus)在《人口原理》中提出了"低水平均衡陷阱"的人口变动与经济发展理论,它描述了人均国民收入增长缓慢的情况下人口增长与国民收入持久均衡状态,经济规模的扩大就是靠人口增长来实现的,后被形容为"马尔萨斯幽灵";凯恩斯(Keynes)等人从有效需求角度,认为人口增长是经济发展的刺激因素和动力;一些新古典经济增长理论者,如索罗(Solow)和斯旺(Swan)等,认为人口是生产的要素之一,当人口增加时总产出会增加,但在技术和储蓄率不变的情况下,人口增长反而会降低人均收入;科尔(Coale)、胡佛(Hoover)和莱宾斯坦(Leibenstein)等人的人口—经济起飞理论,认为人口迅速增长对经济发展有严重的副作用;罗马俱乐部的增长极限理论甚至认为快速的人口增长率将会导致世界经济体系的崩溃和"世界末日"的来临(葛小寒、陈凌,2010)。

从实证角度对人口规模与经济发展关系进行研究分析的文献也很多。例如,美国国家科学院曾分别于 1971 和 1986 年就人口与经济增长问题发表研究报告。一些学者认为,在经济发展初期,人口规模的扩大可以促进经济增长,但当经济发展到一定阶段之后,过度的人口规模反而会阻碍经济的发展。与此同时,许多国内外学者对"适度人口规模"问题进行了深入的探讨,力求找到人口规模与经济、资源环境和社会协调发展的平衡点。

(2) 人口流动与经济发展。

关于人口流动与经济发展的关系,早在 20 世纪前期,就有许多发展经济学家进行了研究,产生了具有代表性的刘易斯模型、拉尼斯—费模型、乔根森模型和托达罗模型。人口流动对经济发展具有积极的促进作用。首先,人口流动对人口流入地劳动供给的影响。人口流动的一个直接后果就是为劳务流入地提供了大量廉价的劳动力,为该地经济发展提供了必要的人力资源和

---

① 于学军:《人口变动、扩大内需与经济增长》,《人口研究》2009 年第 5 期。

所需的劳动力数量,避免出现因经济发展而出现用工紧张的局面。其次,人口流动对人口素质结构的影响。人口流动将造成素质较高的劳动者向经济发达地区的流动,继而提高了经济发达地区的劳动生产率水平,增强了该地区的经济活力,对地方经济发展带来巨大的推动作用。再次,人口流动对资本积累的作用。人口流动一个重要的原因就是相对于流出地更高报酬的吸引,所以在资本积累方面,可以肯定的是人口流动可以创造大量的劳务资本流向劳务输出地,对劳务输出地的资本积累产生了积极的影响。最后,人口流动对消费的作用。人口流动可以增加人们的收入,带动人口接受地的消费,使得劳务者在消费支出方面拥有更大的空间,促进当地第三产业的发展。人口流动对经济发展确实有比较大的积极作用,但是我们也应清醒地认识到,流动人口的增长同时也存在着消极影响,尤其在比重过大、管理失控的情况下,这种影响会对社会造成巨大的危害。比如,较高的人口流动率将会对社会管理造成巨大压力。

(3) 人口结构与经济发展。

人口结构与经济发展的关系可着重从人口的年龄结构与产业结构的关系来分析。人口年龄结构对产业结构的影响主要表现为各个年龄组人口在总人口中所占的比重对不同产业结构的需求,进而分析对产业结构调整产生的影响。不同时期的人口年龄结构发展状况对产业结构都有一定程度的影响。人口结构与经济发展的关系还要从劳动投入和劳动负担来分析,一个国家的劳动年龄人口占总人口比重较大,抚养率比较低,为经济发展创造了有利的人口条件,整个国家的经济形成高储蓄、高投资和高增长的局面,这就是所谓的"人口红利"阶段(蔡昉,2004)。以劳动年龄人口居多的人口结构带来了丰富的劳动力资源,而且年轻的劳动力更加充满活力为技术创新和社会效率的提高奠定了强有力的资本基础。一个处于"人口红利期"的国家或地区应抓住这种劳动力资源的特点,开展与年轻劳动力密切相关的产业,推动产业结构的升级,充分利用这一发展契机,加快经济的发展。到了"人口红利期"末期,也就是当一个国家处于逐步老龄化时期时,社会中老年人口的比重日益增大,针对老年人消费产品与服务的老年产业将开始兴旺发展,并逐步演变为能够决定社会生产结构、消费结构的根本动力。值得注意的是,老年人受体能衰退限制,社会创造能力大大减弱,所以人口老龄化社会对技术供给会产生一定的负面影响,对产业结构调整不利。

(4) 人力资本与经济发展。

"人力资本"之父舒尔茨（Schultz）提出了现代人力资本理论，他的人力资本理论体系重新诠释了经济发展的动力。他认为"人类的未来是没有尽头的"，它不是由空间、能源和耕地所决定，而是由人类的知识发展来决定的（舒尔茨，1962）。与舒尔茨一起，明瑟（Mincer）和贝克尔（Becker）三人的开创性工作直接促成了人力资本理论体系的建立，打破了增长理论的传统，为增长理论的发展打下基础，人力资本由此开始逐步被纳入到经济增长的分析框架之中，随后相继出现了阿罗、谢辛斯基干中学模型、宇泽内生性模型、罗默的知识和卢卡斯的人力资本外溢性模型等具有深远影响的增长理论，它们均向人们描述了一种以人力资本为基础的全新经济发展机制。

理论研究一般认为人力资本在经济增长中具有正向作用，然而相关的实证研究在这方面却并无一个确定性的结果。其中发现人力资本与经济增长存在正相关的代表人物主要有巴罗（Barro）、萨拉伊马丁（Sala-i-Martin）、曼昆（Mankiw）、罗默（Romer）和韦尔（Weil）等。[1] 而认为人力资本没有经济增长效应，甚至有负效应的代表人物则主要有本哈比卜（Benhabib）和斯皮格尔（Spiegel）等，[2] 这方面的理论解释以斯宾塞（Spence）等人提出的所谓"筛选假说"（Screening Hypothesis）影响最为深远。[3]

2. 人口与社会发展

人口与社会发展的关系包含诸多方面，比如人口转变、人口素质、人口结构、人口的社会分层及人口社会关系与社会发展都有着密切的联系，但人口素质、人口流动、人口结构以及人口的社会分层与社会发展的关系较为重要，在此着重分析以下三方面。

(1) 人口素质与社会发展。

社会的全面发展不可能仅仅是经济的发展，也还包含着社会事业的发展和人的自

---

[1] Barro, Robert Jand Xavier Sala-i-Martin. Convergence. Journal of Political Economy, 1993, 100 (2) Mankiw, N. Gregory, Romer, David and Weil David N.. A Contribution to the Empiric of Economic Growth. Quarterly Journal of Economics, 1992, 86 (3).

[2] Benhabib, Jess and Spiegel Mark M. The Role of Human Capital in Economic Development: Evidence From Aggregate Cross-Countries Data. Journal of Monetary Economics, 1994, 34 (2).

[3] Spence, Michae Signaling, Screening, and Information. Chicago: The University of Chicago Press, 1981.

身发展。因此，从全面的社会发展观出发，人的发展（核心表现就是人的素质的提升）应该属于社会发展中的应有内涵，并且是社会发展范畴不可分割的组成部分。但从另一角度看，人的发展与社会发展同时也存在着既相互促进又相互制约的关系。

首先，社会发展是基础，只有社会得到了确实的发展，才能够为人的发展和人口素质的进一步提高创造必要的物质前提和环境条件，所以人口素质的整体提升离不开社会发展。其次，人的发展和人口素质的提高又对社会发展起着重要的影响。社会发展的最终目的是要实现人的全面发展，集中到一点也就是人口素质的系统提升，人口素质的改善能够体现社会发展的真正价值和意义，另外，作为社会生活主体的人，其整体素质的高低直接对社会发展起着促进或延缓的作用。

（2）人口流动、人口结构与社会发展。

人口流动在社会发展方面具有重要的作用。人口流动带来的不仅是更多的消费和劳动力，同时带来的还是多元化的文化和社会思想，而作为一个地区的社会发展本身就是一个经济、社会、文化等全面推进的过程，所以各方面共同进步本身对于社会发展起着一种促进作用。

人口结构包括自然结构和社会结构两个方面。人口自然结构及其变化会对社会发展产生重要的影响，而人口社会结构变化本身就是社会发展的一个重要方面。人口自然结构不仅是人口的基本特征之一，也是人口社会关系的重要基础。人口自然结构主要包括两个方面：一是人口年龄结构；二是人口性别结构。人口年龄结构变化对社会发展的影响是多方面的，主要包括社会保障制度、收入转移、医疗保健和长期照护、家庭结构和生活安排、代际社会和社会分层等。

（3）人口的社会分层与社会发展。

改革开放以来，我国在经济、社会各个领域发生了剧烈变化，进而引发了社会阶层结构的迅速分化和重构。当前中国人口的社会分层变化具有以下特点：第一，社会阶层之间的"壁垒"依然存在，农村和城镇在总体上仍然是两个世界。第二，社会流动的"闸门"被打开，上行社会流动趋于活跃，代表社会稳定力量的社会中间阶层开始出现。第三，社会下行流动同样被强化，在社会转型中被边缘化的城镇社会的"失败者"与留在农村的农民一起构成社会的底层。①

---

① 李建民、原新：《中国人口与社会发展关系：现状、趋势与问题》，《人口研究》2007年第1期。

人口的社会分层对社会发展会产生重要的影响。人口的社会分层将导致贫富差距拉大、收入分配不公等经济现象的产生，同时还将进一步引发教育、医疗不公等社会问题的产生。因此，应当对人口的社会分层与社会发展的关系给予足够的重视。

（二）城市区位发展理论

1. 杜能的土地价值理论

杜能（Von Thunen）的土地价值理论认为，不同经济活动的现实区位分布，取决于这种经济活动对特殊空间位置的投标竞争实力。作为"理性经纪人"的企业来讲，土地投标地租的高低，完全取决于这块土地所能带给它的预期利润的大小。而对于与商品供给企业和广大商品的消费者都具有广泛联系的商业企业来说，便利的交通条件和密集的消费群体是考虑投标与否的重要因素，所以商业企业往往对城市中心地区土地投标地租较高，这样可以在相当程度上保障并增加企业的经营利润。而对于工业企业来说，土地投入的地理位置却与流水线产业的地理位置相关，地理位置的选择要有良好的供、排水条件和便利的交通运输条件等。因此，工业企业对城市中心地带土地的投标地租一般并不高。这样一来，城市中心地带就一般被商业企业所占用，形成商品流通的中心，而相对较偏僻的地区就一般被工业企业占用，形成工业园区。

2. 加纳模式

加纳（B. J. Garner）通过对商业中心的内部结构的研究，依据一系列城市土地地租的投标曲线，构造了不同等级商业中心的空间模式，后人称之为加纳模式。其主要思想可概括为：高门槛的职能是有较高的地租支付能力，因而能够居于商业区中地租较高的地方，这里所谓"门槛"，是指一个企业为维持正常经营活动而需赚取的最低收入。地租支付能力强的企业就占据商业区中心地段，拥有流通的消费源及利润的保证，而地租支付能力弱的企业就只能占据地段差的区域。商业企业是为其周围的居民服务的单位，维持其正常经营所需的最低人口数可以代替最低收入下限，所以可以以人口门槛作为门槛高低的简明指标。

3. 中心位置理论

中心位置理论从对不同生产点之间的相互作用分析出发，推证了每一种货物的市场区实际为六边形。每种货物的需求弹性和最大销售范围都不相同，因而形成不同货物及其相应职能之间的特征差别。一般情况下，凡需求弹性小的货物，其相应的销售范围也较大，这类货物称为必需品。那些需求弹性大、销售范围小的货物，称为奢侈品。但是，往往由于需求弹性的不同，每个商业中心并不能提供所有的货物和服务，必需品在很多中心地都可购到，而奢侈品只能在少数地得到供给。

按照中心位置理论，城市商业区分布主要由从中央商业区到区域性商业区再到邻里性商业区共同有序梯次构成。对于中央商业区地域范围的界定，主要以商业职能来划分。在实践中，有些城市以零售商营业额的大小为中央商业区内外分界的标准；有些城市则以土地价格来划定其中心商业区的范围。

福田中心区为深圳的核心片区，是市级中央商务区（CBD）和市政府所在地，因其具有便利的交通条件和密集的消费群体，使其逐渐发展成福田区乃至深圳市的中央商业区。目前，福田区仍在大力推进CBD和环CBD高端产业带建设。

4. 商圈理论

商圈是指商业企业经营活动并吸引顾客的区域范围。对企业而言，商圈则是其业务活动的空间，并在这个空间范围内为顾客提供商品和服务。而对顾客（消费者）而言，则是他们方便的购买行为的空间。因而，商圈是由店、消费者购买行为空间和销售活动空间三者构成。

影响商圈形成的因素主要包括：人口数量、年龄结构与其特征和发展趋势；购买潜力与已有企业的设置和经营状况；区域内经济发展水平和前景与产业多元化的程度；劳动力市场条件；法律、工商行政管理因素；区域内交通、运输、服务、金融、信用、保险、物业等状况；民情风俗以及吸引顾客所特有的公共和文化教育设施，如纪念场所、公园、剧院、学校、科研机构等。

5. 商业街运作基础理论

商业街是指为数众多的零售商店集中在一个区域内，以一定的规模和规制，形成带状的商业企业群体。商业街具有收集、计划、调整商品流通的机能、具有购买、消费、产业交流商情的机能；同时可以提供购物环境机能（服务环境、店铺印象环境）和售后服务机能。

规范化的商业街，其布局的基本要点包括以下五方面。

（1）商业街的名片。由众多商店、餐饮店、服务店共同组成，按一定结构比例规律排列的商业街构成商业街的名片。商业街不是购物中心，不是商业区，

不是商务区,也不是商业社区,而是指众多不同规模、不同类别的商店有规律的排列组合的场所。

(2)商业街的类型。商业街按不同规模来划分,可以为大型商业街、中型商业街和小型商业街;按功能来划分,可分为综合型商业街和专业型商业街;按不同性质来划分,又可分为商业性一条街和服务性一条街。

(3)商业街的风格。商业街的风格是指商业街的整体格调和整体形象。它是通过自身的一系列活动和较长时间的运作,给社会留下知名度、印象度和完善度。商业街既要保留统一的建筑风格,又要突出个性观念的软件管理风格。

(4)商业街的定位。首先,商业街要根据城市的基本职能和城市功能,确定自己的定位。其次,商业街还应该根据城市或城市的不同区域在近期和中远期经济发展的趋势,确定自己的定位。

(5)商业街的进入。任何一种商业流通形式的出现与发展,均存在进入市场的时机选择是否得当的问题。商业街的进入,即市场切入点,多选择在区域经济处于上升阶段、宏观经济环境完备的前提下,实施进入市场的战略。

比如我们都熟知的福田区华强北商业街。华强北,作为深圳市最繁华的商业街,日客流量为50万人次,同时它也是国内电子产品流通的主要枢纽,尤其是手机批发零售业务闻名全国。由于华强北商业街风格鲜明、定位准确、进入及时,再加上政府的正确引导和大力支持,使其成为当之无愧的"中国电子第一街"。

总之,商业街的前期规划布局要完成自我名片、类型、风格、定位和时机五大课题,才能实现科学、规范的商业街运作。

三 人口与经济、社会和谐发展的评价及存在问题

(一)层次分析法简介

我们将采用层次分析法研究福田区人口与经济的和谐发展,为了研究的完整性,首先我们对多层分析法予以简单介绍。[①]

[①] 这部分详细内容请参见赵焕臣主编的《层次分析法》科学出版社,1986。,这里仅作简单介绍,详细内容和参数参见该书。

质量型发展角度的福田区人口与经济社会和谐发展评价

层次分析法（Analytic Hierarchy Process，简称AHP）是对复杂、模糊的问题作出决策的一种简明实用的综合测评方法。其原理是构造两两比较判断矩阵得到层次结构中相对权重，通过一致性检验确定矩阵准确性，从而整合实际应用中模糊的判断，作出决策。在评价人口与经济社会和谐发展时，便可以采用该方法，对人口与经济社会的复杂因素进行量化研究，让人口与经济社会和谐发展更直观、可测。

层次分析法大致可以分为以下几个步骤。

（1）确立问题，建立层次构造。首先需要明确所研究的对象，确定研究对象的范围、包含的因素，通过分析各因素之间的相互关系建立系统的递阶层次结构，包括目标层、准则层和方案层。如果有需要，还可以建立子准则层。

（2）构造判断矩阵。判断矩阵的构造以判断者的专业判断为基础，这里由专家根据已构造的层次结构中的因素进行两两比较打分，得到指标间相对权重，从而对所要研究的问题进行测评。这里专家的评价起着决定性作用，因此需要集中群组专家意见作出综合判断。判断各元素相对重要性时采用9级量化标准，引用数字1~9及其倒数作为衡量标度。其中9表示绝对重要，1表示一样重要。通过专家的打分判断，便可以得到所研究问题的判断矩阵。

（3）层次单排序及一致性检验。构造判断矩阵之后，可以求出判断矩阵的最大特征值及相应的特征向量，将特征向量归一化便得到某一层次的各因素相对于上一层中对应因素的重要性的权重值，这个过程即为层次单排序。然而经过层次单排序得到的权重值不一定完全准确，因此需要进行一致性检验。用来衡量判断矩阵不一致程度的数量指标称为一致性指标，记作 CI，其计算公式为：

$$CI = \frac{\lambda_{\max} - n}{n - 1}$$

在衡量判断矩阵时引入随机一致性指标RI，可以通过查表得到。最后，通过计算一致性比例 R 判断矩阵的不一致程度选择是否可以使用层次分析法。这里，$CR = C/R < 0.1$ 时，判断矩阵的不一致性仍可以接受，否则就必须对判断矩阵做修正。

（4）层次总排序及一致性检验。方案层的各因素对于目标层的相对重要性的权重的计算过程称为层次总排序。层次总排序是自上而下层次单排序的合成。与单排序一样，总排序也要进行一致性检验。总排序的一致性比例可以用各层单排序一致性指标的和与随机一致性指标的和的比求得。同样的，CR值小于0.1时，认为层次总排序具有满意的一致性。

（5）通过一致性检验后，计算矩阵对应的最大特征值和特征向量，与最大特征值对应的特征向量即为指标权重。

（二）指标体系和评价模型的构建

1. 指标体系

本报告在对福田区人口与经济社会和谐发展进行研究时，采用层次分析法进行评价和测算。下面简要对所使用的指标进行介绍：我们分别从人口发展、经济发展、资源环境状况和社会发展四个方面对福田区人口与经济社会和谐发展进行评价，同时根据福田区的具体情况，每个方面都有相应的细化指标加以具体反映，详见表11。

表11 福田区人口与经济社会和谐发展评价指标

人口发展	人口规模	常住人口总数（人）
	人口结构	劳动年龄人口（15~64岁）占总人口比重（%）
	人口流动	流动人口占总人口比重（%）
	人口素质	大专及以上学历人数（人）
经济发展	GDP	GDP总值（亿元）
	资本投入	固定资产投资规模（万元）
	产业结构	第三产业比重（%）
	楼宇经济	房地产开发投资额（亿元）
	会展经济	会展产值或次数
	口岸经济	进出口总额（亿美元）
资源环境	产业能耗	每万元标准煤
	空气质量	优良天数
	废弃物排放	工业二氧化硫排放（吨）
社会发展	社区	居民委员会个数
	教育	在校生数（万人）
	卫生	床位数（张）
	治安	治安案件（宗）
	社会保障	社会保险平均参保人数（人）
	健康	市民体质水平（%）

2. 构建评价模型

（1）建立递阶层次结构。

本文采用层次分析法（AHP）对福田区人口与社会经济和谐发展进行评价。首先要把问题条理化、层次化，构造出一个层次分明的结构模型。对于福田区和谐发展来说，人口与经济社会的和谐发展起到主导作用，因此我们将福田区人口与社会和谐发展作为目标层（A）；人口发展、经济发展、资源环境状况和社会发展作为衡量人口与经济社会和谐发展的重要指标，被确立为准则层（B）；而对于准则层（B）的各项细化指标，将其确定为方案层（C）。

根据上述衡量福田区人口与经济社会和谐发展要考虑的因素以及它们之间的隶属关系，可把各个因素自上而下划分为三个层次，如图7所示。

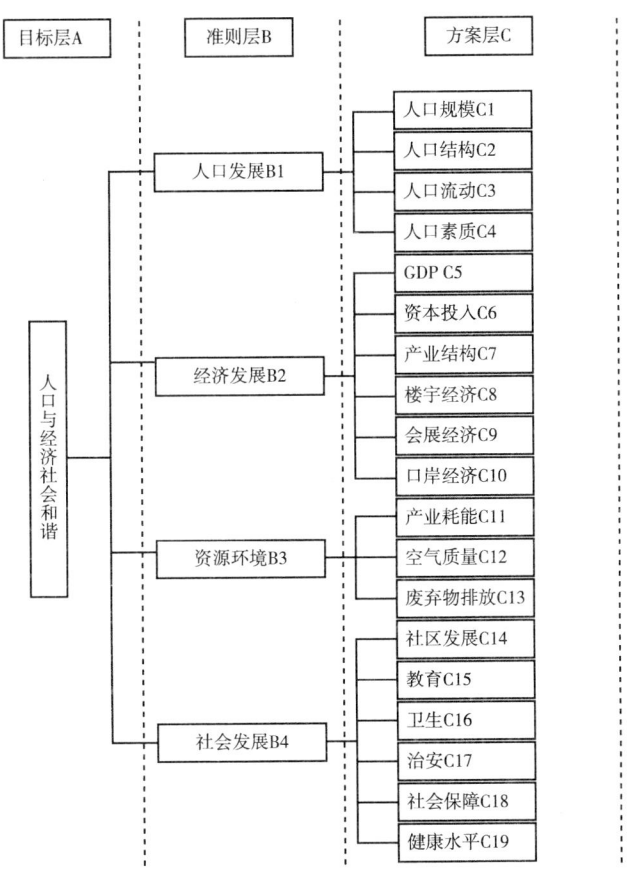

图7 福田区人口与经济社会和谐发展的递阶层次结构

图 7 表示了这一问题的层次结构模型：最高层即目标层（A）的目标是福田区人口与经济社会的和谐发展；中间准则层（B）包括 4 个准则，即人口发展（B1）、经济发展（B2）、资源环境（B3）和社会发展（B4）；最低层即方案层（C）包括上述指标体系中提到的 19 条指标，其中与人口发展有关的是人口规模（C1）、人口结构（C2）、人口流动（C3）与人口素质（C4），与经济发展有关的是 GDP（C5）、资本投入（C6）、产业结构（C7）、楼宇经济（C8）、会展经济（C9）与口岸经济（C10），与资源环境有关的是产业耗能（C11）、空气质量（C12）与废弃物排放（C13），与社会发展有关的是社区发展（C14）、教育（C15）、卫生（C16）、治安（C17）、社会保障（C18）与健康水平（C19）。

（2）构造两两比较判断矩阵。

在建立递阶层次结构以后，上下层次之间元素的隶属关系就被确定了。在此，我们邀请到包括国内对深圳人口、经济等问题有研究的大学教授和深圳市及福田从事这方面实际工作的 5 位专家对福田区人口与经济社会和谐发展评价指标进行打分，将 5 份测评表结果加权平均得到评价指标的平均值，以此为依据分别构造准则层（B）和方案层（C）的两两比较判断矩阵。其两两比较判断矩阵将与下面相对权重的计算结果一起列出。

（3）计算单一准则下元素相对权重及一致性检验。

在此采用特征根方法计算单一准则下元素的相对权重，并对结果进行一致性检验。

首先构造第二层准则层中 4 个元素即人口发展（B1）、经济发展（B2）、资源环境（B3）和社会发展（B4）对目标层人口与经济社会和谐发展（A）的判断矩阵。

表 12　第二层相对权重及一致性检验

A – B	B1	B2	B3	B4	权重 P
B1	1.0000	0.8667	2.2000	1.4000	0.3017
B2	1.1538	1.0000	2.3289	1.8667	0.3509
B3	0.4545	0.4294	1.0000	1.3733	0.1729
B4	0.7143	0.5357	0.7282	1.0000	0.1745
λ_{max}（矩阵最大特征据）		4.0577	R.I.（平均随机一致性指标）		0.9000
C.I.（一致性指标）		0.0192	C.R.（一致性比例）		0.0214

根据公式可计算得到 $C.I.$，$R.I.$ 则可以通过查表得到，最后即可计算出一致性比例 $C.R.$。

$$C.R. = \frac{C.I.}{R.I.} \qquad (1)$$

类似地可以得到其他各个单准则下判断矩阵及其计算结果。

第三层方案层中人口规模（C1）、人口结构（C2）、人口流动（C3）、人口素质（C4）对第二层准则层人口发展（B1）的判断矩阵。

表13　第三层（B1-C）相对权重及一致性检验

B1-C	C1	C2	C3	C4	权重 p_1
C1	1.0000	1.4333	0.9733	0.3500	0.2045
C2	0.6977	1.0000	2.3667	0.7752	0.2632
C3	1.0274	0.4225	1.0000	0.7486	0.1807
C4	2.8571	1.2899	1.3359	1.0000	0.3516
λ_{max}（矩阵最大特征根）		4.2645	$R.I._1$（平均随机一致性指标）		0.9000
$C.I._1$（一致性指标）		0.0882	$C.R._1$（一致性比例）		0.0979

第三层方案层中GDP（C5）、资本投入（C6）、产业结构（C7）、楼宇经济（C8）、会展经济（C9）、口岸经济（C10）对第二层准则层经济发展（B2）的判断矩阵。

表14　第三层（B2-C）相对权重及一致性检验

B2-C	C5	C6	C7	C8	C9	C10	权重 p_2
C5	1.0000	1.0000	0.2533	4.6000	1.7333	1.1333	0.1519
C6	1.0000	1.0000	0.3867	4.2000	1.8800	1.0800	0.1595
C7	3.9474	2.5862	1.0000	6.0000	5.6000	4.2000	0.4387
C8	0.2174	0.2381	0.1667	1.0000	0.6000	0.4250	0.0485
C9	0.5769	0.5319	0.1786	1.6667	1.0000	0.7908	0.0832
C10	0.8824	0.9259	0.2381	2.3529	1.2645	1.0000	0.1183
λ_{max}（矩阵最大特征根）			6.0980	$R.I._2$（平均随机一致性指标）			1.2600
$C.I._2$（一致性指标）			0.0196	$C.R._2$（一致性比例）			0.0156

第三层方案层中产业耗能（C11）、空气质量（C12）、废弃物排放（C13）对第二层准则层资源环境（B3）的判断矩阵。

表15　第三层（B3-C）相对权重及一致性检验

B3-C	C11	C12	C13	权重 p_3
C11	1.0000	0.3244	2.6000	0.2391
C12	3.0822	1.0000	5.8000	0.6584
C13	0.3846	0.1724	1.0000	0.1026
λ_{max}（矩阵最大特征根）		3.0116	$R.I._3$（平均随机一致性指标）	0.5200
$C.I._3$（一致性指标）		0.0058	$C.R._3$（一致性比例）	0.0112

第三层方案层中社区发展（C14）、教育（C15）、卫生（C16）、治安（C17）、社会保障（C18）、健康水平（C19）对第二层准则层社会发展（B4）的判断矩阵。

表16　第三层（B4-C）相对权重及一致性检验

B4-C	C14	C15	C16	C17	C18	C19	权重 p_4
C14	1.0000	0.7575	1.1175	1.2667	0.7111	1.3444	0.1573
C15	1.3202	1.0000	2.1000	1.8952	2.2000	0.9800	0.2313
C16	0.8949	0.4762	1.0000	2.6952	2.2000	1.4000	0.1940
C17	0.7895	0.5276	0.3710	1.0000	4.2800	1.5257	0.1721
C18	1.4063	0.4545	0.4545	0.2336	1.0000	1.1333	0.1145
C19	0.7438	1.0204	0.7143	0.6554	0.8824	1.0000	0.1307
λ_{max}（矩阵最大特征根）			6.6114	$R.I._4$（平均随机一致性指标）			1.2400
$C.I._4$（一致性指标）			0.1223	$C.R._4$（一致性比例）			0.0986

单一准则下元素相对权重就全部计算完毕。当 $C.R. < 0.10$ 时，认为判断矩阵的一致性是可以接受的，否则应对判断矩阵作适当修正。可见，在上述构造的5个矩阵中，所有 $C.R.$ 均小于0.10，由此全部通过一致性检验。

（4）计算方案层元素对目标层的合成权重及一致性检验

上面我们得到的仅仅是一组元素对其上一层中某元素的权重向量，我们最终是要得到各元素对于总目标的相对权重，特别是要得到最底层中各方案对于目标层的排序权重，即所谓"合成权重"，从而为下一步进行数据分析和模型测算打下基础。合成权重的计算要自上而下，将单准则下的权重进行合成，并逐层进行总的判断一致性检验。下面用表17表示方案层元素对目标层的合成权重。

表17 方案层（C）对目标层（A）的合成权重

C \ B	人口发展 W_1 0.3017 p_1	经济发展 W_2 0.3509 p_2	资源环境 W_3 0.1729 p_3	社会发展 W_4 0.1745 p_4	$W_i = \sum p_{ij} \times W_j$ 合成权重
C1（人口规模）	0.2045	0.0000	0.0000	0.0000	0.0617
C2（人口结构）	0.2632	0.0000	0.0000	0.0000	0.0794
C3（人口流动）	0.1807	0.0000	0.0000	0.0000	0.0545
C4（人口素质）	0.3516	0.0000	0.0000	0.0000	0.1061
C5（GDP）	0.0000	0.1519	0.0000	0.0000	0.0533
C6（资本投入）	0.0000	0.1595	0.0000	0.0000	0.0560
C7（产业结构）	0.0000	0.4387	0.0000	0.0000	0.1539
C8（楼宇经济）	0.0000	0.0485	0.0000	0.0000	0.0170
C9（会展经济）	0.0000	0.0832	0.0000	0.0000	0.0292
C10（口岸经济）	0.0000	0.1183	0.0000	0.0000	0.0415
C11（产业耗能）	0.0000	0.0000	0.2391	0.0000	0.0413
C12（空气质量）	0.0000	0.0000	0.6584	0.0000	0.1139
C13（废弃物排放）	0.0000	0.0000	0.1026	0.0000	0.0177
C14（社区发展）	0.0000	0.0000	0.0000	0.1573	0.0274
C15（教育）	0.0000	0.0000	0.0000	0.2313	0.0404
C16（卫生）	0.0000	0.0000	0.0000	0.1940	0.0339
C17（治安）	0.0000	0.0000	0.0000	0.1721	0.0300
C18（社会保障）	0.0000	0.0000	0.0000	0.1145	0.0200
C19（健康水平）	0.0000	0.0000	0.0000	0.1307	0.0228
				$\sum$	1.0000

方案层（C）对于目标层（A）的一致性检验：

$$
\begin{aligned}
C.I._{总} &= (C.I._1, C.I._2, C.I._3, C.I._4)w \\
&= (C.I._1, C.I._2, C.I._3, C.I._4) \times (W1, W2, W3, W4)^T \\
&= (0.0882, 0.0196, 0.0058, 0.1223) \times (0.3017, 0.3509, 0.1729, 0.1745)^T \\
&= 0.0558
\end{aligned}
$$

$$
\begin{aligned}
R.I._{总} &= (R.I._1, R.I._2, R.I._3, R.I._4)w \\
&= (R.I._1, R.I._2, R.I._3, R.I._4) \times (W1, W2, W3, W4)^T \\
&= (0.9000, 1.2600, 0.5200, 1.2400) \times (0.3017, 0.3509, 0.1729, 0.1745)^T \\
&= 1.0200
\end{aligned}
$$

$C.R._{总} = C.I._{总} / R.I._{总} = 0.0547 < 0.10$，故满足整体一致性要求。

这说明我们进行的专家权重测度符合多层分析法一致性的要求。因此，我们可以根据这里所计算合成的权重进一步求解人口与经济社会和谐发展的量化指数。

（三）数据选取、预处理与模型测算

1. 数据选取

分别对福田区 2000 年、2005 年及 2010 年人口与经济社会发展和谐进行测评，其中，测评数据来自各年的《深圳市福田区统计年鉴》、《深圳市福田区国民经济和社会发展统计公报》、《深圳市罗湖区统计年鉴》、《深圳市罗湖区国民经济和社会发展统计公报》、《深圳市南山区统计年鉴》、《深圳市南山区国民经济和社会发展统计公报》、《深圳市盐田区统计年鉴》、《深圳市盐田区国民经济和社会发展统计公报》、《深圳市宝安区统计年鉴》、《深圳市宝安区国民经济和社会发展统计公报》、《深圳市龙岗区统计年鉴》、《深圳市龙岗区国民经济和社会发展统计公报》。

（1）福田区 2000 年、2005 年、2010 年人口、经济、资源环境及社会指标

表 18　福田区 2000 年、2005 年、2010 年人口、经济、资源环境及社会指标

指标表征	2000 年	2005 年	2010 年
常住人口总数(人)	909325	1161000	1318055
劳动年龄人口(15~64 岁)占总人口比重(%)	0.8680	0.8660	0.8470
大专及以上学历人数(人)	191700	305400	417490
流动人口占总人口比重(%)	0.7680	0.8150	0.7450
GDP 总值(亿元)	517.23	1027.03	1832.63
固定资产投资规模(万元)	2465000	2011800	1744200
第三产业比重(%)	56.90	68.22	89.27
进出口总额(亿美元)	178.00	451.85	691.43
房地产开发投资额(亿元)	117.40	100.29	48.13
每万元标准煤	0.6500	0.5930	0.5290
优良天数	361	348	354
工业二氧化硫排放(吨)	38427	43453	31347
居民委员会个数	30	67	88
在校生数(万人)	10.49	10.69	14.91
床位数(张)	2942	3590	5081
治安案件(宗)	388	205	190
社会保险平均参保人数(人)	23.11	26.06	47.78
市民体质水平(%)	90.90	94.70	92.60

(2)罗湖区、南山区、盐田区、宝安区、龙岗区2010年人口、经济、资源环境及社会指标

表19 罗湖区、南山区、盐田区、宝安区、龙岗区2010年人口、经济、资源环境及社会指标

指标表征	罗湖区	南山区	盐田区	宝安区	龙岗区
常住人口总数(人)	923423	1087936	208861	4017807	2011225
劳动年龄人口(15~64岁)占总人口比重(%)	0.8520	0.8660	0.8690	0.9150	0.8640
大专及以上学历人数(人)	212323	266533	31696	403253	219734
流动人口占总人口比重(%)	0.7540	0.8310	0.8600	0.9240	0.9170
GDP总值(亿元)	1006.88	2002.84	282.02	2603.11	1571.62

注:表中流动人口引用了2000年第五次全国人口普查各区公报中数据。

表20 罗湖区、南山区、盐田区、宝安区、龙岗区2010年人口、经济、资源环境及社会指标

指标表征	罗湖区	南山区	盐田区	宝安区	龙岗区
固定资产投资规模(万元)	731800	2871300	873100	6902800	5320800
第三产业比重(%)	90.50	39.60	73.16	34.88	32.21
会展产值或次数	85	85	85	85	85
进出口总额(亿美元)	275.45	246.40	148.26	1483.79	366.55
房地产开发投资额(亿元)	38.33	72.51	34.13	126.31	130.29
每万元标准煤	0.5290	0.5290	0.5290	0.5290	0.5290
优良天数	355	351	357	359	364
工业二氧化硫排放(吨)	31346.7	31346.7	31346.7	31346.7	31346.7
居民委员会个数	115	116	22	235	139
在校生数(万人)	18.05	10.54	1.96	37.03	23.38
床位数(张)	4124	2030	365	6073	4418
社会保险平均参保人数(人)	44.07	78.77	10.47	247.95	110.47
市民体质水平(%)	82.90	91.50	94.30	91.30	94.10

2. 数据预处理

通过对以上数据进行量纲化，可以得到人口、经济、资源环境、社会四项测量指标不同年份不同区的量纲化值，见表21。

表21 人口、经济、资源环境、社会四项测量指标不同年份不同区的量纲化值

测量指标	表征量	年份	量纲化得分					
			福田区	罗湖区	南山区	盐田区	宝安区	龙岗区
人口规模	常住人口总数（人）	2000	0.6899					
		2005	0.8808					
		2010	1.0000					
		2010	0.3281	0.2298	0.2708	0.0520	1.0000	0.5006
人口结构	劳动年龄人口（15~64岁）占总人口比重（%）	2000	1.0000					
		2005	0.9982					
		2010	0.9762					
		2010	0.9259	0.9312	0.9464	0.9495	1.0000	0.9447
人口流动	流动人口占总人口比重(%)	2000	1.0000					
		2005	0.9222					
		2010	0.8186					
		2010	0.7089	0.8167	0.8997	0.9309	1.0000	0.9927
人口素质	大专及以上（人）	2000	0.4592					
		2005	0.7315					
		2010	1.0000					
		2010	1.0000	0.5086	0.6384	0.0759	0.9659	0.5263
GDP	GDP总值（亿元）	2000	0.2822					
		2005	0.5604					
		2010	1.0000					
		2010	0.7040	0.3868	0.7694	0.1083	1.0000	0.6037
资本投入	固定资产投资规模（万元）	2000	1.0000					
		2005	0.8161					
		2010	0.7076					
		2010	0.2527	0.1060	0.4160	0.1265	1.0000	0.7708
产业结构	第三产业比重（%）	2000	0.6374					
		2005	0.7642					
		2010	1.0000					
		2010	0.9864	1.0000	0.4376	0.8084	0.3854	0.3559

续表

测量指标	表征量	年份	量纲化得分					
			福田区	罗湖区	南山区	盐田区	宝安区	龙岗区
会展经济	产值或次数	2000						
		2005						
		2010						
		2010						
口岸经济	进出口总额（亿美元）	2000	0.2574					
		2005	0.6535					
		2010	1.0000					
		2010	0.4660	0.1856	0.1661	0.0999	1.0000	0.2470
楼宇经济	房地产开发投资额（亿元）	2000	1.0000					
		2005	0.8543					
		2010	0.4100					
		2010	0.3694	0.2942	0.5565	0.2620	0.9695	1.0000
产业耗能	每万元标准煤	2000	-1.0000					
		2005	-0.9123					
		2010	-0.8138					
		2010	0.0000	0.0000	0.0000	0.0000	0.0000	0.0000
空气质量	优良天数	2000	1.0000					
		2005	0.9640					
		2010	0.9806					
		2010	0.2051	0.1282	0.4359	0.0256	0.1795	0.5641
废弃物排放	工业二氧化硫排放（吨）	2000	-0.8843					
		2005	-1.0000					
		2010	-0.7214					
		2010	0.0000	0.0000	0.0000	0.0000	0.0000	0.0000
社区	居民委员会个数	2000	0.3409					
		2005	0.7614					
		2010	1.0000					
		2010	0.3745	0.4894	0.4936	1.0000	0.5915	0.0936
教育	在校生数（万人）	2000	0.7037					
		2005	0.7174					
		2010	1.0000					
		2010	0.4026	0.4874	0.2846	1.0000	0.6314	0.0529
卫生	床位数（张）	2000	0.5790					
		2005	0.7066					
		2010	1.0000					
		2010	0.8367	0.6791	0.3343	1.0000	0.7275	0.0601

续表

测量指标	表征量	年份	量纲化得分					
			福田区	罗湖区	南山区	盐田区	宝安区	龙岗区
治 安	治安案件(宗)	2000	-1.0000					
		2005	-0.5284					
		2010	-0.4897					
		2010	0.0000	0.0000	0.0000	0.0000	0.0000	0.0000
社会保障	社会保险平均参保人数(人)	2000	0.4836					
		2005	0.5454					
		2010	1.0000					
		2010	0.1927	0.1777	0.3177	1.0000	0.4455	0.0422
健 康	市民体质水平(%)	2000	0.9599					
		2005	1.0000					
		2010	0.9778					
		2010	0.1397	0.1251	0.1381	0.1378	1.0000	0.1423

注：由于资源环境指标中的产业耗能和废弃物排放以及社会指标中的治安三项测量指标与社会和谐呈负相关，故我们给上述三项指标赋予负值。

3. 模型测算

已知各个指标的权重值及量纲化值，我们可以得到福田区 2000 年、2005 年、2010 年的人口与经济社会发展和谐的量化值以及罗湖区、南山区、盐田区、宝安区、龙岗区人口与经济社会发展和谐的量化值，即：

$$人口与经济发展和谐值 = \sum (各指标的权重 \times 各指标的量纲化值)$$

根据上述公式我们可以得到测算结果见图 8。

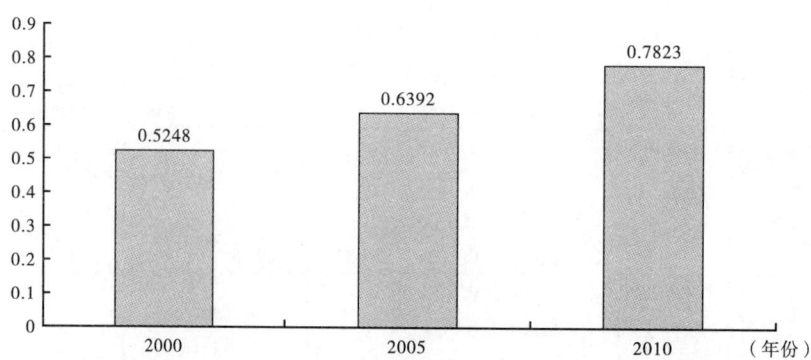

图 8　福田区 2000 年、2005 年、2010 年人口与经济社会发展和谐值

质量型发展角度的福田区人口与经济社会和谐发展评价

从图8中可以看出，福田区三时期的人口与经济社会发展的和谐值呈逐渐上升趋势，表明福田区的人口与经济社会发展之间趋向和谐。

从图9中可以看出，福田区人口与经济社会发展的和谐程度较高，仅次于宝安区，居六区第二位，这也反映在深圳市区域内福田区的发展有上升的空间。

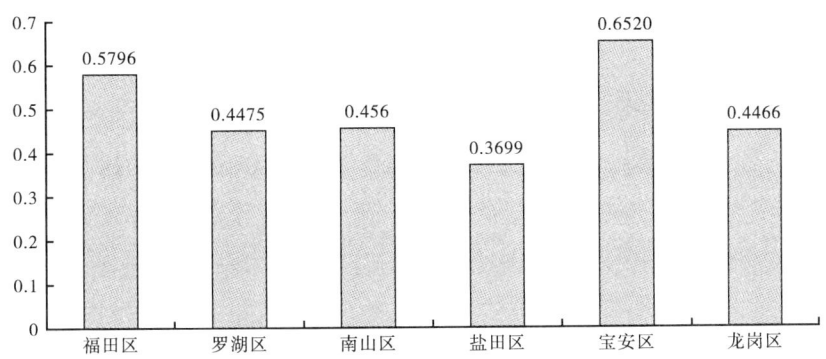

图9 六区2010年人口与经济社会发展和谐值

（四）评价结果与问题分析

前文已经讲过，评价体系中，我们选取人口、社会、经济和资源环境四个方面进行评价，再对每个指标进行细化，每个方面选出最具代表性的几个指标进行专家打分，再经过对相关数据依照前面构建的指标模型和标准进行计算，下面我们通过前面所得的数据，进行比较分析。在比较的时候，我们采取福田区2000年、2005年和2010年这三年本区的指标纵向比较，以及2010年深圳六区的指标进行横向比较。由于各指标的量纲不同，不能进行相互比较和计算，在综合分析前，我们对各指标进行量纲化处理。所谓的指标量纲化就是清除量纲和数量级的影响，将指标的实际值转化为可以综合的指标评价值，从而解决评价指标的可综合性。

1. 福田区三个时期和谐发展的评价结果

按照前文所述的指标体系及评价模型，把已经得到的数据代入，可以算出福田区2000年、2005年和2010年按人口、经济、资源环境和社会四项的和谐值的大小。我们通过比较同一评价体系和指标体系下的和谐指数值大小，来评价福田区自身按时间变化经济社会和谐发展的情况。所得结果列入表2。表22列出的是福田区2000年、2005年和2010年关于人口、经济、资源环境以及社会四项的和谐值。表23列出的是2010年深圳市六区关于人口、经济、资源环境以及社会四项分别的和谐值。

表22 深圳市福田区分年和谐值

年份	人口	经济	资源环境	社会	合计
2000	0.1910	0.2181	0.0568	0.0589	0.5248
2005	0.2456	0.2477	0.0543	0.0916	0.6392
2010	0.2948	0.2930	0.0652	0.1292	0.7822

表23 2010年深圳市六区和谐值

六区	福田区	罗湖区	南山区	盐田区	宝安区	龙岗区
人口	0.2619	0.1723	0.2010	0.0911	0.2955	0.1927
经济	0.2324	0.1981	0.1596	0.1511	0.2380	0.1788
资源环境	0.0234	0.0146	0.0496	0.0029	0.0204	0.0642
社会	0.0619	0.0625	0.0458	0.1248	0.0980	0.0108
合计	0.5796	0.4475	0.4560	0.3699	0.6520	0.4466

由于我们计算得到的和谐值是为了用于比较同一地区不同年份，以及相同年份不同地区的指标，因此，我们对福田区2000年、2005年和2010年的每一项和谐值进行了排序就得到各项和谐值的排序。表24列出福田区2000年、2005年和2010年和谐值排序，从这个表格中我们可以清晰地看出福田区在10年间，每一项测量指标和谐值上升或下降的情况。

表24 福田区2000年、2005年和2010年和谐值排序

年份	人口	经济	资源环境	社会
2000	3	3	2	3
2005	2	2	3	2
2010	1	1	1	1

表23列出2010年深圳市六区的每一项和谐值进行的排序及各区分项和谐值的排序。表25列出的是2010年深圳市六区分项的和谐值排序，从这个表格中我

质量型发展角度的福田区人口与经济社会和谐发展评价

们可以看出在我们建立的指标体系及评价体系下，每个区每一项的和谐值排名情况以及综合的排名情况。

表25 深圳市六区2010年和谐值排序

六区	福田区	罗湖区	南山区	盐田区	宝安区	龙岗区
人 口	2	5	3	6	1	4
经 济	2	3	6	5	1	4
资源环境	3	5	2	6	4	1
社 会	4	3	5	1	2	6
综 合	2	4	3	6	1	5

由于人口与经济发展和谐值 = ∑（各指标的权重×各指标的量纲化值），而各测量指标对于不同年份不同区来说都是一样的，所以各测量指标的和谐值取决于它们的量纲化值。也就是说，对于正向的测量指标来说，量纲化值越大，和谐值就越大；同样，对于负向的指标来说，量纲值越大，和谐值就越小。因此，我们根据表21人口、经济、资源环境、社会四项测量指标不同年份不同区的量纲化值，可以得到福田区每一项具体的测量指标在2000年、2005年和2010年的和谐值排序表，列于表26，以及深圳市六区每一项具体的测量指标在2010年的和谐值排序表，列于表27。通过表26和表27，我们可以清晰地看出每一项指标的变化趋势，以及每一个测量指标与其他年份或者其他地区相比的情况，更可以详细地分析福田区自身和谐值的发展情况，以及在同一时期与其他地区的差距，并得出结论。

表26 福田区各指标和谐值排序情况

年份	2000	2005	2010
人口规模	3	2	1
人口结构	1	2	3
人口流动	1	2	3
人口素质	3	2	1
GDP	3	2	1
资本投入	1	2	3
产业结构	3	2	1
会展经济	1	1	1

续表

年份	2000	2005	2010
口岸经济	3	2	1
楼宇经济	1	2	3
产业能耗	3	2	1
空气质量	1	3	2
废弃物排放	2	3	1
社　区	3	2	1
教　育	3	2	1
卫　生	3	2	1
治　安	3	2	1
社会保障	3	2	1
健　康	3	1	2

说明：表中涉及的会展经济、产业能耗和废弃物排放三项指标，由于无法收集到每个区的数据，因此采用了深圳市统计局提供的深圳市的数据，无法体现各区之间的差别，故而六个区在这三项指标中都设定为排名第一。

表27　深圳市六区各指标和谐值排序情况

六区	福田区	罗湖区	南山区	盐田区	宝安区	龙岗区
人口规模	3	5	4	6	1	2
人口结构	6	5	3	2	1	4
人口流动	6	5	4	3	1	2
人口素质	1	5	3	6	2	4
GDP	3	5	2	6	1	4
资本投入	4	6	3	5	1	2
产业结构	2	1	4	3	5	6
会展经济	1	1	1	1	1	1
口岸经济	2	4	5	6	1	3
楼宇经济	4	5	3	6	2	1
产业能耗	1	1	1	1	1	1
空气质量	3	5	2	6	4	1
废弃物排放	1	1	1	1	1	1
社　区	5	4	3	1	2	6
教　育	2	4	5	3	1	6
卫　生	2	4	5	3	1	6
治　安	1	1	1	1	1	1
社会保障	4	5	3	1	2	6
健　康	3	6	4	5	1	2

说明：表中涉及的会展经济、产业能耗和废弃物排放三项指标，由于无法收集到每个区的数据，因此采用了深圳市统计局提供的深圳市的数据，无法体现各区之间的差别，故而六个区在这三项指标中都设定为排名第一。

2. 问题分析

（1）人口方面的和谐效应分析。

由表24，我们可以看出，从2000～2010年间，人口的和谐值在随着时间的推移不断的提高。在深圳市六个区范围内就人口的和谐程度进行排名，福田区排第二位，排行第　位的是宝安区。

具体到每一个指标来说，我们从表26和表27可以看出，福田区的人口规模（常住人口总量）和人口素质（大专及以上人口）的和谐值在向着越来越高的方向发展，而人口结构（15～64岁劳动人口占总人口的比重）和人口流动（流动人口占总人口的比重）这两个指标的和谐值有向降低的方向发展的趋势。四项指标的综合作用下，呈现出人口这一项指标的和谐值在向越来越高的方向发展。就六个区比较来看，福田区的人口结构（劳动年龄人口占总人口比重）和人口流动（流动人口占总人口比重）在六个区中排第六位，人口规模（常住人口总数）排第三位，而人口素质（大专及以上人口）排第一位。

通过上面的分析，我们可以看出从福田区2000～2010年的10年间，其自身的人口发展状况为：人口规模趋于稳定，人口结构和人口流动趋于下滑，人口素质在不断上升。而从表27中我们看出，在2010年间，福田区与深圳其他区相比，人口结构和人口流动的和谐值最低，其次是人口规模。这说明福田区与同时期的深圳其他区相比，在人口结构和人口流动方面处于劣势，在人口规模方面，在处于中等的状态而人口素质为福田区的优势。另外在前面分析中，比较了福田区与深圳市的人口密度情况，福田区的人口密度是深圳市的三倍多，更是远远超过全国平均水平。对于人口聚集度高这一现状，对于经济发展的影响是正面效应还是负面效应，尚无明确的结论（正因为如此，本文中没有选取人口密度作为一项评价指标）。蔡昉（2001）曾在《人口密度与地区经济发展》一文中指出，在一定的范围之内，人口密度提高，随即劳动力供给增加，这样才使社会劳动分工有了可能；由此所带来的资源压力增大，市场容量扩大，交换更加频繁等，这些都会推动经济的增长与发展。但是，并不是任何条件下人口数量及其密度与经济发展都相互促进并呈正比例关系。在一定条件下，人口数量及其密度继续增长就会对经济发展产生阻碍作用。当人口数量及其密度达到一定高度和经济水平提高到一定程度，经济发展对人口数量增长和人口密度提高的促进作用也会趋于缓和，而不再那么明显和突出。

因此，福田区应适当继续稳定人口规模（常住人口总量），保持人口素质（大专及以上人口）的优势，调整人口结构（15~64岁劳动人口占总人口的比重）和人口流动（流动人口占总人口比重），充分利用人口密度高这一条件，提高这些劳动力资源的人力资本水平，最大化发展人力资本，提高社会劳动产出率，增加劳动力在经济发展中的贡献率。

（2）经济方面的和谐效应分析。

经济方面，我们首先由表24看出，从2000~2010年间，福田区经济方面的和谐值是增大的，也就是说，随着时间的推移，福田区在经济方面总体来说是越来越和谐。由表25看出，2010年在深圳市的六个区内排第二位，位于宝安区之后。

具体到每一个指标来说，由表26，我们可以看出，福田区的资本投入（固定资产投资规模）和楼宇经济（房地产开发投资额）从2000~2010年间，和谐值在下降，GDP（GDP总值）、产业结构（第三产业比重）、口岸经济（进出口总额）的和谐值在上升。这说明福田区10年间，资本投入即固定资产投资规模有所缩小；楼宇经济即房地产开发投资额有所下降，而GDP、产业结构以及口岸经济在不断地向着和谐值高的方向发展。在2010年的六个区中，能排在前三位的是GDP、产业结构和口岸经济。楼宇经济和资本投入都排在前三位之后。

通过上面的分析，我们可以得出结论：从2000~2010年福田区的经济正在不断地发展，其中GDP在不断增大，产业结构在不断优化，进出口额也在不断地增大，而楼宇经济和资本投入这两项指标的发展呈下降的趋势，从整个深圳市来看，也落后于平均水平。福田区应继续保持GDP（GDP总值）和口岸经济（进出口总额）的增长势头；推进产业结构（第三产业比重）的优化和调整；适当增加楼宇经济和资本投入的力度。

经历过全球金融危机后，虽然福田区总体上面临有利发展机遇，但是，与此同时也面临严峻挑战。世界经济在后金融危机时代，都在大调整大变革中逐步恢复增长，但整体来看，复苏的基础依然脆弱，各国贸易保护主义普遍抬头，人民币对美元被迫持续升值，这对外贸依存度高达255%的福田经济带来较大压力。从国内来看，2010年下半年以来，宽松的财政政策开始趋紧，国家加强通胀预期管理，货币政策进一步收紧，这对增加值占GDP比重35.2%的福田金融业将

质量型发展角度的福田区人口与经济社会和谐发展评价

带来重大考验。与国内部分城市中心城区相比,虽然福田区 GDP、税收总额、社销零等指标暂时领先,但 GDP 地均集约度、人均 GDP 仍然落后。从全市来看,深圳市委市政府强力推进特区一体化,财力适度向宝安、龙岗倾斜,同时重点打造前海深港合作区,市内其他几个区充分利用办大运、上项目的机遇加快发展,加大转型力度,对中心城区发展带来诸多压力。福田区在发展总部经济、现代服务业和新兴产业方面,面临着强力竞争。

(3) 资源环境方面的和谐效应分析。

通过表 24 的描述,我们可以看到,2000~2010 年,资源环境经历了一些波动,并不像其他指标那样处于越来越和谐的状态。首先从 2000~2005 年,经历了一个轻微下滑的过程,但是从 2005 到 2010 年,开始上升,到了 2010 年,资源环境的和谐值超过了 2000 年的水平。这说明从 2000~2010 年,资源环境虽然经历了一些波折,但是总体来说还是向不断和谐的方向发展的。

在资源环境方面,由表 26,我们可以看出,福田区的空气质量和废弃物排放的和谐值趋于下降,能耗值的和谐值趋于上升。

通过表 24,我们可以具体分析资源环境方面的问题。我们看到,福田区从 2000~2010 年,能耗的和谐值是不断提高的;空气质量的和谐值经历了一个先下滑后回升的过程,但是回升的比下滑的速度慢;而废弃物排放的和谐值也是经历了一个先下滑后回升的过程,与空气质量不同的是,回升的下滑的速度快,也就是说,虽然有些波动,但是从整体上来看,废弃物排放的和谐值也是越来越高的。在与 2010 年同期的其余五区比较的过程中,由于搜索数据困难,因此只能对空气质量进行比较。福田区排名第三位,在六个区中排名靠前。总体来说,福田区在资源环境方面应当继续加大对空气质量的监督、检查和治理力度,逐步减少废弃物排放量,使环境得到改善。

(4) 社会方面的和谐效应分析。

社会方面,首先由表 24 我们可以看出,福田区整体的发展是向越来越和谐的方向发展。但是如表 25 所示,在同时期中深圳市六区相比,福田区排行第四,属于稍微落后的地区。

具体来说,通过 2000~2010 年这十年的发展,福田区的社区(居民委员会个数)、教育(在校生数)、卫生(床位数)、社会保障(平均参保人数)方面,发展得越来越好,只有健康(市民体质水平)有一点波动。从表 26 中我们就可

以清楚地看到，与同一时期的甚至其他五个区相比，排名前三位的有教育、卫生和健康；社区和社会保障两项指标落后，分别排在第五位和第四位。

通过上面的分析，得出结论：2000~2010年的十年间，福田区的社会建设正在不断加强，也取得了不少的成绩，但是与同时期的深圳其他区相比，还是有一些落后，主要体现在社区建设和社会保障两个方面。教育、卫生和健康三个方面指标对整个深圳市来说，处于优势地位。因此，福田区应继续加强社会建设，保持教育、卫生和健康三个方面的优势，加强社区建设及加快构建合理的社会保障体系，并取得进步。

（五）小结

通过前面的分析我们得出结论。

福田区在人口方面，人口规模（常住人口总量）趋于稳定，15~64岁劳动人口占总人口的比重和人口流动（流动人口占总人口的比重）趋于下滑，人口素质（拥有大专及以上学历人口）在不断上升；与同时期的深圳其他区相比，人口素质高，人口聚集程度（单位面积的人口数量）高，人口规模中等，而在人口结构和人口流动方面处于劣势。人口规模是一个地区发展区域经济的基础，在一个城市的人口规模尚未达到所能容纳的最大限度前，人口规模的扩张不至于引起资源生态环境系统或社会经济系统的危机；在城市人口规模达到甚至超过这个限度之后，城市人口对资源生态环境系统和社会经济系统的综合压力将超出这两个系统的最大承载能力，这会引起地区所在地自然资源供给系统的永久性破坏，从而导致该城市人口容量的永久性减少或将引起城市社会经济系统功能紊乱，就会引起一系列社会经济问题。福田区的人口规模中等，且已经处于稳定状态，上述的压力还不明显，但仍需要对其有足够的警惕，防止人口规模突然扩大，引起地区自然生态环境系统和社会经济系统的崩溃。对于人口结构，我们选取对福田区经济发展影响最大的劳动年龄人口占总人口的比重作为人口结构的表征指标。一个地区的劳动年龄人口所占比例越大，抚养率越低，为经济发展创造了越有利的人口条件，使整个地区的经济呈现高储蓄、高投资和高增长局面。也就是人口学家称之为的"人口红利"。通过上面的计算及分析可知，福田区劳动人口占总人口的比重还是很大，依然处于人口红利期，但是一方面由于计划生育政策的实施以及人们生育观念的转变，近几十年的生育率持续走低，新增的劳动人口减少;另一方面随着科学技术的不断发展,医疗卫生条件的不断改善,人口的生活条件不断提高,人口的寿命在不断延长,使老年人口的绝对数量不断增加,造成了劳动年龄人口的比重趋于下滑。这一现象不仅出现在福田区,而且整个中国都已经面临着人口老龄化社会。但是与深圳其他几个区相比,福田区这一趋势更加严重,如不提高警惕,势必成为福田区经济发展的阻碍。这是因为:一方面,老年人口增多,相对的劳动力人口数量下降,对以劳动力密集型产业结构为主的地区的经济来说,势必会产生很大的影响。另一方面,随着养老负担的日益沉重,必然会减少用于发展生产的资金,进而减少资本积累,最终减缓经济的增长速度。人口流动主要是由农村流向城市,由经济欠发达地区流向经济发达地区,由中西部地区流向东部沿海地区。流动人口的多少也存在其优势和劣势。由于流动人口总是从经济不发达地区流向经济发达地区,所以流动人口越多的地区本身可以说明这个地区经济越发达;流动人口为本地区各行业提供了大量劳动力,促进本地区各行业的发展以及地区的发展;流动人口在本地区的消费拉动了本地区的内需,提供了更多的就业机会和经济增长点;但是流动人口多也会给本地区带来压力:配套的公共设施及公共服务,给社会服务及管理造成压力;劳资纠纷案件增加,社会稳定出现新状况;刑事案发率上升,地区治安形势不容乐观。根据上文的计算分析,福田区的流动人口已经趋于稳定并且有下滑的趋势,但是由于流动人口本身的基数很大,此方面的压力仍然存在,仍然需要加强对流动人口的管理、服务及相关建设工作。人口素质是人口在质的方面的规定性,又称人口质量。本研究以对福田区经济社会发展影响最大的因素——人口的文化素质(拥有大专及以上学历人口)为表征指标。在劳动力人口及劳动力工作时间不变的条件下,整体劳动力素质的提高,会减少社会必要劳动时间,而提高社会劳动产出率;如果劳动力人口增长,则在劳动力素质提高的情况下,劳动力对资本的替代率会增加,从而使劳动力对产出的贡献率增加。另一方面,整体劳动者素质的提高,有效地提高了生产设备的生产率,从而改善了物质资本的使用效率,加快了社会经济由粗放型向集约型经济的转变过程。通过比较研究发现,福田区拥有大专及以上人口的数量在逐年增加,这种现象的产生原因有两个:一是现有的劳动力人口通过学习深造等方式取得大专及以上学历;二是更多拥有大专及以上学历的人口流动到福田区。无论是哪种方式,对福田区的发展来说,都具有积极的影响。对于人口聚集程度高这一现象的优势及劣势,前文中已经有所描述，福田区应充分利用人口密度高这一条件，提高这些劳动力资源的人力资本水平，最大限度地利用好这些劳动力资源，为经济发展提供充足数量和高质量的劳动力。

在经济方面，福田区的经济正在不断地发展，其中GDP（GDP总值）在不断增大，产业结构（第三产业比重）在不断优化，口岸经济（进出口总额）也在不断地发展，而楼宇经济（房地产开发投资额）和资本投入（固定资产投资规模）两项指标，虽然已经取得了不小的成绩，但仍然处于整个深圳市平均水平以下，就这两项的发展而言，也在呈下降的趋势。福田地区生产总值五年年均增长11.5%，累计增长72.6%；人均生产总值达2.23万美元，居全市六区第二，福田区的综合经济实力跃上新台阶。但是处在市场活跃度高的国际贸易环境中，人民币的不断升值给依赖外贸发展的福田区带来了很大的挑战。同时，受国家财政政策与货币政策双紧的影响，福田区金融行业也面临着很大的考验。福田区在发展总部经济、现代服务业和新兴产业方面，面临着强力竞争。产业结构是指各产业的构成及各产业之间的联系和比例关系。各产业部门的构成及相互之间的联系、比例关系不尽相同，对经济增长的贡献大小也不同。因此，把包括产业的构成、各产业之间的相互关系在内的结构特征概括为产业结构。长期以来，我国将工业作为国民经济发展的主导产业。但是，发达国家在完成工业化之后，高科技技术产业和服务业日益成为国民经济发展的主导产业。因此，我们采用第三产业在GDP中的比重作为产业结构的指标进行研究评价。福田区的现代服务业和总部经济"双轮驱动"使得本区产业结构转型升级，第三产业占地区生产总值比重不断提高，到2010年已经达到89.27%，这个比例还有不断增大的趋势。口岸是由国家指定对外往来的门户，是国际货物运输的枢纽。福田区拥有深圳市最新建设的口岸——福田口岸和亚洲最大、国内唯一全天候通关的陆路口岸——皇岗口岸，因此，福田区的口岸经济势不可当。本文采用进出口额作为口岸经济的衡量指标。从上文的计算和比较已经分析并可以得出结论：福田区的口岸经济发展良好，应继续保持其增长势头，以此取得更大的成就。楼宇经济是以商务楼、功能性板块和区域性设施为主要载体，以开发、出租楼宇引进各种企业，从而引进税源，带动区域经济发展为目的，以体现集约型、高密度为特点的一种经济形态，是近年来在中国大中城市的经济发展中涌现出来的一种新型经济形态。简单来说，楼宇经济就是以商务楼为载体,通过从事商务活动产生经济效益的一种经济活动方式。楼宇经济又称作CBD区,即中央商务区,主要表现为现代服务业,包括金融业、研究与咨询业、广告策划、影视制作、网络公司、咨询中介公司、娱乐服务企业、房地产开发企业、旅游服务企业、交通通信企业等国内外各类企业和公司。对楼宇经济空间发展的主要影响因素包括经济发展水平和商务氛围、城市规划与城市扩展、交通因素、配套设施、有关机构所在地等(杨丽、胡德斌、孔艳华,2004)。2010年,全区50栋亿元楼税收占辖区税收比重超60%,亿元楼税收增长贡献率超60%,总部经济占亿元楼税收比重超60%,现代服务业占亿元楼税收比重超60%,楼宇经济成为福田骄傲。但是与其他区相比,福田区仍需继续发展壮大楼宇经济;加强对CBD楼宇经济的规划、管理和服务,培育更多的税收超亿元的高端商务楼宇;逐渐增强楼宇经济辐射力,让福田区的楼宇经济迈上一个新台阶。资本投入,即固定资产投资是建造和购置固定资产的经济活动,即固定资产再生产活动。固定资产再生产过程包括固定资产更新(局部和全部更新)、改建、扩建、新建等活动。固定资产投资是社会固定资产再生产的主要手段。固定资产投资额是以货币表现的建造和购置固定资产活动的工作量,它是反映固定资产投资规模、速度、比例关系和使用方向的综合性指标。根据经济发展理论,固定资产投资是发展中国家经济发展的前提条件。经济发展取决于投入资金的数量和资金的利用效率。固定资产投资是经济增长的重要原动力,它对经济运行具有先导作用,并以其乘数效应拉动经济增长。根据前文中的计算和分析,得知近几年福田有减少固定资产投资的趋势,这对于一个处于发展中国家的地区来说,对经济发展会产生不利影响。福田区应加大固定资产投资并着力于提高固定资产投资的利用率。

资源环境方面,总体来看,福田区单位GDP的能耗值是不断降低的,空气质量和废弃物排放量比较稳定,但有小幅的波动;与同期的深圳其他五区相比,排名靠前。单位GDP能耗是反映能源消费水平和节能降耗状况的主要指标,一次能源供应总量与国内生产总值(GDP)的比率,是一个能源利用效率指标。该指标说明一个国家经济活动中对能源的利用程度,反映经济结构和能源利用效率的变化。直接反映经济发展对能源的依赖程度,间接反映产业结构状况、设备技术装备水平、能源消费构成和利用效率等多方面内容;间接反映各项节能政策措施所取得的效果,起到检验节能降耗成效的作用。根据计算,万元 GDP 水耗和电耗分别比 2005 年下降 44.5% 和 30.8%，达到国家要求下降 20% 的标准。与同期的深圳其他五区相比，空气质量与废弃物排放量应继续保持并不断优化，提高福田区的环境附加值，为民生幸福提供宜业宜居、低碳优美的生活环境。

社会方面，福田区在社会方面的建设在不断加强，尤其是教育、卫生和健康方面取得了不小的成绩；社区建设和社会保障两个方面虽然也在不断地发展，但仍然落后于深圳市的平均水平。社区建设指的是一种社区工作，是指在党和政府的领导下，依靠社会力量，利用社会资源，强化社区功能，完善社区服务，解决社区问题，促进社区政治、经济、文化、环境协调和健康发展，不断提高社区成员的生活水平和生活质量的过程。社区建设是一项新的工作，大力推进社会建设，是我国城市经济和社会发展到一定阶段的必然要求，是面向新世纪我国城市现代化建设的重要途径。社区建设主要包括健全社区组织体系，加强社区工作者队伍建设，拓展社区服务领域，加强社区基础设施建设，繁荣社区文化、教育、体育事业，加强社区治安，美化社区环境等方面。通过比较分析，发现福田区在社区建设方面仍然需要加强，福田应优化社会组织发展政策环境，引导社会组织、网络社群发挥积极作用。办好行政服务中心，构建公共服务信息化平台。统筹发挥居委会、社区工作站、业委会的作用，扩大并稳定社工队伍，使社区真正成为群众生活的依托、社会和谐的基础。社会保障是指国家和社会通过立法对国民收入进行分配和再分配，对社会成员特别是生活有特殊困难的人们的基本生活权利给予保障的社会安全制度。社会保障的本质是维护社会公平进而促进社会稳定发展。社会保障是劳动力再生产的保护器，是社会发展的稳定器，是经济发展的调节器。因此，加强社会保障，对建设和谐社会具有重要的意义。根据相关数据及分析，福田区的社会保障的相关工作仍需加强。

四 福田区人口与经济、社会和谐发展的对策建议

（一）指导思想

福田区人口与经济、社会和谐发展的指导思想是：以邓小平理论和"三个

质量型发展角度的福田区人口与经济社会和谐发展评价

区代表"重要思想为指导,深入贯彻落实科学发展观,坚持以人为本,从福田区区情出发,借鉴国际和国内有益经验,以统筹发展、均衡发展、全面发展、创新发展、跨越发展为导向,以福田区人口与经济、社会和谐发展为目标,调整产业结构,深化经济体制改革,完善各项制度,努力提升社会的公平和效率,提高人民生活水平,促进福田区人口与经济、社会的全面和谐发展。

(二) 主要思路与原则

1. 福田区人口与经济、社会和谐发展的思路

从"发展是硬道理"到"发展是党执政兴国的第一要务",再到"科学发展观",无一不在探讨发展的重要性,而和谐发展的思路,对于我们这个最大的发展中国家来说,更是具有非常重大的意义。结合未来福田区的情况,福田区人口与经济、社会和谐发展的主要思路如下。

(1) 坚持"稳定"和"均衡"的发展思路。"稳定"和"均衡"是指建立人口、经济稳定均衡型社会。和谐发展,就是要人口、经济和社会三者共同发展,缺一不可。因此,稳定和均衡的发展对于福田区的和谐发展具有重要的作用。

(2) 坚持远期目标与近期任务相结合的渐进发展思路。在制定和谐发展规划的时候,应该努力做到改革与发展并举、政策导向与制度设计并重、远期目标与近期任务相结合,对在新的历史起点上推动福田区和谐发展事业遇到的问题、当前福田区面临的重大问题、制约和谐发展的瓶颈问题都力求做到整体谋划和精心设计。

(3) 统一性与多样性相结合的发展思路。人口与经济、社会和谐发展是一项复杂而艰巨的社会系统工程,必须进行统一规划,并制定统一的政策。在发展的方式、目标、制度等方面作出原则性规定,统一领导并组织实施。

(4) 以政府为主导,企业和广大居民积极配合与参与。发展是为了人民享受到更好的生活,不能以牺牲人民的生活水平为代价进行发展,因此我们提出的和谐发展就是要做到以提高人民生活水平为目的的发展。因此和谐发展要求必须以政府为主导,企业和广大居民积极配合与参与。

2. 福田区人口与经济、社会和谐发展需遵循的基本原则

(1) 和谐原则。和谐发展不同于自由发展,和谐内涵的本质是共同发展。

只有关系和谐,才能实现共同发展,这就是和谐发展。和谐发展的途径是相同相成、相辅相成、相反相成、互助合作、互促互补、互利互惠的和谐关系,而自由发展的途径是自由竞争、优胜劣汰、弱肉强食的竞争关系。我们强调人口与经济、社会和谐发展,因此必须遵从和谐的原则,实现人口与经济、社会的共同发展。

(2) 以人为本原则。从人民群众的根本利益出发谋发展、促发展,不断满足人民群众日益增长的物质文化需要,切实保障人民群众的经济、政治和文化权益,让发展的成果惠及全体人民。实现经济社会与人民生活水平协调发展。

(3) 效率与公平同时兼顾原则。提高效率以促进生产力的发展,增加社会财富,为在更高层次上实现社会公平创造物质条件。促进公平以稳定社会和谐发展,从而在一定程度上为效率的提高营造合适的环境。因此,只有全面掌握了公平与效率的辩证关系和社会公平的内在含义,才能更好地制定和实施和谐发展的各项政策措施。

(三) 近期、远期目标选择

根据福田区人口与经济、社会和谐发展的指导思想和主要思路与原则,将近期目标设定为保持经济稳健增长,不断增强人口发展质量、经济发展质量、资源环境质量及社会建设质量,促进福田区人口与经济社会的和谐发展,全力打造"首善之区、幸福福田"。

福田区作为深圳市委、市政府所在地和深圳中心区和中央商务区(CBD),是深圳市重点开发和建设的中心城区。近期的主要目标是:人口发展方面,进一步提高人口素质,优化人口结构,促进人口有序迁移和流动,引导人口的合理分布;经济发展方面,保持经济稳健增长,达到较发达地区水平,进一步优化产业结构,大力发展口岸经济、楼宇经济和会展经济;资源环境方面,大力发展循环经济,推进资源节约,提高能源效率,减少废弃物排放,形成健康低碳的消费模式,营造优美的生活环境;社会发展方面,继续推进现代化教育事业建设,完善卫生医疗和社会保障体系,建立健全社会公共服务,促进福田区人口与经济社会的和谐发展。

远期目标是达到国内人口与经济社会和谐发展的较高水平,基本实现福田区人口与经济社会的和谐发展。

质量型发展角度的福田区人口与经济社会和谐发展评价

深圳市是中国建立的第一个经济特区，经济基础雄厚。2010年深圳GDP总量位居全国第四（不包括港澳台），是中国大陆经济效益最好的城市之一，也是中国最具活力的城市。福田区作为深圳市的中心城区，其人口与经济社会的和谐发展程度应当走在深圳各区的前列。未来几十年福田区人口与经济社会和谐发展的目标是达到国内人口与经济社会和谐发展的较高水平，基本实现福田区人口与经济社会的和谐发展。

（四）政策建议

通过采用层次分析法（AHP），我们选取人口、社会、经济和资源环境四个方面对福田区人口与经济社会是否和谐发展进行了评价，抽取2000年、2005年和2010年三年进行比较得出结果总和谐值越来越高，说明福田区人口与经济社会是和谐发展的。但通过具体分析还是发现了些不足之处，下面针对不足之处提出点建议。

（1）根据近20年人口发展状况及生育水平变动来看，人口规模和生育水平趋于稳定而老年人口所占比重在不断增大，为了避免这一趋势不断发展，深圳乃至福田未来40年可适当放宽二孩生育政策，延缓人口年龄结构过快衰老，增加户籍新增劳动年龄人口占总人口的比重，延长人口红利时期，提高经济发展水平。

（2）政府可以针对流动人口出台一些优惠政策，福田区针对流动人口管理的主要问题有流动人口进入职业领域问题、流动人口户籍管理、子女受教育程度、流动人口的计划生育管理及社会保障问题。现有流动人口与流入城市的社会融合仍处于功能需求的融合阶段，导致流入地城市存在壁垒森严的"本地—流动"的人口分割。因此，福田区应该着力解决职业的排斥问题，让流动人口尤其是非农业流动人口也有可能进入流入地城市与权力相关的职业。对于户籍管理问题可以借鉴上海针对流动人口户籍管理：从《蓝印户口》、《引进人才工作证》到《居住证》制度。逐步完善城市户籍管理制度，以满足农业人口进城就业和生活的起码发展要求。改革现行的教育制度，确定政府为义务教育的第一责任人，由财政统一解决流动人口子女受教育的经费问题。消除城市人口与流动人口子女受教育程度的差别，实行公平制。大力宣传计划生育政策，尤其是对农业流动人口进行生育观念的改变，使得农业流动人口大力支持计划生育政策。完善社会保障制度，加大对流动人口社会保障的覆盖率，让流动人口也享有常住人口的优惠政策。这样才会吸引更多的人才进入福田为福田发展贡献出一份力。同时，保持相当规模的人口流动有利于福田经济发展的充沛活力，也有利于缓解未来由于人口年龄结构逐步老化所带来一系列问题。

（3）福田区政府应该大力发展楼宇经济。楼宇经济是近年来我国城市经济发展中涌现的一种新型经济形态，是城市经济发展到一定阶段的必然产物。楼宇经济在利用城区新开发楼盘和闲置用房，通过出租、售卖、合作等形式招商引资时，培植了新税源和新的经济增长点。发展楼宇经济，对于城市经济的发展具有十分重要的意义。根据数据显示，福田区楼宇经济发展虽然已经取得不少成绩，但还不很理想，福田区应该大力发展楼宇经济。首先，需要充分发挥政府引导、协调和服务作用，形成有利于发展楼宇经济的强大合力和机制。其次，将楼宇经济空间规划纳入城市统一规划的轨道。由于福田区的土地资源有限，更应合理规划土地的使用，将楼宇经济空间规划纳入城市统一规划，可以有效避免土地的浪费，达到资源的最优化配置。再次，发展楼宇经济应该坚持"走出去"和"引进来"相结合的对外开放战略。一方面要继续坚持对外开放，吸引外商投资楼宇经济，提高利用外资的质量和水平；另一方面要培育一批品牌知名度高、产品一流、服务一流的本土国际型楼宇经济企业。最后，培育更多的税收超亿元的高端商务楼宇。充分利用地下产业空间，拓展福田产业发展的外部空间和后方基地。

（4）发展低碳经济，构建低碳福田。低碳经济是应对全球气候变暖和能源危机而出现的一种新经济形态，主要是强调低能耗、低污染、低排放和高效能、高效率、高效益，符合科学发展观理念和生态文明建设要求。首先，将"低碳"理念导入未来的城市发展规划。其次，调整能源结构，加大新能源开发力度。再次，促进产业转型，发展低碳产业，逐步建立低碳经济结构。最后，政府提出一些激励政策，促进低碳经济发展，如打造低碳经济试点（片、区），建设生态低碳城区，巩固发展低碳节能产业等。发展低碳经济有利于突破福田区在经济发展过程中资源和环境瓶颈性约束，走新型工业化道路；有利于推进福田区产业结构升级、技术创新、节约资源，打造福田未来在深圳市甚至国内的竞争力。发展低碳经济为福田区实现经济发展方式的根本转变提供了契机。

（5）大力发展社区建设。首先，完善基层社会管理体制、建立健全社区组织网络、增强社区的管理与服务功能、积极推进政府职能转变、整合基层社会管理与服务资源、稳步推进农村社区建设。其次，不断完善居民自治，推进基层民主政治建设。探索建立福田社区居民参议制度，鼓励居民参与社区建设，开展居民参与社会建设活动比赛，拓宽公众介入社会管理的渠道，降低居民参与社会建设的门槛，提高居民参与社会建设的积极性，让公众合法的、有序的参与公共管理。再次完善社区服务体系，优化社会组织发展政策环境，引导社会组织、网络社群发挥积极作用。办好行政服务中心，构建公共服务信息化平台。统筹发挥居委会、社区工作站、业委会的作用，扩大并稳定社工队伍，使社区真正成为群众生活的依托，社会和谐的基础。四是提高人民群众的生活水平与质量，通过建立完善的社区公共卫生和医疗服务体系，推进社区家庭医生服务模式；完善社区办公及服务基础设施；加大社区的文体活动资金投入，完善社区公共文化产品采购制度，健全社区健身设施，提升居民生活的幸福感。最后，加强基础建设，努力提高社区管理与服务水平。提高管理和服务水平，实现社区"硬件"和"软件"的共同发展。

（6）在2015年建立多层次、多形式、广覆盖、保基本的基本社会保障制度。在2015年前根据福田区社会经济的发展水平，各类群体的社会保障需求、满足程度、缴费承受力和参保积极性等方面的差别，针对不同群体，建设多层次、多形式的社会保障制度，保证社会保障的广覆盖性，保证人人都能够享受到公平的社会保障服务。着力保障社会弱势群体（低收入人群、老年人、儿童等）的基本生活需求，尽可能广地将各类人口纳入福利体系。具体措施包括：①建立起涵盖低收入家庭、各类人才的住房保障体系；②利用社会投资开工建设福田老年人托养中心；③实施乐业计划，投入一笔资金帮扶创业以及带动就业；④推行社康中心家庭医生服务计划，逐年实现覆盖90%以上的社区。

参考文献

于学军：《人口变动、扩大内需与经济增长》，《人口研究》2009年第5期。
托马斯·罗伯特·马尔萨斯：《人口原理》，陕西师范大学出版社，2008。
丹尼斯·米都斯：《增长的极限：罗马俱乐部关于人类困境的报告》，吉林人民出版社，1997。

孙磊、张斐:《产业结构发展中的人口因素研究》,《西安社会科学》2011年第4期。

李建民、原新:《中国人口与社会发展关系:现状、趋势与问题》,《人口研究》2007年第1期。

赵焕臣:《层次分析法》,科学出版社,1986。

Keynes, J. M. , "Some Economic Consequence of a Declining Population," *Eugenics Review*, 1937, XXIX (4).

Solow Robert M. , "*A Contribution to the Theory of Economic Growth*", *Quarterly Journal of Economics*, 1956, 70 (3).

Coale, A. J. and E. M. Hoover, *Population Growth and Economic Development in Low Income Countries*, Princeton: Princeton University Press, 1958.

Leibenstein, H. , *Economic Backwardness and Economic Growth: Studies in the Theory of Economic Development*, New York: Wiley, 1957.

Schults, T. W. , "Investment in Human Capital," *The American Economic Review*, 1961, 51 (4).

Barro, Robert J. and Xavier Sala-i-Martin, "Convergence," *Journal of Political Economy*, 1993, 100 (2).

Mankiv, N. Gregory, Romer, David and Weil David N. , "A Contribution to the Empiric of Economic Growth," *Quarterly Journal of Economics*, 1992, 86 (3).

Benhabib, Jess and Spiegel Mark M. , "The Role of Human Capital in Economic Development: Evidence From Aggregate Cross-Countries Data," *Journal of Monetary Economics*, 1994, 34 (2).

Spence, Michael. *Signaling, Screening, and Information*, Chicago: The University of Chicago Press, 1981.

中国皮书网

发布皮书研创资讯，传播皮书精彩内容
引领皮书出版潮流，打造皮书服务平台

栏目设置：

- □ 资讯：皮书动态、皮书观点、皮书数据、皮书报道、皮书新书发布会、电子期刊
- □ 标准：皮书评价、皮书研究、皮书规范、皮书专家、编撰团队
- □ 服务：最新皮书、皮书书目、重点推荐、在线购书
- □ 链接：皮书数据库、皮书博客、皮书微博、出版社首页、在线书城
- □ 搜索：资讯、图书、研究动态
- □ 互动：皮书论坛

www.pishu.cn

中国皮书网依托皮书系列"权威、前沿、原创"的优质内容资源，通过文字、图片、音频、视频等多种元素，在皮书研创者、使用者之间搭建了一个成果展示、资源共享的互动平台。

自2005年12月正式上线以来，中国皮书网的IP访问量、PV浏览量与日俱增，受到海内外研究者、公务人员、商务人士以及专业读者的广泛关注。

2008年10月，中国皮书网获得"最具商业价值网站"称号。

2011年全国新闻出版网站年会上，中国皮书网被授予"2011最具商业价值网站"荣誉称号。

权威报告　热点资讯　海量资源

当代中国与世界发展的高端智库平台

皮书数据库 www.pishu.com.cn

皮书数据库是专业的人文社会科学综合学术资源总库，以大型连续性图书——皮书系列为基础，整合国内外相关资讯构建而成。包含七大子库，涵盖两百多个主题，囊括了近十几年间中国与世界经济社会发展报告，覆盖经济、社会、政治、文化、教育、国际问题等多个领域。

皮书数据库以篇章为基本单位，方便用户对皮书内容的阅读需求。用户可进行全文检索，也可对文献题目、内容提要、作者名称、作者单位、关键字等基本信息进行检索，还可对检索到的篇章再作二次筛选，进行在线阅读或下载阅读。智能多维度导航，可使用户根据自己熟知的分类标准进行分类导航筛选，使查找和检索更高效、便捷。

权威的研究报告，独特的调研数据，前沿的热点资讯，皮书数据库已发展成为国内最具影响力的关于中国与世界现实问题研究的成果库和资讯库。

皮书俱乐部会员服务指南

1. 谁能成为皮书俱乐部会员？

● 皮书作者自动成为皮书俱乐部会员；

● 购买皮书产品（纸质图书、电子书、皮书数据库充值卡）的个人用户。

2. 会员可享受的增值服务：

● 免费获赠该纸质图书的电子书；

● 免费获赠皮书数据库100元充值卡；

● 免费定期获赠皮书电子期刊；

● 优先参与各类皮书学术活动；

● 优先享受皮书产品的最新优惠。

3. 如何享受皮书俱乐部会员服务？

（1）如何免费获得整本电子书？

购买纸质图书后，将购书信息特别是书后附赠的卡号和密码通过邮件形式发送到pishu@188.com，我们将验证您的信息，通过验证并成功注册后即可获得该本皮书的电子书。

（2）如何获赠皮书数据库100元充值卡？

第1步：刮开附赠卡的密码涂层（左下）；

第2步：登录皮书数据库网站（www.pishu.com.cn），注册成为皮书数据库用户，注册时请提供您的真实信息，以便您获得皮书俱乐部会员服务；

第3步：注册成功后登录，点击进入"会员中心"；

第4步：点击"在线充值"，输入正确的卡号和密码即可使用。

卡号：4513056999665446

密码：

（本卡为图书内容的一部分，不购书刮卡，视为盗书）

皮书俱乐部会员可享受社会科学文献出版社其他相关免费增值服务
您有任何疑问，均可拨打服务电话：010-59367227　QQ:1924151860
欢迎登录社会科学文献出版社官网（www.ssap.com.cn）和中国皮书网（www.pishu.cn）了解更多信息

社会科学文献出版社　皮书系列

"皮书"起源于十七、十八世纪的英国,主要指官方或社会组织正式发表的重要文件或报告,多以"白皮书"命名。在中国,"皮书"这一概念被社会广泛接受,并被成功运作、发展成为一种全新的出版形态,则源于中国社会科学院社会科学文献出版社。

皮书是对中国与世界发展状况和热点问题进行年度监测,以专家和学术的视角,针对某一领域或区域现状与发展态势展开分析和预测,具备权威性、前沿性、原创性、实证性、时效性等特点的连续性公开出版物,由一系列权威研究报告组成。皮书系列是社会科学文献出版社编辑出版的蓝皮书、绿皮书、黄皮书等的统称。

皮书系列的作者以中国社会科学院、著名高校、地方社会科学院的研究人员为主,多为国内一流研究机构的权威专家学者,他们的看法和观点代表了学界对中国与世界的现实和未来最高水平的解读与分析。

自20世纪90年代末推出以经济蓝皮书为开端的皮书系列以来,至今已出版皮书近800部,内容涵盖经济、社会、政法、文化传媒、行业、地方发展、国际形势等领域。皮书系列已成为社会科学文献出版社的著名图书品牌和中国社会科学院的知名学术品牌。

皮书系列在数字出版和国际出版方面成就斐然。皮书数据库被评为"2008~2009年度数字出版知名品牌";经济蓝皮书、社会蓝皮书等十几种皮书每年还由国外知名学术出版机构出版英文版、俄文版、韩文版和日文版,面向全球发行。

2011年,皮书系列正式列入"十二五"国家重点出版规划项目;2012年,部分重点皮书列入中国社会科学院承担的国家哲学社会科学创新工程项目;一年一度的皮书年会升格由中国社会科学院主办。

法 律 声 明

"皮书系列"（含蓝皮书、绿皮书、黄皮书）由社会科学文献出版社最早使用并对外推广，现已成为中国图书市场上流行的品牌，是社会科学文献出版社的品牌图书。社会科学文献出版社拥有该系列图书的专有出版权和网络传播权，其LOGO（ ）与"经济蓝皮书"、"社会蓝皮书"等皮书名称已在中华人民共和国工商行政管理总局商标局登记注册，社会科学文献出版社合法拥有其商标专用权。

未经社会科学文献出版社的授权和许可，任何复制、模仿或以其他方式侵害"皮书系列"和LOGO（ ）、"经济蓝皮书"、"社会蓝皮书"等皮书名称商标专用权的行为均属于侵权行为，社会科学文献出版社将采取法律手段追究其法律责任，维护合法权益。

欢迎社会各界人士对侵犯社会科学文献出版社上述权利的违法行为进行举报。电话：010-59367121，电子邮箱：fawubu@ssap.cn。

社会科学文献出版社

广视角·全方位·多品种

皮书系列为"十二五"国家重点图书出版规划项目